www.ingramcontent.com/pod-product-compliance
Lightning Source LLC
Chambersburg PA
CBHW070048080526
44586CB00013B/958
* 9 7 8 1 5 9 5 8 4 2 7 7 0 *

خمینی در فرانسه

دروغ‌های بزرگ و حقایق مستند درباره
سرگذشت و ماجرای انقلاب اسلامی

دکتر هوشنگ نهاوندی

انتشارات شرکت کتاب
www.ketab.com

Khomeini In France
Subject: History of Iran
Author: Dr. Hooshang Nahavandi
Published by: Ketab Corporation
Copyright© 2025 Ketab Corporation
All right reserved.
2nd Edition by: Ketab Corporation

خمینی در فرانسه
درو غهای بزرگ و حقایق مستند درباره سرگذشت و ماجرای انقلاب اسلامی
نویسنده: دکتر هوشنگ نهاوندی
ترجمه از فرانسه: دادمهر
موضوع: تاریخ ایران
ناشر: شرکت کتاب
چاپ دوم شرکت کتاب: ۲۰۲۵ میلادی - ۱٤۰٤ خورشیدی - ۲۵۸٤ ایرانی خورشیدی

No part of this book may be reproduced in any manner without the express written
consent of the publisher,
except in the case of brief excerpts in critical reviews or articles.
For information about permission to reproduce selections from this book, write to
Permissions@Ketab.com

The Library of Congress Cataloging-in-publishing Data is available upon request.

ISBN:978-1-59584-277-0
Ketab Corporation:
12701 Van Nuys Blvd., Suite H,
Pacoima, CA, 91331, USA

2 2 3 4 5 6 7 8 25

فهرست

یادداشت مترجم ۱
سرآغاز ۵

فصل اول
نخستین پنجاه سال زندگی یک آخوند................ ۱۱

فصل دوم
نخستین گام‌ها در سیاست ۲۵

فصل سوم
آغاز رو در رویی با حکومت ۴۱

فصل چهارم
تبعیدی نجف ۷۵

فصل پنجم
در تهران: ناتوانی و سردرگمی حکومت ۱۱۱

فصل ششم
پرواز ۱۵۱

فصل هفتم
ماجرای نوفل لوشاتو ۱۶۷

فصل هشتم
معبود چپ‌گرایان و ساده‌لوحان ۲۰۷

فصل نهم
در تهران: درماندگی و فروپاشی حکومت ۲۲۵

فصل دهم
آخرین تلاش‌ها و آخرین دسیسه‌ها ۲۷۱

سرانجام «هیچی» ۲۹۳
نمایه ۳۰۳

یادداشت مترجم

متنـــی که در صفحات بعد از نظر خوانندگان محترم می‌گذرد برای اول بار در نوامبر ۲۰۰۹ تحت عنوان:

KOMMEYNI EN FRANCE
RÉVÉLATIONS SUR CET ÉTRANGE HÔTE DE NEAUPHLE - LE- CHÂTEAU

در پاریس انتشار یافت و در فوریه ۲۰۱۰، بار دیگر تجدید چاپ شد. ایـــن ترجمه از روی چاپ دوم انجام گرفته که به نســـبت چاپ اول شامل بعضی تغییرات جزئی است. کوشش ما بر این بوده است که حداکثر دقّت و امانت را در ترجمه‌ی متن از فرانسه به فارسی رعایت کنیم و حتی تا حد امکان از جمله‌بندی‌ها و نقطه‌گذاری‌های نویسنده پیروی کرده‌ایم.

باید توجه داشـــت کـــه مخاطب نویســـنده‌ی کتـــاب خوانندگان فرانسوی‌زبان و بخصوص فرانسویان بوده‌اند. بنابراین، بسیاری از نکاتی که برای آنان روشن بوده و نیاز به توضیح زیاد نداشت، از جمله نام‌های اشخاص و محلّات، به اجمال برگذار شده. در نتیجه هر جا ضرورت داشته، پانویس‌هایی برای خوانندگان ایرانی اضافه

کرده‌ایم تا نکته‌ی ابهامی باقی نماند.

قسمت عمده‌ی مطالب این کتاب، از جمله نقش و سهم سیاست‌های خارجی در آشوب‌های سال ۱۳۵۷ خورشیدی که انقلاب اسلامی نام گرفت و تبدیل آیت‌الله روح‌الله موسوی‌خمینی به رهبر این حرکت، برای خوانندگان ایرانی واجد اهمیت و شایان توجه بسیار است. خوشبختانه نویسنده از داستان‌سرایی مطلقاً اجتناب کرده و منابع و مآخذ خود را با دقت و توجه به جزئیات در ذیل صفحات آورده است.

گویا ترجمه‌ی این کتاب به دو یا سه زبان دیگر نیز در دست انجام است. بنابراین می‌توان امیدوار بود که به روشن شدن افکار عمومی در مورد تحولات سیاسی سی‌وچند سال اخیر ایران کمک مؤثری خواهد بود و بهرحال آرزومندیم که ایرانیان را بر آن‌چه بر سرشان آمده بهتر واقف و آگاه سازد.

جولای ۲۰۱۰ میلادی

«سیاست غلط ما، که باعث سقوط شاه ایران شد، لکّه‌ی سیاهی در تاریخ ایالات متحده‌ی امریکا است. در پی سیاست ما بود که دیوانه‌ی متعصّبی توانست قدرت را در ایران به‌دست گیرد و هزاران ایرانی را به جوخه‌های آتش بسپارد»

رونالد ریگان[1]
در مناظره‌ی تلویزیونی با والتر ماندیل[2]
نوامبر ۱۹۸۴

1- Ronald Reagan
۲- Walter Mondale معاون رئیس جمهوری در زمان جیمی کارتر که در ۱۹۸۴ به‌عنوان کاندید ریاست جمهوری از حزب دموکرات در انتخابات شرکت جست و از رنالد ریگان شکست خورد. (مترجم)

«ماجرای نوفل-لو-شاتو[1]، صفحه‌ی درخشانی در تاریخ فرانسه نیست. رفتار والری ژیسکارد دِستن[2] که آن همه توجه و عنایت به یک پیغمبر دروغین کرد و آن همه وسیله در اختیارش گذاشت، قابل فهم نیست. اعتلای اسلام‌گرایی افراطی از همین جا آغاز شده»

موریس دروئون[3]
فیگارو، ۱۲ نوامبر ۲۰۰۴

1- Neauphl- Le- Château

۲- Valery Giscard d' Estaing رئیس جمهور فرانسه. (مترجم)

۳- Maurice Druon یکی از برجسته‌ترین نویسندگان و متفکران معاصر فرانسه (متوفی به سال ۲۰۰۹) عضو فرهنگستان آن کشور که چندی نیز وزیر فرهنگ بود. موریس دروئون از نخستین یاران ژنرال دوگل در نهضت مقاومت فرانسه بود. (مترجم)

سرآغاز

در روز ششم اکتبر ۱۹۷۸، آیت‌الله روح‌الله خمینی که از بغداد می‌آمد وارد پاریس شد. او ماه‌ها بود که در داخل ایران نام و شهرتی یافته بود. اما یقیناً برجسته‌ترین و مهم‌ترین مرجع مذهبی در سلسله‌مراتب پیچیده‌ی روحانیون شیعه - این شاخه‌ی اقلیت در جهان اسلام که به ســال ۱۵۰۱ به عنوان مذهب رسمی ایران برگزیده شد- نبود. در این زمان آیت‌الله خمینی هنوز در دنیا ناشناخته بود.

در روز اول فوریه ۱۹۷۹، همین شــخص که او را صاحب شهرت و اعتباری جهانی کرده و حتی «امام» لقب داده بودند، پس از پانزده ســال دوری از ایران به کشــور خود بازگشــت. قدرت را به دست گرفت و نظامی خشــن و استبدادی در آن‌جا برقرار کرد که هنوز پا برجاست.

درمدتی کمتر از چهار ماه، به‌ویژه یکصد و دوازده روزی که در شهر کوچک نوفل-لو-شاتو سکنی داده شد. یک زندگی‌نامه‌ی دروغین برایش ساخته و پرداخته شد. او را به‌عنوان یک «فیلسوف بزرگ» و

«فقیه عالیقدر» به جهان و جهانیان معرّفی کردند. حال آن که چیزی جـز مقداری اباطیل دربـاره‌ی «احکام دخول بر زن»، «شـماره‌ی روزهای حیض» و مسـائل مربوط به «دخول بر حیوانات»، «بول و غایط» و «نزدیکی با گاو و گوسـفند و شتر» و «احکام دارالخلاء» و «نحوه‌ی ایستادن ساکنین کرات دیگر به موقع نماز به طرف زمین که محل مکّه‌ی معظمه است»، ننوشته بود

درباره‌ی «اندیشه‌های سیاسـی» او داد سخن دادند. در حالی که جز چند سـخنرانی یا اعلامیه بر ضد یهودیان و دولت اسرائیل، تا آن زمان تراوشی از این «افکار سیاسی» او دیده نشده بود که آن‌ها را هم کسـی نخوانده بود! کار به آن‌جا رسید که وی را یک «قدّیس سوسیال دمکرات» لقب دادند و به صـورت بُت روشنفکران چپگرای دنیای غرب درآمد. نادر بودند کسانی که در آن هیاهوی ساختگی جرئت اظهارنظر دیگری کردنـد. در حقیقت بیشتر صاحب‌نظران مهر سکوت بر لب زدند که مبادا مورد حمله‌ی روشنفکرنمایان قرار گیرند.

همـه‌ی این‌هـا سـاختگی و سـراپا دروغ بـود: زندگی‌نامه‌اش، مصاحبه‌های مطبوعاتی‌اش، پیام‌های سیاسی و مرامی‌اش. همه یا تقریباً همه‌ی این‌ها.

این کتاب شـرح مسـتند و مسـتدّلی اسـت از این دروغ‌پردازی و فریبکاری بزرگ، قطعاً یکی از بزرگ‌ترین کلاهبرداری‌های تبلیغاتی در تاریخ جهان که به عنوان نمونه‌ای در مدارس تخصّصی تدریس خواهد شد.

* * *

فارغ از هر نوع قضاوت درباره‌ی حوادث گذشته، که موضوع بحث ما نیست و نمی‌تواند باشد، تردید نمی‌توان داشت، و تقریباً امروزه هیچ صاحب‌نظری تردید ندارد، که آغاز اعتلای اسلام‌گرائی افراطی در همین مقطع زمانیِ اقامتِ روح‌الله خمینی در نوفل-لو-شاتو قرار

دارد.

این اظهارنظر تا امروز مبتنی بر یک سلسله تجزیه و تحلیل‌های مورّخان و مفسّران و مقابله‌ی بررسی‌های مختلف بود. اما اکنون بر اثر دسترسی بر بسیاری از اسناد رسمی، از جمله در ایالات متحده‌ی امریکا، و انتشار بررسی‌های علمی و تاریخی مستند به آن‌ها، دیگر شک و تردیدی نمی‌توان داشت که بنیادگرایی خشن اسلامی، یا اسلام‌گرایی افراطی[۱] زائیده و نتیجه‌ی سیاستی است که آیت‌الله خمینی را به فرانسه آورد و انقلاب اسلامی را در ایران ترتیب داد. اسلام‌گرایی افراطی و خشن را نباید با اسلام که دیانتی است محترم و شایسته‌ی احترام یکی دانست. اسلام‌گرایی افراطی و خشن در حقیقت شبیه است به بلشویسم نسبت به سوسیالیسم، یا نازیسم به ناسیونالیسم. این حرکت که اکنون جهان را نگران ساخته و کشورهای اسلامی را نابسامان گردانیده، بر اثر یک نوع توافق ضمنی شرق و غرب در سال‌های هفتاد قرن بیستم ساخته و پرداخته شد و گروهی از روشنفکران غربی در پیدایش و نموّ آن نقش اساسی ایفا کردند. این مکتب خشن و تخریبی اکنون خطری برای دنیای متمدّن و در درجه‌ی اول کشورهای مسلمان شده است. زمانی طولانی لازم آمد تا همگان بدانند و دریابند که یازده سپتامبر و بسیاری جنایات مدهش دیگر، مادرید، بالی، لوکسور[۲]... پی‌آمدهای غیرقابل اجتناب و منطقی یک‌صد و دوازده روزی بودند و هستند که آیت‌الله خمینی در نوفل-لو-شاتو گذراند.

آیا می‌توان فراموش کرد که اندکی پیش از استقرار وی در این

۱- ما این دو اصطلاح را برای ترجمه‌ی Islamisme و یا Islamisme Radical که کرراً در کتاب آمده، اختیار کرده‌ایم. این دو اصطلاح در زبان فرانسه برای معرفی اسلامی سیاسی همراه به خشونت و تروریسم مورد استفاده قرار می‌گیرد که جمهوری اسلامی ایران، نهضت طالبان در افغانستان، سازمان تروریستی القاعده El-Qaida و «اتحادیه‌ی دادگاه‌های اسلامی» در سومالی مهم‌ترین نمونه‌های آن محسوب می‌شوند. (مترجم)

۲ اشاره است به سوءقصدهای منتهی به کشتار دسته‌جمعی در این چند شهر Madrid, Bali, Luxor (مترجم)

شهرک، پیروان او به احتمال قریب به یقین به دستور و یا بهرحال با تأیید وی، چهارصد و هفتاد تن را که اکثر آنان زن و کودک بودند، در ماه اوت ۱۹۷۸ در سینما رکس آبادان زنده زنده سوزاندند؟ در این زمان هیچ کس پروا نکرد که به این «اقدام انقلابی» اعتراض و یا لااقل نسبت به آن اظهار تأثر و تأسف کند.

اکنون دنیای غرب به‌ظاهر یا صمیمانه از جنایات و خشونت‌های اسلامگرایان افراطی اظهار تأسف و نگرانی می‌کند. مگر این حرکت را خود غربی‌ها نساختند و نپرداختند؟ هیولائی که امروز آنان را نگران ساخته محصول خود آن‌ها است که اکنون از مخترع و سازنده‌ی خود انتقام می‌گیرد.[1]

***

هدف و روش من در این کتاب استفاده و اتکا به اسناد، مدارک و تحقیقاتی است که در صحّت و قابلیت اعتماد آن‌ها تردیدی روا نباشد. درباره‌ی زندگی و فعالیّت‌های روح‌الله خمینی بیشتر به نوشته‌های خود او و اطرافیانش استناد کرده‌ام که جایی برای بحث و تردید وجود نداشته باشد. اقتضای بی‌طرفی و واقع‌بینی در تاریخ‌نویسی همین است. در بعضی موارد، همین نوشته‌ها به نظرمان قابل تردید آمد که هر بار، شک و تردید خود را یادآور شده‌ام. چرا که بعضی از نزدیکان و اطرافیان آن شخص که بعداً به مخالفت و دشمنی با وی پرداختند، می‌توانند دست‌خوش کینه‌توزی و یا انتقام‌جویی شده باشند. حتی درباره‌ی موجود تباهکار و پلیدی چون خمینی باید با انصاف و واقع‌بینی و به استناد تجزیه و تحلیل دقیق تاریخی سخن گفت و من در این کتاب کوشیده‌ام که به این راه بروم.

***

۱- در متن کتاب، نویسنده به «هیولای دکتر فرانکشتین» Dr. Frankenstein اشاره کرده که در داستان معروف به همین نام پس از آن که ساخته شد به انتقام از او برخاست. (مترجم)

بسیاری از دوستان در فراهم آوردن اسناد و مدارکی که به آن‌ها رجوع و یا استناد شده یاری‌های بسیار کرده‌اند. هر بار که میسر بوده، از آن‌ها در حاشیه نام برده و اظهار امتنان کرده‌ام. تنی چند از آنان یا مقیم ایران هستند و یا هنوز به آن‌جا می‌روند. طبیعتاً به ملاحظه حفظ امنیت آنان، ذکر نام‌شان میسر نبود. از همه، چه آن‌ها که نام برده‌ایم و چه آن‌ها که نام نبرده‌ایم، صمیمانه متشکرم و نیز از ناشر خود که پروای انتشار چنین کتابی را کرد.

اول سپتامبر ۲۰۰۹

فصل اول

نخستین پنجاه سال زندگی یک آخوند

روح‌الله خمینی که در سال‌های شصت قرن بیستم شهرتی یافت و به وی لقب آیت‌الله داده شد و سپس در نوفل-لو-شاتو وی را «امام» خواندند، بطور قطع و یقین در آغاز قرن بیستم متولد شده. پدرش در سال ۱۹۰۱ طی زدوخوردی در نزدیکی شهر خمین کشته شد. همه‌ی زندگی‌نامه‌های رسمی که از آیت‌الله خمینی انتشار یافته سن او را در زمان این قتل یکساله نوشته‌اند.

قانون ثبت احوال شخصی و الزام به داشتن شناسنامه در سال ۱۹۲۴ در ایران به تصویب رسید. در این هنگام بود که روح‌الله خمینی نخستین شناسنامه‌ی خود را از اداره‌ی ثبت احوال خمین تحصیل کرد.[۱] در این شناسنامه سال تولّد او ۱۲۷۹ خورشیدی ذکر شده که با سال ۱۹۰۰ میلادی مطابقت دارد. اما روز و ماه تولد او

۱- به شماره‌ی ۲۷۴۴، در شعبه‌ی دوم اداره‌ی ثبت احوال خمین. نگاه کنید به مهدی شمشیری، ناگفته‌هایی درباره‌ی روح‌الله خمینی، هیوستون، تگزاس، ۲۰۰۱، صفحه‌ی ۶ که متن این شناسنامه و اسناد مربوط به آن را درج کرده.

ذکر نشده است.
در آن زمان هنوز در ایران، تمرکز شناسنامه‌ها و پایه‌گذاری صورت متمرکزی از همه‌ی اطلاعات مربوط به «احوال شخصیه» آغاز نشده بود. در نتیجه روح‌الله دو شناسنامه‌ی دیگر نیز دریافت کرد. نخست هنگامی که در قم مستقر شد و زندگی «طلبگی» را آغاز کرد.
در این شناسنامه‌ی خود را روح‌الله موسوی‌خمینی معرّفی کرده، شاید به این خاطر که وی را از احفاد امام موسی کاظم بدانند. نام و عنوانی که با «حرفه»ی آخوندی بیش‌تر متناسب بود.[1]
یک سال بعد، روح‌الله خمینی شناسنامه‌ی دیگری گرفت (شناسنامه‌ی سوم) به نام مصطفوی‌خمینی که اشاره‌ای است به نام پدرش مصطفی تا وی را از نسب او بدانند[2] و بعداً نیز گه‌گاه به این اسم خوانده شد.
در هر سه شناسنامه تاریخ تولد همان ۱۲۷۹ (یعنی ۱۹۰۰) ذکر شده. بنابراین می‌توان همین تاریخ را بی‌چون و چرا پذیرفت. پس از آن که خمینی در ایران به قدرت رسید، در زندگی‌نامه‌های رسمی او ماه و روز تولدش را ذکر کردند. این نکته فاقد اهمیت واقعی است ولی معلوم نیست چرا آیت‌الله و امام بعدی سه بار به اخذ شناسنامه اقدام کرده.

* * *

کلمه‌ی خمینی که در هر سه شناسنامه روح‌الله جوان، آن را به‌عنوان نام‌خانوادگی انتخاب کرد، اشاره به انتساب او به شهر خمین است، واقع در مرکز ایران. در ربع آخر قرن نوزدهم پدربزرگ و پدر آیت‌الله به این شهر آمدند و در آن‌جا مستقّر شدند. احمد (پدربزرگ) و مصطفی (پدر) کشمیری مسلمان و بنابراین از اتباع هندوستان بودند. در آن

۱- همان منبع، صفحه‌ی ۲۵. از این پس وی همواره «روح‌الله الموسوی الخمینی» را به عنوان امضای خود مورد استفاده قرار داد. احتمالاً برای آن که به نام و عنوان خود ظاهری عربی (و اسلامی) بدهد.
۲- همان منبع، صفحات ۲۷ و ۲۸.

زمان هندیان بسیاری به ایران می‌آمدند، غالباً از شهری به شهری و از روستایی به روستای دیگر می‌رفتند و از غیب‌گویی و رمّالی امرار معاش می‌کردند. ظاهراً مصطفی خواندن و نوشتن می‌دانست و مانند بسیاری از هم‌وطنان خود به زبان فارسی آشنایی داشت. او و پدرش پیش از این که به ایران بیایند به زیارت کربلا مرقد امام سوم شیعیان حسین‌ابن علی رفتند که نوه‌ی محمد پیامبر اسلام و از دیدگاه شیعیان مظهر و نمونه‌ی شهادت در راه خدا و اسلام است.[۱] ظاهراً به توصیه‌ی یکی از زائران کربلا، احمد و مصطفی پس از یک سفر طولانی در داخل ایران به خمین رفتند و در آن جا مستقّر شدند.

تاریخ درگذشت احمد (پدربزرگ آیت‌الله آینده) معلوم نیست. اما می‌دانیم که مصطفی (پدرش) با خواهرزاده‌ی همان زائر کربلا که به او توصیه کرده بود به خمین برود و در آن‌جا مستقر شود ازدواج کرد. همسر مصطفی سکینه نام داشت. از این ازدواج سه پسر و دو دختر زنده ماندند. روح‌الله کوچک‌ترین سه پسر بود. پسر ارشد، آقا مرتضی، بعد از تحصیلات قدیمه موفق شد در تشکیلات جدید دادگستری و ثبت اسناد و احوال یک دفتر اسناد رسمی درجه‌ی سه افتتاح کند. دفاتر درجه سه فقط حق جاری کردن ازدواج و معاملات کوچک را داشتند. این دفترخانه‌ی سال‌ها دائر بود. در نخستین سال‌های بعد از جنگ دوم، مقامات رسمی به علت مشاهده بعضی تخلّفات آن را تعطیل کردند. آقا مرتضی که نام خانوادگی

۱- نگاه کنید به مهدی پیراسته، آخوندشناسی، بررسی نقش آخوند و ملا در ایران از زمان حمله‌ی تازیان تا فاجعه‌ی بهمن ۵۷ و پس از آن. دو جلد، انتشارات آرش، استکهلم، ۲۰۰۵، جلد دوم، صفحه‌ی ۳۸۴.

نویسنده‌ی کتاب، که از قضات عالیرتبه‌ی دادگستری ایران بود، به مقامات سیاسی مهمی نیز رسید: استانداری، وزارت کشور و سفارت. وی به هنگام اغتشاشات اوائل دهه‌ی شصت که خمینی در آن‌ها نقش اساسی داشت، وزیر کشور بود. سپس به مدت سه سال متصدی سفارت ایران در عراق شد. دقیقاً در زمانی که تبعید خمینی به آن کشور آغاز شد. کتاب وی آمیخته‌ای است از خاطرات، اطلاعات جالب، اظهارنظرها و مجادلاتِ شخصی که طبیعتاً باید با احتیاط مورد استناد قرار گیرد. بسیاری از نکات مربوط به زندگی خانواده‌ی خمینی به لحاظ همشهری بودن او با آیت‌الله جالب است.

پسندیده را اختیار کرده بود، به زندگی ساده و بی‌ماجرایی از محل درآمد املاکش و پس‌اندازهایی که داشت ادامه داد. پس از انقلاب اسلامی به خود عنوان آیت‌الله داد، یا به او این عنوان را دادند. با برادرش اختلافاتی پیدا کرد که به علت آن اشاره خواهیم کرد و سال‌ها بعد به روایتی در سِنّی نزدیک به یک‌صد سالگی وفات یافت.
برادر دوم آقانور نام خانوادگی هندی را برگزید که اشاره‌ای بود به تبار خانواده‌ی آنان. او پس از تحصیلات متعارف به وکالت عدلیه پرداخت. زندگی محترمانه‌ای داشت و به سال ۱۹۷۶ درگذشت.
دو تن از مفسران فرانسوی که درباره‌ی انقلاب اسلامی و شرح حال روح‌الله خمینی تحقیقاتی کرده و کتابی نسبتاً معتبر انتشار داده‌اند، نوشته‌اند که نام روح‌الله، اختصاص به یهودیان جدیدالاسلام و یا ایرانیان بهایی دارد.[1] این نکته نادرست به نظر می‌رسد هیچ قرینه و دلیلی دائر بر این که اجداد روح‌الله خمینی مسلمان نبوده و بهایی یا یهودی بوده‌اند، وجود ندارد. ایرانیان بسیاری از هر دین و مذهب روح‌الله نام دارند.

* * *

مصطفی که خواندن و نوشتن می‌دانست، به خدمت مهم‌ترین بزرگ مالک منطقه، حشمت‌الدوله (جد خانواده‌ی حشمتی محلات) درآمد و در حقیقت مستخدم و منشی او شد. حشمت‌الدوله به سنت بزرگ مالکان آن زمان، می‌کوشید که به وسعت املاک خود بیافزاید و زمین‌های خرده‌مالکانی را که مقروض می‌شدند به قیمتی ناچیز می‌خرید و گویاً گاهی نیز از ارعاب و تهدید آنان خودداری نمی‌کرد. منشی او این معاملات را ثبت می‌کرد، چرا که در آن عهد هنوز دفاتر اسناد رسمی در ایران وجود نداشت، برای رسمیت بخشیدن به «معاملات» یا نزد آخوندی می‌رفتند یا ورقه‌ای تنظیم می‌شد و دو طرف معامله آن را امضا یا مهر می‌کردند. با قدرت و نفوذ

1- Christian Delannoy - Jean Pierr Pichard, Khomeyni, La Revolution Trahie, Carriere, Paris, 1988, P. 67

حشمت‌الدوله حتی مراجعه به یک آخوند محلی ضرورتی نداشت و منشی او، آقامصطفی، این کار را انجام می‌داد. در گیر و دار این معاملات خود او نیز ثروتی اندوخت و از زورگویی به زارعین و خورده‌مالکان خودداری نمی‌کرد. در نتیجه دشمنان بسیار پیدا کرد که چون دستشان به حشمت‌الدوله نمی‌رسید وی را آماج کینه و نفرت خود قرار دادند.

در آخر قرن نوزدهم بود که بر اثر یکی از این نقارها فاجعه‌ای برای خانواده‌ی خمینی روی داد. یکی از همان خورده‌مالکانی که خود را متضرّر می‌دانستند، بنام بهرام‌خان، درصدد انتقام از مصطفی برآمد و با همدستی تنی چند از دوستانش در راه خمین به اراک، به او، که خود را سید نیز می‌نامید حمله برد و به قتلش رساند.

بهرام‌خان، که متهم به این قتل بود، توقیف و به تهران انتقال داده شد. در پایتخت وی را محاکمه و محکوم به اعدام کردند و در ملاءعام -چنان‌که رسم آن زمان بود- به چوبه‌ی دار آویخته شد. خانواده‌ی مقتول نیز در این اعدام حضور داشتند، که این نیز از عادات آن روزگار بود.

هشتاد سال بعد روح‌الله خمینی که مردی کینه‌توز بود، دستور داد حسین بهرامی رئیس انجمن شهر خمین را که نوه‌ی بهرام‌خان بود توقیف کردند و به عنوان «محارب با خدا و مفسد فی‌الارض» در زندان وی را سخت شکنجه دادند که حتی امکان وصف آن میسر نیست.[۱] سپس در میدان شهر و در برابر جمعی از اهالی خمین وی را شلاق زدند و سرانجام جسد نیمه‌جانش را به دار آویختند و به رسم جمهوری اسلامی کلیه‌ی اموال خود او و حتی خانواده‌اش مصادره شد و یا به غارت رفت.

جراید آن روزها این ماجرا و اِعمال «عدالت اسلامی» را درباره‌ی حسین بهرامی «با عکس و تفصیلات» بازگو کردند.

پس از مرگ مصطفی، همسر وی و فرزندان صغیرش بی‌سرپرست

۱- مهدی پیراسته- منبع ذکر شده، صفحه‌ی ۴۰۱.

نماندنـــد و چند خانواده‌ی متعیّن منطقه‌ی آنان را زیر بال و پر خود گرفتنـــد. یکی از آن‌ها خانواده‌ی صدرالاشـــراف[۱] بـــود. بر اثر این کمک‌ها، پسران آقا مصطفی توانستند به مکتب‌خانه و مدارس قدیمه بروند و سرانجام به جایی رسیدند.

* * *

هنگامی که پس از سال ۱۹۲۴ میلادی، همه‌ی ایرانیان ملزم به انتخاب یک نام خانوادگی و دریافت شناسنامه شدند، بیش‌تر بازماندگان و اخلاف احمد (پدربزرگ) و مصطفی (پدر)، نام خانوادگی هندی را انتخاب کَردند که یادآور اصل و نسب آنان بود.
بعضـــی دیگر خود را هندی‌زاده نامیدند (بـــاز هم به همان دلیل) و چنان که دیدیم روح‌الله نام خمینی را برگزید. ظاهراً در منطقه‌ی اراک و محلات و خمین، این کار مرسـوم بوده کـــه فرزندان خانواده‌ای نام‌های مختلف اختیار کنند و مثال‌های متعددی در این مورد وجود دارد.
روح‌الله خوانـــدن و نوشـــتن را نزد برادر ارشـــدش، آقامرتضی فرا گرفـــت و نیز مدتی در خمین به مکتب‌خانه رفت. آن‌گاه برای تکمیل تحصیلاتش عازم محلات و ســـپس اراک و سرانجام قم شد. در قم محضر چند تن از مشاهیر روحانیون آن شهر را درک کرد.[۲]
روح‌الله در مقام مقایسه با طلّاب دیگر وضع مرفّهی داشت، از درآمد شخصی خود زندگی می‌کرد و احتیاجی به این و آن نداشت. معذالک در ماه‌هـــای رمضان، محرم و صفر به روضه‌خوانی می‌پرداخت و گویا به چند تن از طلّاب تدریس نیز می‌کرد.

۱- محسن صدر، صدرالاشراف، که در دوران سلطنت پهلوی به ریاست دیوان عالی تمیز، وزارت، نخست‌وزیری و ریاست مجلس سنا رسید.
۲- از جمله حاج‌آقا عبدالکریم حائری یزدی و محمدعلی شاه‌آبادی. در مورد این مرحله از زندگی روح‌الله خمینی نگاه کنید به
Amir Taheri, Khomeyni, Balland,Paris, PP. 29 a 65.
طبق تحقیقات نویســـنده‌ی این کتاب، هم‌دوره‌هایش در این زمان از روح‌الله خمینی به عنوان طلبه‌ای باهوش اما بسیار جاه‌طلب یاد می‌کردند.

اندکی قبل از آغـــاز جنگ دوم جهانی، روح‌الله خمینی برای ادامه‌ی تحصیلات عازم نجف شـــد که در آن زمان (همانند امروز) مهم‌ترین مرکز تشیّع در جهان بود. قبل از حرکت با یک دختر خانم جوان به نام خدیجه، که یازده ساله و از خانواده‌ای محترم بود و ثروت قابل ملاحظه‌ای هم داشـــت ازدواج کرد.[۱] در آن هنگام ازدواج با دختران جوان پس از نه ســـالگی مجاز بـــود. باید گفت که برخلاف بیش‌تر آخوندها، روح‌الله خمینی زندگی خانوادگی بی‌ســـروصدایی داشت و زن دیگـــری را به عقد ازدواج خود درنیاورد. از ازدواج با خدیجه فرزندان متعدد بدنیا آمدند که فقط چهار تن از آنان زنده ماندند: دو پسر، مصطفی و احمد، که در این کتاب به آنان برخواهیم خورد و دو دختر که زندگی خانوادگی محترمانه و بی‌سرو صدایی داشتند. خمینـــی با وجود آن که خودش یک‌بار بیش‌تـــر ازدواج نکرد، تعدّد زوجات را که پس از انقلاب ســـفید[۲] ممنوع شده بود، دوباره برقرار کرد و حداقل ســـن دختران را برای ازدواج نه سال قرار داد و اعلام داشت که «دختران باید خون حیض را در خانه شوهر ببینند.»[۳]

* * *

در نیمـــه‌ی دهه‌ی چهل میلادی و پس از پایـــان جنگ جهانی دوم و بازگشـــت آرامش نســـبی به ایران، روح‌الله خمینی به کشور خود مراجعت کرد. زندگی او تا سال ۱۹۶۳ که رو در روی نظام سیاسی کشور قرار گرفت، آرام و بی‌سر و صدا بود، گرچه در شمار اطرافیان آیت‌الله سیدابوالقاسم کاشـــانی قرار داشت و به خصوص موقعی که وی به مخالفت با دکتـــر محمد مصدق رهبر نهضت ملی ایران برخاست، برای نخســـتین بار از خود جنب و جوش نشان داد. دو

۱- همســـر خمینی، خانم خدیجه ثقفی. در ۲۱ مارس ۲۰۰۹ درگذشـــت. نگاه کنید به Iran Times شماره‌ی ۲۷ مارس ۲۰۰۹.

۲- نگاه کنید به صفحات بعدی این کتاب.

۳- نقل از ترجمه‌ی قســـمتی از نوشته‌های خمینی در کتاب Delannoy et Pichard منبع ذکر شده، صفحه ۶۷.

برادر دیگرش یکی سردفتر اسناد رسمی بود و دیگری وکیل عدلیه. فعالیت شخصی خود او نیز وعظ و روضه‌خوانی وتدریس علوم دینی در مساجد قم بود.

هر یک از سه برادر دهکده‌ای را در منطقه‌ی خمین از پدر به ارث برده بودند. ده متعلّق به آیت‌الله آینده «زورقان» نام داشت.[۱]

در همین زمانِ بود که سه برادر به شراکت یکدیگر، دست به یک فعالیت انتفاعی زدند و یک بنگاه اتوبوس‌رانی ایجاد کردند. این مؤسسه بنگاه هندی نام داشت و خطوط اتوبوس‌رانی بین خمین، محلات و اراک دائر کرد. آن‌ها خانه‌ی پدری را تبدیل به گاراژ، انبار وسائل و قطعات و اقامتگاه رانندگان، یعنی در حقیقت مرکز فعالیت این بنگاه کردند.[۲]

این ساختمان، اندک اندک به صورت نیمه مخروبه درآمد ولی در سال ۱۹۸۰ آن را مرمّت کردند. به روایت کسانی که اخیراً به بازدید «خانه‌ی آقا» رفته‌اند، ساختمانی است در یک طبقه‌ی هم‌کف با زمین که یازده اتاق و حیاطی نسبتاً بزرگ با دو درخت دارد. ساختمان فقط دارای یک مستراح است. هنگامی که «بنگاه هندی» فعالیت و رونق داشت، اتوبوس‌ها را در حیاط قرار می‌دادند و از اطاق‌ها به عنوان انبار یا محل استراحت رانندگان استفاده می‌شد. اکنون این ساختمان مصرف خاص ندارد، گه‌گاه خارجیانی به بازدید آن می‌روند.

* * *

قاعدتاً نمی‌بایست این مرحله از زندگی و فعالیت روح‌الله خمینی کوچک‌ترین بحث و مجادله‌ای به‌وجود آورد. اما، هنگامی که وی را به نوفل-لو-شاتو آوردند و از او یک شخصیت بین‌المللی ساخته

۱- نگاه کنید به سیاوش بشیری، توفان در ۵۷. جلد اول. انتشارات پرنگ. Levallois ۱۹۸۲ صفحه‌ی ۵۸.

۲- نگاه کنید به Amir Taheri منبع ذکر شده صفحه ۹۶ و نیز:
Gerard Beaufils, Tous Otages de Khomeyni, Seguier, Paris, 1984, P.76

شد، درمورد آن دروغ‌های بسیار گفته ونوشته شد.
در هیچ یک از زندگی‌نامه‌هایی که از او به هنگام اقامتش در فرانسه نوشته و پراکنده شـد، ذکری از تبار هندی او نیست. او فرزند یک خانواده‌ی مهاجر به ایران بود که مطلقاً ننگ‌آور نیست. اما زمانی که خواستند از او افسانه‌ای بسازند و قهرمان جلوه‌اش دهند، این تبار غیرایرانی نمی‌توانست مظهر فخر باشد و از ذکر آن خودداری کردند. حتی امروز در ایران کسی به آن اشاره نمی‌کند و در خارج نیز ذکر آن مورد تأیید روشنفکر نمایان نیست.

دروغ و پنهان‌کاری

برادر ارشد آیت‌الله، آقا مرتضی پسندیده، در روزهای قبل از پیروزی انقلاب اسلامی در مصاحبه‌ای با جراید تهران گفته بود «جد ما، مرحوم آقاسید احمد، کشمیری بود، از هندوستان به ایران آمد و سال‌ها با همه‌ی خانواده‌ی ما در خمین زندگی می‌کرد.»[۱]
گویا همین مصاحبه نقاری بین او و برادرش روح‌الله بوجود آورد. پانزده سال بعد، همین پسندیده در خاطراتی که تقریر کرده بود و در آن به وی عنوان آیت‌الله داده شده، این نکته را مجدداً و به تفصیل تکرار و تأیید کرده است.[۲]
بعد از پیروزی انقلاب اسلامی، در قانون اساسی نظام جدید مقرر و تصریح شده که «رهبر انقلاب» باید فقط ایرانی و رئیس جمهوری «ایرانی و ایرانی‌الاصل» باشد. به این ترتیب خواسته‌اند که موقع و موضع قانونی رهبر آن زمان انقلاب یعنی خمینی را به دور از هر گونه انتقاد و تردید قرار دهند. خود آیت‌الله خمینی به محض آن که به قدرت رسید شیروخورشید را که قرن‌ها مظهر و نشانه‌ی رسمی

۱- اطلاعات، ۱۵ ژانویه‌ی ۱۹۷۸.
۲- ایـن خاطرات به محمدجواد مرادی‌نیا تقریر و به همت او تنظیم و انتشـار یافته، انتشارات حدیث، تهران ۱۳۷۴ خورشیدی (۱۹۹۵). این سند مشتمل بر اطلاعات جالبی درباره‌ی زندگی و خانواده‌ی خمینی است و تقریباً در همه‌ی نکات با آن‌چه در این‌جا آورده‌ایم تطبیق می‌کند.

و ملی ایران بود لغو و یک نقش کشمیری را جایگزین آن «علامت ملعون»[۱] کرد.

همه‌ی این‌ها اقرارهای رسمی و تقریباً علنی است در مورد تبار غیرایرانی روح‌الله خمینی. در همین زندگی‌نامه‌های رسمی که در جهان پراکنده شده بود، مادر آیت‌الله را دختر یک «امام» معرفی کردند.[۲]

دروغ بزرگ دیگر

این «خبر» یا «نکته» فرانسوی و غربی آن‌قدر تخیّلی و خلاف واقع بود که حتی در زندگی‌نامه‌های رسمی خمینی در ایران به آن اشاره‌ای نشده، اما نویسندگان کشورهای باختر زمین هنوز به آن استناد می‌کنند.

اختراعات پاریسی درباره‌ی پدر آیت‌الله ابعاد دیگر و بزرگ‌تری یافت:

«در زندگی پرماجرای خمینی، پدرش مصطفی، به دستور و به دست عوامل رضاشاه به قتل رسید.»[۳]

این نکته هنوز در بسیاری از زندگی‌نامه‌های رسمی خمینی مندرج است. همه می‌دانند که در سال ۱۹۰۰ یا ۱۹۰۱ که مصطفی به قتل رسید. شاهنشاه آینده‌ی ایران افسر جوانی در لشکر قزاق دوران قاجاریه بود و بطور قطع حتی از ماجرای قتل منشی حشمت‌الدوله و اعدام قاتلش خبر نداشت.

۱- سخنرانی در مدرسه‌ی فیضیه‌ی قم، ۶ مارس ۱۹۷۹. درباره‌ی تاریخچه‌ی پرچم ایران و شیروخورشید نگاه کنید به حمید نیّرنوری، تاریخچه‌ی پرچم ایران و شیروخورشید، موسسه‌ی مطالعات و تحقیقات اجتماعی دانشگاه تهران، تهران، ۱۹۶۵.

۲- Paul Balta, Le Monde, 19 Jonvui 1979 این بیوگرافی طولانی و مفصل آیت‌الله خمینی که به وسیله‌ی آژانس فرانس پرس (A.F.P) عیناً نقل و به سراسر جهان مخابره و تقریباً همه جا به کار گرفته شد، درحقیقت منبع اصلی بیش‌تر مطالب خلاف حقیقتی است که درباره‌ی خمینی نوشته شد و سپس رسمیت یافت.

3- Pierre Accoce et Dr. Piere Rentchnick, Ces Nouveavx Malades Qui Nous Gouvernent, Stock, Paris, 1988. P. 282

این داســـتان به قدری ســـاختگی و غیرمعقول بـــود که چندی بعد ســـفارت جمهوری اسلامی در پاریس ناچار شد آن را تعدیل کند و اعلام دارد «پدر آیت‌الله هنگامی که پنج ســـال بیش نداشت، بر اثر مبارزات ضد استعماری‌اش اعدام شد».[1]

باز هم دروغی دیگر

روزنامه‌ی لوموند پاریســـی، پدر آیت‌الله را که «به دســـت و دستور عوامل رضاشاه» و به خاطر مخالفتش با رژیم به قتل رسیده بود(!)، به عنوان «قهرمان مبارزه ملی علیه خان‌ها و بزرگ مالکان» و حتی رهبر «جامعه‌ی خمین» معرفی کرد.[2]

نکاتی که از تخیّـــلات و دروغ‌پردازی‌های مربوط به خمینی تراوش کرده. مصطفی مستخدم فعّال و صمیمی خان بزرگ و مالک اصلی منطقه‌ی خود بـــود. عنوان «رهبر جامعه‌ی خمیـــن» اصولاً وجود نداشـــته و ندارد. پدر خمینی مثل اکثر افـــراد آن زمان که مختصر سوادی داشتند معمّم بود و حتی عمامه‌ی سیاه بر سر نهاد که او را سید بدانند، اما روحانی نبود.

* * *

در سال‌های بعد از جنگ جهانی دوم روح‌الله خمینی هنوز آخوندی معمولی و ناشـــناخته همانند ده‌ها هزار آخوند دیگر در سرتاســـر ایـــران بود. در قم به چند تن طلبه فقه و اصول تدریس می‌کرد و به روضه‌خوانی ادامه می‌داد. از صندوق و «محل وجوه» آیت‌الله‌عظمی حاج‌آقا حسین بروجردی، مرجع تقلید شیعیان، اندک مقرّری دریافت می‌داشـــت. اما به علت دارایی شخصی و عواید بنگاه اتوبوسرانی هندی زندگی نســـبتاً مرفهی داشت. این فعالیت اقتصادی، خلاف قانون و حتی رسم و عرف نبود. اما جنبه‌ی قهرمانی و استثنایی هم

۱- نگاه کنید به Gerard Beaufis صفحه‌ی ۷۴.

2- Le Monde, 19 Janvier 1979

نداشت. خمینی آخوندی بود گمنام. با کسی کاری نداشت و کسی را با او کاری نبـود. در این دوره تنها یک‌بار، از او اثر یک فعالیت «سیاسی» دیده می‌شود:

در چهارم فوریه‌ی ۱۹۴۹ میلادی هنگامی که محمدرضاشاه پهلوی برای شـرکت در مراسـم روز دانشـگاه (۱۵ بهمن) به دانشکده‌ی حقوق و علوم سیاسی و اقتصادی دانشگاه تهران رفته بود، مورد سـوءقصد ناصر فخرآرائی یکی از اعضای کمیتـه‌ی ترور حزب توده‌ی ایران قرار گرفت. پنج تیر به سـوی او شـلیک شـد و شاه با اندکی جراحت، معجزه‌آسـا نجات یافت. در گیرودار سوءقصد، ضارب نیز به وسیله‌ی مأمورین انتظامی به قتل رسید.

با استفاده از این ماجرا که هیجانی در افکار عمومی به نفع رئیس مملکت ایجاد کرده بود، دولت که ریاست آن با محمد ساعد بود، و مجلس بر آن شدند که به منظور تقویت موضع مقام سلطنت و اقتدار دولت، تغییراتی در قانون اساسی بدهند. از جمله در شرائط خاص و با محدودیت‌هایی به شاه اجازه داده شد که مجلس را منحل کند و یا قانونی را که به تصویب قوه مقنّنه رسیده برای شور مجدد به مجلس برگرداند که البته کلام آخر با مجلس باقی می‌ماند.

در روز ۷ فوریه، در گرماگرم التهاب افکار عمومی پیشنهاد دولت و مجلس قطعیت یافت و تصمیم به دعوت و تشکیل مجلس مؤسسان گرفته شد که تنها مرجعی بود که می‌توانست در این مورد اظهارنظر و اتخاذ تصمیم کند.

چنان که در آن موقع مرسـوم و متداول بود، دولت و دربار تصمیم گرفتنـد که قبلاً نظر موافق آیت‌الله‌عظمی بروجردی را در مورد این تغییرات جلب کنند.

شـایعه‌ی این تغییرات و استفسـار از مرجع تقلید شیعیان در قم پیچید. شش تن از ملاهای شهر در نامه‌ای بسیار مؤدبانه خطاب به آیت‌الله‌عظمی از او پرسـیدند که آیا دراین تغییرات نکته‌ای که به «احترامات و شئون اسلام و مصالح دینی و ملّی و اجتماعی» مربوط

باشد وجود دارد یا خیر؟ روح‌الله خمینی در میان امضاکنندگان نفر چهارم بود. نکته‌ای که در ظرایف سلسله‌ی مراتب میان روحانیون حائز اهمیت بسیار است.[۱]
آیت‌الله‌عظمی در پاسخ خود به امضاکنندگان نامه نوشت:

«... به وسیله‌ی اشخاص به اعلیحضرت همایونی تذکراتی مکرّر داده‌ام. تا آن که اخیراً جناب آقای وزیر کشور و آقای رفیع[۲] از طرف اعلیحضرت همایونی ابلاغ نمودند که تنها در موّاد مربوط به دیانت تصرفی نخواهد شد.
معذالک در تمام مجالسی که در اطراف این قضیه مذاکره شد عده‌ای از علماء اعلام حضور داشتند، کلمه‌ای که دلالت یا اشعار به موافقت با این موضوع داشته باشد از حقیر صادر نشده...[۳]

آیت‌الله‌عظمی در پاسخ خود اشعار داشته که در مذاکرات با فرستادگان دولت و دربار تنی چند از «علماء اعلام» نیز حضور داشته‌اند. به این ترتیب خواسته به امضا کنندگان نامه (از جمله روح‌الله خمینی) یادآور شود که آن‌ها را جزو علمای اعلام به حساب نمی‌آورد.
موضوع، دیگر دنبال نشد. امضا کنندگان نامه حتی در شهر قم معروفیتی نداشتند، جراید به این مکاتبات که اخیراً انتشار یافت حتی اشاره هم نکردند.
تقریباً در همین اوان بود که روح‌الله خمینی در جزوه‌ای تحت عنوان کشف‌الاسرار که مکرراً در ایران بدون ذکر نام ناشر و تاریخ چاپ و منتشر می‌شود، مجموعه‌ای از افکار پریشان و یادداشت‌های ضد و

۱- متن این نامه و پاسخ آیت‌الله‌عظمی بروجردی به طور کامل در کتابی که به سال ۱۹۸۱ تحت عنوان مجموعه‌ی مکتوبات، سخنرانی‌ها، پیام‌ها و فتاوی امام خمینی به همت م.دهنوی، در تهران (انتشارات چاپخش - ۱۳۶۰) انتشار یافته مندرج است. صفحه‌ی ۷.
۲- حاج آقا رضا رفیع (قائم‌مقام‌الملک) شخصیتی که هم نزدیک به شاه و دربار و دولت بود و هم نزدیک به روحانیت.
۳- همان منبع صفحه ۸.

نقیض سیاسی خود را به نثر و انشائی کودکانه و غالباً غیرقابل فهم انتشار داد و در چند جا عدم مخالفت خود را با سلطنت تأکید نمود، «با اصل سلطنت تاکنون از این طبقه (روحانیون) مخالفتی ابراز نشده، پشتیبانی‌هایی که مجتهدین از دولت کردند در تواریخ مذکور است.»[1] و می‌افزاید: «نمی‌گوییم شاه باید از روحانیون باشد، شاه باید نظامی باشد ولی از قوانین مملکتی متابعت کند...»[2]

تا نیمه‌ی قرن بیستم که روح‌الله خمینی پنجاه ساله شده بود، این مبادله‌نامه با آیت‌الله‌عظمی بروجردی و جزوه‌ی پریشان و پرتضاد کشف الاسرار تنها موضع‌گیری‌هایی است که بتوان به آن جنبه‌ی سیاسی داد. در آن‌ها اثر از مبارزه‌ی خستگی ناپذیر وی با امپریالیسم و سلطنت که به نوشته‌ی جراید غربی از جوانی آغاز شده بود، دیده نمی‌شود.

۱- روح‌الله خمینی، کشف‌الاسرار، از جمله صفحات ۱۸۶- ۱۸۷ و ۲۳۴.

۲- در مورد «افکار سیاسی» و اظهارنظرهای آیت‌الله خمینی، گذشته از کتاب‌های متعدد علاّمه شجاع‌الدین شفا، بخصوص توضیح‌المسائل، پاسخ‌هایی به پرسش‌های هزار ساله درباره‌ی تشیّع دین و تشیّع دکانداران دین، ۹۶۰ صفحه، پاریس، نگاه کنید به دکتر مرزبان توانگر ناآگاهی و پوسیدگی - سیری در نوشته‌های سیدروح‌الله خمینی. دو جلد، لندن، نشر نوآوران ۱۳۶۳ و ۱۳۷۰ خورشیدی. (مترجم)

فصل دوم

نخستین گام‌ها در سیاست

ایران در سال‌های بعد از جنگ جهانی دوم دورانی پر آشوب، بحرانی و دشوار گذراند. بدون تردید، سخت‌ترین بحرانی که کشور با آن روبرو شد، آن بود که شوروی‌ها، علی‌رغم تعهداتی که کرده بودند، از تخلیه‌ی قوای خود سرباز زدند و سپس دو رژیم جدایی‌طلب کمونیست یکی در آذربایجان و آن دگر در بخشی از کردستان بوجود آوردند. جزئیات این دو بحران مربوط به جنگ سرد میان شرق و غرب -دنیای تحت تسلط مسکو و جهان آزاد- بر هیچ‌کس پوشیده نیست.

ایران توانست با این دو بحران سنگین به برکت استقامت و تدبیر نخست‌وزیر وقت احمد قوام[1] قوام‌السلطنه، که از پشتیبانی کامل

۱- «قوام توانست، بهتر از هر دولتمرد دیگری در جهان استالین را فریب دهد و اتحاد جماهیر شوروی را مفتضحانه شکست داد.»
Andre Fontaine, Histoire de la Guerre Froide Fayard, Paris, Tome I. P. 333

افکار عمومی و شاه و نیز از حمایت هاری ترومن رئیس جمهوری امریــکا برخوردار بود، با پیــروزی مقابله کرده و وحدت و تمامیت ارضی خود را حفظ کند.
مســألهی آذربایجان و کردستان تازه حل شــده بود که ماجرای دیگری پیش آمد و آن آغــاز یک نهضت ملّی و مردمی واقعی برای احقاق حقوق ایران از شرکت نفت ایران و انگلیس (B.P./A.I.O.C) و بهویژه پایان دادن به مداخلات نابجای لندن در سیاســت داخلی کشور بود.
تظاهرات وسیع ملّی بر ضد سیاست استعماری بریتانیا تا به آنجا رسید که مردم یکپارچه، با یک جنبش تاریخی و میهنی بیسابقه، خواســتار ملی کردن تأسیســات و صنایع نفت ایران شدند که بر اساس قرارداد ۱۹۰۱ بوسیلهی انگلیسیها اداره میشد و ایرانیان در مقابل درآمدی اندک، حتی حق نظارت بر آن را نداشتند.
مظهر و رهبر این نهضت ملی دکتر محمد مصدق بود، از خانوادهای اشــرافی و بســیار ثروتمنــد. از مادر نســبش بــه عباسمیرزا و فتحعلیشــاه قاجار میرســید و داماد ناصرالدینشــاه بود. دکتر مصدّق حقوقدانی برجســته و نخســتین ایرانی بود که به دریافت دکتری در علم حقوق نائل آمد. در ســخنوری توانا بود. به قول یک مورّخ فرانسوی «فقط میتوانست با شور و هیجان زندگی کند و همواره دستخوش احساسات خود میشد.»[۱] مصدق در میان مردم محبوبیت فراوان داشــت. محمدرضا شاه علاقهای به او نداشت ولی از او در این نهضت پشتیبانی میکرد.
یکی از یاران و همراهانش در این مبارزه سرلشکر فضلالله زاهدی یک نظامی «خــارج از قوارههای متعارف»[۲] بــود که به ضدیت با سیاســت بریتانیا اشتهار داشت. انگلیسیها وی را در زمان جنگ

1- Arthur Conte, le Reveil De l'Islam, Paris Match, 23 septembere 1983.
۲- توصیف «ســپاهی خــارج از قوارههای متعارف» را آقای عــزّتالله همایونفر، در زندگینامهی مفصلی که به وی اختصاص داده به کار برده اســت: از سپاهیگری تا سیاستمداری، انتشارات آبنوس، ژنو، ۱۹۹۷.

ربوده و به فلسطین برده و به مدت سه سال در دشوارترین شرایط زندگی کرده بودند. وی بعداً در دولت دکتر مصدق به وزارت کشور رسید و سپس جانشین وی شد.

یکی دیگر از طرفداران دکتر مصدق در این نهضت، آیت‌الله سیدابوالقاسم کاشانی بود. کاشانی اشتهار به تندروی، درشت سخنی و فساد مالی داشت. خود را مخالف و بلکه دشمن سیاست بریتانیا معرّفی می‌کرد. گرچه سال‌های طولانی در کشورهای تحت‌الحمایه یا مستقیماً تحت تسلط لندن زیسته و همواره از حمایت و احترام مأموران بریتانیایی برخوردار شده بود. گفته می‌شد که سیدابوالقاسم با جمعیت اخوان المسلمین ارتباط نزدیک دارد. البته فراموش نباید کرد که این جمعیت در ابتدای فعالیتش (سال‌های بعد از جنگ جهانی اوّل) از کمک‌های مالی و سیاسی لندن برخوردار شده بود. انگلیسی‌ها به این ترتیب می‌خواستند حرکتی بر ضد جنبش‌های ملی‌گرای عرب بوجود آورند. در همین سال‌ها و در میان اطرافیان سیدابوالقاسم، گروه تندرو و افراطی «فدائیان اسلام» تشکیل شد که ظاهراً شعبه‌ی ایرانی همان اخوان المسلمین مصر بود.

مصدق با اختلاط سیاست و دیانت مخالف بود و عقیده داشت که باید روحانیون را از مداخله در امور سیاسی به دور نگاه داشت. این نکته را بارها گفته و نوشته بود. وی به احتمال قریب به یقین «لامذهب» نبود، ولی توجهی هم به رعایت آداب و تشریفات اسلامی نداشت و حتی در زندگی خصوصی غالباً همسرش شاهزاده خانم ضیاءالسلطنه را با همه‌ی احترام و علاقه‌ای که به او داشت، به سبب توجه و افراطش به رعایت همین آداب و تشریفات به باد تمسخّر می‌گرفت.[۱]

۱- نگاه کنید به کتاب فارسی خانم شیرین سمیعی، در خلوت مصدق. از انتشارات شرکت کتاب، لس‌آنجلس، ۲۰۰۶. خانم شیرین سمیعی عروس دکتر غلامحسین مصدق فرزند دکتر محمد مصدق بود و تا پایان عمر قهرمان ملی شدن نفت درکنارش می‌زیست.

کاشانی مدعی بود که باید «احکام شریعت» با همه‌ی سخت‌گیری‌ها و خشونت‌های قرون وسطایی آن‌ها در جامعه‌ی مدنی به مرحله‌ی اجرا درآیند، می‌خواست مصرف مشروبات الکلی ممنوع و حجاب مجدداً برقرار گردد و زنان ازحقوق اجتماعی محروم شوند. به اصطلاح امروزی وی یک «اسلام‌گرای خشن و افراطی» به‌شمار می‌آمد.[1]

رهبران عمده و مراجع تقلید شیعیان از مداخله‌ی مستقیم در نهضت ملی و مبارزه با سیاست استعماری بریتانیا خودداری کردند. گرچه بسیاری از آنان، لااقل، در ابتدای کار نسبت به آن نظر مساعد و موافق داشتند.

کاشانی تنها روحانی سرشناس و نسبتاً مهمّی بود که از همان ابتدا به طرفداری از نهضت ملی کردن نفت برخاست. او به مصدق احتیاج داشت تا در عالم سیاست آن روز ایران برای خود مقام و منزلتی بدست آورد. مصدق نیز به او نیازمند بود تا بتواند بخشی از مردم را که مقیّد به رعایت اعتقادات مذهبی بودند در راه آرمان ملی ایرانیان تجهیز کند و به حرکت درآورد. ناچار این دو مدتی با یکدیگر همراهی کردند. تعارفاتی میان آنان ردوبدل شد. چند تصویر که نشان از روابط دوستانه داشت از آن‌ها گرفته شد و انتشار یافت. تا آن‌جا که کاشانی به عنوان رهبر مذهبی نهضت ملی معرفی شد، اما بر آن شد که نهضت را تحت تسلط خود درآورد و از آن برای ارضای منافع شخصی و خصوصی بهره‌برداری کند.

به همین سبب سریعاً اختلاف‌نظرهایی میان مصدق و کاشانی پدید آمد و روزبروز افزایش یافت. هنگامی که میان شاه و مصدق نیز ناهماهنگی‌هایی پدیدار شد، کاشانی خود را به دربار نزدیک کرد و سرانجام، به صورت یکی از افراطی‌ترین مخالفان رهبر نهضت ملی درآمد. اطرافیان شاه می‌خواستند کاشانی را در بازی‌ها و تحریکات خود علیه مصدق مورد استفاده قرار دهند و کاشانی درمقام آن بود

1- Islamiste- integriste islamique.

که از امکانات و حمایت دربار به نفع خود استفاده کند.

هنگامی که در ۱۳ اوت ۱۹۵۳ میلادی (۲۸ مرداد) سپهبد زاهدی جانشین مصدق شد و زمام امور را به‌دست گرفت، سیدابوالقاسم بر آن شد که دیگر علناً و بی‌پروا در راهبری امور سیاسی دخالت کند و نقش تعیین کننده‌ای در سیاست کشور داشته باشد. او می‌خواست تعدادی از طرفداران خود را به مجلس شورای ملی بفرستد. از جانب خود وزیرانی تعیین کند و به این ترتیب پاداش نقشی را که در پایان کار مصدق داشت دریافت نماید.

حساب کاشانی غلط بود و توقعاتش به جایی نرسید. سپهبد زاهدی مانند اسلافش، قوام و دکتر مصدّق و بیش‌تر دولتمردان برجسته‌ی ایران، هوادار جدایی دیانت از سیاست بود و مداخله‌ی روحانیون را در اداره‌ی امور مملکتی تحمّل نمی‌کرد.

سپهبد زاهدی با اکثر علمای اعلام و به‌خصوص آیت‌الله‌عظمی بروجردی مرجع تقلید شیعیان روابط حسنه‌ای داشت و دیگر نیازمند به کاشانی و جناح افراطی روحانیون نبود. پس از مدتی کوتاه، روابط این دو تیره شد. کاشانی به مخالفت با زاهدی پرداخت. سپهبد زاهدی دستور به توقیف و تبعیدش داد و او سرانجام چند سال بعد در گمنامی درگذشت. اعضای گروه فدائیان اسلام، عوامل کاشانی، به علت جنایاتی که مرتکب شده بودند تحت تعقیب قانونی قرار گرفتند و تنی چند از آنان محکوم به اعدام شدند و احکام مراجع قضائـی در باره‌ی آنان اجرا شـــد.[۱] در نهایت امر، تا زمان انقلاب اسلامی ۱۹۷۹ - ۱۹۷۸، این گروه دیگر حرکت و فعالیتی نداشت.

در آن زمان در تهران شهرت یافت که دربار-و بخصوص شاهدخت اشرف- که با سپهبد زاهدی روابط حسنه‌ای نداشت- به‌نفع کاشانی پادرمیانی و وساطت کرده‌اند. گفته می‌شد که سفارت بریتانیا که

۱- از جمله رهبر گروه که خود را سیدمجتبی نواب صفوی می‌خواند و نیز قاتلین مورّخ معروف احمد کسروی و نخست‌وزیران پیشین عبدالحسین هژیر و سپهبد رزم‌آرا.

مخالفت و عداوت دیرین لندن را با زاهدی فراموش نکرده بود، تندروی‌ها و گستاخی‌های کاشانی را نسبت به او تأیید و حتی تشویق می‌کند. قرائن بسیاری این شایعات را تأیید می‌کرد ولی دلیل مُتقنی هم بر صحت آن‌ها وجود ندارد.

* * *

از اواخر دهه‌ی چهل میلادی، روح‌الله موسوی‌خمینی در حلقه‌ی اوّل اطرافیان آیت‌الله کاشانی بود و در اقدامات سیاسی عمده‌اش شرکت داشت.

پس از استقرار جمهوری اسلامی، کاشانی به صورت یکی از «شخصیت‌های تاریخی» مورد احترام نظام جدید درآمد. خیابان‌ها و مدارسی را به نام او درآوردند، به‌یادش تمبر چاپ کردند. از فدائیان اسلام نیز به نیکی یاد شده و می‌شود. با این حال اشاره به نقش روح‌الله خمینی در فعالیت‌های سیاسی آیت‌الله کاشانی مجاز نیست چرا که با تصویری که در فرانسه به عنوان یک «قهرمان مباره با استعمار» از او ساخته و پرداختند منافات دارد.

در مبارزه‌ی شدیدی که میان مخالفان و طرفداران دکتر مصدّق در ماه‌های آخر حکومتش جریان داشت، ماجراهای روز بیست و هشتم فوریه‌ی ۱۹۵۳[1]، یک نقطه‌عطف محسوب می‌شود.

اندکی به عقب برگردیم: چند ماهی پیش از این ماجرا، در روزهای ۱۹ و بخصوص بیستم و بیست‌ویکم ژوئیه‌ی ۱۹۵۲[2] اختلاف‌نظری علنی میان رئیس مملکت یعنی شاه و مجلس شورای ملی از یک طرف و نخست‌وزیر یعنی دکتر مصدق از طرف دیگر روی داد و کار به برخورد میان طرفداران آنان حتی در کوچه و بازار کشید و تظاهرات خونینی در تهران و چند شهر دیگر کشور وقوع یافت.

پس از انجام انتخابات مجلس شورای ملی و افتتاح دوره‌ی جدید

---

۱ – جریان معروف به «نهم اسفند». (مترجم)

۲– اشاره است به حوادث معروف به «سی‌ام تیر». (مترجم)

تقنینیه به‌وسیله‌ی شاه، دکتر مصدق استعفای خود را به رعایت سنت‌های پارلمانی به رئیس مملکت تقدیم داشت.

به رعایت همین سنت‌ها، شاه از نمایندگان دو مجلس سنا و شورای ملی خواست که نسبت به رئیس آینده‌ی دولت «اظهار تمایل» نمایند. نمایندگان مجلس با اکثریت ناچیزی نسبت به مصدق ابراز تمایل کردند. در مجلس سنا از سی‌وشش سناتور حاضر فقط چهارده تن به او رأی دادند. باز هم به رعایت سنت‌های پارلمانی، رأی نمایندگان مجلس شورای ملی تقدّم و اولویت داشت. بنابراین در تاریخ دهم ژوئیه شاه، نخست‌وزیر مستعفی را مأمور تشکیل دولت جدید کرد. مصدق در تاریخ ۱۳ ژوئیه در یک جلسه‌ی خصوصی مشترک نمایندگان دو مجلس از آنان خواست که برای مقابله با اشکالات روز افزون کشور به وی اختیارات تام تفویض کنند که بتواند با «تصویب‌نامه‌های قانونی» حکومت کند و نیازی به تقدیم لوایح پیشنهادی دولت به قوه‌ی مقننه نداشته باشد. مصدق هم‌چنین درخواست کرد که شخصاً وزارت جنگ (دفاع ملی) را به عهده بگیرد، به معنای دیگر اداره و راهبری قوای مسلّح که «فرماندهی کل» آن‌ها با شاه بود و نیز مدیریت نیروهای انتظامی با شخص و به‌عهده‌ی او باشد و نه با رئیس مملکت.

مجلسین تقاضای اول را مخالف قانون اساسی و سنت‌های پارلمانی تشخیص دادند، چرا که مصدق «اختیارات تامّه» را برای شخص نخست‌وزیر می‌خواست و نه برای دولت و اصرار داشت که این ترتیب قبل از معرفی وزیران و اخذ رأی اعتماد به تصویب قوّه‌ی مقنّنه برسد.

شاه نیز به نوبه‌ی خود، با درخواست دوم نخست‌وزیر مخالفت کرد. در روز ۱۶ ژوئیه، نخست‌وزیر به حضور شاه باریافت. مذاکرات آنان سه ساعت به طول انجامید و به نوشته‌ی مطبوعات پایتخت درمحیطی دوستانه انجام گرفت.

در این باریابی، نخست‌وزیر منتخب به استحضار شاه رساند که

از قبول سمت ریاســت دولت و مأموریت تشکیل کابینه و تعیین و معرّفی وزیران معذور است.
طبــق همه‌ی روایــات موجود، شــاه مایــل به انتصــاب یکی از شخصیت‌های میانه‌رو و معتدل جبهه‌ی ملی[۱] به ریاست دولت بود. اما مجلس شورای ملی با این نظر موافقت نکرد و با اکثریتی ناچیز احمد قوام، ناجی آذربایجان را به نخست‌وزیری برگزید.[۲]
«اظهار تمایل» مجلس به قوام غیرمنتظر بود و ســبب عدم رضایت شاه شد که از او نفرت داشت، ولی چاره‌ای جز قبول نظر نمایندگان مجلس نداشــت و برخلاف تمایل شــخصی و باطنــی‌اش قوام را احضار و مأمور تشکیل دولت جدید کرد.
در روزهای ۱۹ و بخصوص ۲۰ و ۲۱ ژوئیه‌ی ۱۹۵۲ تهران و چند شهر دیگر ایران دست‌خوش تظاهراتی عظیم و آمیخته با خشونت بودند. اعضای حزب توده، که پیروزی قوام را بر استالین فراموش نکرده بودند، افرادی که آیت‌الله کاشانی به خیابان‌ها اعزام می‌داشت و در فتوایی حکم به قتل قوام داده بود با انبوه طرفداران مصدق استثنائاً متحد شدند و همه برکناری نخست‌وزیر جدید را می‌خواستند.
شاه بلافاصله به ارتش و نیروهای انتظامی دستور داد که از مداخله در تظاهرات و برقرار نظم خودداری کنند.[۳]
در روز ۲۱ ژوئیه، احمد قوام به دیدار شاه رفت و استعفای خود را به او تقدیم داشت که فوراً مورد قبول قرار گرفت. قبل از این که این جریان صورت بگیرد. رادیو تهران آن را منتشر کرده بود!

۱- اللهیار صالح، دکتر عبدالله معظمی و به قولی حسین مکّی. (مترجم)
۲- درباره‌ی این جریانات نگاه کنید به
H. Nahavandi, Iran, Le choc des Ambitions Aquilon, 2006
این کتاب به انگلیسی نیز ترجمه شده و به سال ۲۰۰۷ در لندن به طبع رسیده است. هم‌چنین نگاه کنید به دکتر جلال متینی، کارنامه‌ی سیاسی دکتر محمد مصدق، شرکت کتاب، لس‌آنجلس، ۲۰۰۶ ، چاپ دوم ۲۰۰۹ و دکتر هوشنگ نهاوندی، سه رویداد و سه دولتمرد، نگاهی نو به یک دهه‌ی از تاریخ معاصر ایران. شــرکت کتاب، لس‌آنجلس، ۲۰۰۹ (مترجم)
3- Mohammad Reza Pahlavi Reponse a l'Histoire, Albin Michel, Paris, 1979, p. 67.

روز ۲۲ ژوئیه، مجلسین عقب‌نشینی و مجدداً به انتصاب مصدق ابراز «تمایل» نمودند و همه‌ی درخواست‌های وی را که یک هفته‌ی قبل رد کرده بودند، بدون قید و شرط پذیرفتند.
آیا روح‌الله موسوی‌خمینی در این تظاهرات خونین شرکت داشت؟ در این مورد هیچ روایت مستقیمی در دست نداریم. اما شرکت او، چنان که حوادث بعدی نشان خواهند داد، محتمل است. بعضی از محققّان نیز بر این عقیده‌اند.[۱] مگر نه این که او یکی از عوامل و آتش‌بیاران آیت‌الله کاشانی بود؟

* * *

پس از این سه روز سرنوشت‌ساز و استعفای اجباری قوام، مصدق عملاً دارای اختیارات نامحدود گردید. او حدود اختیارات و امکانات مداخله‌ی شاه را در امور مملکتی ضمن رعایت ظواهر تشریفاتی که به آن پای‌بند بود، کاملاً محدود کرد. وزیر دربار شاهنشاهی حسین علاء را وادار به استعفا کرد و شخص دیگری را که تصوّر می‌کرد از نزدیکانش باشد،[۲] جایگزین او ساخت. دفاتر شاهپورها و شاهدخت‌ها را تعطیل کرد. شاهدخت اشرف که منبع همه‌ی تحریکات دربار علیه دولت تلقی می‌شد، وادار به ترک ایران گردید. به شاه تکلیف شد که دیگر هیچ شخصیت رسمی خارجی را بدون حضور یک وزیر مسئول، نپذیرد.
نخست‌وزیر با صدور «تصویب‌نامه‌هایی قانونی» حکومت می‌کرد: فعالیت مجلس سنا با تصویب قانونی که مبانی حقوقی آن قابل تردید بود، اما به توشیح شاه رسید، تعطیل شد[۳] و دیوان عالی کشور را به حالت تعلیق درآورد. مصدق هم‌چنین متن دیگری درباره‌ی

۱- از جمله مهدی شمشیری در متن ذکر شده، او به روایت مظفّر بقائی که در کنار مصدق بود، در این جریانات نقش عمده داشت، استناد می‌کند. صفحات ۶۸ الی ۸۰.
۲- ابوالقاسم امینی (مترجم)
۳- از طریق محدودیت دوره‌ی سنا به دو سال (بجای چهار سال) که آن دو سال هم به‌پایان رسیده بود. (مترجم)

«امنیت ملی» به‌تصویب رسـانـد که اختیارات استثنایی به دولت و دسـتگاه اداری برای جلب و توقیف و تبعید مخالفان سیاسی خود می‌داد. یک «تصویب‌نامه‌ی قانونی» نیز در تحدید آزادی مطبوعات به امضای نخست‌وزیر رسـید. متون مربوط به تصفیه‌ی دستگاه قضایی و تعلیق دیوان عالی کشور و اختیارات دولت درباره‌ی امنیت ملی و تحدید آزادی مطبوعات هیاهوی بسیار برانگیختند و مصدق که تا آن زمان همواره مدافع رعایت حقوق بنیادی و احترام به قوه‌ی قضایه بود، آماج حملات شدید مخالفانش قرار گرفت.

«تصویب‌نامه‌های قانونی» متعدّد دیگری نیز به تنفیذ رئیس دولت رسیدند که می‌توانستند سرآغاز و مقدمه‌ی اصلاحات اقتصادی و اجتماعی مهمی باشند. اما کشور در جوّ بحران سیاسی و اقتصادی آن روز و ناامنی حاکم بر شهرها و روستاها امکان اجرای آن‌ها را نداشت و ناچار در بوته‌ی اجمال ماندند.

دلسـردی و نارضایتی اکثریت مردم و خروش و هیاهوی مخالفان فراگیر بود. موافقان و مخالفـان دولت در خیابان‌ها و کوچه‌ها به جان هم افتاده بودند و هر روز بر شمار کشته‌گان و زخمیان افزوده می‌شد. ایران به صورت یک کشتی بدون ناخدا درآمده بود.

در این محیط پرتشنج، آیت‌الله کاشانی، که نماینده‌ی مردم تهران در مجلس شورای ملّی بود، اما هرگز در جلسات آن حضور نمی‌یافت، رئیس مجلس را که یک روحانی معتدل و دور از اختلافات سیاسی روز بود،[1] وادار به اسـتعفا کرد و خود با اکثریتی ناچیز به جای او انتخاب شد. کاشـانی به مجلس نمی‌آمد و جلسات را نوّاب رئیس اداره می‌کردند. اما ریاست قوه‌ی مقنّنه به او قدرت و نفوذ سیاسی قابل ملاحظه‌ای داد که در هفته‌ها و ماه‌های بعد آن را به‌کار گرفت.

سید ابوالقاسم همه جا می‌گفت که بازگشت مصدّق به قدرت مدیون او است. این نکته البته تا حدی درست بود و عواملش در سقوط قوام بی‌تأثیر نبودند. اما کاشانی یک رشته‌ی امتیازات مالی و سیاسی

۱- آیت‌الله دکتر سیدحسن امامی. (مترجم)

به‌عنوان پاداش و دستمزد خود می‌خواست و نیز به ضرورت اجرای «احکام شرع» در جامعه تأکید می‌کرد.

مصدق مردی منزّه بود و مداخله‌ی روحانیون را درامور سیاسی برنمی‌تافت. به توقعّات سیدابوالقاسم جواب منفی داد و در برابر آنان ایستاد. نتیجه آن که کاشانی به بدترین و خطرناک‌ترین مخالفان رئیس دولت و نهضت ملی ایران تبدیل شد. آن‌هم با درشت سخنی‌ها و تهدیدها و زیاده‌روی‌هایی که خاصّ او بود.

سید ابوالقاسم نیازهای مالی بسیار داشت که بتواند حق و حساب و دستمزد عوامل خود را بپردازد و اطرافیان خود را به‌اصطلاح «سیر» کند، چرا که اشتهای آنان بی‌پایان بود. مصدّق اهل این قبیل داد و ستدها نبود، اما جناح‌های مخالفش امکانات مالی قابل ملاحظه‌ای در اختیار داشتند و عملاً اختیار سیدابوالقاسم را به‌دست گرفتند. محافلی در اطراف دربار از امکانات مالی بی‌بهره نبودند و نیز گروه‌هایی که مشتهر به نزدیکی به سیاست بریتانیا بودند. سیدابوالقاسم با آنان همراه شد. سرلشکر زاهدی که دیگر رهبر بلامنازع مخالفان مصدق و داوطلب جانشینی او بود، سعی می‌کرد همه‌ی گروه‌ها و جناح‌های مخالف از جمله انشعابیون جبهه‌ی ملی را که فراوان بودند به دور خود گرد آورد و متحد کند. مأموران امنیتی و انتظامی در تعقیب زاهدی بودند. او نمی‌خواست یا نمی‌توانست شخصاً با آیت‌الله پرهیاهو وارد مذاکره شود. پسرش اردشیر زاهدی واسطه‌ی این تماس‌ها شد. او در خاطرات خود حضور روح‌الله موسوی‌خمینی را در جلسات مذاکره با آیت‌الله سیدابوالقاسم کاشانی به صراحت یادآور شده.[1] در این زمان خمینی در حلقه‌ی اول نزدیکان و یاران سیدابوالقاسم بود و در همه‌ی فعالیت‌هایش بر ضد مصدق و به سود دربار مستقیماً شرکت داشت.

***

۱- اردشیر زاهدی، خاطرات. جلد اول، آیبکس، واشنگتن، ۲۰۰۶، صفحه‌ی ۱۰۱.

به موازات تشدید بحران سیاسی، مشکلات اقتصادی و اختلافات داخلی، بسیاری از اطرافیان مصدق، و شاید خود او، تصّور می‌کردند که پایان دادن به «تحریکات دربار» تنها راه بازگشت به آرامش است. وحدت کلمه‌ی مردم در نخستین روزها و هفته‌های بعد از قیام سی‌ام تیر، دیگر وجود نداشت. اما قدرت سیاسی و نفوذ کلام مصدق هنوز قادر بود که به سلطنت پایان بخشد، شاه را از تخت و تاج محروم و نظام جمهوری را برقرار کند.

برای این کار برخورداری از حمایت حزب توده ضروری بود. اما مصدّق، عصاره‌ی ملی‌گرایی و اشرافیت کهن ایرانی، جمهوری‌خواه نبود. شاه را دوست نداشت، یا دیگر دوست نداشت، ولی توده‌ای‌ها را نیز مطلقاً برنمی‌تافت و نمی‌خواست گروگان و اسیر آنان شود. پس بر آن شد که شاه و ملکه ثریا را تا «بازگشت آرامش به کشور» از ایران دورکند و به رعایت قانون اساسی یک «شورای نیابت سلطنت» را جایگزین مقام سلطنت و شخص شاه نماید.

ظاهراً محمدرضاشاه که خسته و نومید شده بود به این راه حل تن در داد. شاه و نخست‌وزیرش محرمانه با یکدیگر به توافق رسیدند. قرار شد که مسافرت شاه و ملکه با اتومبیل و از طریق مرز عراق انجام گیرد و یکی از وزیران کابینه به علامت احترام آنان را تا سرحد، همراهی و بدرقه کند.

درنخستین ساعات بامداد روز ۲۸ فوریه‌ی ۱۹۵۳[۱] نخست‌وزیر که لباس رسمی (ژاکت) به تن داشت از اقامتگاه خود به کاخ سلطنتی که در چند قدمی آن بود رفت. همه وزیران نیز با لباس رسمی برای بدرقه‌ی زوج سلطنتی به آن‌جا رفتند. از حاضران با چای و شیرینی پذیرایی می‌شد. گویی همه چیز عادی و در نتیجه رعایت آداب و تشریفات الزامی است.

در پی شایعاتی که در شهر انتشار یافته بود، قصد شاه و ملکه به ترک پایتخت، محرمانه نماند. هیأتی به نمایندگی رئیس مجلس

۱- اشاره است به «نهم اسفند». (مترجم)

شورای ملی، یعنی آیت‌الله کاشانی، به کاخ آمد و مصراً از شاه خواست که در کشور بماند و از مسافرت چشم بپوشد. احمد قوام که در آن شرائط دشوار که دیدیم از کار برکنار شده و در اختفا می‌زیست و از شاه گلایه‌های بسیار داشت، از مخفی‌گاهش همه‌ی شبکه‌های طرفداران و دوستان خود را به‌کار انداخت که مانع سفر شاه شود که آن را برای کشور خطرناک تشخیص می‌داد. چند باشگاه بزرگ ورزشی و نیز کانون افسران و درجه‌داران بازنشسته اعضای خود را بسیج کردند و رهسپار خیابان‌های اطراف کاخ سلطنتی شدند. بازار تعطیل شد و سریعاً جمعیتی انبوه و پرهیاهو اقامتگاه شاه و ملکه را[1] به محاصره‌ی خود درآورد. نخست‌وزیر و وزیرانش که شعارهای انبوه جمعیت علیه آنان نیز بود حتی امکان ترک آن محل را نداشتند.

ورود ستون انبوهی از طرفداران آیت الله کاشانی که آخوندی پرشور و هیجان در رأس آن بود و سپس آیت‌الله میرسید محمد بهبهانی، روحانی پرنفوذ پایتخت، که به همراه اطرافیانش، پای پیاده از اقامتگاه خود به کاخ آمده بود، به تظاهرات مردم ابهّت خاصی بخشید. آیت‌الله بهبهانی مستقیماً به دیدار شاه رفت و از او خواست که از مسافرت به خارج و جلای وطن صرف‌نظر کند.

فردای آن روز جراید پایتخت ایران تعداد تظاهرکنندگان را چندین هزار نوشتند و سال‌ها بعد در تواریخ و متون رسمی دوران پهلوی «چندصدهزار»[2] که رقم اخیر اغراق‌آمیز به نظر می‌رسد. یقین است که جمعیتی انبوه کاخ سلطنتی را در محاصره گرفته بود.

محمدرضاشاه مجبور شد با بلندگو از داخل کاخ به مردم وعده دهد که ایران را ترک نخواهد کرد. اما جمعیت هم‌چنان به تظاهر ادامه می‌داد. گروهی به منزل دکتر مصدق حمله بردند که مأموران انتظامی با خشونت آنان را متفرق کردند. وزارت دربار شاهنشاهی

۱- کاخ معروف به «اختصاصی» واقع در خیابان کاخ، چهارراه سردرسنگی. (مترجم)

۲- گاهنامه‌ی پنجاه سال شاهنشاهی پهلوی، جلد دوم، انتشارات سهیل، پاریس صفحه‌ی ۶۱۰.

به ناچار در یک اعلامیه‌ی رسمی که مکرراً از رادیو پخش شد، انصراف شاه و ملکه را از مسافرت به خارج اعلام نمود تا مردم آرام شوند.

در ساعت ۵ بعدازظهر، همان آخوند پر سروصدایی که ستون هواداران آیت‌الله کاشانی را هدایت کرده بود، پشت بلندگو رفت و پیام آیت‌الله رئیس مجلس را قرائت نمود که در آن از مردم درخواست شده بود، احترام اقامتگاه «جناب آقای دکتر مصدق» را نگاه دارند و متفرق شوند. فردای آن روز جراید تهران ضمن تشریح تظاهرات روز گذشته نام شخصی را که در رأس تظاهرکنندگان قرار داشت و اعلامیه‌ی کاشانی را خوانده بود، ذکر کردند: روح‌الله موسوی‌خمینی، همان آیت‌الله آینده.[۱]

در این گیرودار، مصدق و وزیرانش، مجبور شدند به قصری در مجاورت کاخ سلطنتی بروند و از درِ کوچکی آن محل را مخفیانه ترک کنند. رئیس دولت حتی بیم داشت که به اقامتگاه خود بازگردد، پس به محل ستاد کل ارتش رفت و مدت کوتاهی در آن‌جا ماند تا آرامش کامل بار دیگر در «پایتخت» برقرار شود.

ماجرای این روز نقطه‌ی عطفی در تاریخ محسوب می‌شود. مخالفان مصدق سربلند کردند و به قدرت خود پی بردند. آیت‌الله کاشانی نقش مهمی در تظاهرات ایفا کرد. خمینی برای اول بار از گمنامی بیرون آمد و در محافل سیاسی پایتخت ایران شناخته شد و گفت «ما به مصدق سیلی زدیم. زیرا او می‌خواست به اسلام سیلی بزند»[۲] از آن پس، همه در تهران او را یک سردسته‌ی مؤثر و کاردان در تظاهرات و آتش‌بیار و معرکه گیر شناختند. شاه نیز دریافت «که

۱- از جمله نگاه کنید به شاهد، مهم‌ترین روزنامه‌ی صبح تهران در آن زمان، ۱۰ اسفند ۱۳۳۱ اول مارس ۱۹۵۳.

۲- به نقل از خانم هما ناطق، مورخ معروف که در سال‌های قبل و بعد از انقلاب اسلامی از طرفداران آیت‌الله خمینی بود و سپس از او روی برگرداند. نگاه کنید به:
Christian Delannoy et Jean Pierre Pichard, Khomeyni la Revolution Trahie, of cit. P. 71.

تنها نیست، ایرانیان بسیاری طرفدار او هستند. و بدین‌سان دوباره به آینده امیدوار شد.»[۱]

* * *

حوادث روز نهم اسفند نقطه‌ی عطفی نیز در زندگی سیاسی آیت‌الله خمینی محسوب می‌شود. او دیگر از آن روز به بعد «کسی» شده بود. مرتباً بین تهران و قم در رفت و آمد بود. اما تا زمان سقوط مصدق بیش‌تر در شهر اخیر سکونت داشت. از این تاریخ در دروس و نوشته‌هایش اشاراتی به مسائل سیاسی و مملکتی و نقش اسلام در راهبری امور به چشم می‌خورد. با این حال، نفوذ و اهمیت زیادی پیدا نکرد. تقریباً در حاشیه ماند. بخصوص که پس از سقوط مصدق و روی کار آمدن سپهبد زاهدی او نیز مانند نخست‌وزیر پیشین مداخله‌ی روحانیون را در امور سیاسی و مملکتی تحمل نمی‌کرد و به هیاهو و توقعّات آیت‌الله کاشانی و اطرافیانش که خمینی از آن جمله بود، پایان داد.
شهادت مظفر بقائی در مورد نقش مهّم روح‌الله موسوی‌خمینی در حوادث این ماه‌ها واجد اهمیت خاصی است و جای کوچک‌ترین شک و تردیدی باقی نمی‌گذارد. بقائی با خمینی آشنا بود و او را خوب می‌شناخت.[۲]
بعد از پیروزی انقلاب اسلامی، کوشش شد که این مرحله از زندگی و فعالیت سیاسی آیت‌الله خمینی، که منافی زندگی‌نامه‌ی ساختگی او بود، به دست فراموشی سپرده شود. در ایران امروز کسی مجاز به ذکر آن نیست. آیا میان این پنهان‌کاری و مرگ مظفّر بقائی که چندی بعد از انقلاب توقیف و در زیر شکنجه کشته شد، ارتباطی هست؟[۳]

1- Memoires De l'Imperatrice Soraya, Le Palaais des solitudes, editions No. 1, Michel Lafon, Paris, 1991, P. 142.

۲- گفته‌های مظفر بقائی در این مورد به تفصیل درکتاب مهدی شمشیری نقل شده است. مهدی شمشیری از اطرافیان و رازداران مظفّر بقائی بود.

۳- درباره‌ی زندگی و سرانجام مظفر بقائی نگاه کنید به:
L' Express, 11 noveubue 1987

نمی‌توان این تصوّر را به کنار گذاشت. بقائی اهل «افشاگری» بود. هم درباره‌ی خمینی و هم درباره‌ی دیگران.

***

بعد از درگذشت آیت‌الله عظمی بروجردی (مارس ۱۹۶۱ میلادی) خمینی که هنوز آیت‌الله خوانده نمی‌شد، درصدد برآمد که سرانجام محلی از اعراب پیدا کند و نام و عنوانی برای خود بسازد.

فصل سوّم

آغاز رو در رویی با حکومت

ماجرای نهم اسفند (۲۸ فوریه ۱۹۵۳ میلادی) نقطه‌ی عطفی در زندگی آیت‌الله روح‌الله خمینی محسوب می‌شود. او در آن روز نقش بازی کرد، گرچه این نقش اساسی و تعیین کننده نبود. برای نخستین بار در جراید از او ذکری شد. درحقیقت از گمنامی بدرآمد. در شهر قم بعضی‌ها او را حجت‌الاسلام خواندند.[۱]

در این که روح‌الله موسوی‌خمینی در تظاهرات مهمّ نهم اسفند شرکت داشت و سپس یکی از مهره‌های حرکت‌های سیاسی برای سقوط مصدق و روی کار آمدن سپهبد زاهدی بود تردیدی وجود ندارد و

۱- عنوانی کم‌اهمیت‌تر از آیت‌الله. این عناوین پر طمطراق قبل از اوائل قرن بیستم در ایران مرسوم نبود ولی از آن پس تقریباً جنبه‌ی رسمی یافت. برای استفاده از این عناوین هیچ ضابطه‌ی دقیق و رسمی وجود ندارد. از همین دوران بود که اندک اندک عنوان آیت‌الله‌عظمی نیز برای مراجع تقلید بکار برده شد. پس از استقرار جمهوری اسلامی در ایران این عناوین را مراجع رسمی و دولتی بدون هیچ ضابطه‌ای برای این و آن تعیین می‌کنند، که به این ترتیب اگر هم ارزشی داشتند اکنون از دست داده‌اند.

مدارک موجود در این زمینه قابل انکار به‌نظر نمی‌رسد.
در ماه‌های بعد از برکناری مصدق و نیل سپهبد زاهدی به قدرت، تنی چند از اطرافیان آیت‌الله کاشانی مزد و پاداش خود را دریافت داشتند. به وکالت مجلس رسیدند، مقاماتی یافتند یا اراضی و مزایای مالی به آنان داده شد. امّا خمینی بی‌بهره ماند. در یک متن تقریباً رسمی، که پس از انقلاب اسلامی انتشار یافته، به تلخ‌کامی و نارضایی وی از این وضع صراحتاً اشاره شده است.[1] دل‌شکستگی وی چنان بود که چندین روز از اقامتگاه خود بیرون نمی‌آمد، استثنائاً چند طلبه را می‌پذیرفت و در همان خانه‌اش به آنان درس می‌داد. فقط هفته‌ای یک‌بار، پنج‌شنبه شب‌ها، شب‌جمعه، به زیارت مرقد حضرت معصومه خواهر امام رضا می‌رفت. گله‌مند بود که نظرات و پیشنهادهایش (که کسی از آن‌ها اطلاعی نداشت) مورد توجه و عنایت آیت‌الله‌عظمی بروجری قرار نگرفته. «غمگین و دل‌شکسته، مهر سکوت بر لب زده بود»[2] قطعاً بلندپروازی‌هایی داشت. اما حضور رهبر اصلی شیعیان در قم -بروجردی، که مردی محتاط و میهن‌دوست بود- مانع هر گونه افراط و تندروی روحانیون می‌شد. بروجردی بود که می‌بایست احتمالاً در مسائل سیاسی و مملکتی به نام روحانیت اظهارنظر کند، که می‌کرد، و نه کس دیگر. ناچار خمینی ساکت بود و در انتظار.
علاوه بر این مرشد و حامی اصلی خمینی، یعنی آیت‌الله کاشانی نیز بعد از یک دوران کوتاه قدرت نمایی و استفاده یا سوءاستفاده از امکانات سیاسی و مالی که پس از سقوط مصدق به‌دست آورده بود، به‌دستور سپهبد زاهدی از تهران دور شده و اندک‌اندک فراموش شده بود. خمینی دیگر عرصه‌ای برای نمایش امکانات خود نداشت. کم‌تر از سابق به تهران می‌آمد. خانه‌ای که در محله‌ی پامنار تهران

۱- درزندگی‌نامه‌ی آیت‌الله‌عظمی بروجردی، چاپ دوم، تهران، انتشارات مطهّر، ۱۳۷۱ خورشیدی (۱۹۹۱-۱۹۹۲) صفحات ۳۱۳ و ۳۱۴.
۲ - همان منبع.

داشت[۱] غالباً تهی بود و کسی از آن استفاده نمی‌کرد.
درگذشت آیت‌الله‌عظمی بروجردی در سی‌ام مارس ۱۹۶۱ میلادی وضع را تغییر داد. یک‌سال بعد، ۱۳ مارس ۱۹۶۲ آیت‌الله کاشانی نیز وفات یافت.
پس از درگذشت آیت‌الله‌عظمی، مسئله‌ی جانشینی وی مطرح شد. در میان «علمای اعلام» هر که مقلّد و طلبه‌ی بیشتری داشت و وجوه بیشتری از «مومنان» دریافت می‌کرد، به عبارت دیگر امکانات مالی بیشتری در اختیارش بود، به عنوان «عظمی» تلقی می‌شد.
در نجف، آیت‌الله حاج‌آقا محسن حکیم، بیش از دیگران مورد توجه قرار گرفت و سریعاً به عنوان مهم‌ترین مراجع تقلید تلقی شد. او نیز مانند سلفش بروجردی مردی محتاط و میانه‌رو بود.
در قم، سه آیت‌الله در رده‌ی اول بودند: گلپایگانی، نجفی و شریعتمداری. روحانیون رده‌های پایین‌تر، طلّاب علوم دینی، شخصیت‌های محلی و مملکتی به دیدارشان می‌رفتند و همه در انتظار بودند.
شیخ حسینعلی منتظری که از دوستان و یاران خمینی بود و پس از انقلاب اسلامی به وی آیت‌الله، آیت‌الله‌عظمی و فقیه عالی‌قدر لقب دادند. در خاطرات خود[۲] یادآور شده که در خانه خمینی کسی نبود و هنگامی که برای گفتگو درباره جانشینی بروجردی به دیدارش رفت، وی را سخت تلخکام و ناراضی دید.
سرانجام شاه و اطرافیانش، یعنی دولت و دربار، مسأله را حل کردند. تلگراف‌های تسلیت رسمی به سه آیت‌الله قم و نیز آیت‌الله حاج‌آقا احمد خوانساری در تهران و البته به آیت‌الله محسن حکیم در نجف مخابره شد. آن‌ها علناً مخاطب پیام‌های رسمی پادشاه تنها کشور شیعه جهان قرار گرفتند و به این ترتیب مرجع تقلید تلقی شده و آیت‌الله‌عظمی عنوان یافتند. اگر هم خمینی توقعی و یا توهّمی

۱- این محل در حقیقت متعلّق به همسر خمینی و «جهیزیه» او بود.
۲- شرکت کتاب، لس‌آنجلس، صفحه‌ی ۹۲.

داشت، بی‌بهره ماند.
در جریان حوادث ماه اوت ۱۹۵۳[۱] آیت‌الله‌عظمی بروجردی به بازاریان تهران اجازه داده بود که دکان‌ها و محل کسب خود را تعطیل کنند و به نفع سپهبد زاهدی به کوچه‌ها و خیابان‌ها بریزند. ورود آنان به صحنه‌ی تظاهرات کفّه‌ی ترازو را به سود زاهدی سنگین و مصدّق را وادار به عقب‌نشینی و ترک قدرت کرده بود. محمدرضاشاه سه روز قبل از این رویداد کشور را ترک کرده و عملاً جا خالی کرده بود و در حقیقت بازگشت به سلطنت را مدیون دو کس بود: سپهبد زاهدی در درجه‌ی اول که جرئت کرد قدم به صحنه بگذارد، حال آن که مرحله‌ی اول عملیات که برای عزل مصدق ترتیب یافته بود شکست خورده و هواداران مصدق بر اوضاع مسلّط شده بودند؛ و نیز به آیت‌الله‌عظمی بروجردی که با حمایتش از زاهدی به حرکت و اقدام او جنبه‌ی مردمی داد.
پس از آن که شاه تاج و تخت خود را بازیافت، پس از مدتی کم‌تر از دو سال، عملا سپهبد زاهدی را که در مقام نخست‌وزیری از اکثریت قاطعی در مجلسین برخوردار بود و با قدرت حکومت می‌کرد، وادار به استعفا و ترک وطن کرد. اما تا بروجردی در قید حیات بود، شاه و دربار ناچار بودند در مسائل مهم مملکتی با وی مشاوره کنند و به نوعی تفاهم متقابل برسند. محمدرضا پهلوی در جستجوی قدرت هر چه بیش‌تر بود و نمی‌خواست با یک رهبر مذهبی قدرتمند طرف باشد. تعدّد مراجع تقلید و رهبران مذهبی به سود سیاست او بود و پس از مرگ آیت‌الله بروجردی به این هدف رسید.
روح‌الله موسوی‌خمینی که حتی هنوز مقام و عنوان آیت‌الله نداشت، از این که در این میان کسی او را به بازی نگرفته و به حساب نیامده، سخت دل‌آزرده شد.

* * *

۱- ۲۵ - ۲۸ مرداد ۱۳۳۲.

کمتر از یک‌سال از مرگ آیت‌الله‌عظمی بروجردی، کاشانی نیز درگذشت. کاشانی مردی بود به غایت جاه‌طلب و اهل تحریک و آشوبگری. می‌خواست قدرتی داشته باشد و هر بار که دولت‌ها را ضعیف و قابل انعطاف می‌یافت، دست به مداخله در امور مملکتی و سوءاستفاده از عنوان و نفوذ خود می‌زد. اما نه قوام‌السلطنه اهل این بازی‌ها و انعطاف‌پذیر بود، نه مصدق و نه سپهبد زاهدی. کاشانی ناچار از میدان بدر رفته بود. با مرگ او خمینی تصوّر کرد که راه برای او و جاه‌طلبی‌های بی‌حد و حسابش باز شده و وارد عرصه‌ی سیاست شد. او می‌خواست در حقیقت جای کاشانی را در عرصه‌ی سیاست ایران بگیرد.

در روز ۱۷ اکتبر ۱۹۶۲ میلادی، دولت که امیراسدالله علم ریاست آن را داشت، آئین‌نامه‌ای دایر به انجام انتخابات انجمن‌های ایالتی و ولایتی به‌تصویب رساند. تشکیل این انجمن‌ها در قانون اساسی ۱۹۰۶ پیش‌بینی شده و به خودی خود اشکالی در بر نداشت. اما در تصویب‌نامه‌ی دولت عَلَم دو ابتکار انقلابی ملحوظ بود: نخست آن که هر ایرانی حق انتخاب کردن و انتخاب شدن داشت که طبیعتاً این ترتیب بر زنان نیز شامل می‌شد و دیگر این که منتخبین مجاز بودند هر یک به کتاب مقدس خود سوگند یاد کنند، نه الزاماً به قرآن، که «کتاب آسمانی» مسیحیان، یهودیان و زرتشتیان نبود.

در قم، بسیاری این دو تدبیر را برنمی‌تافتند. اعتراض‌نامه‌ای به امضای تنی چند از ملاها رسید که روح‌الله موسوی‌خمینی از آن جمله بود. معترضین تلگراف‌ها و پیام‌هایی به شاه فرستادند و به این «ابداعات» که «خلاف شرع» تشخیص داده شده بود، اعتراض کردند.

روح‌الله موسوی‌خمینی در پیام تلگرافی خود به محمدرضاشاه نوشت:[1]

۱- متن این پیام و متون مشابه دیگر در همه‌ی جراید آن روز تهران و نیز در اسنادی

حضور مبارک اعلیحضرت همایونی، تهران

پس از اداء تحیّت و دعا، به‌طوری که در روزنامه‌ها منتشر است، دولت در انجمن‌های ایالتی و ولایتی شرط اسلام را در رأی دهندگان و منتخبین ذکر نکرده و به زن‌ها هم حق رأی داده است و این امر موجب نگرانی علماء و سایر طبقات مسلمین است. مستدعی است امر فرمائید این قبیل مطالب را از برنامه‌های دولتی و حزبی حذف نمائید تا موجب دعاگویی ملّت مسلمان شود.

قم الداعی روح‌الله الموسوی الخمینی

از سوی شاه به همه‌ی این پیام‌ها، پاسخ متحدالشکلی ارسال شد: «بیش از هر کس درحفظ شعائر دینی کوشا هستیم. این تلگرام برای دولت ارسال می‌شود. ضمناً توجه جنابعالی را به وضعیت زمانه و تاریخ و همچنین به وضع سایر ممالک دنیا جلب می‌نمائیم. توفیقات جناب مستطاب را در ترویج مقرّرات اسلامی و هدایت افکار عوام خواهانیم.»

۲۳ مهر ۱۳۴۱ شاه.

اندکی بعد، دولت عقب‌نشینی کرد و در تلگرام‌هایی که برای تنی چند از علمای قم ارسال شد، این عدول از تصمیم قبلی به اطلاع آنان رسید. روح‌الله موسوی‌خمینی یکی از مخاطبان این پیام‌های تلگرافی بود.[1]

عقب‌نشینی دولت، که علی‌رغم تظاهرات وسیع طرفداران تصویب‌نامه مربوط به انجمن‌های ایالتی و ولایتی صورت گرفت، یک اشتباه بزرگ سیاسی بود که بهای سنگین آن را نیز پرداخت. ذکر نام خمینی در میان مخاطبان پیام‌های تلگرافی رئیس دولت

که به‌طور رسمی پس از انقلاب اسلامی در انتشارات رژیم به طبع رسیده، موجود و در دسترس است.

۱- مهدی پیراسته که در آن هنگام وزیر کشور بود، در کتاب خود، منبع ذکر شده صفحه‌ی ۳۹۵، با تأسف و استغفار، درج نام خمینی را در میان مخاطبان این پیام ناشی از ابتکار خود می‌داند.

به این روحانی تقریباً ناشناس اعتباری داد که فاقد آن بود که بعداً هــم خود او و هم اطرافیانش و هم مخالفان داخلی و خارجی نظام سیاسی وقت از آن بهره‌برداری کردند.[۱]
در چهارچوب روابط و گفت و شنودهای پیچیده و پر نوسان و ظرافتی که میان رهبران سیاسی مملکت و جامعه‌ی روحانیت وجود داشت، این جریان به‌ظاهر کم اهمیت بود. اما به روح‌الله موســوی‌خمینی اهمیتی داد که فاقد آن بود. او از آن پس تصوّر کرد، یا کســانی که تدریجاً اختیارش را به دست گرفتند چنین تصور می‌کردند که کسی شده است و می‌تواند نقش سیاسی مهمی ایفا نماید.
حکومت مرکزی، شاه، اســدالله علم نخست‌وزیر و دولت او، بخش مهمی از رجال و برجستگان کشور، انجمن‌های بسیار فعال زنان، گروه‌های روشنفکر... نمی‌خواستند پیشنهاد واقعاً انقلابی اعطای حــق رأی و هم انتخاب شــدن به زنان و نیز اعــلام نوعی برابری یکســان ادیان شناخته شده‌ی کشــور[۲] در بوته‌ی اجمال گذاشته شود و آن را یک اصلاح بنیادی و ضروری برای پیشرفت و نوسازی ملی می‌دانستند.
اجــرای برنامــه‌ی اصلاحات ارضــی که از دو ســال پیش از این جریان‌ها آغاز شده بود.[۳]

۱- ادعای مهدی پیراســته دایر براین که نام خمینــی را در میان مخاطبان پیام‌های رئیس دولت گنجانده، نادرست به نظر نمی‌رسد. احتمالاً او می‌خواست به این ترتیب به یکی از «هم‌ولایتی»های خود که باخانواده‌اش رابطه‌ی نزدیک داشت محبتی کرده و او را مدیون خود کرده باشد.
۲- بهائیت که از جانب علمای اعلام و مراجع مذهبی «فرقهٔ ضاله» محسوب می‌شد (و می‌شود) در این شمار نبود و اصولاً از آن اسمی برده نمی‌شد. (مترجم)
۳- نخستین تدابیر در زمینه‌ی تقسیم اراضی خالصه و بهبود سهم روستائیان (رعایا) ســال‌ها پیش در زمان حکومت قوام‌السلطنه و ســپس در آخرین ماه‌های دولت دکتر مصدق به تصویب رسید. اما مقیاس اجرای آن‌ها ناچیز بود. قانون اول «اصلاحات ارضــی» و تغییر «نظام ارباب و رعیتی» در زمان حکومت دکتر اقبال به تصویب دو مجلس رســید. اما پیچیده بود و اجرای آن دشوار به‌نظر می‌رسید. در حکومت دکتر امینی و سپس امیراسدالله علم (که حسب‌الاتفاق هر دوی آنان از بزرگ مالکان واقعی بودند) با استفاده از تصویب نامه‌های قانونی اجرای این برنامه سرعت یافت و تبدیل به یک «انقلاب ارضی» در کشور شد. (مترجم)

فروپاشی نظام ارباب و رعیتی و پیدایش طبقه‌ی جدید خورده‌مالکان پر شور و هیجان که همان «رعایای» دیروز بودند، چهره‌ی روستاهای ایران را دگرگون کرده بود. این طبقه‌ی جدید طرفداران شاه بودند. اما همین اصلاحات ارضی، دشمنان توانائی نیز برای او به‌وجود آورد -یعنی بزرگ‌مالکان- رؤسای ایلات و عشایر، روحانیونی که بعضی از آنان در شمار مالکین بودند (خمینی و برادرانش از آن جمله بودند) و یا از بهره‌برداری از اموال و اراضی موقوفی درآمدهای سرشار داشتند (ظاهراً خانواده‌ی خمینی نیز از این منبع بی‌بهره نبود). این گروه‌ها هم قدرت و نفوذ سیاسی خود را از دست می‌دادند و هم منبع درآمدهای کم و بیش مهم خود را.

در این مقطع از زمان، شاه از یک رو در رویی و تنازع سیاسی طولانی با زمامداران ایالات متحده‌ی امریکا «سالم» بدرآمده بود. پرزیدنت کندی و اطرافیانش، به‌ویژه برادرش رابرت کندی وزیر دادگستری، نظر خوشی به شاه نداشتند. با وجودی که در ظاهر از تندروی‌ها و خشونت‌های ساواک (سازمان اطلاعات و امنیت کشور) انتقاد می‌کردند، در خلوت طرح انجام کودتایی را به‌وسیله‌ی سپهبد تیمور بختیار رئیس پرنفوذ و قدرت همین ساواک به منظور سرنگون ساختن محمدرضا پهلوی، تشویق کردند. اما شاه از این بگو و مگوها آگاه شد. بختیار را که سخت منفور مردم بود، عزل و دکتر امینی را که می‌پنداشت با امریکایی‌ها نزدیک است کنار گذاشت.

طبق همه‌ی روایاتی که در دست داریم، شاه در این زمان در حال شور وهیجان بود، می‌خواست به یک اقدام نمایشی و «تاریخی» دست بزند و خود و کشورش را از «بن‌بست» سیاسی که می‌پنداشت دچار آن شده خارج سازد.[۱]

۱- به هنگام این جریانات من (نویسنده‌ی کتاب) در سمت نایب‌رئیس هیأت نمایندگی ایران در اتحادیه‌های اروپایی در بروکسل بودم و نمی‌توانم روایت یا شهادت عینی خود را ابراز دارم. در عوض، همه‌ی کسانی که در این جریان شرکت داشتند و یا ناظر آن بودند، این نکته را تأیید کردند: امیر اسدالله علم نخست‌وزیر وقت، حسنعلی منصور جانشین اصلاح‌طلب او که به دست افراطیون اسلامی کشته شد، دکتر محمد

شـــاه بر آن بود که همه را غافلگیر کند و در مقابل عمل انجام شده قرار دهد و قدرت و محبوبیت خود را تسجیل کند. نخست واشنگتن و سیاست‌مداران امریکایی را، و نیز مخالفان سیاسی‌اش بخصوص نزدیـــکان و پیروان مصدق را که همواره دم از ضرورت اصلاحات اجتماعـــی می‌زدند و از محافظه‌کاری او انتقاد می‌کردند و بالاخره جناح تندرو و قشـــری روحانیت را که از آنان به‌عنوان ارتجاع سیاه سخن می‌گفت.

وی در روز ۹ ژانویـــه‌ی ۱۹۶۳ میلادی -در برابر شـــرکت‌کنندگان در کنگره‌ی ملّی شـــرکت‌های تعاونی روســـتایی- اعلام داشت که قصد تحقّق یک تحول بنیادی را در ســـاختار اقتصادی و اجتماعی کشور دارد که اساس آن، مشارکت همگان در امور مملکتی، بسط و توســـعه‌ی تعاون، اســـتقرار تدریجی دمکراســـی و پی‌ریزی یک جامعـــه‌ی مبتنی بر عدالت و انصاف و برادری خواهد بود. او گفت که می‌خواهد جامعه‌ی نوین ایران نه بر اساس مرام‌های وارداتی که بر مبنای سنت‌های ملی و اعتقادات عمیق ملت ایران استوار باشد و به انبساط فرهنگ ملی منتهی شود.[۱] شاه بعداً اظهار داشت که این برنامه را با توجه به اولویت‌های ملّی و میهنی و به قصد حلّ و فصل مسائل واقعی و حیاتی کشور ارائه داده بود.[۲]

مهم‌تریـــن اصول این اصلاحات و تغییرات بنیادی که بعداً «انقلاب شاه و ملت» و «انقلاب سفید» نام گرفت، عبارت بودند از الغای رژیم ارباب و رعیتی و تقسیم اراضی مالکان میان زارعان اراضی آن‌ها، ملی کردن جنگل‌های طبیعی، مراتع و منابع آب، برابری کامل میان زنان و مردان در همه‌ی شئون سیاسی و اجتماعی، ایجاد سپاه‌های

باهری معاون نخست‌وزیر و سپس وزیر دادگستری و دکتر محمد نصیری از نزدیکان مصدق که سپس به وزارت مشاور رسید و شاه یک‌بار او را احضار و با وی مشورت کرده بود.

۱- بر گرفته از سخنرانی شاه در برابر کنگره، ۹ ژانویه‌ی ۱۹۶۳.

2- برگرفته از:

M.P. PAHLAVI, Reponse a l'Histoire, Albin Michel, Paris, 1979, P.92.

دانش، بهداشت و ترویج و آبادانی به منظور کمک به عمران روستاها و ایجاد تحول سریع در زندگی روستائیان، مشارکت کارگران در سود واحدهای صنعتی، ایجاد خانه‌های انصاف در روستاها و شوراهای داوری در شهرها که اعضای هر دو نهاد می‌بایست انتخابی باشند و نه انتصابی.[۱]

شامگاه ۱۲ ژانویه، محمدرضاشاه با ۴۸۰۰ تن شرکت کنندگان در کنگره که اکثریت نزدیک به اتفاق آنان روستائیان ساده‌ای بودند که شاید برای اول بار قدم به پایتخت ایران می‌گذاشتند، به صرف شام نشست. این شام دسته‌جمعی، خود استثنائی و یک واقعه‌ی «انقلابی» بود. شاه در پایان شام با لحنی پر احساس و شاعرانه به حاضران گفت: «... شاه شما که فقط قلبش به خاطر شما می‌تپد توانسته است با پشتیبانی شما، با یک‌رنگی شما بگوید مملکت مال تمام ملت ایران است و اختصاص به هیچ طبقه‌ی مخصوصی، به هیچ فرد بخصوصی ندارد، مال همه است و شما چون هفتاد و پنج درصد مردم این مملکت هستید هفتاد و پنج درصدش مال شما است.»[۲]

حال می‌بایست به این تدابیر جنبه‌ی رسمی و قانونی داد. به خواست دکتر علی امینی که قبل از امیراسدالله علم در رأس دولت بود، شاه با استفاده از اختیارات خود مجلسین را منحل کرده بود و دولت‌ها در نتیجه با استفاده از «تصویب‌نامه‌های قانونی» حکوم می‌کردند. اما برای تنفیذ تدابیری در این حد، استفاده از تصویب‌نامه‌ی قانونی حتی قابل تصور هم نبود.

۱- مقالات و کتب متعدّدی به همه‌ی زبان‌های مهم درباره‌ی انقلاب سفید و مخصوصاً برنامه‌ی اصلاحات ارضی انتشار یافته. برگرفته‌ای از این منابع به زبان‌های فارسی و انگلیسی و فرانسه در کتاب Iran, le choc Des Ambitions, Aquilion, ۲۹۱ - ۳۲۴ آمده. ترجمه‌ی انگلیسی: همان ناشر ۲۰۰۷. فهرست منابع و مأخذ و هم‌چنین مشخصات اسم این کتب و مقالات در ضمایم کتاب درج شده است.

۲- سخنرانی شاه در پایان کنگره‌ی شرکت‌های تعاونی روستائی- ۱۲ ژانویه‌ی ۱۹۶۳.

در نتیجه شاه و دولت بر آن شدند که اصول «انقلاب شاه و ملت» را به رأی‌گیری عمومی بگذارند. «مراجعه به آراء عمومی» یا رفراندوم، در قانون اساسی ۱۹۰۶ پیش‌بینی نشده بود، ولی در همان قانون اساسی اصل حاکمیت ملی مصرّح بود.[۱] بنابراین مانعی وجود نداشت که مستقیماً از منبع اصلی حاکمیت ملی نظرخواهی شود. مراجعه به آراء عمومی در روز ۲۷ ژانویه‌ی ۱۹۶۳ انجام گرفت و اصول «انقلاب سفید» با ۵/۵۹۸/۷۱۱ رأی موافق در برابر ۴۱۱۵ رأی مخالف به تصویب رسید. البته «مراجعه به آراء عمومی» با مراقبت و نظارت انجام گرفته بود. اما تردید نیست که شور و هیجان زائدالوصف روستائیان که در آن موقع اکثریت مردم ایران را تشکیل می‌دادند و زنان که از حقوق سیاسی و اجتماعی برابر با مردان برخوردار می‌شدند. به این رأی‌گیری صمیمیت و واقعیت بخشید. تعداد آراء شاید کم‌تر یا بیش‌تر بود. اما اکثریت ایرانیان با اصول انقلاب سفید موافق بودند و همه‌ی خبرنگاران متعدد جراید خارجی که برای تهیه‌ی گزارش از این تحوّل بنیادی به ایران آمده بودند، این نکته را تأیید کردند.

* * *

به محض اعلام تصمیم دولت دایر به مراجعه‌ی آراءعمومی اعلام شد، روح‌الله موسوی‌خمینی که هنوز حجت‌الاسلام خوانده می‌شد و به اصطلاح مرجعیت نداشت فتوائی داد و در آن این نظرخواهی را «خلاف شرع انور» خواند:

> «رفراندوم مخالف رأی جامعه‌ی روحانیت اسلام و اکثریت قاطع ملت است... اساساً رفراندوم یا تصویب ملی در قبال اسلام ارزشی ندارد... در قوانین ایران رفراندوم پیش‌بینی نشده است و تاکنون سابقه نداشته جز یک مرتبه آن هم از طرف

۱- قانون اساسی ناشی از انقلاب اسلامی، اصل حاکمیت ملی را لغو و «ولایت فقیه» را جایگزین آن ساخته است.

مقامات، غیرقانونی اعلام شد و به جرم شرکت در آن جمعی گرفتار شدند و بعضی از حقوق اجتماعی محروم شدند[۱].... رأی دهندگان باید پایه‌ی معلومات‌شان به اندازه‌ای باشد که بفهمند به چه رأی می‌دهند. بنابراین اکثریت قاطع حق رأی دادن ندارند و فقط بعضی اهالی شهرستان‌ها که قوه‌ی تشخیص دارند صلاحیت رأی دادن در موارد شش گانه دارند که آنان بی‌هیچ چون و چرا مخالفند... اکثر مردم تطمیع شده‌اند... اگر برای ما ملت می‌خواهند کاری انجام دهند چرا به برنامه‌ی اسلام و کارشناسان اسلام مراجعه نکرده‌اند... اعلیحضرت را اغفال کرده‌اند...»[۲]

با اعلام این فتوا مخالفان پراکنده و ناهمآهنگ اصلاحات ارضی و برابری حقوق زنان و مردان، سخنگویی، آن هم شدیداللحن و به ظاهر بی‌پروا، پیدا کردند، کسی که جرئت کرد به مخالفت با شاه، حکومت و اکثریت قاطع مردم ایران، قیام کند.

* * *

اندکی بعد، در سیزده مارس ۱۹۶۳، هیأت دولت به ریاست امیراسدالله عَلَم در تصویب‌نامه‌ای با استناد به مقدمه‌ی قانون اساسی ۱۹۰۶ که مشارکت ایرانیان را در اداره‌ی امور مملکتی اعلام داشته بود[۳] و نیز اصل دوم[۴] همان قانون که قوه‌ی مقننه نماینده‌ی همه‌ی ایرانیان است که به این ترتیب و از طریق نمایندگان منتخب

۱- اشاره است به رفراندوم در زمان حکومت دکتر مصدق که خمینی به پیروی از سیدابوالقاسم کاشانی در شمار مخالفان او بود. (مترجم)

۲- متن کامل این فتوا در کتاب دهنوی، منبع ذکر شده صفحه‌ی ۲۴ و هم‌چنین در کتاب سیاوش بشیری، توفان در ۵۷، منبع ذکر شده، صفحات ۷۴ الی ۷۷ درج شده است.

۳- «مقرّر است که هریک از افراد و اهالی مملکت در تصویب و نظارت عمومی محق و سهیم می‌باشند.»

۴- «مجلس شورای ملی نماینده‌ی قاطبه‌ی اهالی مملکت ایران است که در امور معاشی و سیاسی وطن خود مشارکت دارند.»

خود در اداره‌ی امور سیاسی و اجتماعی وطن خویش شرکت می‌کنند، نظام جدید انتخابات مجلسین و دیگر نهادهای انتخابی را تنفیذ کرد که در آن حق رأی و حق انتخاب شدن برای زنان (که دیگر از جمله‌ی «ایرانیان» به حساب می‌آمدند) شناخته شده بود.
دوازده روز بعد، روح‌الله موسوی‌خمینی، فتوای دیگری صادر کرد:

«دستگاه حاکمه‌ی ایران به احکام مقدسه‌ی اسلام تجاوز کرد و به احکام مقدسه‌ی قرآن قصد تجاوز دارد.

نوامیس مسلمین در شرف هتک است. دستگاه جابره با تصویب‌نامه‌ای خلاف شرع و قانون اساسی می‌خواهد زن‌های عفیف را ننگین و ملت ایران را سرافکنده کند.

دستگاه جابره در نظر دارد تساوی حقوق زن و مرد را تصویب و اجرا کند. یعنی احکام ضروریه اسلام و قرآن کریم را زیر پا بگذارد. یعنی دخترهای هجده ساله را به نظام اجباری ببرد و به سربازخانه‌ها بکشد. یعنی با زور و سرنیزه دخترهای جوان و عفیف مسلمانان را به مراکز فحشاء ببرد،

هدف اجانب، قرآن و روحانیت است.»[1]

خمینی روز بعد در فتوای دیگری عزای عمومی اعلام و برگزاری مراسم نوروز را (سال نو ایرانیان- آغاز فصل بهار) ممنوع کرد. البته کسی وقعی نه به عزای عمومی گذاشت و نه به ممنوعیت برگزاری مراسم سال نو و آغاز بهار. او در فتوای خود نوشته بود:

«دستگاه حاکمه می‌خواهد با تمام کوشش به هَدَم احکام ضروریه‌ی اسلام قیام و به دنبال آن مطالبی است که اسلام را به خطر می‌اندازد.

لذا اینجانب نوروز را به عنوان عزا و تسلیت به امام عصر عجّل‌الله تعالی فرجه اعلام می‌کنم و به مردم اعلام خطر

۱- دهنوی، منبع ذکر شده، ۳۵.

می‌نمایم.»[۱]

این فتاوی در حقیقت نقطه آغاز مخالفت علنی حجت‌الاسلام روح‌الله موسوی‌خمینی با نظام سیاسی کشور بود و سرانجام برای او شهرتی کسب کرد. مگر نه این که از آن پس -بسیاری او را با آیت‌الله کاشانی مقایسه کردند- که این مقایسه چندان نادرست هم نبود.

گویا در این مقطع از زمان است که خمینی نظر بعضی از دستگاه‌های اطلاعاتی و جاسوسی خارجی را جلب کرد چرا که در او شخصیتی قابل استفاده و بهره‌برداری سیاسی دیدند.

به موازات این اعلامیه‌ها، یا فتاوی، روح‌الله موسوی‌خمینی پیام‌هایی به آیات عظام در نجف و قم فرستاد و از آنان برای مبارزه با هتک حرمت اسلام و تجاوز به احکام قرآن یاری خواست. اما تقریباً جواب مساعدی دریافت نداشت. با این احوال وی در قم هیاهوی بسیار براه انداخته بود. هر روز هزاران زائر به آن‌جا می‌آمدند و طبیعتاً هیاهوی قم در سرتاسر ایران منعکس می‌شد. خمینی نیز چند بار در مدرسه‌ی فیضیه که محل تدریس او بود به منبر رفت و همین نکات را تکرار کرد.

در روز سوم ماه مه ۱۹۶۳، طی سخنرانی بسیار شدیداللحنی شاید برای نخستین بار بطور علنی یهودیان و دولت اسرائیل را مورد حمله قرار داد:[۲]

> «اسرائیل نمی‌خواهد در این مملکت قرآن باشد. اسرائیل نمی‌خواهد در این مملکت علماء اسلام باشند. اسرائیل نمی‌خواهد در این مملکت احکام اسلام باشد. اسرائیل نمی‌خواهد در این مملکت دانشمند باشد. اسرائیل به دست عمّال سیاه خود مدرسه‌ی فیضیه را کوبید. ما را می‌کوبد. شما ملت را می‌کوبد.

۱- همان منبع، ۳۴.
۲- همان منبع، ۵۸ الی ۶۱.

می‌خواهد اقتصاد شما را قبضه کند. می‌خواهد تجارت و زراعت شما را از بین ببرد. می‌خواهد ثروت‌ها را تصاحب کند. اسرائیل می‌خواهد به دست عمّال خود آن چیزهایی را که مانع هستند، آن چیزهایی را که سد راه هستند از سر راه بردارد. قرآن سد راه است باید برداشته شود. روحانیت سدّ راه است، باید شکسته شود. مدرسه‌ی فیضیه و دیگر مراکز علم و دانش سد راه است، باید شکسته شود. طلّاب علوم دینیه ممکن است بعدها سد راه بشوند، باید کشته شوند. از بام پرت شوند. باید سر و دست آن‌ها شکسته شود. برای این که اسرائیل به منافع خود برسد. دولت ایران به تبعیت از اغراض و نقشه‌های اسرائیل به ما اهانت کرده و می‌کند.
من به شما نصیحت می‌کنم، ای آقای شاه، ای جناب آقای شاه، من به تو نصیحت می‌کنم دست از این اعمال و رویه بردار. من نمی‌خواهم که اگر روزی ارباب‌ها بخواهند تو بروی مردم شکرگذاری کنند. من نمی‌خواهم تو این‌طور باشی. من میل ندارم تو مثل پدرت بشوی. نصیحت مرا بشنو. از علمای اعلام بشنو. این‌ها صلاح ملت را می‌خواهند. این‌ها صلاح مملکت را می‌خواهند. از اسرائیل نشنو. اسرائیل به‌درد تو نمی‌خورد. بدبخت بیچاره! چهل و پنج سال از عمرت می‌رود. یک کمی تأمل کن. یک کمی تدبیر کن. یک قدری عواقب امور را ملاحظه کن. کمی عبرت بگیر. اگر راست می‌گویند که تو با اسلام و روحانیت مخالفی، بد فکر می‌کنی. اگر دیکته می‌کنند و به دست تو می‌دهند در اطراف آن فکر کن. چرا بی‌تأمل حرف می‌زنی؟ آقای شاه این‌ها می‌خواهند تو را یهودی معرّفی کنند که من بگویم کافری تا از ایران بیرونت کنند و به تکلیف تو برسند.»

در سخنرانی دیگری[۱] گفت:

۱- همان منبع، صفحه‌ی ۶۶.

«مگر با رفتن چند زن به مجلس مملکت مترّقی می‌شود؟ مملکت با برنامه‌های اسرائیل درست نخواهد شد.»

روز دیگر اعلام داشت:[۱] «الآن تمام اقتصاد مملکت در دست اسرائیل است. عمّال اسرائیل اقتصاد ایران را قبضه نموده‌اند. اکثراً کارخانجات در دست آن‌ها اداره می‌شود: تلویزیون، کارخانه‌ی ارج، پپسی کولا.»

و نیز:[۲] «ما می‌گوییم که برنامه‌های اصلاحی شما را اسرائیل برای‌تان درست می‌کند. شما وقتی که می‌خواهید برنامه‌های اصلاحی هم درست کنید، دست‌تان را پیش اسرائیل دراز می‌کنید. شما کارشناس نظامی از اسرائیل به این مملکت می‌آورید. شما محصلین را از این‌جا به اسرائیل می‌فرستید. ای کاش به جاهای دیگر می‌فرستادید. ای کاش به انگلستان می‌فرستادید، به امریکا می‌فرستادید. به اسرائیل می‌فرستید. ما با این‌ها مخالفیم.

این مملکت مترّقی است که الآن نسبت به همه چیزش به خارج احتیاج دارد، از اسرائیل کارشناس می‌آورد؟ به اسرائیل می‌فرستد که یاد بگیرند. امسال از همین قم اشخاص رفته‌اند، یعنی آن‌ها را فرستاده‌اند.

ما نمی‌دانیم این‌ها چه بستگی به اسرائیل و عمّال اسرائیل دارند. آیا برای مملکت کهن‌سالی مثل ایران ننگ نیست که دولت اسرائیل بگوید ما حمایت از ایران می‌کنیم؟ ایران بزرگ تحت‌الحمایه‌ی اسرائیل است؟

مزارع بسیار خوب ایران در دست اسرائیل است. از ایلام به من نوشته‌اند که مزارع خوب این‌جا را دادند به اسرائیل چغندر بکارد. تابلوئی زدند به کنار جاده که مزرعه‌ی نمونه‌ی ایران و اسرائیل».

۱- همان منبع، ۸۷.

۲- همان منبع صفحه‌ی ۹۲.

آیا میان این بیانات پیاپی ضداسرائیلی و کمک مالی که از همان زمان از طرف مصر، که سرهنگ ناصر در رأس آن کشور بود، به خمینی آغاز شد، ارتباطی وجود دارد؟ واقعیت این کمک، چنانکه خواهیم دید، بعداً به اثبات رسید.
این فرضیه را نمی‌توان کنار گذاشت.

در این روزها، آشوب و هیجان در شهر قم که مرتباً هزاران نفر از همه‌ی جای ایران و حتی از دیگر کشورها برای زیارت مرقد حضرت معصومه، خواهر امام هشتم شیعیان، به آنجا می‌آمدند، دائمی بود. خواست اصلی تظاهر کنندگان قم که بخصوص در مدرسه‌ی فیضیه جمع می‌شدند، لغو اصل برابری زنان و مردان بود. از اصلاحات ارضی نیز انتقاد می‌شد. همچنین مطالبی بر ضد یهودیان و دولت اسرائیل عنوان می‌گردید.
اندک اندک این نابسامانی دائم، در محافل سیاسی تهران جدی تلقی شد و باعث نگرانی مقامات دولتی گردید. بخصوص که در مشهد، شیراز، اصفهان، کاشان و حتی تهران نیز تظاهرات مشابهی صورت گرفت.
در تهران، وجوه قابل ملاحظه‌ای برای استخدام بزن‌بهادرها و لوطی‌های محلات یا میدان امین‌السلطان (محل عمده‌ی فروشی و توزیع میوه‌ها و سبزی‌های مورد نیاز پایتخت) خرج می‌شد. آشوبگران حرفه‌ای دیگر نیز در میان تظاهر کنندگان به چشم می‌خوردند.
این پول‌ها از کجا می‌آمد؟ این آشوبگران چه کسانی بودند و سرنخ آن‌ها در دست که بود؟ سریعاً پاسخ‌های دقیقی به این پرسش‌ها داده شد.
به موازات این اوضاع، غائله‌ای نیز در فارس آغاز شد و تنی چند از سران عشایر دست به شورش و یاغی‌گری و ایجاد ناامنی زدند. سرانجام، شاه و دولت تصمیم گرفتند که عکس‌العمل قاطعی از خود

نشان دهند. درتهران همه می‌دانستند که رئیس دولت (امیراسدالله علم) و همه‌ی سران ارتش و مسئولان انتظامی طرفدار قاطعیت در مقابل آشوبگران هستند. دولت می‌خواست که هر چه زودتر به نابسامانی‌ها، گرچه محدود بود و هنوز ایران‌گیر نشده بود، خاتمه دهد تا بتواند برنامه‌های اصلاحی را که تازه به تصویب عمومی رسیده بود، به مرحله‌ی اجرا درآورد. در قم خمینی اعلام داشت که «با یک پس گردنی حکومت را ساقط» خواهد کرد.[۱] دیگر زورآزمایی میان دو طرف غیرقابل اجتناب بود.

* * *

سحرگاه روز ۱۵ خرداد ۱۳۴۲[۲] مأمورین انتظامی اقامتگاه حجت‌الاسلام روح‌الله موسوی خمینی را محاصره کردند. حجت‌الاسلام در خانه‌اش نبود و شب را نزد پسر ارشدش (مصطفی) که در همان نزدیک سکونت داشت گذارنده بود.

حضور نیروهای انتظامی در اقامتگاهش به اطلاع او رسید. وی بلافاصله به خانه‌ی خود بازگشت. جلب و بازداشتش به آرامی و بی‌سر و صدا انجام شد. بی‌درنگ وی را به تهران انتقال دادند و در محلی متعلق به سازمان امنیت و اطلاعات کشور مستقر نمودند. زندانی شد، اما نه در زندان.

خبر جلب و بازداشت او بلافاصله در قم منتشر شد و تظاهراتی به نفع او صورت گرفت.

چون خبر به تهران رسید، پایتخت سه روز دچار اغتشاش و ناامنی گردید. گروه‌های آشوبگر که شخصی به نام طیب حاج رضایی[۳] از بزن‌بهادرها و چاقوکشان معروف تهران که سوابق محکومیت

1- Edouard Sablier, Iran, LA Poudriere, LES. SECRTS De LA Revolution islamique, Paris, Robert Lafont, P. 57.

۲- اشاره است به آغاز اغتشاشات ۱۵ خرداد ۱۳۴۲ (مترجم).

۳- بعد از اتمام این ماجرا طیب و دو تن از همدستانش محاکمه و محکوم و اعدام شدند.

متعـددی نیز داشـت، در رأس آن‌ها بود، به چند سـینما، مراکز فرهنگی، محل سـازمان اتوبوسـرانی پایتخت، ساختمان انجمن فرهنگی ایران و امریکا، و نیز کارخانه‌ی پپسی‌کولا که خمینی آن را متعلق به یهودی‌ها معرفی کرده بود، حمله بردند و آن‌جاها را غارت کردند یا به آتش کشیدند.

تظاهرات بیش‌تر جنبه‌ی جنگ و گریز شـهری داشت. شعارهایی علیه برابری حقوق زنان و مردان داده می‌شـد. بخصوص اراذل و اوباش و ولگردان به چپاول می‌پرداختند.

مأموران شـهربانی که برای مقابله با تظاهرات خشـن و جنگ و گریزهای شهری آمادگی نداشتند، موفق به استقرار نظم نشدند. در پایان نخسـتین روز بلوا، وضع نامعلوم بود. دولت از خود ضعف نشـان داده بود، گویا شـاه که همواره از خونریزی نفرت داشت می‌خواست تسلیم شود.

امیراسدالله علم نخست‌وزیر، با اتکا به ارتش و بخش مهمی از افکار عمومی، دستور داد که به مدت سی و شش ساعت همه‌ی خطوط تلفنی کاخ سلطنتی با خارج قطع شود و قدغن کرد که سران ارتش و مسئولان انتظامی با شاه تماس بگیرند. او از دل‌نرمی و گذشت شاه بیم داشت.

به ژاندارمری دسـتور داده شـد راه قم به تهران را به‌بندد و مانع رسـیدن چند صد تن تظاهر کننده‌ی کفن‌پوش و مسلّح به پایتخت شود. در تهران حکومت نظامی برقرار شد و ارتش وارد عمل گردید. در نزدیکی بازار تهران، میدان ارک، چند صد تن از تظاهر کنندگان می‌خواستند مرکز رادیو ایران را تصرف کنند که ممکن بود تسلط بر اوضاع را از دسـت دولت خارج سازد. وضع دشوار شده بود. تانک‌های ارتش ناچار به مداخله شدند و ظرف چند دقیقه از حمله به رادیو و تصرف آن جلوگیری کردند. تقریباً در این‌جا کار آشوب به پایان رسید.

بدین‌سان خمینی و طرفدارانش و نیز کسانی که او را بازیچه‌ی خود

کرده بودند، با شکست مواجه شدند. دولت مقتدر بود و در مجموع، اکثریت مردم تکان نخوردند.

***

تعداد قربانیان این سه روز را هفتاد و پنج یا هفتاد و هشت تن نوشته‌اند که بیش‌تر آنان از تظاهر کنندگان بودند. دولت بلافاصله با یک تصویب‌نامه‌ی قانونی برای بازماندگان آنان مقرری مناسبی برقرار کرد. خانواده‌های قربانیان گناهی نداشتند و نمی‌بایست مجازات شوند. ظاهراً ابتکار این تصمیم عاقلانه از شخص امیراسدالله علم بود که می‌گفت باید هر چه زودتر جراحات را التیام بخشید.

علم، شخصیتی که به حق یا ناحق مورد انتقاداتی نیز قرار گرفته و می‌گیرد، در این جریان از خود تدبیر و کفایت و به‌خصوص استقامت نشان داد.

در جریان این ماجرا خمینی نشان داد که مردی است بی‌نهایت مغرور و مستبد‌الرأی، بدبین نسبت به همه کس و همه چیز، دچار خود بزرگ‌بینی و به‌ویژه کینه و نفرت نسبت به مخالفانش. برای او ملاحظات انسانی و رحم و شفقت معنی و مفهومی نداشت و توجهی به عواقب تصمیماتی که می‌گرفت و شعارهایی که می‌داد، مبذول نمی‌داشت. خونریزی که به راه انداخت و آتشی که خواست برافروزد و موفق نشد، نشان دادند که در این موجود از ترّحم و انسانیت خبری نیست. سال‌ها بعد این نکات به مردم ایران و به همه‌ی جهانیان به ثبوت رسید.

او در اعمال و اقوال خود به اسلام استناد می‌کرد. به اسلامی که بیش‌تر در تصور و برداشتش بود. اسلام خودش؛ نه یک برداشت انسانی از این دیانت. روح‌الله موسوی‌خمینی در این جریان نشان داد که غیر از خودش کسی را دوست ندارد و اصولاً دوستی و محبت و عطوفت در قاموس وی معنایی ندارند. هنگامی که قدرت

مطلق را در ایران به دست گرفت، به هر کاری دست زد. حکم به جنایات و فجایع بسیار داد. دستورات ضد و نقیض صادر کرد. یکی از روزنامه‌نویسان معروف[1] جرئت کرد از او بپرسد، «آیا شما احساسات انسانی دارید؟ آیا هرگز گریسته‌اید؟ آیا هرگز احساس غم کرده‌اید؟ آیا اصولاً در وجود شما احساسی هست؟»[2] آیت‌الله این دست و آن دست کرد، به مصاحبه خاتمه داد. گفت، حوصله‌ی این حرف‌ها را ندارد و روزنامه‌نویس مورد اشاره را از اتاق خود بیرون کرد.

آیا چنین رفتاری نشان از خودبزرگ‌بینی و غرور بی‌حد و حساب نیست؟ آن‌چه از او می‌دانیم آن است که مردی باهوش بود، پنهان‌کار نیز بود و می‌توانست احساسات خود را بکلی مخفی نگاه دارد. اما تغییر عقیده نمی‌داد و به راه خود می‌رفت.

در این روزهای آشوب، بدون کوچک‌ترین درنگ و توجه به عواقب کار، جوی خون به‌راه انداخت. پس از انقلاب ۱۹۷۸ - ۱۹۷۹ به دستور او ده‌ها هزار نفر به قتل رسیدند. شاید قربانیان خود را مظاهر اهریمن می‌دانست.

در یک مصاحبه‌ی طولانی با B.B.C، پسرش احمد به روحیات و منش او اشاره می‌کند:[3]

> «پدرم خیلی شیطان بود. مثلاً ایشان هر دو دستش شکسته، یک پایش شکسته، صورتش چند جایش شکسته، سرش شکسته، این‌ها همه در اثر بازی‌ها و شیطنت‌هایی بوده که آن موقع می‌کرده.»
>
> ایشان (روح‌الله موسوی‌خمینی) می‌گفتند، برادر من، این آقای

1- Oriana Fallaci

2- An interview with Khomeyni, New- York Times Magazine, 7 October 1979.

۳- این مصاحبه در ۱۹۸۲ انجام گرفت ولی نوار آن پس از مرگ خمینی پخش شد. متن کامل آن در کتاب مهدی شمشیری، منبع ذکر شده، مندرج است. در متون دیگری نیز به آن اشاره شده. «حکایت» مگس‌کشی در زندگی‌نامه‌های «رسمی» خمینی بارها آمده است. خود من این مصاحبه را نشنیده‌ام.

پســندیده خیلی آدم منظمی بود. خیلی تمیــز بود. بقدری تمیز و مؤدب بــود که وقتی بزرگ‌ترهــا او را می‌دیدند از الاغ پیاده می‌شــدند. اما من نزدیکی‌های شب باید یکی بیاید مرا بگردد، لای این آشــغال‌ها، لای این خاک و گل‌ها و توی جوی و این‌ها پیدا کند و ببرد.

ایشان تضاد روحی عجیبی دارند. در عین این که امام یک مگس را که توی اتاق هست امشی نمی‌زنند، آن مگس را می‌گیرند، در اتاق را باز می‌کنند و آن حیوان را بیرون می‌کنند. می‌گویند چرا ما بگیریم، چرا چیزش کنیم. در عین حالی که این‌گونه هست، اما عجیب اســت، اگر هزار نفر جوان بیایند خلاف دین بکنند، معتقد است همه را باید کشت.»

نمی‌دانیم قصه‌ی مربوط به مگس‌کشــی که غالباً ذکر شده درست است یا نه. چند تن دیگر هم آن را حکایت کرده‌اند. ولی مجموعه‌ی این گفته‌ها افشــاگرانه است. ســخن و روایت دشمن، یا مخالف آیت‌الله خمینی نیست. گفته‌ی پسرش است.

ظاهراً پس از ماجرای ماه ژوئن ۱۹۶۳، فعالیت‌های اســلام‌گرایان افراطی، چه در ایران و چه در جاهای دیگر، مورد توجه و بررسی سازمان‌های اطلاعاتی و جاسوســی امریکا قرار گرفته و در این موضوع تأمل شد که آیا می‌توان آن‌ها را در موقع «ضرورت» مورد بهره‌برداری قرار داد.[1]

خمینی در خانه‌ای متعلق به ســازمان‌های امنیتی تحت‌نظر بود و اجازه‌ی خروج نداشــت. اما به معنای واقعــی کلمه زندانی نبود. کسان بسیاری به دیدارش می‌آمدند. اسامی آنان یادداشت می‌شد. ولی مانعی در رفت و آمد آن‌ها وجود نداشت. اما او سریعاً و رسماً

1- Robert Dreyfus, Hostage to Khomeyni, New-york, New Benjamin Framklin House Publishing Company Inc, 1980.

کتابی است جالب و حاوی اطلاعات بسیار که نباید همه‌ی آن‌ها را بدون تأمل پذیرفت.

به «تحریک بر ضد امنیت کشور، ایجاد اغتشاش، تشویق آدم‌کشی و ارتباط و همدستی با قدرت‌های خارجی» متهّم شد.
در طی یک گفتگوی مطبوعاتی، نخست‌وزیر (عَلَم) اعلام داشت که مسئولان و محرّکان سه روز خونین خرداد، تسلیم «محاکم صالحه» خواهند شد و آمران و مسئولان کشتارها به اشدّ مجازات خواهند رسید. می‌شد تصور کرد که مجازات اعدام در انتظار روح‌الله موسوی‌خمینی است که عامل و آمر اصلی کشتارها بود.
پس از این مصاحبه‌ی مطبوعاتی، خمینی از اقامتگاه خود به پادگان عشرت‌آباد انتقال داده و زندانی شد. در اتاقی پاکیزه و مجهّز به وسایل استراحت مستقر شد. ولی دیگر زندانی بود. پس از انقلاب اسلامی، انتشارات رسمی یا نیمه رسمی رژیم ادعا کردند که در همین اتاق بود که جواد صدر وزیر کشور در ماه مارس ۱۹۶۳ به دیدارش رفت و «از جانب شاه و دولت از او عذرخواهی کرد» و ابلاغ نمود که به‌کلی آزاد است.[1]
در ماه مارس ۱۹۶۳، جواد صدر که از دیپلمات‌های ارشد وزارت خارجه‌ی ایران بود، سمت سفارت شاهنشاهی در توکیو پایتخت ژاپن را داشت و در مارس ۱۹۶۴ او به عنوان وزیر کشور وارد کابینه‌ی حسنعلی منصور شد. بهرحال در مارس ۱۹۶۳ خمینی اصولاً زندانی نبود!
اما درست است که وزیر کشور وقت، مهدی پیراسته، به اتفاق برادر خمینی آقانورهندی (وکیل عدلیه) و یکی از اقوام مشترک‌شان (پیراسته و خمینی و هندی هم‌ولایتی بودند و با یکدیگر نسبت خانوادگی داشتند) به پادگان عشرت‌آباد رفت و با خمینی گفتگو نمود. وزیر پیشین کشور از این دیدار روایت متفاوتی دارد. «... ضمن صحبت با او متوجه شدم که به اصطلاح، خود را خیلی باخته است و ضمن سپاس فراوان از من برای این بازدید با لحن

۱- برگرفته از کتاب نیمه‌رسمی شخصی بنام باقر عاقلی تحت عنوان، روزشمار تاریخ ایران، جلد دوم صفحه‌ی ۱۵۶.

تملّق‌آمیزی نسبت به شاه فقید حرف می‌زد و برخلاف معمول بین اشخاصی نظیر من که از شاه فقید در گفتگوی خودمان به عنوان اعلیحضرت نام می‌بردیم، خمینی عنوان اعلیحضرت همایونی را به‌کار می‌برد و از قانون اساسی تمجید و دفاع می‌کرد...»[۱]
دلیلی وجود ندارد که ابتکار این ملاقات از وزیر کشور وقت نبوده باشد. قصد وی قطعاً آن بود که حضوراً به افکار و مقاصد روح‌الله خمینی پی ببرد و بداند که آیا ارجاع پرونده‌ی او به «مقامات صالحه‌ی قضایی» به مصلحت هست یا نه؟ البته در این گیرودار به شرح دلایلی که خواهیم نوشت، دولت از ارجاع پرونده‌ی خمینی به مراجع قضایی صرفنظر کرد:

> پیراسته افزوده: «من ضمن اولین شرفیابی به حضور شاه، موضوع دیدار از خمینی و طرز صحبت او و استنباط خودم که او می‌خواهد مورد توجه و عفو شاه قرار گیرد، گزارش دادم، ولی شاه فقید روی خوش نشان نداد. اما چندی بعد از زندان آزاد شد.»[۲]

* * *

تحقیقاتی که از بازداشت شدگان بعد از حوادث «سه روز خونین» به عمل آمد و بررسی‌های مقامات امنیتی و انتظامی نشان داد که افراد حزب توده (که رسماً منحل شده بود) در جریان این حوادث نقش مهمی داشته‌اند.
تعداد تظاهر کنندگان در پایتخت هرگز از پنج‌هزار نفر تجاوز نکرده بود. جمعیت تهران در آن موقع متجاوز از یک میلیون و نیم نفر بود. بنابراین می‌توان گفت که گرچه جنگ و گریزهای شهری شدید، خشن و خونین بودند، اما هرگز تظاهرات سیاسی جنبه‌ی مردمی

۱- مهدی پیراسته، منبع ذکر شده، صفحه‌ی ۴۰۴. (در ایران مرسوم بود که مقامات رسمی از رئیس مملکت و مقام سلطنت با عنوان «اعلیحضرت» سخن می‌گفتند و مردم به سادگی می‌گفتند، «شاه»).
۲- همان منبع، همان صفحه.

نیافتند. اهالی پایتخت خود را کنار کشیده بودند.
چند روزی پس از این ماجراها، اسناد و مدارکی انتشار یافت که نشان می‌داد سازمان اطلاعاتی مصر وجوه مهمی برای ایجاد این اغتشاش به تهران فرستاده است. در آن هنگام، سرهنگ ناصر مرد توانای آن کشور، دشمن علنی و سرسخت نظام حکومتی ایران و شخص محمدرضاشاه بود و او را به عنوان رقیب خود در منطقه‌ی تلقی می‌کرد. فراموش نکنیم که ناصر به شوروی‌ها بسیار نزدیک و با آنان هم‌پیمان بود. به موازات کمک به اغتشاشات تهران، قاهره کمک‌های قابل ملاحظه‌ای هم به سرکشی رؤسای ایلات و عشایر منطقه‌ی فارس می‌کرد که دل‌مشغولی دیگر دولت در آن زمان بود. خمینی در حقیقت مهره‌ای بود در نبرد قدرت در منطقه.
هجده سال بعد، محمد حسنین هیکل (وزیر رازدار و همه‌کاره‌ی ناصر) که دیگر از ستایشگران و نزدیکان آیت‌الله روح‌الله موسوی‌خمینی شده بود، به صراحت قبول کرد و نوشت که در این ماجرا خمینی و یارانش از کمک‌های مصر برخوردار شده بودند.[1]

* * *

در سال ۱۹۷۸ میلادی، هنگامی که روح‌الله موسوی‌خمینی در نوفل-لو-شاتو اقامت داشت، هیاهوی خبرسازان و زندگی‌نامه نویسان، ماجرای پانزده خرداد را به «نقطه‌ی آغاز» فعالیت‌های وی علیه «امپریالیسم جهانی» و برای «انقلاب اسلامی» تبدیل کرد. در قانون اساسی جمهوری اسلامی از آن به عنوان قیام شکوهمند اسلام مبارز یاد شده.[2] سال‌ها بعد یکی از روزنامه‌های بزرگ

1- Mohammad H. Hykal. Khomeyni ET SA Revolution, Ed. Jeune Afrique, Paris, 1983, P. 94.
طیب حاج‌رضایی قسمت عمده‌ی وجوهی را که از عوامل مختلف برای برپایی آشوب دریافت داشته بود درهنگام بازجویی به دولت «پس داد» به این امید که از محکومیت به اعدام نجات یابد و یا بعد از محکومیت مورد عفو قرار گیرد. اما نتیجه‌ای نگرفت. می‌گویند که شجاعانه کشته شد. (مترجم)
۲- مقدمه، بند دوم.

صبح پاریس نوشت «این در قم به سال ۱۹۶۳ بود که آیت‌الله خمینی سخنرانی بنیادی خود را درباره‌ی انقلاب اسلامی ایراد کرد»[1] مطلبی به کلی خلاف واقع.

از آغاز تا پایان «سخنرانی بنیادی انقلاب اسلامی» را در ۱۹۶۳ می‌توان در سه نکته خلاصه کرد، مخالفت با اصلاحات ارضی، مخالفت با آزادی زنان و برابری حقوق سیاسی و اجتماعی آنان با مردان و مخالفت با مراجعه به آراء عمومی برای تصویب و تنفیذ این دو اصل.

قیام شکوهمند اسلام مبارز، اغتشاشی بیش نبود که قسمت اعظم هزینه‌ی آن را خارجیان پرداختند.

منافع و اهداف کسانی که این ماجرا را براه انداختند متفاوت و شاید متضاد بود. اما همه‌ی آن‌ها در ضرورت برانداختن حکومتی که با اهداف و منافع آنان مخالف بود هماهنگی داشتند و موقتاً ائتلاف کرده بودند: بزرگ مالکان و سران عشایر با اصلاحات ارضی مخالف بودند. سرهنگ ناصر و هم‌پیمانان با حامیانش شوروی‌ها می‌خواستند نظامی را که در برابر افکار توسعه‌طلبانه و خواست‌های آنان برای تسلط بر خاورمیانه مقاومت می‌کرد، واژگون سازند.

حجت‌الاسلام روح‌الله خمینی، از روی بغض و کینه و به سبب خودبزرگ‌بینی و جاه‌طلبی بی‌حد و حسابش آلت دست و بازیچه‌ی همه‌ی این‌ها شد و موقتاً به صورت پرچمدار اغتشاش درآمد و سرانجام توانست برای خود نامی بسازد. عکس‌العمل و قاطعیت دولت وقت او را برای سال‌ها از صحنه بیرون کرد و تقریباً به دست فراموشی سپرد. سال‌ها بعد مجدداً وی را به بازی گرفتند. چنان‌که خواهیم دید.

1- Le Figaro, 18 - 19 Juin 2005

این مقاله به امضای George Malbrunot روزنامه‌نویس معروف فرانسوی انتشار یافت که خود مدتی طولانی به دست اسلامیون افراطی ربوده شده و گروگان آن‌ها بود و نشان می‌دهد تا چه حد و اندازه‌ای، مطالب خلاف واقع و مجعول تبلیغاتی می‌توانند حتی اشخاص با حسن‌نیت را فریب دهند.

* * *

در این مقطع از حوادث، مرحله‌ی دیگری از زندگی روح‌الله موسوی‌خمینی شایان توجه است که در همه‌ی زندگی‌نامه‌هایی که برای او به هنگام اقامتش در فرانسه ساخته و پرداختند، در بوته‌ی اجمال مانده و اکنون نیز در ایران کسی اجازه‌ی اشاره به آن را ندارد:

بسیاری خطر محاکمه و مجازات خمینی را جدی گرفتند. سیاسیون ایران و اطرافیان شاه درباره‌ی رویه‌ای که باید در این زمینه اختیار کرد اختلاف‌نظر داشتند. گروهی که ظاهراً امیراسدالله علم نخست‌وزیر در رأس آن‌ها بود معتقد به قاطعیت بودند و عقیده داشتند که نباید مانعی در راه محاکمه و مجازات خمینی ایجاد کرد. اگر پس از قطعی شدن رأی مراجع قضایی ضرورتی بر انعطاف و گذشت پدیدار شد، شاه خواهد توانست از اختیارات قانونی خود استفاده کند و تصمیم به تخفیف مجازات و درنهایت امر، عفو وی بگیرد.

گروه دیگری هوادار «مماشات و مصالحه» بودند و می‌خواستند از رو در رویی با جامعه‌ی روحانیت، اجتناب شود. آن‌ها عقیده داشتند که روح‌الله موسوی‌خمینی گرچه در شمار «علمای اعلام» نیست ولی بهرحال نام و شهرتی یافته و محاکمه و محکومیت چنین شخصی مخالف سنت‌های دیرین کشور است.[1]

شاه سرانجام نظر گروه دوم را پذیرفت.

بر اثر مداخله و پا درمیانی چند تن از شخصیت‌های سیاسی و یا روحانی آن زمان، از جمله شیخ حسین لنکرانی، همدست دیرین حزب توده و گویا عامل شوروی‌ها در ایران[2] با عجله، پنج تن از

۱- البته محاکمه و اعدام شیخ فضل‌الله نوری، دشمن سرسخت انقلاب مشروطه به سبب حمایت او از کودتای محمدعلی شاه قاجار علیه مجلس و مشروطیت و نیز محاکمه و اعدام مجتبی نواب صفوی، رهبر گروه تروریست فدائیان اسلام که مسئول و عامل چند قتل مهم سیاسی یا غیرسیاسی بود، نظر طرفداران «مصالحه و مماشات» را تایید نمی‌کرد. (مترجم)

۲- نگاه کنید به خاطرات انور خامه‌ای، یکی از نظریه‌پردازان اصلی حزب توده و سپس

علمای اعلام و مراجع موجّه[۱] شیعه به روح‌الله خمینی جواز «اجتهاد» و «مرجعیت» دادند و او به این ترتیب عنوان آیت‌الله پیدا کرد که در آن زمان اهمیت و اعتباری داشت.

آیا روح‌الله خمینی از لحاظ موازین و سنت‌ها، استحقاق چنین عنوان و اهمیتی را داشت؟ آیا واجد شرائط مرجعیت بود؟

در این باره بحث و گفتگوی بسیار شده که هنوز هم ادامه دارد و بعضی از محققّین برای آن اهمیت قائلند.[۲]

واقعیت امر این است که روح‌الله موسوی‌خمینی مستحق بود یا نبود، بر اثر مداخلات سیاسی و مماشات گروهی و نوعی حس همبستگی صنفی از سوی تنی چند از مراجع روحانیت، هنگامی که در زندان بود، اجازه‌ی اجتهاد یافت و آیت‌الله نامیده شد. این ارتقاء مرتبت به وی اهمیتی می‌بخشید و عملاً او را از قهر و خشونت دولت و مقامات قضایی برکنار نگاه داشت.

کسان دیگری، یا همان اشخاصی که برای اعطای درجه‌ی اجتهاد به وی کوشیده بودند در این جا، به پا درمیانی پرداختند که وی از زندان آزاد شود. از جمله آن‌ها مظفر بقایی کرمانی، مرد شماره‌ی دو پیشین جبهه‌ی ملی که رهبر آن دکتر مصدق بود، سپس هم‌رزم و یار سپهبد زاهدی جانشین مصدق بود. مظفر بقایی با وجود رویه‌ی شخصی کاملاً غیرمذهبی که داشت و تظاهرش به سوسیال دمکراتٍ بودن، با محافل و مجامع مذهبی بسیار نزدیک بود و احتمالا به درخواست آنان به پادرمیانی پرداخت. سرلشکر حسن پاکروان، رئیس سازمان اطلاعات و امنیت کشور که گویا از خمینی طی ملاقاتی، قول «حُسن رفتار» نیز گرفته بود، عقیده بر استخلاص

از رهبران گروه انشعابی آن که وی را عامل رسمی سفارت شوروی معرفی می‌کند. انتشارات هفته، تهران.

۱- آیت‌الله شیخ بهاءالدین محلاّتی، آیت‌الله سیدکاظم شریعتمداری، آیت‌الله سیدهادی میلانی، آیت‌الله حاج‌آقا احمد خوانساری، آیت‌الله شاهرودی.

۲- از جمله نگاه کنید به کتاب‌های سیاوش بشیری و مهدی شمشیری، منابع ذکر شده.

او داشت.[۱]

گویا سفیر بریتانیای کبیر نیز در ملاقاتی با سرلشکر پاکروان، از وی آزادی خمینی را خواسته و یا لااقل توصیه کرده بود.[۲]

سرانجام در مارس ۱۹۶۴، روح‌الله موسوی‌خمینی که با عنوان حجت‌الاسلام جلب شده و ده ماه ابتدا تحت‌نظر و سپس زندانی بود با عنوان آیت‌الله، رهایی یافت و بلافاصله راهی قم شد.

* * *

نخستین ماه‌های اقامت آیت‌الله جدید در قم بدون سروصدا و ماجرا گذشت. در روز ۲۶ اکتبر ۱۹۶۴ (مصادف با چهارم آبان، سال‌روز تولد محمدرضاشاه پهلوی) خمینی در قم (مدرسه‌ی فیضیه) بر منبر رفت و سخنانی شدیداللحن علیه موافقت‌نامه همکاری‌های نظامی که با ایالات متحده امریکا امضا و برای تصویب تقدیم قوه‌ی مقنّنه شده بود، ایراد کرد.

در این موافقت‌نامه، دقیقاً مانند همه‌ی قراردادها و موافقت‌نامه‌های مشابه که میان ایالات متحده‌ی امریکا و کشورهای جهان آزاد منعقد شده بود، ضمانت‌هایی برای افسران و سربازان امریکایی که احتمالاً مرتکب جنحه یا جنایتی در حین انجام وظایف خود شده باشند، مندرج بود. دولت ایران حتی ضمانت‌های اضافی و ترتیبات اختصاصی از واشنگتن اخذ و در ملحقات موافقت‌نامه منظور کرده بود که «جنایات» مرتکب به‌وسیله‌ی افسران و سربازان امریکایی در خاک ایران مشمول تبصره نباشد و به دادگاه‌های محلی (ایرانی) ارجاع گردد. علاوه بر این دولت ایران این حق را برای خود قائل

۱– پس از انقلاب اسلامی سرلشکر پاکروان، فارغ‌التحصیل مدرسه‌ی سَن‌سیر Saint cyr مردی که هیچ‌کس در پاکدامنی و شرافت و حُسن عمل وی تردید نداشته و ندارد، به دستور خمینی توقیف شد و در یازده آوریل ۱۹۷۹ میلادی به قتل رسید. مظفر بقایی نیز بعداً جلب و بازداشت و زیر شکنجه کشته شد.

۲– مهدی پیراسته، متن ذکر شده، صفحه‌ی ۴۰۶. پیراسته در آن زمان وزیر کشور بود.

شـــده بود که در هـــر مورد که منافع ملی ایجاب نماید، از شـــمول تبصره جلوگیری کند.[۱] هیچ‌یک از کشورهای هم‌پیمان دیگر امریکا موفق به اخذ و کسب چنین استثناهایی نشده بود. به عبارت دیگر همه‌ی احتیاط‌های لازم برای صیانت حقوق ملی و حاکمیت ایران معمول شده و حدود این «مصونیت قضائی» به حداقل ممکن کاهش یافته بود.[۲]

روح‌الله خمینی، با همان خشونت بیان متعارف خود، این ترتیبات را در سخنان روز چهارم آبان مورد انتقاد و حمله قرار داد:

> «اناالله و انااليه راجعون. من تأثرات خودم را نمی‌توانم انکار کنم. قلب من در فشار است. این چند روز که مسائل ایران را شنیدم خوابم کم شـــده است. ناراحت هســـتم. قلبم در فشار است. با تأثرات قلبی روزشماری می‌کنم که چه وقت مرگ پیش آید. ایران دیگر عید ندارد. عید ایران را عزا کردند. عزا کردند و چراغانی کردند و دسته‌جمعی رقصیدند و پایکوبی کردند.»[۳]

وی سپس در «فتوا»یی اعلام داشت:

> «... آیـــا ملت ایران می‌داند این روزها در مجلس چه گذشـــت؟ آیا می‌داند که بدون اطلاع ملت و بطور قاچاق چه جنایتی واقع شد؟ مجلس به پیشنهاد دولت سند بردگی ملت ایران را امضا کرد. اقرار به مســـتعمره بودن ایران نمود. ســـند وحشی بودن ملّت مسلمان را به امریکا داد. قلم سیاه کشید بر جمیع مفاخر اسلامی و ملی ما.»[۴]

۱- تمـــام این متون در اســـناد و قراردادهای منعقده بین ایران و ایالات متحده که به وسیله‌ی جمهوری اسلامی انتشار یافته، مندرج است. نگاه کنید به «اسناد دیپلماتیک ایران».

۲- در چند کشور دیگر، از جمله فرانسه و ایتالیا، که دارای احزاب کمونیست توانایی بودند، تظاهرات کم و بیش شـــدیدی بر ضـــد درج این تبصره «مصونیت قضایی» و آیین‌نامه‌هـــای اجرایی آن در قراردادهای همـــکاری نظامی و دفاعی به ایالات متحده امریکا، صورت گرفت. (مترجم)

۳- اشاره است به مراسم مختلفی که به مناسبت سالروز تولد شاه برپا می‌شد. (مترجم)

۴- این متون در کتاب مهدی شمشیری، متن ذکر شده، به‌طور کامل انتشار یافته است.

* * *

این بار، دولت که ریاست آن با حسنعلی منصور بود، انتظار را جائز ندانسـت و نمی‌خواست باز خمینی غائله‌ای به پا کند، یا ماجرایی بسازند و وی علم‌دار آن شود.

در روز ۴ نوامبـر آیـت‌الله خمینی، با آرامی و بدون سـرو صدا در اقامتگاهش جلب شد و بی‌درنگ به تهران انتقال یافت.

سـتوان یکم شهربانی، سیف عصّار از مأموران جلب آیت‌الله و هم او بود که با رعایت ادب و نزاکت وارد خانه‌ی خمینی شـد. سیف عصّار به یک خانواده‌ی قدیمی و سرشناس روحانی تعلّق داشت. عموی وی یکی از برجسته‌ترین فقها و علمای علوم دینی آن عصر بود[1] که طبیعتاً آیت‌الله خمینی او را خوب می‌شناخت.

آیت‌الله را در یک اتومبیل عادی، بدون علامت سازمان‌های انتظامی، نشاندند و عصّار در کنارش نشست. گروهی از مأموران انتظامی و امنیتی همراه این اتومبیل بودند. بعد از حرکت خودروها، عصّار خود را به آیت‌الله معرفی کرد. خمینی که بسیار عصبانی بود، اندکی آرام گرفت و به گفتگو پرداخت. سپس گفت، «این دفعه مرا خواهند کشت»[2] و گویا زار زار گریست.

پس از رسـیدن به تهران وی را مدت کوتاهی زندانی کردند، سپس به خانه‌ی مجللی که متعلّق به دولت بود[3] منتقل شد.

نخست‌وزیر جدید، حسنعلی منصور، برای ایران آمال و آرزوهایی بزرگ در سر داشت و اصلاحات و تغییرات بنیادی فراوانی را آغاز کرده بود. او نمی‌خواست به‌هیچ‌وجه درگیر نابسامانی و اغتشاش

۱- علاّمه سید کاظم عصار. (مترجم)

۲- این جریان را سال‌ها بعد در پاریس سیف عصار که دیگر سرهنگ شده بود، برای من بازگو کرد. بسـیاری دیگر آن‌را از او شـنیده‌اند و این جا و آن جا انتشـار یافته. مستبعد به نظر نمی‌رسد. آیت‌الله فطرتاً درشت‌سخن و خشن بود. اما در برابر قوی‌تر از خودش و کسانی که در برابر آنان امکان و قدرتی نداشت، کوچکی می‌کرد.

۳- نخستین کاخ جوانان پایتخت در خیابان قلهک نزدیک سه راه سلطنت‌آباد.

و از هدف‌های اصلاحی خود منصرف و منحرف شــود. سرلشکر پاکروان رئیس سازمان اطلاعات و امنیت کشور و دکتر جواد صدر وزیر کشور نیز بر همین عقیده بودند. پدر دکتر صدر[۱] صدرالاشراف، بعــد از قتل مصطفی (پدر آیت‌الله) به خانــواده و یتیمان وی یاری کرده و آن‌ها را زیر حمایت خود گرفته بود. دکتر صدر این خانواده را می‌شــناخت و شاید با آنان محبّتی داشــت. نخست‌وزیر، وزیر کشــور و سرلشکر پاکروان شاه را متقاعد کردند که باید با آرامش بــه تحریکات خمینی پایان داد و او را از ایران دور کرد. شــاید هم اشتباهی مرتکب شدند، تصمیم به تبعید آیت‌الله گرفته شد.
بــه تقاضای رئیس دولت، دکتر محمد نصیری وزیر مشــاور، یار نزدیک پیشین مصدق (که لطف چندانی به ملاهای تندرو نداشت) به دیدار آیت‌الله رفت. دکتر نصیری با بسیاری از روحانیون آشنایی و مراوده داشــت و نحوه برخورد و گفتگو با آنان را خوب می‌دانست. ملاقات بین آیت‌الله و دکتر نصیری درمحیطی دوســتانه انجام شد. مدتی از آشنایان مشترک خود صحبت کردند، مسائل پیش پا افتاده را در میان گذاشتند و اشاره‌ای به وضع خمینی نشد. مستخدمی، که قطعاً از مأموران دستگاه‌های انتظامی یا امنیتی بود، چای آورد. در روی میز سالنی که ملاقات در آن انجام می‌شد، یک سینی میوه و چند ظرف شــیرینی و تنقّلات مختلف چیده بودند. آیت‌الله که در حقیقت جنبه‌ی صاحبخانه داشت، به دکتر نصیری شیرینی تعارف کرد و با لبخندی گفت، «امیدوارم مســموم نباشد». او از همه کس و همه چیز می‌ترسید. آیت‌الله و دکتر نصیری، درمحیطی دوستانه چای و شیرینی صرف کردند. سرانجام وزیر مشاور دولت منصور،

۱- پس از انقلاب اســلامی، دکتر صدر سرنوشــتی بهتر از مظفّر بقایی و سرلشکر پاکروان پیدا کرد که آن‌ها نیز در نجات خمینی ســهیم بودند. به دســتور خمینی وی را بازداشــت کردند و در برابر زندانیان هشتاد ضربه شلاق زدند. همه‌ی مطبوعات آن روز تهران این ماجرا را به تفصیل نقل کردند. دکتر صدر زنده ماند و پس از چند ماه که جراحاتش تقریباً التیام یافته بود، از زندان آزاد شــد و ســال‌ها بعد در تهران درگذشت. حسنعلی منصور در ۱۶ ژانویه‌ی ۱۹۶۵ به دست یک اسلام‌گرای افراطی در مقابل مجلس شورای ملی مضروب شد و بر اثر آن، شش روز بعد درگذشت.

موضوع را مطرح و خمینی را متقاعد کرد که بهتر است بدون تشویق طرفدارانش به اغتشـــاش و اعتراض، به دوری از ایران تن در دهد. توافق نهایی میان این دو تن صورت گرفت و خمینی بی‌سر و صدا روانه‌ی خارج شد.[۱]

آیت‌الله ابتدا در اسلامبول مستقر شد. از زندگی خود در آن‌جا راضی نبـــود. بعضی از جراید ترکیه به حضور او در آن کشـــور اعتراض کردند. بیم آن داشتند که دست به تحریکاتی بزند و این تحریکات به روابط حسنه‌ی دو کشور ایران و ترکیه لطمه وارد آورد.

با کمک دولت ایـــران، آیت‌الله را از ترکیه به عراق انتقال دادند و در نجف مستقّر شد.[۲]

دیگر سال‌ها کسی از او یادی نکرد تا بار دیگر در اواخر دهه‌ی هفتاد میلادی در صحنه ظاهر شد.

۱- هر دوی ما در دولت شرکت داشتیم. اندکی بعد زنده‌یاد دکتر نصیری این جریان را (که اهمیت زیادی هم برایش قائل نبود و خیلی عادی تلقّی می‌کرد) برایم بازگو کرد. در درستی آن تردیدی نیست.

۲- آیا این کار اشتباه دیگری نبود؟ (مترجم)

فصل چهارم

تبعیدی نجف

نجف در عراق، مرقد امام علی‌ابن ابیطالب، پسـرعم و داماد پیامبر اسلام است که شیعیان او را جانشین وی می‌دانند و از دیدگاه اهل سنّت نفر چهارم از خلفای راشدین است.
شـیعیان، نجف را شهری مقدس می‌شمارند و زائرین فراوان برای زیارت مرقد امام علی به آن‌جا می‌روند. هنگامی که آیت‌الله خمینی، سـاکن این شهر شد، نجف مرکز اصلی شیعیان جهان بود که ده الی پانزده درصد مسـلمانان را تشکیل می‌دهند. نجف در آن زمان مرکز اصلی تجمّع طلاب علوم دینی در مدارس و مکاتب مختلف بود و امروز نیز چنین است.
در نیمه‌ی دهه‌ی شصت قرن بیستم میلادی، آیت‌الله‌عظمی حاج‌آقا محسن حکیم، که بر روی هم شخصی معتدل و معتقد به مذاکره و سازش با رهبران سیاسی ممالک شیعه بود، عملاً بر حوزه‌ی علمیه‌ی نجف حکومت می‌کرد و منازعی نداشت.[1] روح‌الله موسوی‌خمینی، که

۱- سیاسـت دولت ایران همیشـه این بود که قم یا مشهد مرکز اصلی تشیع باشند. هنگامی که آیت‌الله‌عظمی بروجردی در قید حیات بود، قم به خاطر حضور او، مهم‌ترین

به تازگی آیت‌الله نامیده می‌شد، در آن حد و مقام نبود که بتواند در برابر آیت‌الله‌عظمی حکیم قد برافرازد و به اصطلاح کسی باشد. در ابتدای استقرارش در نجف، خمینی زندگی ساده‌ای داشت و ظاهراً با مشکلات مالی نیز مواجه بود. تنی چند از ایران وجوهی برای وی ارسال می‌داشتند. مقامات دولتی ایران آن‌ها را که تعدادشان اندک بود می‌شناختند و اسامی واسطه‌های ارسال وجوه بر کسی پوشیده نبود. اما دولت مزاحمتی برای آنان فراهم نمی‌کرد و ترجیح می‌داد خمینی از محل وجوه ارسالی از ایران زندگی کند تا با کمک دولت عراق که در آن موقع رو در روی ایران بود یا سرهنگ ناصر مصری. اما این وضع مدت زمان زیادی به طول نیانجامید.

در نجف، آیت‌الله خمینی در خانه‌ای کوچک و نسبتاً ساده واقع درکوچه‌ای خاکی می‌زیست. محل رفت و آمد و کارش در طبقه‌ی هم‌کف بود و افراد متعدد خانواده‌اش در طبقه‌ی فوقانی می‌زیستند.[1] بچه‌های خانواده‌ی خمینی و همسایه‌ها غالباً در کوچه به بازی مشغول بودند و سر و صدای زیادی ایجاد می‌کردند.

«آیت‌الله (خمینی) اخلاقی تند و غیر قابل تحمل و شایسته‌ی قرون وسطی داشت. روزی یکی از کودکان خانواده‌اش با کودکی از همسایگان زد و خورد کرد. خمینی اصرار داشت که باید کودکی که با یکی از فرزندان خانواده‌ی او کتک‌کاری و به رویش دست بلند کرده بود اعدام شود. البته مقامات دولت عراق اعتنایی به این انتظار و توقّع نکردند.»[2]

مرکز شیعیان بود. پس از درگذشتش چنان که دیدیم چند آیت‌الله‌عظمی در قم جانشین وی و به اصطلاح مرجع تقلید شدند. در نجف آیت‌الله‌عظمی حکیم بلامنازع بود و پس از مرگش، آیت‌الله‌عظمی حاج‌آقا ابوالقاسم خویی (که از خانواده‌های جلیل آذربایجان بود) عملاً جای او را گرفت. در حال حاضر مهم‌ترین مرجع شیعیان در نجف و شاید در جهان آیت‌الله‌عظمی سیستانی است که او هم ایرانی و علاقمند به موطن اصلی خود می‌باشد.

۱- برای این جزئیات نگاه کنید به خاطرات فریدون زندفرد، آخرین سفیر شاهنشاهی در عراق که مقام خود را پس از انقلاب نیز حفظ کرد. نشر آبی، تهران، ۲۰۰۵، صفحه‌ی ۲۲۹.

2- ALEXANDRE DE MARENCHES op, cit. P. 245.

* * *

دو ســـه سالی پس از اســـتقرار آیت‌الله موســـوی‌خمینی در نجف، وضعش تحّول یافت و دســـت و بالش از لحاظ امکانات مالی باز و بازتر شد.

ظاهراً، نخستین کمک‌های مالی قابل ملاحظه‌ای که دریافت کرد، از جانب سپهبد تیمور بختیار رئیس توانای پیشین سازمان اطلاعات و امنیت ایران (ساواک) بود که در شمار مخالفان شاه درآمده و بر ضد او و حکومت ایران توطئه می‌کرد.

پس از یک مسافرت طولانی به ایالات متحده‌ی امریکا که در طی آن تیمور بختیار علناً و رسماً به کاخ سفید پذیرفته شده و با پرزیدنت کندی ملاقات کرده بود[۱] شاه او را از سمت خود برکنار کرد. پس از برکناری از سمتش، سپهبد بختیار از ایران عازم سوئیس شد، مدتی در آن‌جا رحل اقامت افکند، سپس به لبنان رفت. با مراجع قضایی آن کشـــور درگیری‌هایی پیدا کرد. برای یارگیری علیه شاه و دولت ایران به این‌سو و آن‌سو سفر کرد و سرانجام در عراق مستقر شد.

ســـپهبد بختیار در عراق با همان کســـانی که اندکی پیش با آنان بی‌رحمانه مبارزه می‌کرد از در ائتـــلاف درآمد: چند تن از یاران و طرفداران مصدق و به‌خصوص حزب توده.[۲]

در اوائل دهه‌ی هفتاد قرن بیســـتم میلادی، منابع موثّقی از تدارک مقدمات یک توطئه‌ی جدّی درعراق برای ســـرنگونی رژیم ایران و به خصوص مشارکت مراجع و مقامات مذهبی در آن، سخن گفته

اعدام کودکان و نوجوانان در جمهوری اسلامی امری عادی و معمول است. به عنوان مثال در ســـپتامبر ۱۹۸۱، یکصد و پنجاه کودک و نوجوان، به دســـتور خمینی اعدام شدند. Time 21 -9 - 1981.

۱- این ملاقات غیرعادی و بهرحال کاملاً اســـتثنایی بود. مرســـوم نیست که رئیس جمهوری امریکا (یا هر رئیس مملکت دیگری) رئیس ســـازمان اطلاعات و جاسوسی کشور دیگری را، ولو از ممالک هم‌پیمان باشد، رسماً و علناً به حضور بپذیرد.

۲- بختیار در عراق در حین شکار، تفریحی که به آن بسیار علاقه داشت، به‌وسیله‌ی عوامل سازمانی که خود قبلاً رئیس آن بود به قتل رسید.

و در مورد آن نکات جالبی ذکر کرده‌اند «مواجهه‌ی شـرق با غرب، در این‌جا (عراق) جانشـین رو در رویی سـال‌های ۱۹۷۰ - ۱۹۶۵ میلادی در دو سوی ترعه‌ی سـوئز شده است. تحریکات متعددی محسوس و ملموس است. آلمان شرقی در مرکز این تحریکات است و به عنوان عامل و واسـطه‌ی اتحاد جماهیر شوروی عمل می‌کند. سنت مسکو در آن است که مستقیماً وارد عمل نشود و از اقمارش به عنوان واسطه و عامل استفاده کند، تا رسماً ایرادی بر رفتارش وارد نباشد. از آن‌چه در عراق می‌گذرد نباید غافل ماند.»[1]

در طی دهه‌ی بعد، یعنی پس از پیروزی انقلاب اسـلامی در ایران، روزنامـه‌ی لومونـد پاریس که نقش و سـهم بزرگـی در «جعل» زندگی‌نامه‌ی خمینی و پراکندن آن در جهان و «ساختن» شخصیت دروغین وی داشت، در بررسی مفصّلی به این مطالب اشاره کرده: «سازمان اطلاعاتی و جاسوسی شـوروی (ک.ژ.ب) در این موقع با یکی از مخالفان شـاه که هیچ‌کس نمی‌توانسـت حدس بزند که چه آینده‌ی درخشانی در انتظار اوست، یعنی آیت‌الله خمینی که در شـهر نجف پناهنده بود، تماس گرفت. یکی از افسران P.D.A.I ژنرال پناهیان، از جانب حیدر علی‌اف[2] مأمور شد که از طریق سپهبد تیمور بختیار با آیت‌الله خمینی تماس و رابطه برقرار نماید.

سپهبد بختیار سال‌ها در رأس ساواک بود. پس از برکناری از این سمت، چنان که دیدیم، به صف مخالفان شاه پیوست و سرانجام در عراق مستقر شد. وی خمینی را خوب می‌شناخت. اقدام شوروی‌ها

1- Bulletin du Centre Europeen d'Information (C.E.I), 5 Janvier 1971
در این بررسـی اطلاعات دقیقـی درباره‌ی همه‌ی سـازمان‌ها و عواملی که بعداً در «انقلاب اسلامی» شرکت کردند داده شده: «این عوامل نه تنها وجوهی قابل ملاحظه، بلکه امکاناتی وسیع برای نابسامان سازی و براندازی ایران در اختیار دارند.»

۲- علی‌اف در آن موقع رئیس K.G.B در آذربایجان شـوروی بود. در زمان صدارت آندروپـوف Andropov به عضویت دفتر سیاسـی حزب کمونیسـت اتحاد جماهیر شوروی برگزیده شد و به عهد گورباچف Gorbatchev مرد شماره‌ی ۲ سلسله مراتب شوروی شد.

به نتیجه‌ی مثبت رسید و حزب توده و عوامل مسکو به کمک آیت‌الله شتافتند. از جمله این گروه حزب توده بود که برای اول بار نوار سخنان تحریک‌آمیز و خشن آیت‌الله خمینی را در لایپزیک (آلمان شرقی) تکثیر کرد و ترتیب انتشار آن‌ها را در ایران داد.[۱] [پس از کشته شدن سپهبد بختیار] آیت‌الله خوئینی‌ها جایگزین او شد. در این زمان نایب رئیس کنونی پارلمان ایران [اشاره به خوئینی‌ها است]مرتباً بین نجف و لایپزیک در رفت و آمد بود»[۲]

سازمان‌های اطلاعاتی و جاسوسی شوروی، و قبل از آن روس‌ها، اما به صورتی دیگر، همواره با بعضی از محافل و مراجع روحانیت در ایران «روابط مخصوص» داشتند که در بسیاری از کتب و تحقیقات به آن اشاره شده. باژانف منشی مخصوص استالین در طی سال‌های قرن گذشته در خاطرات خود مفصلاً به این مطلب اشاره کرده است.[۳]

سال‌ها بعد، کُلنل میشل گلنیوسکی[۴] معروف به «رُمانف»[۵] مرد شماره‌ی ۲ برنامه‌های مشترک جاسوسی شوروی - لهستان[۶] که

۱- در اوائل دایره‌ی پخش این نوارها بسیار محدود بود، چون حزب منحله و ممنوع توده وسائل و امکانات ناچیزی در اختیار داشت. (مترجم)

۲- Le Monde 11 decémbre 1984. در مورد نقش حجت‌الاسلام خوئینی‌ها (که هنوز هم در جمهوری اسلامی اسم و رسمی دارد و رئیس گروه گروگان‌گیران سفارت امریکا در تهران بود) نگاه کنید به:

Suzanne Labin, Pénétration Soviétique eu Iran. Nouvelliste et feuille ol' Avis du Vallais, 10 - 11 deć. 1983.

و هم چنین در Express, 6 -12 Juillet 1984 مطالب مفصلی در مورد روابط آیت‌الله خمینی با مسکو درج شده.

۳- خاطرات Bajanov به نقل از:

Dr. Clifford A. Kiracofe. The kremlin and History, Manchester Union Leader, July - 10 -1980.

خاطرات باژانف را عنایت‌الله رضا به فارسی ترجمه کرده، متأسفانه دسترسی من به این متن میسر نشد و نمی‌دانم که آیا کامل است یا قسمت‌هایی از آن حذف شده.

4- Col. Michel Golnievsky.

5- Romanov.

۶- که در آن زمان یکی از کشورهای بلوک شرق بود. (مترجم)

در ســال ۱۹۶۱ به غرب پناهنده شد از همان ابتدا اظهار داشته که «آیــت‌الله خمینی یکی از پنج تن عوامل ما در میان سلســله مراتب شیعه است.»[1]

این نکته، لااقل به این صورت، نمی‌تواند مورد تأیید باشد. بر اساس مطالعه‌ی تقریباً همه‌ی نوشته‌های آیت‌الله خمینی و مذاکراتی که با بسیاری از کسانی که او را می‌شناختند داشته‌ایم، تصور شخص من بر این نیست که وی مســتقیماً «عامل» و جاسوس شوروی‌ها بوده، خمینی شخص محدودی بود و قطعاً در جستجوی منافع مالی و مــادی نبود، که این حکم بر اغلب اعضای خانواده و اطرافیانش شامل نمی‌شود. اما مردی بود کم‌سواد یا بی‌سواد، به غایت متعصّب

1- Bulletin du C.E.I, XXIX annee, no 3 - mars 2000

مدیـر C.E.I آقــای Pierre F. de Villemarest نایب‌رئیس انجمن صاحب منصبان ســابق ســازمان‌های اطلاعاتی فرانســه (متوفی به سال ۲۰۰۸)، شــخصاً با کلنل گلنیوسکی ملاقات و پرسش‌های مفصّلی از او کرده بود. گلنیوسکی در روز ۲۵ دسامبر ۱۹۶۰ به کنسولگری ایالات متحده‌ی امریکا در برلن غربی آن زمان پناه آورد. در روز ۱۳ ژانویه‌ی ۱۹۶۱ با هواپیمای اختصاصی به واشنگتن انتقال داده شد و از آن پس به عنوان پناهنده‌ی رسمی، که «آزادی را انتخاب کرده» تلقی شــد. سیا (C,I,A) وی را در خانــه‌ی امنی واقع در Mc Lean (ایالات ویرجینیا)، محلی نزدیک به مرکز ســازمان، مستقّر کرد. ابتدا مأموران و متخصصّان امریکایی او را مفصلاً بازجویی کردند. ســپس کارشناســان سازمان‌های بزرگ اطلاعاتی غرب، از جمله بریتانیا و فرانســه، به اســتنطاق او پرداختند که این جریان مجموعاً تا سال ۱۹۶۴ به طول انجامید. بهره‌برداری از این اطلاعات باعث شد که ده‌ها تن از منابع مخفی شوروی‌ها در سازمان‌های مختلف دنیای غرب شناخته شوند که بعضی از آن‌ها دارای مقامات عالیه بودند.

گلنیوسکی در ۲۷ مه ۱۹۶۳ در برابر کمیسیون خاص مسائل امنیتی مجلس نمایندگان امریکا شــهادت داد و پس از این شــهادت بود که به توصیه‌ی کمیســیون و به نحو «استثنایی» به پاس خدمات مهمش به امنیت ایالات متحده‌ی امریکا به او گذرنامه‌ی امریکایی داده شد. (قطعنامه‌ی شماره‌ی ۵۵۰۷).

ایــن ماجــرا امروزه جنبــه‌ی تاریخی و یا حتی داســتانی دارد. امــا در آن زمان به بحث‌ها و گفتگوهای فراوان انجامید. به کلنل گلنیوسکی از جانب دولت امریکا، حقوق بازنشستگی معادل یک سرهنگ امریکایی داده شد و او تا پایان عمر از تدابیر حفاظتی خــاص و خانه‌ی امن برخوردار بود. (بایگانــی C.E.I که امروزه در بایگانی تاریخی وزارت دفاع ملی فرانســه ادغام شــده اســت). غرض در همه‌ی این توضیحات آن‌که نمی‌توان و نباید گفته‌ی او را نادیده گرفت.

و انتقام‌جو، جاه‌طلبی‌اش حد و حساب نداشت. به همین دلایل به آسانی می‌شد او را آلت دست و بازیچه قرار داد که سازمان‌های اطلاعاتی و جاسوسی شوروی در این کار استاد بودند.
بدون تردید می‌توان گفت که آیت‌الله خمینی سال‌ها آلت دست و بازیچه‌ی سازمان‌های اطلاعاتی شرق و سپس غرب قرار گرفت و شاید هم درمرحله‌ی آخر او را از دو جانب آلت دست کردند. اما هنگامی که به قدرت رسید، خودش آن‌ها را به بازی گرفت و شاید هنر بزرگش هم در این تغییر رویه بود. بازیچه بود و بازیگر شد.
پس از شوروی‌ها، امریکایی‌ها و سازمان‌های اطلاعاتی و جاسوسی جهان غرب متوجه وضع خمینی شدند.

در سال‌های دهه‌ی هفتاد دو جریان ـ که شاید آن‌ها را باید موازی یک‌دیگر دانست ـ شاخص وضع داخلی و موقع و موضع سیاسی و بین‌المللی ایران به شمار می‌آیند:
در آخرین سال‌های دهه‌ی قبل، اقتصاد ایران به نحوی تقریباً متعادل و بدون مشکل عمده بطور متعادل توسعه یافته بود تا آن‌جا که بسیاری از کشورهای جهان سوم به آن رشک می‌بردند و دیگران آن را به عنوان الگو و نمونه تلقی می‌کردند. مگر نه آن که یکی از اقتصاددانان سرشناس آن زمان، ایران را «کشور مساجد آبی و رشد بدون تورم» خواند؟[۱]

پس از بلوایی که خمینی علمدار آن شد و در مجموع محدود به چند شهر بزرگ و گروه‌های کوچکی از مردم بود، دولت امیر اسدالله علم موفق شد سریعاً اوضاع را تثبیت کند و رونق فعالیت‌های اقتصادی از سر گرفته شد.

در ماه مارس ۱۹۶۴، حسنعلی منصور سیاستمدار چهل و دو ساله‌ای

۱- Andre Piettre عضو انستیتوی فرانسه (فرهنگستان علوم اخلاقی و سیاسی).

که هدف‌ها و آرزوهای بلند و دور و دراز برای ایران داشت جانشین عَلَم شد و زمام امور کشور را به دست گرفت. به همت دولت منصور اجرای طرح‌های بزرگ اصلاحات اقتصادی و اجتماعی در کشور آغاز شد که او می‌گفت، باید انقلاب سفید را به ثمر برساند. در نتیجه، اقتصاد ایران رونقی یافت که بر اثر آن بهبود وضع عمومی محسوس و ملموس بود. همه‌ی آمار و علائم حکایت از آن داشت که قوه‌ی خرید مردم و سطح زندگی عمومی رو به بهبود نهاده. منصور در رعایت درستی و تقوا و کاردانی وزیران و مسئولان بلندپایه‌ی امور دولتی وسواس داشت و کوچک‌ترین انحرافی را نمی‌پذیرفت. این وسواس و دقت را بسیاری با زمان حکومت مصدق مقایسه می‌کردند و می‌پسندیدند.

سرلشکر حسن پاکروان، مردی درستکار، دقیق و مراقب احترام به قوانین، در رأس سازمان اطلاعات و امنیت کشور بود و با حمایت رئیس دولت از هر گونه زیاده‌روی و سوءاستفاده در حیطه‌ی قدرت و اختیارات این سازمان جلوگیری می‌کرد. همین رویه سبب شد که سوءشهرتی که ساواک یافته بود اندک اندک کاهش یابد و مردم به این سازمان اعتقاد و احترامی پیدا کنند.

سپهبد تیمور بختیار، رئیس پیشین ساواک نیز، چنان که گفتیم، فارغ‌التحصیل مدرسه‌ی نظام سَن‌سیر[1] مردی فرهیخته و باهوش بود. اما زندگی خصوصی و رفتارش وی را نزد مردم بدنام کرده بود و روش‌های ساواک، به حق انتقادات بسیار برمی‌انگیخت. سرلشکر پاکروان، درستکار و دانشمند بود و از بسیاری جهات نقطه‌ی مقابل سپهبد بختیار.

در زمان حکومت منصور بعضی تنش‌های سیاسی میان شاه و رئیس دولت پدیدار شدند. منصور هنوز سودای اتخاذ رویه‌ای چون

۱- Saint Cyr که یکی از معروف‌ترین مدارس نظام دنیا بود و اکنون نیز هست. (مترجم)

قوام،[۱] مصدق[۲] و زاهدی[۳] را در سر نداشت، یا هنوز در سر نداشت و عیان نمی‌کرد که دولت باید حکومت کند و شـاه به سلطنت اکتفا نماید. با این حال می‌خواست از اختیارات اجرایی وسیعی برخوردار باشـد و در برابر توقّعات، مداخـلات و تحریکات درباریان و حتی بعضی از افراد خاندان سلطنت مقاومت می‌کرد.

پس از آن که حسنعلی منصور در ماه ژانویه‌ی ۱۹۶۵ به قتل رسید، امیرعبـاس هویدا که وزیر دارایی دولت او بود، به نخسـت‌وزیری منصوب شد و تا ماه اوت ۱۹۷۷ یعنی نزدیک به سیزده سال مصدر امور کشور بود.

درنخسـتین سـال‌های دولت هویدا رونق اقتصادی هم‌چنان ادامه یافت و مشکل سیاسی یا اجتماعی مهمی در کشور پدیدار نشد. در همین سال‌ها بود که به ابتکار شاه، و بار اول با حمایت و همراهی ملک فیصل پادشاه عربسـتان سعودی که به نحو اسرارآمیزی در سال ۱۹۷۵ به قتل رسید، ایران توانست دوبار قیمت نفت خام را در بازارهای بین‌المللی افزایش دهد. شاه بعداً به کیفر این دست‌اندازی به منافع شرکت‌های بین‌المللی بزرگ نفتی و ممالک راقیه‌ی صنعتی رسـید. افزایش عواید نفتی در زمان کوتاه دست و بال دولت را باز کرد، خزانه دیگر امکانات بسـیار داشت. متأسفانه سیاست‌های اجرایی دراسـتفاده‌ی کاملاً صحیح، از این منابع سرشـار مالی

۱- نخسـت‌وزیر ایـران از ۱۴ فوریه‌ی ۱۹۴۵ تا ۲۸ دسـامبر ۱۹۴۷. دولتمردی که بر استالین پیروز شد، آذربایجان و بخشی از کردستان را از تسلط شوروی‌ها نجات داد و حکومت‌های استقلال‌طلبی را که در آن مناطق ایجاد شده بود از میان برد.

۲- نخسـت‌وزیر ایران از ۲ مه ۱۹۵۱ تا ۱۳ اوت ۱۹۵۳ (به اسـتثنای یک «پارانتز» پنج روزه). دولتمردی که به تسـلط سیاسی بریتانیای کبیر بر ایران پایان بخشید و نفت را ملّی کرد. او در ایران به‌عنوان مظهر و نمونه‌ی ناسیونالیسم نوین این کشور تلقی می‌شود.

۳- وزیر کشـور و جانشین مصدق. نخسـت‌وزیر ایران از ۱۳ اوت ۱۹۵۳ تا ۱۹ آوریل ۱۹۵۵. او شـاه را به ایران باز گرداند و دوباره بر تخت سـلطنت نشاند. اما به سبب اختلافات سیاسـی وادار به کناره‌گیری و جلای وطن شـد. مورخیـن او را با ژنرال جرج مونگ George Monk, همکار کرمول معروف مقایسه کرده‌اند که پس از مرگ شخص اخیر سلطنت را دوباره در بریتانیا برقرار کرد.

توفیق نیافتند. نتیجه آن که فشارهای تورمی شدیدی پدیدار و بر اثر آن‌ها تنش‌های جدّی سیاسی و اجتماعی بوجود آمدند.

امیرعباس هویدا مردی بود شخصاً درستکار، فرهیخته، اهل مطالعه، به چند زبان آشنایی کامل داشت؛ اما از دورنگری و آرزوهای دور و دراز منصور برای ایران در او نشانی نبود. از بازی‌های سیاسی کوتاه‌مدت لذت می‌برد. می‌خواست هر چه می‌کند خوش‌آیند شاه، شهبانو، خانواده‌ی سلطنتی و اطرافیان آن‌ها باشد. در مصرف وجوه عمومی دقیق و صرفه‌جو نبود، بلکه ولخرج بود. مخالفانش را می‌خرید. به این و آن امتیازات مشروع یا نامشروع می‌داد که آرام‌شان کند، یا از آن‌ها طرفدارانی برای خود بسازد.

در حالی که هر روز بر انبوه دشواری‌های کشور افزوده می‌شد -هویدا که کم‌تر قادر به دادن جواب منفی به متقاضیان- به‌خصوص به ارباب قدرت و نفوذ بود، دیواری در اطراف شاه به‌وجود آورد که اندک اندک از حقایق اوضاع کشور بی‌خبر ماند. او شاه را در آرزوهای دور و دراز ملی و دنیایی‌اش در زمینه‌ی اعتلای قدرت و نفوذ ایران و تقسیم عادلانه‌ی ثروت‌های جهانی تشویق و به آن‌ها مشغول می‌کرد. در نتیجه محمدرضاشاه هر چه بیش‌تر از آن‌چه در اطرافش می‌گذشت بی‌خبر بود. یا لااقل همه چیز را مطلوب و رضایت‌بخش می‌پنداشت.

در نیمه‌ی دهه‌ی هفتاد چند گزارش مستند[1] که در جوّ سیاسی آن زمان بی‌باکانه بود به شاه داده شد. در این گزارش‌ها نتایج اشتباهات مختلف، از جمله فاجعه‌ی فعالیت‌های شبکه‌ای به نام اتاق اصناف (که زاییده‌ی فکر نخست‌وزیر و رئیس سازمان اطلاعات و امنیت کشور ارتشبد نعمت‌الله نصیری[2] بود) و در اندک مدت، بازار، صاحبان حرف و صنایع و بورژوازی کوچک و

۱- از طرف گروهی از روشنفکران و دانشگاهیان، موسوم به گروه بررسی مسائل ایران، و نیز از طرف رئیس ستاد کل ارتش شاهنشاهی.

۲- هیچ‌گونه نسبت خانوادگی میان ارتشبد (که اهل سمنان بود) و دکتر محمّد نصیری (که اصفهانی بود) و در چند جای این کتاب به او اشاره شده وجود ندارد.

متوسط را علیه حکومت تجهیز کرده و برانگیخته بود - زیاده‌روی‌ها و خطاکاری‌های ساواک، فقدان مشارکت سیاسی واقعی مردم در راهبری امور عمومی تجزیه و تحلیل و به استحضار رئیس مملکت رسیده بود.
این گزارش‌ها و اخطارها به نتیجه‌ای نرسیدند. ایران در این سال‌ها هنوز ظاهری درخشان داشت و آینده‌اش پر نوید به نظر می‌رسید. ایران کشوری توانا و پر رونق بود. در جهان احترام داشت و حتی بسیاری از آن بیمناک شده بودند. محمدرضاشاه پهلوی نظر به آینده‌ی دور داشت. نخست‌وزیر و رئیس سازمان امنیتش هر دو به او اطمینان می‌دادند که همه چیز روبراه است. همه چیز در حال بهبود است. همه راضی هستند. رئیس ساواک پیش‌گیری و پیش‌بینی و تجزیه و تحلیل مسائل را که وظیفه‌ی اصلی سازمانش بود، فراموش کرده و می‌پنداشت که می‌توان تنها با خشونت مسائل را حل و فصل کرد. نخست‌وزیر و تنی چند از پیرامونیان بر این گمان بودند که نباید «خاطر مبارک را دل‌آزرده کرد»، که باید او را «آسوده» نگاه داشت تا بتواند به مسائلی در حد و سطح خود بپردازد یعنی مسائل نفتی - نظامی و بین‌المللی. براستی هم که محمدرضا پهلوی در این مسائل تردست و کاردان بود. اما از آنچه در «پشت جبهه» می‌گذشت هر چه بیشتر غافل ماند یا غافلش کردند.
نخستین علائم بیماری سختی که دچار آن شد - نوعی سرطان - گویا در سال ۱۹۷۴ پدیدار گردید و آن را در سال ۱۹۷۶ به اطلاعش رساندند. اما بر همه مکتوم ماند. ظاهراً این بیماری و پی‌آمدهای آن بر رفتارش تأثیر نامطلوب گذاشت، به‌ویژه در ماه‌های آخر سلطنتش.
بدین‌سان همه‌ی عوامل فاجعه‌ای که ایران با آن مواجه شد، در زمینه‌ی داخلی فراهم آمد.

* * *

در همین سال‌ها، محمدرضا شاه با استقامت و جدیت می‌کوشید که ایران را به‌تدریج از قید وابستگی به جهان غرب و مخصوصاً ایالات متحده‌ی امریکا برهاند.
سیاست ایران در زمینه‌ی نفت، نخستین جلوه‌ی این دل‌مشغولی یا اراده‌ی شاه بود. افزایش قیمت نفت در بازارهای جهانی، که ناشی از ابتکار شاه ایران و ملک فیصل بود، ضربه‌ای سنگین به رونق اقتصادیات جهان غرب، که سال‌ها بر اثر داشتن نفت ارزان بسط و توسعه یافته بود، وارد آورد. در ابتدای کار شاید ایالات متحده‌ی با یک افزایش محدود و «متعادل» نرخ نفت خام موافق بود. اما شاه و ملک فیصل از این حد فراتر رفتند. پس از قتل ملک فیصل، امریکایی‌ها موفق شدند که عربستان سعودی را به «راه راست» هدایت کنند. اما محمدرضا پهلوی زیر بار نمی‌رفت و نرفت و اعلام می‌کرد که باید به همکاری با شرکت‌های چند ملیتی بزرگ نفتی به‌تدریج پایان داده شود و ایران رأساً و مستقیماً همه‌ی مراحل بهره‌برداری از منابع نفتی خود را از استخراج تا تصفیه و پخش آن در سرتاسر جهان، به دست بگیرد. پایان سال ۱۹۷۹ برای آن که این هدف به مرحله‌ی تحقّق کامل برسد معین شده بود.[1]
تضاد و رو در رویی با شرکت‌های بزرگ چند ملیتی نفت و بحران در روابط آن‌ها دیگر علنی شده بود.
پس از ملک فیصل، محمدرضا پهلوی بهای گران آن را پرداخت. اما ایران، عربستان سعودی نبود و نیست. کشوری که فقط متکی به نفت باشد، یک «سلطنت نفتی»[2] نبود. ایران کشوری بود و هست با

۱- از جمله توجه کنید به سخنان شاه در کنگره‌ای که برای بزرگداشت دهمین سال انقلاب سفید در ۲۳ دسامبر ۱۹۷۳ برپا شده بود و نیز به سخنانش در جلسه‌ای با حضور کارشناسان بین‌المللی نفت. هم‌چنین در ۱۹ مارس ۱۹۷۳ به هنگام گشایش مجتمع ذوب آهن اصفهان که بانک بین‌المللی ترمیم و توسعه‌ی I.B.R.D و صندوق بین‌المللی پول M.I.F شدیداً با تأسیس آن مخالفت کرده بودند.
از آقای نورمحمد عسگری، مورخ و محقق ایرانی مقیم سوئد که متون این سخنرانی‌ها و نوار صوتی آن‌ها را در اختیارم گذاشتند صمیمانه متشکرم.

2- Petro - Monarchie

چند هزار سال گذشته‌ی تابناک که ریشه‌های آغاز فرهنگ و تمدنش به ابتدای جوامع بشری می‌رسد. ایران طی قرون متمادی یکی از ابرقدرت‌های جهانی بود. ایرانیان همواره به گذشته و تاریخ خود می‌بالیدند و می‌بالند.

نمایشنامه‌ای که برای ایران نوشته شد نمی‌توانست مشابه عربستان سعودی باشد.

* * *

از اواخر دهه‌ی شصت قرن بیستم میلادی جهت‌گیرهای سیاست خارجی ایران باعث نگرانی روزافزون واشنگتن شدند.

در آوریل ۱۹۷۴، سفارت ایالات متحده‌ی در تهران به وزارت امورخارجه‌ی آن کشور گزارش داد که ایران می‌خواهد مستقیماً به کشورهای در حال توسعه کمک کند و ممکن است این رویه با هدف‌های سیاسی ایالات متحده مباینت داشته باشد.[۱]

در ژوئیه‌ی همان سال، سفارت امریکا در تهران از اراده و تمایل ایران به این که فقط به قدرت نظامی و صنعتی خود اتکا داشته باشد سخت ابراز نگرانی کرد.[۲]

بررسی دیگری، به تاریخ ۲۴ ژوئن ۱۹۷۴ به «افزایش قدرت ایران» اختصاص یافته و نتیجه می‌گیرد که نباید گذاشت ایران هر چه می‌خواهد بکند.[۳]

در ۲۷ مه ۱۹۷۶، ریچارد هلمز[۴] رئیس پیشین سیا که به سفارت ایالات متحده در تهران منصوب شده بود، به دولت خود گزارش داد که شاه و دولت ایران اعتماد قبلی خود را به درستی و کفایت امریکا

۱- گزارش سفارت امریکا در تهران به وزارت امورخارجه‌ی آن کشور- اسناد سفارت امریکا در تهران (اسناد لانه‌ی جاسوسی) جلد هشتم، صفحه‌ی ۲.

۲- همان منبع، صفحه‌ی ۱۰۳.

۳- همان منبع صفحات ۱۳۶ الی ۱۴۶.

4- Richard Helms.

در تأمین اسلحه‌ی موردنیاز کشورشان از دست داده‌اند.[۱]
واقعیت هم جز این نبود. از آغاز دهه‌ی هفتاد ایران به‌تدریج و بدون سروصدا به تنّوع منابع تأمین اسلحه و مهمّات مورد نیاز ارتش شاهنشاهی پرداخت. ابتدا قراردادهایی با چند کشور جهان غرب، چون فرانسه، ایتالیا، آلمان (غربی) بریتانیای کبیر واسرائیل منعقد شد. هم‌چنین پیمان‌هایی برای خرید سلاح‌های ساده‌تر با اتحاد جماهیر شوروی به امضا رسید.[۲] در سال ۱۹۷۸ تماس‌های جدّی و پیش‌رفته‌ای با چکسلواکی در همین زمینه برقرار شده بود و می‌رفت که به نتیجه برسد.
به موازات این تحوّل تدریجی، به ابتکار شاه، ایران با سرعت دست به ایجاد یک صنعت ملّی اسلحه‌سازی زد. آن هم نه برای اسلحه‌ی ساده چون تفنگ و مسلسل که برای سلاح‌های ظریف و دقیق و پیچیده. رسماً و علناً گفته می‌شد که ایران باید در این زمینه به سطح اسرائیل برسد و حتی از آن پیش‌تر رود. بدین‌سان، در نیمه‌ی دهه‌ی هفتاد قرن گذشته -زمانی که سیاست امریکا نسبت به ایران تغییر کرد- ایالات متحده دیگر انحصار خود را در تأمین اسلحه و مهمّات مورد نیاز ارتش ایران از دست داده بود و به این ترتیب نه تنها بازاری مهم که یک وسیله‌ی نفوذ در کشور ما داشت از دستش خارج می‌شد.
امکانات مالی کشور و کاردانی و کفایت مهندسان و کارشناسان ایران، همه‌ی این بلندپروازی‌ها و تحقّق همه‌ی این آرمان‌ها را مقدور و میسّر می‌ساخت. هدف ایران آن بود که هر چه زودتر به یک مرحله‌ی پیشرفته در این زمینه برسد. چنین هدفی به خودی خود نه غیرعادی بود، نه غیرمنطقی و با امکانات مالی و انسانی و نقش بین‌المللی و تاریخی ایران هم‌آهنگی داشت. اما سازمان اطلاعات امریکا (سیا) در آن علامتی از «خودبزرگ‌بینی و بلند پروازی بیرون

۱- همان منبع صفحه‌ی ۱۵۰.
۲- از جمله برای ژاندارمری کل کشور (مترجم)

از حد شاه و عقده‌ی او نسبت به نقش دست دومی که به کشورش داده شده و یا گذشته‌اش که از یک خاندان عادی است» می‌دید.[۱] تا جایی که وزیر خزانه‌داری امریکا ویلیام سایمُن[۲] رسماً و علناً شاه را «دیوانه» خواند.[۳]

«انقلاب ایران در حقیقت انتقام جهان غرب از شاه و جاه‌طلبی‌هایش بود.» حتی بنی‌صدر[۴] اقرار کرده که سیاست امریکا خلاصی از دست شاه بود.[۵]

در این مقطع از زمان «منافع شاه و منافع امریکایی‌ها دیگر یکی نبودند. شاه بر این عقیده شد که همان‌قدر امریکایی‌ها به او نیاز دارند که او به امریکایی‌ها محتاج است.»[۶]

«امریکایی‌های یک هم‌پیمان نمی‌خواستند. یک کشور دست نشانده می‌خواستند. ایران همانند جمهوری‌های دست نشانده‌ی امریکای مرکزی نبود. ایران کشوری کهن بود که درتاریخش نشیب و فرازهای بسیار به خود دیده بود. ایران استقلال و غرور خود را بازیافته بود. جدایی سیاسی میان دو کشور از همین جا آغاز شد.»[۷]

نیکلا نصر -استاد لبنانی سرشناس در علوم سیاسی و اجتماعی- یک توجیه اقتصادی از این جریان بیان داشته: «بکارگیری اصول مندرج در قرآن، مانع توسعه و ترقی و نوسازی کشورهای اسلامی می‌شود. این وضع کاملاً به نفع سرمایه‌داری امریکا و سرمایه‌داری

۱- گزارش سازمان سیا که مفاد آن در ماه ژوئیه‌ی ۱۹۷۵ در بعضی از جراید امریکا انتشار یافته بود. نگاه کنید به: Le Monde, 20 - 8- 1980.

2- William Simon

۳- این ماجرا به تفصیل در کتاب William Shawcross تحت عنوان
Le Shah, exil et mort d'un personnage encombrant, Paris, Stock, 1988, pp. 197 - 198.
نقل شده است. ما به ترجمه‌ی فرانسه‌ی این کتاب استناد می‌کنیم.

۴- ابوالحسن بنی‌صدر نخستین رئیس جمهوری اسلامی (مترجم)

5- IMPACT, GENEVE, Mars 1985.

6- Mohammad H. Heykal, Khomeyniet sa revolution, op. cit, P. 20

7- Gholam Reza Pahlavi, Mon pére, mon frére, les Shahs d' Iran, Ed. Norman, 2004, Pp. 255 -256.

کشورهای جهان غرب است که این ممالک همواره در حال عقب‌افتادگی بمانند و بازارهای مصرفی ساده و بدون دردسری برای محصولات صنایع آنان باشند.»[۱]

به نوشته‌ی یک متخصص فرانسوی علوم سیاسی «از دیدگاه امریکا، ممالک تولیدکننده‌ی مواد اولیه باید از نظر اقتصادی و سیاسی ضعیف و قابل انعطاف باشند نه دارای قدرت اقتصادی - صنعتی، نظامی و فنی. هدف این است که این کشورها بازارهای مواد مصرفی باقی بمانند و وابستگی سیاسی نظامی خود را به امریکا و جهان غرب از دست ندهند.

گرچه ایران شاهنشاهی مملکتی ضد کمونیست بود، اما استقلال روزافزون سیاسی، اقتصادی و نظامی‌اش، هر چه بیش‌تر وی را از قید نفوذ و تسلط سرویس‌های امریکایی خارج می‌ساخت. به همین سبب امریکایی‌ها بر آن شدند که کنترل نارضایی‌ها را که در ایران پدیدار شده بود -وناشی از ائتلافی میان کمونیست‌ها و جناحی از روحانیت شیعه بود- به دست بگیرند و روح‌الله خمینی هشتاد ساله آلت این بازی شد. بار دیگر امریکایی‌ها اهرم مذهب را برای نیل به اهداف سیاسی خود مورد استفاده قرار دادند.»[۲]

در طی این سال‌های جنگ سرد «نظریه» دیگری نیز درمیان بعضی از کارشناسان و محافل غربی و به‌ویژه امریکایی مورد توجه خاص قرار گرفت و آن برقراری یک «کمربند سبز» بود در مرزهای جنوبی امپراتوری شوروی که بتوانند به‌وسیله‌ی آن از توسعه‌ی کمونیسم در کشورهای اسلامی جلوگیری کنند و حتی از «اهرم مذهبی» برای نابسامان سازی جمهوری‌های مسلمان اتحاد جماهیر شوروی سوسیالیستی بهره‌برداری نمایند.[۳]

1- Nicolas Nasr, Le suicide americain Dar-El - Amal, Beyrouth, 1983, P. 314.

2- Alexandre del valle, Islamisme et les Etats - Unis, L'Age d' Homme, Lausanne, 1988, P. 130.

۳- «یک کمربند سبز متکی بر ایران - عراق و سوریه روابطی دوستانه و نزدیک با ترکیه... از دیدگاه امریکاییان این گروه می‌توانست ضد شوروی باشد و جلوی نفوذ

می‌توان پنداشت که در سال‌های دهه‌ی هفتاد که اندیشه‌ی براندازی شاه و نابسامان سازی ایران در امریکا اندک اندک شکل می‌گرفت، این «نظریه» نیز بر ملاحظات دیگر و بخصوص نگرانی از اعتلای قدرت ایران و جاه‌طلبی‌های شاه، افزوده شده و به توجیه سیاست رسمی واشنگتن کمک کرده باشد.

* * *

بعضی از موضع‌گیری‌های ایران در سیاست خارجی که در تهران آن را رسماً «سیاست مستقل ملی» می‌خواندند، به گِله و ناراحتی امریکایی‌ها از این کشور و تأیید سیاست براندازی آنان، کمک کرد: یکی از آن‌ها طرح پیمان منطقه‌ای امنیت خلیج فارس و اقیانوس هند بود که بر اساس آن می‌بایست نیروهای مسلح همه‌ی کشورهای «خارج از منطقه» - آن‌ها که کرانه‌ای درخلیج فارس یا اقیانوس هند نداشتند- آن‌جا را ترک کنند و کار تأمین امنیت آن را خود کشورهای ساحلی بدست گیرند. نظر به ایالات متحده‌ی امریکا -بریتانیای کبیر، شوروی‌ها و فرانسوی‌ها بود. شاه می‌پنداشت که با قدرت و نفوذی که ایران یافته بود، می‌تواند رهبر منطقه و پایه‌ی اصلی این پیمان باشد. مداخله‌ی موفقیت‌آمیز و درخشان نیروهای مسلح ایران در عمّان به منظور قلع و قمع شورشیان کمونیست آن‌جا، که از چین تغذیه می‌شدند- آن‌هم در حالی که قوای مسلح

شوروی را در منطقه خیلی بهتر و سریع‌تر از اعزام قوای نظامی بگیرد.» برگرفته از مقاله‌ی ویلیام سولیوان William Sullivan سفیر ایالات متحده‌ی امریکا در ایران به هنگام انقلاب (Baltimor Sun 1981) این مقاله به اضافه‌ی اسناد و مدارک جالب دیگری در کتاب زیر درج شده است:

NAZIR FANSA, Teheran, destin del' Occident, Pierre Seusrt, e'diteur, Paris, 1987.

نویسنده که حقوق‌دان، سیاستمدار و روزنامه‌نویسی از اهل سوریه بود، به مدت ۲۳ سال در ایران زندگی می‌کرد و در چند مأموریت مهم سیاسی غیررسمی یا محرمانه در کشورهای عرب شرکت داشت. کتابی که درباره‌ی انقلاب ایران نوشته شامل بر نقطه‌نظرهای جالبی در این مورد است. تجزیه و تحلیل وی درباره‌ی نقش و سهم ایالات متحده‌ی امریکا در این واقعه بسیار دقیق و مستند به نظر می‌رسد.

بریتانیا مفتضحانه در این کار شکست خورده بودند، نشانی از امکانات این کشور در این زمینه بود. بسیاری از پیروزی ایران در این ماجرا در شگفت شدند و آن را تحسین کردند. بسیاری دیگر نیز نگران گردیدند که مبادا ایران سودای مداخله‌ی مسلحانه در نقاط و کشورهای دیگر منطقه را در سر داشته باشد.

مورد دیگرِ نگرانی امریکایی‌ها و هم‌پیمان‌شان درمورد ایران، پیشنهادهای مکرّر این کشور به منظور خلع سلاح اتمی در منطقه و ممنوعیت ساختن و نگاهداری اسلحه‌ی هسته‌ای در آن بود که طبیعتاً متوجه اسرائیل می‌شد.

پس از آن که ایران ده درصد سرمایه‌ی شرکت فرانسوی اورودیف[۱] را خرید و دست به ساختن چهار مرکز بزرگ تولید نیروی هسته‌ای زد، این نگرانی در بعضی محافل پدیدار گردید که شاه به دنبال آن در مقام دست‌یابی به اسلحه‌ی اتمی برآید. همه می‌دانستند که این کشور هم امکانات مالی آن را دارد و هم توانایی انسانی آن‌را. محمدرضا پهلوی نیز همواره می‌گفت و تکرار می‌کرد که «ایران ایران است»، یعنی به سبب تاریخ دیرین و هدف‌های بزرگش قادر به هر چیز. این سخن بر بسیاری سخت ناخوشایند بود.

«در سال ۱۹۷۷، ایالات متحده تصمیم گرفت که از شرّ شاه خلاص شوند. ایران در سرمایه‌ی شرکت اورودیف شریک شده بود و می‌توانست در ظرف پنج سال به صورت یک قدرت بزرگ اتمی غیرنظامی درآید... زمان سرنگونی او فرا رسیده بود. بنابراین در اختفا تدارک مقدمات سرنگونی شاه و آماده سازی جانشین او آغاز شد»[۲]

ماجرای جنگ کیپور[۳] ضربه‌ای بزرگ و شاید نهایی به حسن رابطه‌ی

۱- Eurodif – مؤسسه‌ی غنی سازی اورانیوم (مترجم)

2- Dominique Lorentz, op. cit. 172.

۳- Kipour (یا از دید اعراب جنگ رمضان، مترجم)

تهران با واشنگتن و تل‌آویو[1] وارد آورد.
ایـــران، از همان آغاز بنیان‌گذاری کشـــور اســـرائیل آن را عملاً به رسمیت شـــناخت. روابط میان دو کشـــور همواره دوســـتانه و در ســـطحی اســـتثنایی بود – حتی در زمینه‌ی همکاری‌های نظامی و مبادله‌ی اطلاعات. ایران نقشی بزرگ در تخلیه‌ی یهودیان عراق که بعد از نخستین جنگ اسرائیل با اعراب در معرض خطر بودند بازی کرده بود.[2] این عمل انسانی، امری طبیعی و در راستای سنت‌های ملی و تاریخی ایرانیان بود، اسرائیلی‌ها آن را ارج می‌نهادند.
بر ا ســـاس بررسی روایت‌ها و اسناد و مدارکی که تاکنون انتشار یافته، امروز قطعی است که محمدرضا شاه در جریان آماده‌سازی حمله‌ی ناگهانی مصر به اســـرائیل بـــود. در این جنگ مصری‌ها برای نخستین بار موفق شدند غافلگیرانه از ترعه‌ی سوئز بگذرند و وارد خاک اســـرائیل شوند. این تنها توفیق نظامی عرب‌ها در برابر اسرائیل بود، گرچه بعداً به عقب رانده شدند. ولی ماجرا به صورت یک پیروزی تلقی و به افکار عمومی جهان عرب معرفی شد.
شاه در جریان بود و می‌دانست، اما هم‌پیمانان امریکایی و اسرائیلی خود را در جریان تدارک مقدمات این ماجرا قرار نداد.[3]
علاوه بر این به محض آغاز حمله‌ی مصری‌ها به اســـرائیل، ایران به چند هواپیمای باربری بزرگ شـــوروی اجـــازه داد که از فضای هوایی کشور عبور کنند و بدین‌ترتیب مقادیر زیادی اسلحه و مهمّات به سوریه و خصوصاً مصر برسانند. طبیعتاً مقامات امریکایی و اسرائیلی بلافاصله از این جریان آگاه شدند و شدیداً به دولت ایران

1- Tel- Aviv

۲– در آن زمان محمد ساعد نخست‌وزیر بود و سرلشکر (سپهبد آینده) فضل‌الله زاهدی، رئیس شهربانی کل کشور که مباشرت این کار به عهده‌ی او محوّل شده بود. (مترجم)

3- Houchang Nahavandi, Iran, Le choc des ambitions, Chapitre XII
Houchang Nahavandi, Le Grand mensonge
Dossier noir de l' integrisme Islamique, Paris, N.E.D, 1984, Chapitre IX.
Christian Pahlavan, De l' anour a' la haine 1
L'Iran et Israel, Politique inter nationale, no 19, Printeuys 1983.

اعتراض کردند. شاه مدتی بی‌اعتنایی کرد تا این کار به نتیجه برسد و سپس دستور قطع پرواز هواپیماهای شوروی از فراز خاک ایران را صادر کرد.

مقارن این احوال، به دستور شاه مبلغ یک میلیارد دلار به عنوان کمک فوری و استثنایی به کشور مصر داده شد که بسیار مغتنم بود.

به این ترتیب ایران نقش مهمی در پیروزی نیم‌بند مصری‌ها بر اسرائیل بازی کرد. افکار عمومی جهان عرب این جنگ را به عنوان یک پیروزی تلقی کرد، نخستین (و تنها) پیروزی اعراب بر اسرائیلی‌ها.

به گمان محمدرضا پهلوی، همین «نیمه پیروزی» برای اعاده‌ی حیثیت مصر، بزرگ‌ترین قدرت و کشور جهان عرب، کافی بود و به این کشور اجازه می‌داد که سر بلند کند و بتواند در شرایط متعادل و بدون سرکشتگی برای برقراری یک صلح واقعی با دولت اسرائیل به مذاکره بنشیند.

در نتیجه‌ی دیپلماسی ایران، سهم بزرگی در آغاز مذاکرات بین دو کشور مصر و اسرائیل به عهده گرفت که ملاقات سران دو کشور متخاصم قبلی در کمپ‌دیوید[1] و توافق‌های بعدی نتایج مستقیم آن بود.

چنین به نظر می‌رسد که امریکایی‌ها و اسرائیل هرگز این «بی‌وفایی» را به ایران و شاه نبخشیدند. چرا که متوقّع بودند که شاه آن‌ها را در جریان آن‌چه می‌دانست بگذارد و نمی‌بایست به هواپیماهای شوروی اجازه‌ی عبور از فضای هوایی ایران را بدهد و سپس یک میلیارد دلار کمک فوری در اختیار مصر قرار دهد.

***

اندیشه‌ی نابسامان سازی ایران و کوشش برای ایجاد یک تغییر

1- Camp David

سیاســی بنیادی در آن، به تدریج در ایالات متحده‌ی امریکا شکل گرفت. مرتباً به علل و موجبات ناخشــنودی امریکایی‌ها از رویه و سیاست ایران افزوده می‌شد.

در اواخــر حکومــت جمهوری‌خواهان (بــه عهد جرالد فُــرد)[1] این ناخشنودی آغاز و برای نخستین بار ابراز شد. بررسی‌های متعدد که به بعضی از آن‌ها در این کتاب اشاره شد و بسیاری از مدارکی که امروز دسترسی به آن‌ها مجاز است، این نکته را نشان می‌دهند. از ســال ۲۰۰۸ که دسترسی به این اســناد تا حد زیادی آزاد شده، دیگر شــک و تردیدی نمی‌توان کرد که تدارک «انقلاب اســلامی» و ســاختن و پرداختن و به صحنه آوردن «رهبــری» بزرگ برای آن، یعنی آیت‌الله موسوی‌خمینی از همین زمان آغاز شد.

البته نارضایی‌های فزاینده‌ی داخلی و اشتباهات مسئولان دولت‌ها در تهران در راهبری امور مملکتی، با کمال مهارت مورد بهره‌برداری قرار گرفتند و حتی در بســیاری موارد به آتش دامن زده شد که در کار تسریع شود.

به این ترتیب، باید گفت که عوامل داخلی و خارجی انقلاب اسلامی به یکدیگر ملحق و حتی در یکدیگر ادغام شدند.

* * *

هنری کســینجر[2] در ماه اوت ۱۹۷۴ در اجلاس شورای امنیت ملی امریکا گفته بود، «اگر شاه سیاست کلی و نیز سیاست نفتی خود را در چهارچوب اُپک[3] هم‌چنان ادامه دهد ممکن است این تصور برایش پیدا شود که نفوذ وی در منطقه همواره در حال افزایش است. روزی فرا خواهد رسید که ما باید وی را شخصاً در معرض امتحان قرار دهیم.

تردیدی نیست که او در حال حاضر سیاستی اتخاذ کرده که بتواند

1- Gerald Ford
2- Henry Kissinger.
۳-.O. P. E. C سازمان کشورهای صادر کننده‌ی نفت. (مترجم)

روزی ما را تحت فشار قرار دهد. در چنین روزی ما باید او را دیگر موافق منافع خود تلقی نکنیم، سهل است مخالف آن به‌پنداریم.
شاه در این سودا است که کشور خود را به یک قدرت بزرگ تبدیل کند. نه با کمک و اتکای ما، بلکه با استفاده از موجبات و عواملی که همسایه‌های روس او در اختیارش قرار دهند. در این‌جا کسانی هستند که فکر می‌کنند یا شاه باید خود را عوض کند، یا باید شاه را عوض کرد»[۱]
این تجزیه و تحلیل که در سبک و شیوه‌ی سخنان رئیس پیشین دیپلماسی امریکا و شورای امنیت ملی آن کشور است، بخوبی سیاست ایالات متحده را در طی سال‌های دهه‌ی هفتاد خلاصه و توجیه می‌کند. چه در زمان حکومت جمهوری‌خواهان و چه به عهد دمکرات‌ها.
شاه خود را عوض نکرد. برای آن که بتواند در مقابل فشارهای امریکایی‌ها و هم‌پیمانان‌شان ایستادگی نماید، می‌بایست سیاست داخلی دیگری را اتخاذ کند، از موضع قدرت به اصلاحات سیاسی جدی بپردازد. این کار را نکرد. واشنگتن نیز سیاستِ دیگر را اتخاذ کرد: انقلاب اسلامی.
در تابستان ۱۹۷۷، دوتن بالاترین مقامات سیاسی ترکیه، از طریق سفیر پیشین ایران در آن کشور که با آنان دوستی نزدیک داشت و برای استفاده از مرخصی به آن‌جا رفته بود، به محمدرضاشاه هشدار دادند که واشنگتن در تدارک یک سیاست نابسامان سازی ایران است و در این زمینه از مذهب و «عوامل مذهبی» استفاده خواهد کرد و «باید در مقابل امریکایی‌ها با احتیاط عمل کند و مواظب آنان باشد.»[۲]

۱- بایگانی و مرکز اسناد C.E.I. آخرین جمله‌ی این تجزیه و تحلیل نسبتاً طولانی «یا شاه باید خود را عوض کند، یا باید شاه را عوض کرد» (Le Shah do it changer ou onu do it le changer) بیرون از متن کامل سخنان کیسینجر، غالباً در مقالات و بررسی‌های مربوط به انقلاب اسلامی ذکر شده.
۲- روایت مرحوم جمشید قریب سفیر پیشین ایران در ترکیه که این ماجرا را در

شهادت کنت آلکساندر دو مارانش[۱] که سال‌ها بعد انتشار یافت، دارای اهمیت فوق‌العاده و بسیار آموزنده است:

«روزی به شاه اسامی کسانی را که در امریکا مأمور بررسی در چگونگی برکناری او از سلطنت و در جستجوی جانشینش بودند، ذکر کردم. حتی خود من در جلسه‌ای شرکت کرده بودم که موضوع آن نحوه‌ی وادار کردن شاه به ترک سلطنت بود و یافتن کسی که بتوان جایگزین او کرد.

شاه وقعی به گفته‌های من نگذاشت و گفت: «من همه‌ی گفته‌های شما را باور می‌کنم جز همین یکی را.»

به او پاسخ دادم: اعلیحضرتا چرا همه‌ی گفته‌های مرا می‌پذیرید جز این نکته‌ی بخصوص را؟

شاه گفت: «به این خاطر که جایگزین کردن من ابلهانه است. من بهترین مدافع جهان غرب در این منطقه از جهان هستم. به قدری این حرف نامعقول است که نمی‌توانم آن را باور کنم.»[۲]

آلکساندر دومارانش نتیجه گرفت: «واقعیت این است که امریکایی‌ها تصمیم خود را گرفته بودند.»[۳]

* * *

تحول اوضاع بین‌المللی و مخصوصاً رویه‌ی امریکایی‌ها- یا

مراجعت از ترکیه به اختصار برای نویسنده‌ی این کتاب بازگو کرده هم‌چنین داماد خود دکتر داریوش شیروانی معاون وقت دانشگاه تهران را در جریان گذاشته بود. جمشید قریب سعی کرد به دیدار شاه برود، ابتدا رخصت نیافت چون سفیری بازنشسته بود. سرانجام موفق شد و جریان را به تفصیل با ذکر نام آن دو شخصیت به استحضار وی برساند. شاه با تندی جواب داد «این وراجی‌های مهمانی‌ها را فراموش کنید» و افزود «به نهاوندی و شیروانی هم بگویید که این مطالب حتی قابل تکرار نیست.»

۱- Le Conte Alexandre de Marenches رئیس سازمان اطلاعات فرانسه D.G.S.E که از نزدیکان شاه بود و در محافل اطلاعاتی و امنیتی «جهان آزاد» نفوذ فراوان داشت، شهادت وی را نمی‌توان نادرست تلقی کرد زیرا با همه‌ی روایت‌ها و قرائن دیگر تطبیق می‌کند و او اصولاً کسی که اهل «داستان‌سرایی» باشد، نبود. (مترجم)

2- Alexandre de Marenches, Pp 364 - 365.

۳- همان منبع، همان صفحه.

غربی‌ها- در باره ایران، به‌تدریج به تغییر موضع و شرایط زندگی و فعالیت آیت‌الله خمینی در نجف انجامید.
کسانی که زندگی‌نامه‌های او را نوشته‌اند، کم‌تر به این نکته توجه داشته‌اند:[۱] در سال‌های ۱۹۷۷ و ۱۹۷۸ بود که خمینی عملاً از پرده بیرون آمد، یا از فراموشی که در آن افتاده بود بیرونش آوردند.
در ابتدای دوران تبعیدش در نجف او با گوشه‌گیری می‌زیست و امکانات مالی اندکی در اختیار داشت. علاوه بر آن تسلط آیت‌الله‌عظمی حکیم، بر حوزه‌ی نجف جایی برای او و بازی‌هایش باقی نمی‌گذاشت. قطعاً از این وضع رنج می‌برد چرا که مردی مغرور و بسیار متکّبر و دچار خود بزرگ‌بینی بود.
آیا راست است که در نخستین سال‌های تبعیدش، کوشید که بار دیگر با حکومت تهران و شاه کنار بیاید و اجازه‌ی بازگشت به ایران را کسب کند؟
این فرض را نمی‌توان نادیده گرفت.
مهدی پیراسته که طی سه سال اول اقامت روح‌الله خمینی در عراق، سفارت ایران را در آن کشور به عهده داشت، به این نکته اشاره کرده.[۲] تردید نیست که دستگاه‌های اطلاعاتی ایران رفتار و گفتارهایش را تحت مراقبت داشتند. ولی واقعیت این است که تقریباً فراموش شده بود.
چنان که گفتیم، وضعش در سال‌های آخر دهه‌ی شصت و اوایل دهه‌ی هفتاد اندکی تغییر یافت. و آن هنگامی بود که عوامل وابسته به مسکو به وی توجه کردند. دست و بالش از نظر مالی گشوده شد. اما در این زمان شوروی‌ها سخت مواظب بودند که دولت ایران را ناراضی نکنند چرا که روابط با این کشور رسماً بسیار حسنه بود

۱- زندگی‌نامه‌ی سراپا تملّق (و رسمی) «تاریخ نهضت روحانیت ایران، بنیاد فرهنگی امام رضا، از جمله در جلد هفتم» علی دوانی، کتاب انتقادی اما مستند مهدی شمشیری یا اثر روزنامه‌نویس معروف امیر طاهری که به فرانسه و انگلیسی انتشار یافته و محافظه‌کارانه نوشته شده.
۲- مهدی پیراسته، منبع ذکر شده صفحات ۴۰۶ و ۴۰۷.

و حکومت ایران مقتدر و مسلط به اوضاع.
هیاهوی گروه‌های کوچک چپ‌گرای افراطی[۱] عوامل وابسته به حزب توده و گروه مذهبی خمینی در نجف، کارت‌هایی در بازی سیاسی آنان با تهران بودند که هر موقع ضرور باشد آن‌ها را به زمین بزنند و در مقابل امتیازاتی از شاه و حکومت ایران بگیرند. بازی متعارف در روابط بین‌الملل.
در عوض، تحّول موضع جهان غرب نسبت به ایران و همه‌ی نظریه‌های کم و بیش جدّی که درباره‌ی نقش اسلام در سیاست خارجی امریکا بیان می‌شد، اندک اندک توجه را به سوی آیت‌الله خمینی که هنوز می‌شد عاملی قابل بهره‌برداری باشد، جلب کردند. دور از حقیقت نیست که تصور کنیم که در زمینه‌ی نابسامان سازی ایران نوعی «توافق ضمنی» و «خلاف طبیعت» میان شرق و غرب وجود داشت که هر یک به دلایلی خواستار تغییر رژیم سیاسی ایران بودند «آن‌ها می‌خواستند شاه را که مزاحم تحریکات‌شان، توانا و مدافع مصالح ملی کشورش بود از تخت سلطنت دور کنند و سپس توافقی بدون توجه به منافع ایران میان خود به‌وجود آورند.»[۲]
«اروپا و امریکا، از طرفی به شاه کمک می‌کردند و از طرف دیگر برای عزل وی و نابودی آن‌چه که در ا یران بوجود آمده کوشا بودند. برای آنان قابل تحمّل و پذیرش نبود که کشوری چون ایران بتواند، نظامی را که در منطقه برقرار کرده‌اند دگرگون کند و امنیت جهان غرب را از نظر دسترسی به مواد نفتی به خطر اندازد.»[۳]
از این زمان بود که ناگهان چند تن از اعضا و رهبران «کنفدراسیون دانشجویان ایرانی» گروهکی بسیار چپ‌گرا که با این حال هزینه‌ی

۱- قطعاً اشاره است به «مجاهدین خلق» و «فدائیان خلق» (مترجم).
2- Daniele Martin, Monde et Vie, 17 movenleu 1979
جالب توجه است که این اظهارنظر به هنگام اقامت آیت‌الله خمینی در فرانسه انتشار یافت.
3- Thierry P. Milleman, La face cachee du monde occeitental Paris, 2005, p. 149.
نویسنده‌ی کتاب که گویا امریکایی، فرانسوی است، سال‌ها به عنوان مشاور با پنتاگون (وزارت دفاع ایالات متحده‌ی امریکا) همکاری داشته است.

فعالیتش از سوی امریکاییان تأمین می‌شد[۱] در میان اطرافیان آیت‌الله خمینی سر درآوردند و نیز فعالین سازمان آزادی‌بخش فلسطین و حزب اَمَل لبنان، به او پیوستند. در سال ۱۹۷۷ تصمیم واشنگتن دائر بر سقوط محمدرضاشاه از تاج و تخت، دیگر قطعی شده و آیت‌الله موسوی‌خمینی که به عنوان پرچم‌دار انجام این طرح تعیین شده بود، احتیاج به کمک و نیروی اجرایی داشت.

از همین زمان بود که مصاحبه‌ها، نوشته‌ها و اقدامات سیاسی مخالفان جدی حکومت ایران، چون طرفداران پیشین رهبر ملی‌گرا مصدق، یا افراطیون از قبیل اطرافیان آیت‌الله خمینی -که دیگر بایستی او را مشهور خاص و عام کرد و در «مدار» قرار داد- در مطبوعات و وسائل ارتباط جمعی غرب از امکانات خاص و استثنایی برخوردار شدند. در این میان بی.بی.سی رادیوی لندن که برنامه‌های فارسی‌اش شنوندگان بسیار داشت، به «پخش نوارهای آیت‌الله خمینی، که علناً و رسماً مردم ایران را به شورش و براندازی حکومت می‌خواند، آغاز کرد»[۲] و اندک اندک «صدای انقلاب» نامیده شد.

به یاد داریم که در آغاز اقامتش در نجف زندگی آیت‌الله خمینی بسیار محدود بود. بعداً کمک‌هایی که از مسکو رسید اندکی به امکاناتش افزود. زندگی خانوادگی و خصوصی وی هم‌چنان ساده و محقّر باقی ماند. اما امکانات خودش -یا کسانی که در اطرافش جمع بودند- بیش‌تر و بیش‌تر شد. امروزه دیگر به اثبات رسیده که این امکانات از امریکا می‌آمدند و هدف، تدارک و توفیق انقلاب اسلامی در ایران بود.[۳]

* * *

۱- نگاه کنید به Alexandre de Marenches (منبع ذکر شده) و بخصوص تحقیقات دقیق ریشارد لابه‌ویر Richard Labeviere- منبع ذکر شده صفحه‌ی ۲۳۲.

2- Thierry Desjardins, Le Figaro, 1 er fevrier 1999.

۳- نگاه کنید به فصول بعدی کتاب.

از اواخر سال ۱۹۷۶، به دنبال چند خبر و مقاله و یا مصاحبه‌ی مندرج در جراید غربی و نیز پخش نوارهای «آتش افروزانه»ی او در ایران -گرچه حیطه‌ی این انتشار محدود بود- آیت‌الله روح‌الله موسوی‌خمینی اندک اندک از فراموشی بیرون آمد و وارد صحنه شد. رویه «فضای باز سیاسی» که در همین سال‌ها از جانب محمدرضا پهلوی در نظام شاهنشاهی به مرحله‌ی اجرا گذاشته شد -به تنی چند از شخصیت‌های مذهبی و یا سیاسی- چون مهدی بازرگان یار و همکار پیشین مصدق- امکان داد که دیگر جانبداری خود را از خمینی پنهان نکنند و از او نام ببرند.

* * *

در پاییز همین سال دقیقاً ۲۱ اکتبر، فرزند ارشد آیت‌الله خمینی، مصطفی در نجف بر اثر سکته‌ی قلبی، ابتلا به بیماری قند و وزن زیادش[۱] درگذشت.
روح‌الله خمینی هنوز شخصیت مهمی نشده بود. به همین سبب مقامات دولتی بدون اشکال‌تراشی، اجازه دادند که به دعوت مهدی بازرگان مراسمی به این مناسبت در مسجد ارک تهران، نزدیک به ورودی اصلی بازار بزرگ پایتخت برگذار شود. به گفته‌ی یکی از نزدیکان و محارم آینده‌ی آیت‌الله[۲] یک‌هزار و پانصد نفر و به تخمین مقامات امنیتی هزار نفر در این مجلس ترحیم شرکت کردند که البته رقم کوچکی نبود ولی نه در شهری با بیش از سه‌میلیون نفوس.
تدریجاً شهرت داده شد که ساواک مصطفی خمینی را به قتل رسانده است.

۱- گویا ۱۲۰ کیلو، به نوشته‌ی مهدی پیراسته که او را خوب می‌شناخت. منبع ذکر شده صفحه‌ی ۴۰۸.

۲- به گفته‌ی دکتر محمد مفتّح استادیار دانشکده‌ی الهیات و معارف اسلامی دانشگاه تهران (و بنابراین همکار دانشگاهی ما) که بعداً با عنوان حجت‌الاسلام عضو شورای انقلاب نیز شد و جریان این مجلس ختم را در روز بعد برای نویسنده حکایت کرد. محمد مفتح، در سال ۱۹۷۹ بطور اسرارآمیز به قتل رسید.

هنگامی که آیت‌الله خمینی وارد فرانسه شد و اندکی بعد در نوفل-لو-شاتو مستقّرش کردند در همه‌ی جراید جهان غرب نوشته شد که مصطفی خمینی به قصد انتقام و به دستور محمدرضا پهلوی به قتل رسیده.

به این ترتیب آیت‌الله هم فرزند یک شهید شد و هم پدر شهید دیگری .

دروغ بزرگ دیگر

بر خلاف آن‌چه در جراید غرب نوشته شد، مصطفی فرزند آیت‌الله روح‌الله خمینی در سال ۱۹۷۸ وفات نیافت. البته «خمینی شخصاً هرگز نگفت که پسرش به قتل رسیده»[۱]

هم‌چنین، در مصاحبه‌ای با روزنامه‌ی لوموند که این نشریه از موافقین و مداحانش بود گفت که «به‌هیچ‌وجه نمی‌تواند چنین مطلبی را تأیید کند» یعنی قتل پسرش را[۲].

محمد حسنین هیکل، سیاستمدار و روزنامه‌نویس مشهور مصری، که از مشاوران و نزدیکان آیت‌الله بود همین سئوال را از او کرد. خمینی جواب داد که «اندک حقیقتی در این قصه وجود ندارد»[۳]

یک روزنامه‌نویس فرانسوی که بررسی دقیقی در این مورد انجام داده به نتیجه‌ی مشابهی رسیده است. «شهادت‌ها و روایت‌هایی که در عراق، میان اطرافیان خمینی جمع‌آوری کردیم ثابت می‌کند که مصطفی بر اثر سکته‌ی قلبی درگذشته. وی چند ماه قبل از مرگش وصیت‌نامه‌ای هم تدوین کرده بود که امروزه ناپدید شده»[۴]

با تمام این تفاصیل، هنگامی که آیت‌الله خمینی در ایران به قدرت رسید یک روز عزای ملی برای بزرگداشت شهادت پسرش برقرار کرد و به دستور او خیابان سیروس تهران به خیابان «شهید مصطفی

1- Edouard Sablier, Iran, la poudriere... op —P.61.

2- Le Monde, 6 mai 1978.

3- Mohammad H. Heykal, The Retusn of the Ayatollah, Andre Deutch, London, 1981, P. 134.

4- Gerard Beaufils, Tous o'tages de Khomeyni, op- cit P. 81.

خمینی» تغییر نام یافت.
هنوز هم زندگی‌نامه‌های رسمی آیت‌الله خمینی در ایران و نوشته‌های چپ‌گرایانی که در دنیای غرب سنگ او را به سینه می‌زنند، به نقل قصه‌ی شهادت پسرش ادامه می‌دهند!

* * *

اقامت آیت‌الله خمینی در عراق با وقوع فاجعه‌ای به پایان رسید که در حقیقت نقطه‌ی عطفی در انقلاب اسلامی بود. امروزه همه می‌دانند که وی مستقیماً مسئول این فاجعه بود: آتش‌سوزی سینما رکس آبادان.
بعدازظهر روز پنج‌شنبه ۱۹ اوت ۱۹۷۸، حریقی در سینما رکس آبادان، پایتخت صنعت نفت ایران درگرفت. در این بعدازظهر روز قبل از تعطیل پایان هفته فیلم‌هایی مختّص کودکان و نوجوانان در آن‌جا به نمایش گذاشته شده بود که غالباً به اتفاق مادران خود در سینما حضور یافته بودند.
تمام درهای خروجی سینما قبلاً مسدود شده بود که امکان گریز برای کسی باقی نماند. چهارصد و هفتاد و هفت تن -که اکثریت آنان زنان و کودکان بودند- در این حریق زنده سوختند یا خفه شدند. جنایتی غیرقابل وصف. نخستین تحقیقات نشان داد که آتش‌سوزی عمدی بوده. آتش را افروخته‌اند، درها را قبلاً بسته‌اند تا شماره‌ی قربانیان هر چه بیش‌تر باشد.
مسئولان حکومتی در تهران، ماجرا را به نحوی ناشایست و با سبکی تلقی کردند، گویی حادثه‌ای است در میان حوادث عادی دیگر. هیچ شخصیت رسمی، نه دولتی، نه از اعضای خاندان سلطنت راهی آبادان نشد.[1] از روایات شهبانو فرح و شاهپور غلامرضا که

۱- شهبانو فرح سال‌ها بعد در خاطرات خود نوشت که قصد سفر به آبادان را داشته ولی نخست‌وزیر (دکتر جمشید آموزگار) وی را از این کار منصرف کرده است.
Farah Pahlavi, Memoires, XO editons, Paris, 2003, P. 277
برادر شاه، شاهپور غلامرضا قدم فراتر نهاده و در خاطرات خود نوشته: «تردید نیست که دولت در این ماجرا عدم کفایتی شگفت‌انگیز نشان داد که نشان از سوءنیت

در حاشیه‌ی کتاب نقل شـــده چنین برمی‌آید که در دربار، دولت و نخست‌وزیر را مسئول این کم‌کاری دانستند. کما این که اندکی بعد به جمشـــید آموزگار تکلیف شد که استعفا کند، یعنی عملاً برکنار شد.

حق آن بود که عزای ملی اعلام شود که نشد. از مطبوعات خواستند و یا به آنان تکلیف شد که برای این واقعه اهمیت زیادی قائل نشوند. چنین برداشت و رفتاری سبب ناراحتی شدید مردم شد، آن هم در شرایطی که اوضاع کشور دیگر آرام نبود.

چگونه می‌توان رفتار شگفت‌انگیز و نابرازنده‌ی مسئولان حکومت را در این ماجرا توجیه کرد؟ واقعیت آن اســـت کـــه فردای آن روز یعنی جمعه ۲۰ ماه اوت، می‌بایست بیست‌وپنجمین سالگرد واقعه‌ی ۲۸ مرداد، یعنی سقوط مصدق و تجدید سلطنت در ایران، باشکوه و جلال بســـیار برگزار شـــود. مراسم مختلفی در پایتخت و همه‌ی شـــهرهای ایران ترتیب داده شـــده بود. در تهران، چندین هزار نفر درمیدان مخبرالدوله (واقع در مرکز شـــهر) به این مناسبت اجتماع کردند. نخســـت‌وزیر با نثر و لحنی شـــاعرانه (که بســـیار دوست می‌داشت) نطق مفصلی ایراد کرد.

باید گفت که هنوز هیچ‌کس از ابعاد واقعی فاجعه و تعداد قربانیان اطلاع درستی نداشـــت. جمعه بود و روز تعطیل عمومی و رسمی. روزنامه‌ها انتشار نیافته بودند. رادیو نیز خبر را کوتاه و بدون آب و تاب انتشار داده بود.

شـــبانگاه، ملکه‌ی مادر، تاج‌الملوک، میهمانی و شب‌نشینی مجلل ســـالیانه خود را به این مناســـبت برپا کرد. نزدیک به هزار نفر از شخصیت‌های سیاسی، فرهنگی، اقتصادی و اجتماعی پایتخت با همسران‌شان در این ضیافت شرکت داشتند و البته در آن میان همه‌ی سفیران کشورهای خارجی در دربار شاهنشاهی و بانوان‌شان. ملکه مادر عادت داشت که گروهی از هم‌سن و سال‌های خود، بعضی از

داشت». منبع ذکر شده، صفحه‌ی ۲۶۴.

شاعران و هنرمندانی را که دیگر کسی از آنان نامی نمی‌برد و حتی باقی‌مانده‌ی رجال دوره‌ی قاجار را نیز به این ضیافت دعوت کند که به آن رنگ و صورتی جالب و خاص می‌داد.

شـاه، قبل از آن که به میان مدعوین برود. پنج یا شـش تن را که نخست‌وزیر و وزیر دربار از جمله‌ی آنان بودند[1] در سالن کوچکی در کاخ ملکـه‌ی مادر به حضور پذیرفت. او که معمولاً مسلـط بر کلام و رفتار خود بود، نمی‌توانست آشفتگی خاطر و عصبانیت خود را پنهـان کند. ناگهان رو به حاضران کرد و گفت «آخر چه کسـی می‌تواند چنین جنایت هولناکی را مرتکب شـده باشد؟» و چند بار تکرار کرد «واقعاً وحشتناک است». این در حالی بود که تا آن موقع هنوز کسی از شـمار قربانیان اطلاع نداشت. بعداً مسائل دیگری مطرح شـد. سپس شـاه به میان جمع مدعوین رفت و با قیافه‌ای خونسرد و تسلط کامل بر خود به این و آن ابراز تفقّد کرد و با چند تنی به گفتگو پرداخت.

در پایان این شام مجلّل و پر تکلّف، مراسم آتش‌بازی به عمل آمد که در تمام شهر یا لااقل قسمت‌هایی از آن مشهود بود. البته هیچ‌کس در آن موقع از وسـعت فاجعه‌ی آبادان و تعداد قربانیان آن اطلاعی نداشت. اما فردا یا پس فردای آن که دیگر همه چیز به‌تدریج دانسته شـد، نتایج سیاسـی و روانی این بی‌توجهی غیرعمدی در افکار عمومی اثری بسـیار نامطلوب به جای گذاشت. مخالفان افراطی رژیم همه جا گفتند که هنگامی که شـهری در عـزا بود، در دربار جشن گرفته و شادی می‌کردند و آتش‌بازی ترتیب داده شده بود. متأسـفانه ظواهر امـر حق را به ایـن گروه مـی‌داد. رفتار دولت و مسـئولان امور در برابر ایـن فاجعه غیرقابل دفـاع بود. آن‌ها نمی‌خواستند مراسم بزرگداشت سـال‌روز ۲۸ مرداد را بهم بزنند و با غم و اندوه عمومی همراه کنند. اما مرتکب اشتباه سیاسـی فاحشی شدند.

۱- نویسنده‌ی کتاب نیز در این جمع حضور داشت.

چند ساعت پس از انتشار خبر این ماجرا، آیت‌الله خمینی که هیچ‌کس او را متهم نکرده بود ناگهـــان درمقام دفاع از خود برآمد! او اعلام داشت که قطعاً این عمل غیرانســـانی و خلاف قوانین اسلام را به مخالفان شاه نســـبت خواهند داد و پیشاپیش چنین مسئولیتی را تکذیب کرد!![1]

تحقیقات مقامات دادگستری و پلیس در طی روزهای بعد نشان داد که منبع اتخاذ چنین تصمیمـــی در نجف و در «بیت» آیت‌الله خمینی بوده، آیا این که آیت‌الله که مورد اتهام واقع نشده بود، درمقام تکذیب برآمد، دلیلی بر این نیســـت که خود او نیز در جریان و یا حتی آمر جنایت بوده؟ در این مورد دلیل متقنی نداریم. اما بخوبی می‌دانیم، و این امر به زودی بر همه‌ی ایرانیان و افکار عمومی دنیا آشکار و ثابت شد، و حتی پسرش آن را قبول کرد که آیت‌الله خمینی ارزشی برای زندگی انســـان‌ها قائل نبود. بنابراین کاملاً قابل قبول است کـــه وی لااقل در جریان تدارک این جنایت موهش بوده و جلوگیری نکرده است.

مرتکبین جنایت بلافاصله از مرز عراق، که در چند صد متری بود، گذشـــتند و به آن کشور پناه بردند. مقامات دولتی ایران بلافاصله تشـــریفات قانونی تقاضای اســـترداد آنان را آغـــاز کردند که چند هفته‌ی بعد به نتیجه‌ی مثبت رسید.

در ایـــن میـــان دولت آموزگار کناره گرفته یا برکنار شـــده و جعفر شـــریف‌امامی جـــای او را در مقـــام نخســـت‌وزیری گرفتـــه بود. شـــریف‌امامی که به مماشات و آشتی با مخالفان افراطی حکومت تمایل داشـــت تصمیم گرفت که جزئیات پرونده را انتشار ندهد. آیا این تصمیم با تأیید و موافقت شاه بود؟ نمی‌دانیم، اما نخست‌وزیر دستور داد که مفاد پرونده را به اطلاع «مراجع تقلید» قم برسانند و فرستادگانش چنین کردند تا «آیات عظام» بدانند که «همکارشان»

۱- مـــتن کامل اعلامیـــه‌ی آیت‌الله خمینی در کتاب حجت‌الاســـلام علی دوانی «تاریخ نهضت روحانیت» بنیاد امام رضا، تهران، جلد هفتم صفحه‌ی ۲۲۵ مندرج است.

قادر به چه جنایات و فجایعی است. ظاهراً مراجع سه‌گانه‌ی تقلید مقیم قم سخت آزرده‌خاطر و متأسف شدند و حتی آیت‌الله‌عظمی شریعتمداری زار زار گریست. اما با توجه به بی‌تصمیمی و سکوت دولت، آنان نیز عکس‌العملی نشان ندادند.

با این حال رونوشت‌ها و تصاویر همه‌ی اوراق پرونده دراختیار دکتر محمدرضا عاملی وزیر اطلاعات قرار داده شد که اگر دولت تصمیم به افشای حقایق بگیرد وی بتواند بلافاصله ترتیب این کار را بدهد.[۱]

چهار تن مأمور اجرای این جنایت بودند شخصی بنام عاشور یا عاشوری که ظاهراً اسم مستعار است و سه تن هم‌دستان او، ارتکاب جنایت در خانه‌ی آیت‌الله خمینی در نجف طرح‌ریزی شده بود.

به چهار تن مرتکبین جنایت هر یک ۱۱۰۰ دلار امریکایی و ۵۰۰ دینار عراقی داده شد. مواد محرّقه را در خود شهر آبادان شخصی موسوم به فواد کریمی در اختیار آنان قرار داد. پسر دوم آیت‌الله، احمد، و دو تن دیگر که بعداً جزو رجال جمهوری اسلامی شدند، هادی غفاری[۲] و مدرّسی بر تهیه و اجرای طرح نظارت داشتند.

چاپخانه‌ی کوچکی در خرمشهر (شهر مجاور آبادان)، اعلامیه‌هایی را که در آن حکومت و شخص شاه متهم به ارتکاب این جنایت شده بودند، یک هفته قبل از وقوع آن چاپ و آماده کرده بود! صاحب چاپخانه، شخصی موسوم به حصیری، بعداً اقرار کرد که این کار را در برابر دریافت هفتاد هزار تومان (معادل ده‌هزار دلار در آن موقع) انجام داده است.

دکتر محمدرضا عاملی–به سبب اطلاع بر جزئیات پرونده– جان

۱– نگاه کنید به خاطرات سیاسی سفیر پیشین دکتر پرویز عدل تحت عنوان، خانه‌ی ما در فیشرآباد، انتشارات شرکت کتاب (لس‌آنجلس)، ۲۰۰۴، صفحات ۴۳ الی ۴۸. خوشبختانه این پرونده از ایران خارج شده و کسانی آن را در ایالات متحده در اختیار دارند.

۲– همان کسی که بعداً «افتخار کرد» که امیرعباس هویدا را در دالان زندان به قتل رسانده است.

خود را از دســـت داد. به هنگام اغتشاشـــات پایتخت- آشوبگران به وزارت اطلاعات حمله بردنـــد (تنها وزارتخانه‌ای که مورد حمله قرار گرفت) و دفترش را به آتش کشـــیدند. تردید نیست که رهبران انقلاب از ماجرا آگاه بودند و می‌خواستند مدارک جرم از بین برود. خوشبختانه پرونده در آن‌جا نبود.

پس از پیروزی انقلاب اســـلامی، دکتر محمدرضا عاملی بازداشت شـــد و در زندان به طرز وحشیانه‌ای شکنجه‌اش کردند، سپس به ده ســـال زندان محکوم شد. پس از پایان جلسه‌ی «دادگاه» رئیس محکمه آیت‌الله صادق خلخالی، وی را شـــخصاً با هفت‌تیر خود به قتل رساند.

هنگامـــی که خلخالی به دکتر محمدرضا عاملی گفت که می‌خواهد او را بکشـــد، عاملی از او با التماس خواست که هنوز چند ساعتی زنـــده‌اش بگذارد که بتواند بـــار دیگر «برآمدن آفتـــاب را بر ایران» مشاهده کند. خلخالی جواب داد، «تو خیلی چیزها می‌دانی» و او را هدف گلوله قرار داد. شاهدان این صحنه بعداً جزئیات آن را انتشار دادند.[۱]

اندکی بعد به اطلاع جراید رســـید که دکتـــر محمدرضا عاملی در دادگاه محکوم به اعدام شده و رأی دادگاه اجرا شده است.[۲]

سه ســـال بعد، محســـن رضایی که به مدت پانزده سال فرمانده سپاه پاســـداران انقلاب بود و هنوز یکی از شخصیت‌های پرنفوذ جمهوری اســـلامی است، در یک نشریه‌ی رسمی مسئولیت همه‌ی خراب‌کاری‌های و آتش‌سوزی‌هایی را که در هفته‌های قبل از انقلاب صورت گرفته بود (از جمله سوزاندن پنجاه سینما) به عهده گرفت و یادآور شد که وجود و فعالیت «مراکز فساد» که جلوه‌های «تمدن متعفّن» غربی هستند از قبیل سینماها و مشروب‌فروشی‌ها مباین و منافی نهضت اسلامی است و سوزاندن و تخریب آن‌ها از اقدامات و

۱- نگاه کنید به خاطرات دکتر پرویز عدل که این خاطرات و منابع آن را نقل کرده.

۲- در اواخر تابســـتان ۱۹۷۹ ده تن از جمله صاحب سینما رکس، به عنوان عاملان جرم، محرمانه درتهران «محاکمه» و اعدام شدند.

اهداف ضروری انقلاب بوده.[۱]

بعد از این جنایت، در الجزایر، در مصر، در افغانستان، در پاکستان در لبنـــان و در جاهای دیگر، افراطیون اســـلامی به همین «تکنیک انقلابی» متوســـل شدند. ولی باید گفت که بدون چون و چرا ابتکار نخستین «جنایت دسته‌جمعی» از آنِ آیت‌الله روح‌الله موسوی‌خمینی به هنگام اقامتش در نجف است.

با توجه به فقدان کوچک‌ترین عکس‌العملـــی از جانب دولت ایران، چند روزنامه‌ی خارجی نوشتند که ممکن است این جنایت را ساواک ترتیب داده باشـــد. البته هیچ‌کس نگفت و ننوشـــت که ساواک، که وظیفـــه‌اش دفاع از موجودیت رژیم بود، چه نفعی می‌توانســـت در ارتکاب چنین عملی داشـــته باشد. سپس به‌تدریج این «فرضیه» و «احتمال» رسمیت یافت و همه به آن اســـتناد کردند و کس را یارای انکار آن نبود.

می‌خواستند «بر اساس یک دروغ بزرگ دشمن خود، (یعنی شاه و رژیم او را) به شیطان رجیم تبدیل کنند»[۲] نتیجه آن که خود شاه نیز که دقیقاً واقعیت را می‌دانســـت و به جزئیات پرونده وقوف داشت، جرئت نکرد که حقایق را فاش کند چون می‌دانســـت که کسی باور نخواهد داشـــت و در خاطراتش نوشـــت «پس از فاجعـــه‌ی آبادان شـــایعه‌ی دروغین هولناکی پراکنده شد، ارتکاب این جنایت را به دولت نسبت دادند، می‌بایست دولت را مسئول آن وانمود کنند»[۳]

هنگامی که سرانجام، حقیقت برملا شد و به اثبات رسید و اسلامیون افراطی چندین جنایت هولناک مشابه در کشورهای مسلمان و حتی در ممالک و شـــهرهای غیرمســـلمان (در نیویورک، در پاریس، در مادرید...) مرتکب شدند، در چند بررسی و حتی در چند فیلم مستند،

۱- محسن رضایی، تاکتیک‌ها و تکنیک‌های انقلاب، انتشارات رسمی سپاه پاسداران انقلاب اسلامی ۶ فوریه‌ی ۱۹۸۲، تهران، صفحه‌ی ۵۱.

2- Vladinir Volkoff, Petite histoirs de la desinformation, Du cheval de Troie a Internet, Rocher, Paris, Monaco, 1999, P. 150.

3- Reponse a l'Histoire, P. 225.

آن هم با رعایت ادب و احتیاط، «صاحب‌نظران» و «مفسّرین» ارتکاب به فاجعه‌ی آبادان را به دست عوامل خمینی پذیرفتند. حقیقتی که سال‌ها بود طرفدارانش رسماً و علناً اعلام کرده و به آن می‌بالیدند.
۱۱ سپتامبر، ضربه‌ای که امریکایی‌ها هرگز فراموش نخواهند کرد، دنبال منطقی و غیر قابل اجتناب فاجعه‌ی آبادان بود. بازی شیطانی اسلام‌گرایی افراطی با «انقلاب خمینی» آغاز شد.

* * *

آتش‌سوزی سینما رکس آبادان، و پس از آن آتش‌سوزی بازار عمده‌فروشی میوه و تره‌بار پایتخت،[۱] نقطه‌ی آغاز مرحله‌ی خشن و خونین انقلاب اسلامی بود.
سکون و ناتوانی دولت و رویه‌ی غیرقابل فهم و ضد و نقیض مراجعی که در رأس نظام بودند، راه را برای اجرای مرحله‌ی نهایی انقلاب گشودند.
دیگر روح‌الله موسوی‌خمینی می‌توانست و می‌بایست از نجف خارج شود تا به او جامه‌ی یک «رهبر بزرگ» بپوشانند.

۱- اشاره است به حریق بازار امین‌السلطان در ۲۳ اوت ۱۹۷۸ (مترجم)

فصل پنجم

در تهران: ناتوانی و سردرگُمی حکومت

در ایــن هفته‌ها و ماه‌هــا، تنش سیاســی و نارضایی عمومی در ایران، منظماً در حال افزایش بود. افکار عمومی چشم به راه تحقّق اصلاحات بنیادی سیاسی و مخصوصاً پاک‌سازی گروه محدود و معدودی متهم به فســاد در اطراف دربار و نخست‌وزیر (وزیر دربار بعدی) امیرعباس هویدا بودند. این تغییرات آغاز شــده بود، اما به کندی پیش می‌رفت.

به موازات این وضع در ایالات متحده‌ی امریکا نیز عدم اعتماد و ســوءظن نسبت به سیاست ایران و رویه‌ی شاه، با روی کار آمدن کارتــر (۲۰ ژانویه‌ی ۱۹۷۷) تبدیل به مخالفت و ضدیت تقریباً علنی شد.

در سطوح بالای حکومت در تهران، تغییر جوّ سیاسی در امریکا بر هیچ کس پوشــیده نبود. در پایتخت امریکا، اردشیر زاهدی «سفیر

فراموش ناشـــدنی و پر جلال و شـــکوه ایران»[۱] با تمام امکاناتی که در دست داشت و با استفاده از روابط شخصی‌اش می‌کوشید تا با مخالفان کشورش و دشمنان روزافزون شاه مبارزه کند و برداشتی را که از وضع ایران وجود داشت تغییر دهد. شهبانو فرح نیز دوبار بـــه امریکا رفت و حتی یک‌بار با پرزیدنـــت کارتر ملاقاتی طولانی داشت.

رسم و عادت در اکثر کشـــورهای «جهان آزاد» آن وقت بر این بود که رهبران اصلی آنان هر بار به دیدار رئیس‌جمهوری تازه‌ی امریکا بروند. شاه و شهبانو، به همراهی وزیر امورخارجه[۲] و هیأت کوچکی چنین کردند و در نوامبر ۱۹۷۷ عازم ایالات متحده‌ی امریکا شدند. بـــا وجود لبخندهای مصنوعـــی که به هنـــگام عکس‌برداری‌ها بر صورت شـــاه و کارتر و همسران‌شـــان دیده می‌شد، این مسافرت به‌خوبی و خوشـــی نگذشـــت و جریان و ترتیب آن پیامی صریح و بـــدون تعارف برای رهبران ایران بود: «هیچ دســـتوری به مقامات امنیتی و حفاظتی برای تأمین امنیت شـــاه و همســـرش داده نشده بـــود. عملاً آن‌ها را بدون هیچ دیـــوار حفاظتی در برابر مخالفان پر خشونت‌شـــان قرار دادند»[۳] مبتکر تظاهراتـــی که در کنار نرده‌های کاخ سفید ترتیب یافت، کنفدراسیون دانشجویان ایرانی بود. گروه کوچکی، که چنـــان که دیدیم، به ظاهـــر دارای عقاید چپ افراطی بودند، اما هزینه‌ی فعالیت‌شـــان از منابع امریکایی تأمین می‌شد. گرچه برخی از تحلیل‌گران از اظهار تعجب درباره‌ی این وضع عجیب خودداری نکردند.[۴] اما بر روی‌هم توجه مهمی به این ماجرا نشـــد. دقیقاً به هنگامی که تظاهرات شدید و خشن مخالفان شاه در کنار نرده‌های کاخ ســـفید جریان داشـــت، صدها ایرانی دیگر در همان

۱- این توصیف William Shawcross است در منبع ذکر شده.

۲- دکتر عباس خلعتبری (مترجم)

3- Thierry P. Milleman, 149, منبع ذکر شده

4- Pierre F. de Villemarest, L'ayatollah et la conpiration sovieto - americaine, Monde et Vie, 29 december 1978.

نزدیکی اجتماع کرده، جانبداری خود را از شاه اعلام می‌داشتند اما پلیس امریکا با آن‌ها با کمال خشونت رفتار کرده متفرق‌شان کرد. محمدرضا پهلوی بعداً به این ماجرا اشاره کرد: «ما در ویلیامزبورگ[1] شبی توقّف کردیم. صدها دانشجوی ایرانی در آن‌جا گرد آمده نسبت به من ابراز محبّت و وفاداری کردند. من به میان‌شان رفتم و چند دقیقه‌ای با آنان به گفتگو پرداختم. کمی آن‌طرف‌تر گروه کوچکی با نقاب، به دور یک پرچم سرخ با داس و چکش گرد آمده به فحاشی مشغول بودند. علت آن که نقاب بر صورت زده بودند چه بود؟ روزنامه‌ها فردای آن روز نوشتند که از ترس ساواک بوده است. من شخصاً تصور می‌کنم که اکثر آنان اصولاً ایرانی نبودند و می‌خواستند به این وسیله هویت واقعی خود را پنهان کنند. به احتمال قریب به یقین آن‌ها عده‌ای آشوبگر حرفه‌ای بودند که با دریافت دستمزد برای ایجاد هیاهو به آن جا آمده بودند.
واقعیت این است که تعداد دانشجویان و جوانان طرفدار من پانصد تن و شمار دشنام‌گویان پنجاه نفر بود. فردای آن روز در بعضی از مطبوعات این دو رقم را معکوس کردند.
در واشنگتن هزاران تن از ایرانیان مقیم ایالات متحده برای استقبال از ما اجتماع کرده بودند. باز هم تنی چند معلوم‌الحال مسلّح به چوب و زنجیر که صورت‌های خود را با نقاب پوشانده بودند، پدیدار شده به هم‌وطنانم حمله‌ور گردیدند. عجب آن‌که مطبوعات امریکا به هم‌میهنانم که از من حمایت می‌کردند تاختند و جانب مهاجمین را گرفتند. حتی روزنامه‌ای مقاله‌ی خود را با عنوان چه کسی خرج مسافرت طرفداران شاه را داده است؟ آغاز کرد. هیچ‌کس از خود نپرسید که اخلال‌گران که بودند و از کجا می‌آمدند»[2]
با همه‌ی این احوال شاه و شهبانو از کارتر و همسرش برای انجام یک سفر رسمی به ایران دعوت کردند و این دعوت فوراً پذیرفته و مراتب اعلام شد.

1- Williams burg.
2- M.R. Pahlavi, Reponse a'l' Histoire, op, cit. P. 210 -211.

* * *

در روز ۳۱ دسامبر ۱۹۷۷، چند ساعت بعد از ورودش به تهران پرزیدنت کارتر خطاب به شاه ایران گفت:
«بر اثر کیفیت استثنایی رهبری آن اعلیحضرت، ایران جزیره‌ی ثبات و آرامشی است در یکی از پرتلاطم‌ترین مناطق جهان» وی سپس از «احترام، از ستایش و از عشق ملت ایران به پادشاهش» سخن گفت و افزود «هیچ کشوری در دنیا، به قدر ایران در زمینه‌ی تحقق برنامه‌های همکاری نظامی و امنیت متقابل، به ما نزدیک نیست. هیچ رهبری در جهان نیست که من به قدر آن اعلیحضرت نسبت به وی احساس حق‌شناسی کنم و یک دوستی شخصی داشته باشم.»[۱]
این سخنان به طور وضوح با سیاست دولت کارتر دائر به نابسامان سازی ایران و براندازی حکومتش از طریق یک تغییر بنیادی، هماهنگی نداشت. با سخنان دیگری نیز که تقریباً در همان روزها به‌طور رسمی و یا غیررسمی در محافل امریکایی بیان می‌شد، منطبق نبود. هم‌چنین باید گفت که این عبارات در متن رسمی نطق که قبلاً در اختیار جراید گذاشته شده و یا در مقابل مدعوین نهاده شده بود، مندرج نبود. جیمی کارتر ظاهراً خودش در آخرین دقایق آن را به متن رسمی سخنرانی خود افزوده بود.
علت چه بود؟
آیا محمدرضا پهلوی که فرهنگ سیاسی و تجربه و سابقه‌ی کشورداری‌اش به مراتب بیش از جیمی کارتر بود که «قاعدتاً فقط می‌دانست ایران درکدام منطقه‌ی دنیا واقع است و نه بیشتر»[۲] وی را چنان مجذوب کرده بود که این عبارات را به نطق رسمی‌اش بیافزاید؟
آیا این کار نیرنگی از جانب رئیس جمهور ایالات متحده امریکا بود

۱- متن کامل این نطق از جمله در روزنامه‌ی Le Monde مورخ ۲۲ فوریه‌ی ۱۹۷۹ درج شده است.
2- Alexandre de Marenches, Dans le secret de s Princes op. cit. P. 248.

که با این ستایش‌های مبالغه‌آمیز، غرور فراوان شاه را ارضا و او را اغفال کند که می‌تواند هنوز به امریکا اعتماد داشته باشد؟

آیا کارتر می‌خواست به این ترتیب، امکان یک توافق احتمالی بعدی با شاه را در صورتی که وی در رودر رویی با توطئه‌ی براندازی‌اش کامیاب شـــود و ایالات متحده مجدداً ناچــــار به تفاهم با او گردد، حفظ کند و همه‌ی درها را بروی خود نبندد؟

این توجیهات الزاماً با یکدیگر متضاد نیستند.[۱] اردشیر زاهدی سفیر ایران در ایالات متحده که نقش و سهم مهمی در تدارک این سفر و جریان مذاکرات داشت بر همین گمان است.[۲]

حقیقت امر این اســــت که «دیپلمات‌های امریکایـــی حاضر در این ضیافــت به معنای واقعی کلمه از این عبارت متحیر شـــدند و حق داشتند که متحیّر شوند»[۳]

قرار بود جیمی کارتر و همســـرش، بلافاصله بعد از پایان ضیافت رسمی رهسپار هندوستان شوند و ساعت تحویل سال نو میلادی را در هواپیمای اختصاصی رئیس‌جمهوری Air Force One بگذرانند.

اما ناگهان برنامه تغییر یافت. تصمیم گرفته شد که مدعوین شاه شـــب سال نو را در پایتخت ایران بگذرانند. با شتاب فراوان ترتیب لازم برای این کار داده شد. به هنگام تحویل سال نو (نیمه‌شب) شاه با خانم کارتر روبوسی کرد. گرچه این نوع ابراز خصوصیت‌ها را در معرض عام به‌هیچ‌وجه نمی‌پســـندیدند. کارتر شهبانو را دعوت

۱- درباره‌ی این شـــام رسمی، ســـخنانی که در آن رد و بدل شد و اهمیتش به عنوان نقطه‌ی عطفی در روابط ایران و امریکا از جمله نگاه کنید به:

Pierie Salinger, Otages, les negociations secretes de Tehran, Buchet Chastel, Paris 1981, Pp. 11 - 17

سالینجر شخصاً در این ضیافت حضور داشت. و نیز:

William Sullivan, Mission to Iran, Norton and co. New-York London, 1981, Pp. 121/ 136.

Houchang Nahavandi, Iran, deux rêves brisés, Paris, Albin Michel, 1981, Pp. 115 - 121.

۲- در مذاکره‌ی شخصی با نویسنده‌ی این کتاب.

3- Pierie Salinger منبع ذکر شده ۲۴۸ - ۹

به رقص کرد. از این جریان‌ها طبیعتاً عکس‌های متعدد برداشته شد. پس از چند دقیقه شاه و کارتر مجلس رقص و شب‌نشینی را ترک کردند. شاه رئیس‌جمهوری ایالات متحده را «غافلگیر» کرده و از ملک‌حسین پادشاه کشور هاشمی اردن برای انجام یک مذاکره‌ی سیاسی (یا درحقیقت کنفرانسی سه جانبه) راجع به اوضاع خاورنزدیک و میانه، دعوت کرده بود که محرمانه به ایران بیاید. به هنگام مجلس ضیافت و شام رسمی، ملک‌حسین در تهران و در کاخ نیاوران بود. مذاکرات سه‌جانبه‌ی (شاه، ملک‌حسین و کارتر) یک‌ساعت و نیم به طول انجامید. سپس سه رئیس مملکت به‌اتفاق در پایان مجلس رقص سال نو حضور یافتند و مدعوین در حدود ساعت دو بامداد کاخ نیاوران را ترک کردند. کارتر، همسر و همراهانش پس از یک استراحت کوتاه در بامداد روز اول ژانویه‌ی ۱۹۷۹ از تهران عازم دهلی‌نو شدند.

به مطبوعات تهران تکلیف شده بود که هیچ تصویری از مراسم شب‌نشینی و برگذاری تحویل سال نو فرنگی منتشر نکنند و آنان نیز چنین کردند. اما عکس‌های این مراسم که در جراید بین‌المللی به طبع رسیده بود، خیلی زود به ایران رسید و ناراحتی بسیار ایجاد کرد. مخصوصاً تصویر جیمی کارتر در حال رقص با شهبانو فرح. آیت‌الله‌عظمی شریعتمداری که این تصاویر را دیده بود، بلافاصله مراتب عدم رضایت خود را به اطلاع دربار و مخصوصاً شخص شهبانو رساند.[1]

فقط یک هفته بعد از مسافرت جیمی کارتر و همسرش به ایران و آن سخنان ستایش‌آمیز که موجب خوشنودی بسیار در محافل سیاسی رسمی تهران شده بود و سه روز بعد از ابراز عدم رضایت آیت‌الله‌عظمی شریعتمداری از تصاویر کارتر و شهبانو، ماجرایی در پایتخت ایران روی داد که تقریباً همه‌ی مورّخان و مفسّران آن را به

۱- این جریان را من به تفصیل در کتاب خود «آخرین روزها، پایان سلطنت و درگذشت شاه»، ترجمه‌ی مریم سیحون و بهروز صوراسرافیل، از انتشارات شرکت کتاب درج کرده‌ام. مخصوصاً به چاپ دوم نگاه کنید.

عنوان نقطه‌ی آغاز انقلاب اسلامی یا لااقل شروع مرحله‌ی اجرایی آن و بخصوص ورود آیت‌الله خمینی به صحنه می‌دانند. جرقه‌ای که آتش را برافروخت.

* * *

مسافرت پرزیدنت کارتر به ایران و سخنان ستایش‌آمیزش نسبت به محمدرضاشاه، شایعات بسیار در محیط سیاسی کوچک تهران برانگیخت. اما تغییری در وضع داخلی کشور و افزایش نارضایی بخش مهمی از مردم نسبت به سیاست دولت پدیدار نشد.
البته از چندی پیش گسترش فضای باز سیاسی محسوس بود. مخالفان دولت و حتی حکومت با آزادی فزاینده‌ای نقطه‌نظرهای خود را بیان می‌داشتند، به‌تدریج آیت‌الله‌عظمی شریعتمداری که مردی معتدل و در گذشته میهن‌دوستی خود را به اثبات رسانده بود،[1] به صورت مهم‌ترین سخنگوی مخالفان اصلاح‌طلب درآمد. در گذشته‌ی دور و نزدیک بارها مقامات روحانی چنین نقشی را بازی کرده بودند.
شاه شخصاً مردی خداشناس بود، گرچه آداب و رسوم عادی دین اسلام را رعایت نمی‌کرد، ضمناً نسبت به آخوندها به طور کلی با نظر تحقیر می‌نگریست و آنان را سدی در راه تحوّل و نوسازی جامعه‌ی ایرانی می‌دانست. زمانی که چند هفته‌ی بعد به ناچار وارد مذاکره با آیت‌الله‌عظمی شریعتمداری شد، دیگر کار از کار گذشته بود و خود شریعتمداری نیز سررشته‌ی حوادث را در دست نداشت.
قبل از این ماجراها، در تاریخ ۶ اوت ۱۹۷۷، برای این که نشانی در تغییر اوضاع به مردم و احتمالاً به امریکایی‌ها داده شود،

۱- درباره‌ی زندگی و مرگ آیت‌الله‌عظمی شریعتمداری نگاه کنید به هفته‌نامه‌ی Aspects de la France مورخ ۱۰ آوریل ۱۹۸۶. زندگی و سرنوشت این روحانی بی‌شباهت به Cardinal Mindeszenti مجار نیست.
اشاره‌ی نویسنده به گذشته‌ی میهن‌دوستی شریعتمداری مربوط به نقش او در آزادی آذربایجان از تسلط حکومت پیشه‌وری است. (مترجم)

امیرعباس هویدا که سیزده سال در رأس دولت بود کنار گذاشته شد و جمشید آموزگار جایش را گرفت.[1] جمشید آموزگار یک تکنوکرات مشـــهور به صحت عمل بود، اما اشتهاری به حسن تدبیر سیاسی نداشت. او تحصیلاتش را در رشته‌ی مهندسی در دانشگاه معروف و معتبـــر کرنل[2] امریکا به اتمام رســـانده و به اخذ درجه‌ی دکتری نائل آمده بود. گفته می‌شد که امریکایی‌ها، مخصوصاً دموکرات‌ها، به او حســـن‌نظر دارند. شـــاید هم این گفته نادرست نبود. اما چند اقدام ســـرپا احتیاط و محافظه‌کارانـــه‌ی دولت او تأثیری در بهبود وضع افکار عمومی نداشت. برای مواجهه با توفانی که اندک اندک برمی‌خاســـت رو در رویی با تحریکات خارجیان، مردی با تدبیر و استقامت دیگر و تصمیماتی به مراتب مهم‌تر لازم بود.

اما شـــاه هنوز بـــه وخامت اوضاع پـــی نبرده بود و بســـیاری از اطرافیانش به دلایل مختلف، می‌کوشیدند که او را هم‌چنان در غفلت نگاه دارند. با این حال هنوز بر اوضاع تسلط کامل داشت و همه‌ی عوامل یک تغییر اساسی در راهبری امور مملکت در دست او بود.

چند ماهـــی بود بود که نام روح‌الله موســـوی‌خمینی، مردی تقریباً فراموش شده، اندک‌اندک بر ســـر زبان‌ها افتاده بود. نوارهایی از سخنانش در داخل ایران، بخصوص در قم و تهران پخش می‌شد. شـــخص شاه آماج حملات تند و تیزش بود. اما هنوز از تغییر رژیم ســـخنی نمی‌گفت. معذالـــک محمدرضا پهلوی کـــه در اوج غرور و رضایت از خود بود، این سخنان تحریک‌آمیز را برنمی‌تافت و اجازه داد که اطرافیانش مرتکب یک اشـــتباه یا یک خطای سیاسی بزرگ بشوند.

در روز ۸ ژانویـــه‌ی ۱۹۷۹، اطلاعات، یکـــی از دو روزنامه‌ی بزرگ عصر تهران مقاله‌ای تنـــد وتیز علیه آیت‌الله خمینی، که هنوز کم‌تر

۱- یـــادآور شـــویم که امیرعبـــاس هویدا به وزارت دربار شاهنشـــاهی و جانشـــین امیراسدالله علم منصوب شد. عَلَم سخت بیمار بود و آخرین ماه‌های زندگی خود را در خارج از کشور می‌گذراند. (مترجم)

2- Cornell

کسی او را آیت‌الله‌عظمی می‌خواند، انتشار داد.
نویسنده‌ی مقاله وی را متهم کرده بود که هندی‌تبار است، که درست بود. نوشته بود که وی در جوانی همجنس‌باز بوده، که دلیل موجّهی دراین زمینه وجود نداشت وبهرحال مطلبی مربوط به زندگی خصوصی بود و در ایران عادت به اشاره به این قبیل جزئیات در مورد شخصیت‌های معروف وجود نداشت و کار درستی هم نبود. در مقاله نوشته شده بود که خمینی مردی بی‌سواد است. که کاملا درست بود. اما هیچ‌کس تا آن زمان و تا دو سه سال بعد که وی به قدرت رسید ترشحّات فکر و قلم او را نمی‌شناخت و نخوانده بود. وی را به هم‌دستی با سرویس‌های جاسوسی خارجی متهم کرده بودند و حتی درمقاله نوشته شده بود که همسرش دختری سبک و در جوانی رقاصه‌ای دوره‌گرد بوده که البته درست نبود. همسر خمینی از خانواده‌ای محترم بود و رقاصه‌ی دوره‌گرد نبود و هرگز کسی درحسن‌اخلاق و پاک‌دامنی وی شک و تردید روا نداشته بود. در مجموع، این مقاله مخلوطی بود از نکات درست و نادرست.
امروزه، بررسی‌های دقیقی که از آن تاکنون انجام شده و مقابله‌ی روایات و شهادت‌های مختلف چگونگی پیدایش اندیشه‌ی نوشتن این مقاله و درج و انتشار آن را در روزنامه اطلاعات بطور قطعی روشن ساخته. می‌دانیم چگونه این فکر به وجود آمد و چگونه مقاله انتشار یافت.
مقاله با امضای مستعار احمد رشیدی‌مطلق، به روزنامه‌ی اطلاعات تحمیل شده بود. اما چگونه و چرا؟
اندیشه و پیشنهاد تدوین چنین مقاله‌ای از سوی وزیر دربار شاهنشاهی «امیرعباس هویدا» به شاه ارائه شد. وی هر بامداد نخستین کسی بود که به مناسبت مقامش به دیدار شاه می‌رفت. روزی، چون آزردگی خاطر شاه را از پخش نوارهای خمینی و مفاد آن‌ها دریافت، به او گفت، «چرا پاسخی به او ندهیم و شخصیت واقعی و گذشته‌اش را برملا نسازیم؟» و ظاهراً پاسخ شاه منفی

نبود و گفت «چرا که نه» که این کلمات را معمولاً برای تأیید پیشنهاد یا نظری، به کار می‌برد.

پاسخ شاه، بی‌درنگ به صورت «امریه» تلقی شد. هویدا تدوین مقاله را به نویسنده و روزنامه‌نگار سرشناسی که از اطرافیان و نزدیکانش بود محوّل کرد.[1] به این شخص تعلیمات خاصی داده نشد. گویا هدف اصلی تدوین مقاله را برایش توضیح ندادند. او هم اهمیت خاصی برای مقاله‌ای که دستور تحریرش را گرفته بود قائل نشد. تقریباً مطالب و شایعاتی را که این‌جا و آن‌جا درباره‌ی روح‌الله موسوی‌خمینی وجود داشت و یا گفته می‌شد، بدون دقت زیاد بر روی کاغذ آورد.

مقاله را بعد از تدوین، برای داریوش همایون وزیر اطلاعات فرستادند که قبل از رسیدن به این سمت یک روزنامه‌نویس نامدار بود. به داریوش همایون «ابلاغ» شد که باید آن را در «روزنامه‌ی مهمی» انتشار دهد.

فریدون هویدا، برادر کوچک وزیر دربار شاهنشاهی که به حق مقاله را «جرقه‌ای بر آتش» تلقی کرده[2] عقیده دارد که وزیر اطلاعات مقاله را بر روزنامه بزرگ عصر تهران «تحمیل» کرده است. داریوش همایون، که بسیاری از سئوالات و حملات متوجه او بود و هست، به تفصیل و مکرراً در این باره توضیح داده. اولاً وی اتهامات چند تنی را که خود او را نویسنده‌ی مقاله دانسته بودند قویاً تکذیب کرده، ثانیاً شاه را متهم می‌کند که رأساً الهام‌دهنده و آمر تهیه و تدوین و انتشار مقاله بوده، ثالثاً «اطرافیان» امیرعباس هویدا را مباشر تهیه و تحریر آن می‌داند. اما قبول کرده که مقاله را از وزارت دربار شاهنشاهی دریافت و حتی بدون مطالعه به روزنامه مورد

۱- بعد از پیروزی انقلاب اسلامی، یکی از کارمندان رادیو تلویزیون ملی ایران، به سبب تشابه نسبی اسمی با نویسنده‌ی این مقاله به دستور مقامات رژیم جدید (و احتمالا خود خمینی) دستگیر و تیرباران شد.

2- Fereydoun Hoveyda, La Chute du Shah, Buchet chastel, Paris, 1980, P. 21.

بحث ارسال داشته است.[1]

واقعیت جریان این است که وزیر اطلاعات، خودش مقاله را خوانده یا نخوانده بوده، مسأله‌ی روزنامه‌ای که باید آن را چاپ و منتشر کند در وزارت اطلاعات و محافل بالای حکومت مطرح می‌شود. دو روزنامه‌ی بزرگ صبح تهران را بلافاصله کنار می‌گذارند. نخستین آن‌ها، رستاخیز، ارگان رسمی حزب واحد رستاخیز بود، یعنی عملاً یک روزنامه‌ی رسمی. داریوش همایون خودش سردبیر روزنامه‌ی بزرگ دیگر صبح تهران آیندگان بود و چون به وزارت اطلاعات رسید، نامش از روزنامه حذف شد. اما کماکان سرمقاله‌های آن را می‌نوشت و سبک و شیوه‌ی نگارش آن‌ها بخوبی در متن مقالات هویت نویسنده را نشان می‌داد. انتشار مقاله در آیندگان نیز به آن جنبه‌ی رسمی می‌داد. آیندگان را نیز کنار گذاشتند.

ناچار می‌بایست یکی از دو روزنامه‌ی بزرگ و پر خواننده‌ی عصر تهران انتخاب شود. نخستین آن‌ها کیهان بود. صاحب امتیاز و مدیر کیهان سناتور مصطفی مصباح‌زاده مردی بود با نفوذ که می‌توانست سریعاً با شاه تماس بگیرد و شاید از درج آن منصرفش کند یا لااقل بپرسد «امریه» او چه بوده و دریابد که در حقیقت امری صادر نشده بود.

سرانجام قرعه‌ی فال به‌نام روزنامه‌ی اطلاعات زده شد. قدیمی‌ترین روزنامه‌های پایتخت ایران که بیش از نیم قرن قبل از آن به وسیله‌ی خانواده‌ی مسعودی بنیان‌گذاری شده بود. صاحب‌امتیاز و مدیر مسئول اطلاعات، تا اندکی قبل از آن، عباس مسعودی نایب رئیس اول سنا و مردی با نفوذ بود. پس از مرگ سناتور مسعودی، همسرش خانم قدسی مسعودی و فرزندش فرهاد مدیریت «گروه اطلاعات» را بدست گرفتند. صاحب امتیاز و مدیر مسئول رسمی فرهاد مسعودی بود، که نه تجربه‌ی زیادی در روزنامه‌نویسی داشت و نه نفوذ سیاسی قابل ملاحظه‌ای تا به آن‌جا که پس از مرگ

۱- داریوش همایون- دیروز و فردا، منطبعه در ایالات متحده‌ی امریکا، ۱۹۸۱ صفحه‌ی ۹۲.

عباس مسعودی، سردبیران روزنامه را امیرعباس هویدا تعیین و به او تحمیل کرده بود! فرهاد مسعودی، چهل‌وهشت ساعت در برابر توقعات «مقامات عالیه» مقاومت کرد. در این گیرودار، ساواک در جریان ماجرا قرار گرفت. به ارتشبد نصیری رئیس ساواک گفته شد که انتشار مقاله امر شخصیِ شاه است که هم تا حدی درست بود و هم نادرست. او می‌توانست جریان را به شاه یا نخست‌وزیر که رئیس قانونی مستقیمش بود، گزارش کند و اگر مخالف بود و کار را به مصلحت نمی‌دانست، نظر خود را ابراز دارد، یا لااقل اطمینان حاصل کند که امری صادر شده. ظاهراً او عکس‌العملی نشان نمی‌دهد. نصیری مرد اطاعت کورکورانه از اوامر شاه بود، نه بحث و اظهارنظر درباره‌ی آن‌ها. شاید هم برای مطلبی به این کوچکی اهمیتی قائل نشد و آن را در حدی که علّتی برای مزاحمت شاه فراهم آورد ندید. گویا بعضی از اطرافیانش به او گفتند که انتشار مقاله کار درستی نیست و ممکن است نتایج نامطلوب در برداشته باشد. اگر هم چنین اظهارنظر منفی شده باشد، ارتشبد به آن اعتنایی نکرده.

در نهایت امر فرهاد مسعودی کوشش کرد که از طریق مادرش که از نزدیکان ملکه‌ی مادر بود و توسط شخص اخیرالذکر شاه را در جریان بگذارد و نگرانی خود را به استحضارش برساند. موفق نشد و سرانجام سر تسلیم فرود آورد.

گویا نخست‌وزیر در جریان هیچ چیز نبود. قطعاً شاه متن مقاله را نخوانده بود. هر دوموقعی از مفاد آن اطلاع حاصل می‌کنند که کار از کار گذشته و متن آن در روزنامه‌ی اطلاعات چاپ و منتشر شده بود!

بدین‌سان، عملیات در «مدار قرار دادن» روح‌الله خمینی آغاز شد. وی را از گم‌نامی نسبی بدر آوردند، تبدیل به مخالف و هدف اصلی حکومت کردند و راه را برایش گشودند.

ندانم‌کاری، اشتباه، خطای عمدی، نوعی توطئه؟

همه‌ی این فروض درباره‌ی این ماجرا ذکر شده و می‌شود.
قدر یقین این است که در سطح بالای رهبری کشور، دانسته یا ندانسته، کس یا کسانی نقطه‌ی آغاز بر ماجرایی نهادند که پس از آن هیچ‌کس توانایی مهار کردن آن را نداشت.
پس از مقدمه‌چینی‌هایی که دیدیم، انقلاب اسلامی در این روز آغاز شد و خمینی برای رهبری آن در صحنه قرار گرفت و ندانم‌کاری‌ها هم‌چنان ادامه یافت.

* * *

فردای روز انتشار این مقاله، به گفته‌ی مورخ رسمی جمهوری اسلامی سه هزار تن[1] در قم برای اعتراض به مفاد آن به تظاهر پرداختند. البته این رقم که بعد از روی کار آمدن روح‌الله خمینی و از جانب وقایع‌نگار رسمی رژیم اسلامی ذکر شده پیش از واقعیت به نظر می‌رسد و بهرحال نشانه‌ی ضعف طرفداران او است. در پی این تظاهرات برخوردی میان معترضین و مأموران انتظامی درگرفت و یک تن بر اثر جراحاتی که یافته بود درگذشت.
حکومت و طرفدارانش هنوز دارای قدرت بسیج نیروهای مردمی بودند. در روز ۲۶ ژانویه به دعوت حزب رستاخیز، اتحادیه‌های کارگری، اعضای شرکت‌های تعاونی روستایی، جمعی از اصناف بازار،... تظاهرات وسیعی برای بزرگ‌داشت سال‌روز انقلاب شاه و ملت برگذار کردند. پلیس شمار تظاهرکنندگان را یک میلیون نفر اعلام کرد که این نیز بیش از واقعیت به‌نظر می‌رسد. بهرحال چند صدهزار تن بودند. طرفداران شاه و سیاست کلی او فراوان بودند و پروای تجمّع داشتند. حکومت می‌توانست از این تظاهرات بزرگ بهره‌برداری کند که نکرد.
چند روز پس از آن، روز ۹ فوریه‌ی ۱۹۷۸ به دعوت آیت‌الله‌عظمی شریعتمداری مراسم چهلم درگذشت شخصی که در روز نهم

۱- علی دوانی، منبع ذکر شده، جلد هفتم، صفحه ۲۴.

ژانویه در قم وفات یافته بود، در قم و چند جای دیگر برگذار شد. در مجموع همه‌ی روحانیون یک صدا شده، تقاضای «اصلاحات» و «تغییرات اساسی» می‌کردند. کّم و کیف این تغییرات چه بود؟ کسی نمی‌گفت و احتمالاً نمی‌دانست. هنوز روحانیت علیه شاه و نظام سلطنتی جبهه نگرفته بود و بر روی‌هم، دگرگونی‌های مورد تقاضا همان اجرای دقیق قانون اساسی در جهت تحدید اختیارات شاه بنظر می‌رسید.

در تبریز، موطن شریعتمداری، تظاهراتی که به این مناسبت برگذار شد، جنبه‌ی خشونت‌آمیز یافت. بیش از نیمی از بازار بزرگ شهر بحال تعطیل درآمد. پس از پایان تظاهرات گروه کوچکی آشوبگر به محل حزب رستاخیز و چند شعبه‌ی بانک‌های مختلف حمله بردند و آن‌ها را به آتش کشیدند. دستورات ضد و نقیضی که از تهران به مأموران انتظامی داده شده بود –ساواک دستوری داده بود و شهربانی کل دستور دیگری– نشان می‌داد که دولت خود نمی‌داند چه می‌خواهد و چه می‌کند.

وزیر مشاور و معاون پارلمانی نخست‌وزیر، هلاکو رامبد، در پاسخ یکی از نمایندگان در جلسه‌ی علنی مجلس اظهار داشت که «آشوب‌گران از آن سوی مرزها» آمده بودند. مخالفان دولت او را به مسخره گرفتند. افکار عمومی در شک و تردید بود. با این حال باید گفت که هلاکو رامبد کاملاً حق داشت. چند تن از ایرانیانی که تازه از امریکا به کشور خود بازگشته و از اعضای شناخته شده‌ی سازمان‌های چپ افراطی بودند، گروهی از کسانی که در اردوگاه‌های فلسطینی لبنان و جاهای دیگر دوره‌های کارآموزی دیده بودند و هم‌چنین شماری از افراد غیرایرانی، در تبریز بازداشت شدند. حضور هیچ‌یک از آنان در آن شهر توجیهی نداشت. جهانگرد نبودند. معذالک به دستور دولت بی‌سروصدا آزاد شدند. هدف آن بود که از ایجاد «مسأله» اجتناب شود. کدام مسأله؟

در تبریز، حضور تعداد زیادی خارجیان متکلّم به عربی –که بطور

وضوح برای تفریح و تفرّج نیامده و «توریست» نبودند- جلب‌نظر می‌کرد. در خیابان‌های شهر رفت و آمد می‌کردند، با گذرنامه‌ی کشورهای مختلف عربی در مهمان‌خانه‌ها رحل اقامت افکنده بودند و خود را «فلسطینی» می‌خواندند. مأمورین انتظامی و امنیتی در برابر این پدیده‌ی غیرعادی عکس‌العملی نشان ندادند، حتی هنگامی که بعضی از آنان در تظاهرات خشونت‌آمیز شرکت کردند و مسلّح به اسلحه‌ی سرد بازداشت شدند، مأموران همه را سریعاً آزاد کردند![1]

از همین دوران حضور تعدادی از «فلسطینی‌ها» در تهران نیز مشهود بود. بسیاری از آنان شبانگاه به منازل افراد مختلف حمله کرده و به دزدی و غارت می‌پرداختند و وحشت زیادی در میان مردم ایجاد کرده بودند. مقامات انتظامی و امنیتی، «به دستور بالا» کوچک‌ترین عکس‌العملی نشان نمی‌دادند. چه کس یا کسانی این دستورات را می‌دادند؟ قدر مسلّم این است که اندک اندک این «فلسطینی‌ها» سهم بزرگی در آشوب‌های شهری و خشونت‌های فزاینده به عهده گرفتند.

درباره‌ی همه‌ی این ماجراها، دولت کوچک‌ترین اطلاعی در اختیار افکار عمومی قرار نمی‌داد و ناچار بازار شایعات گرم بود و هر کس هر چه می‌خواست منتشر می‌کرد. شاه ساکت بود و دولت سیاستی نداشت. گویی اصولاً در صحنه نبود.

با این وجود، در روز هفتم آوریل، «رستاخیز» در مقام آن برآمد که عکس‌العملی نشان دهد، یا لااقل اظهار وجودی کند. تظاهرات عظیمی در شهر تبریز ترتیب داده شد. نزدیک به سیصد هزار نفر در آن شرکت داشتند. جمشید آموزگار نخست‌وزیر و دبیرکل رستاخیز نطق پرشوری در مقابل جمعیت ایراد کرد. اما در فاصله‌ی فرودگاه به مرکز شهر و مراجعت به فرودگاه حتی اجازه نداد که اتومبیلش

۱- نگاه کنید به خاطرات سیاسی سناتور پیشین حسین موسوی، یادنامه‌ها...، کُلن ۲۰۰۴، صفحه‌ی ۴۱۹. خاطرات حسین موسوی که از وکلای مشهور عدلیه، سناتور تبریز و مرد شماره‌ی ۲ رستاخیز بود، سندی بسیار مهم درباره‌ی حوادث این دوران محسوب می‌شود.

را متوقف کنند و لااقل چند کلمه‌ای با مردم شهر صحبت کند.[۱] البته باید گفت که طبیعتاً مردم گریز بود و این قبیل تظاهرات را دوست نمی‌داشت.

در همین اوان بود که شاه شخصاً در مراسم بزرگداشت «روز آزادی زنان» شرکت کرد و طی سخنانی با اشاره‌ی تقریباً مستقیم به هیاهوی جمعی از روحانیون گفت، «مه فشاند نور و سگ عوعو کند». این سخنان بسیاری از ملاها را سخت آزرده‌خاطر کرد. ولی می‌توانست نشانی از اِعمال قدرت از جانب دولت باشد. اما آب از آب تکان نخورد.

می‌بایست دولت از موضع قدرت به گفتگو با مقامات عالی روحانی بپردازد. گروه بررسی مسائل ایران، گزارش دقیقی تحت عنوان «گفتگو، آشتی و تفاهم با قم» به شاه داد. هم در اهمیت مسأله اصرار کرده و هم در راه و روشی که بایستی بکار گرفت. ساواک و وزیر دربار (هویدا) هر دو این گزارش را تخطئه کردند. نخست‌وزیر برای آن اهمیتی قائل نشد و سرانجام کاری صورت نگرفت. نوارهای آیت‌الله خمینی (که دیگر هر چه بیش‌تر او را آیت‌الله‌عظمی می‌خواندند) علناً در تهران و قم و شهرهای دیگر پخش می‌شد. او دیگر عملاً به صورت رهبر جناح افراطی مخالفان تلقی می‌شد. می‌بایست روحانیون معتدل را از او دور کنند که نکردند. ماه‌ها بعد دولت و دربار در این زمینه کوشیدند، اما دیگر دیر شده بود.

واقعیت امر این است که در این زمان دربار و دولت همه چیز را می‌دانستند اما چنان رفتار و عمل می‌کردند که وضع کاملاً عادی است. انتشار اخبار نابسامانی‌ها، تظاهرات و اغتشاشات به حدّاقل ممکن تقلیل داده می‌شد. هنوز دربار و دولت و ساواک بر آن بودند که «خاطر مبارک» را آزرده نسازند و «آسوده» نگاه دارند. نمی‌خواستند شاه «روحیه‌ی قوی» را که فرض می‌کردند دارد، از

۱- حسین موسوی، منبع ذکر شده، صفحه‌ی ۴۲۷. سناتور موسوی ترتیب‌دهنده‌ی اصلی این تظاهرات بود که در محل ولادت و مرکز حوزه‌ی انتخابیه‌اش صورت می‌گرفت و بالطبع در کنار و همراه رئیس دولت بود.

دست بدهد. اما زمان بیداری و باز شدن چشم‌هایش دیگر نزدیک بود. در مجموع هنوز همه به قدرت و تسلط حکومت مغرور بودند.
هیچ اصلاح سیاسی مهمی صورت نمی‌گرفت. اکثریت مردم هنوز به شاه وفادار بودند. اما نارضایتی فزاینده بود و زمینه را برای هر نوع تحریک و توطئه‌ای آماده می‌ساخت.
به موازات این وضع، در خارج، توطئه برای براندازی ایران، برای وارد آوردن ضربه‌ی نهایی به رژیم و تغییر آن هر چه بیش‌تر شکل می‌گرفت.

* * *

در روابط با دو کشور آنگلوساکسون، سخنان پرستایش کارتر درباره‌ی شاه، خاطره‌ای دور بیش نبود. جوّ بهار ۱۹۷۸ شباهتی به زمستان نداشت.
در واشنگتن، موضع‌گیری‌ها و سخنان تند علیه شاه روزبروز افزایش می‌یافت. سناتور ادوارد کندی در نطقی وی را «یکی از خشن‌ترین رهبران تاریخ بشر» دانست و گفت که «نظام شاهنشاهی در سرتاسر کشور حکومت وحشت را مستقّر ساخته و در دلخراش‌ترین شرایط حقوق بشر را زیر پا می‌گذارد.[۱]
جرج بال[۲] شخصیتی بسیار بانفوذ در سیاست امریکا و یکی از طرّاحان خطوط اصلی دیپلماسی آن کشور، برای بررسی در اوضاع سیاسی ایران به تهران آمد. با شاه و تنی چند از شخصیت‌های مملکتی دیدار داشت. اما عجب آن که دفتر خود را در مرکز رادیو - تلویزیون ملی ایران- برقرار کرد و نه در سفارت ایالات متحده‌ی امریکا. تقریباً همه‌ی مخالفان سرشناس و یا کم‌تر شناخته شده شاه به دیدارش رفتند یا آن‌ها را به ملاقات با خود دعوت کرد.

۱- این سخنان در شماره‌ی ۲۴ ژوئیه‌ی ۱۹۹۹ هفته‌نامه‌ی Figaro-Magazine درج و یادآوری شده.

2- George Ball.

بال همه‌ی آن‌ها را به تشدید مخالفت با شاه، رئیس مملکتی که هنوز رسماً دوست و هم‌پیمان امریکا بود، دعوت و تشویق کرد. شایعه این ملاقات‌ها در شهر پراکنده بود، در پذیرایی‌های رسمی و علنی سفارت‌خانه‌ها از آن گفتگو می‌شد. اما دولت کوچک‌ترین عکس‌العملی نشان نمی‌داد. نه رسمی و نه غیررسمی. حال آن که در حقیقت این رویه مداخله‌ای علنی در امور داخلی ایران بود.

در اواخر بهار ۱۹۷۸ همکاری نظامی و امنیتی ایران وایالات متحده‌ی امریکا عملاً به حال تعلیق درآمده بود و شرکت‌های بزرگ امریکایی به‌تدریج به تعطیل فعالیت‌های خود در ایران و فرا خواندن کارمندان‌شان آغاز کردند و آن را رسماً و علناً اعلام می‌داشتند که این عمل عاملی در افزایش نگرانی در باره‌ی وضع کشور بود.

تنی چند از دیپلمات‌های امریکایی در تهران علناً و بدون کوچک‌ترین احتیاط و یا رعایت الزامات سیاسی (عدم مداخله در امور داخلی کشوری دیگر، آن هم کشوری که هنوز رسماً دوست و متحد امریکا بود) در محافل سیاسی و مطبوعاتی به تشویق و تحریک مخالفان رژیم می‌پرداختند.[۱]

طبق اسناد سفارت امریکا در تهران (موسوم به «اسناد لانه‌ی جاسوسی») یکی از محل‌های ملاقات مأموران سفارت با مخالفین، چایخانه‌ی مهمانسرای کاسپین در نزدیکی سفارت امریکا[۲] بود.[۳]

سال‌ها بود که مأموران انتظامی ایران با مشکلی از لحاظ مواجهه با تظاهرات خیابانی و براندازی سیاسی در شهرها روبرو نبودند و به همین سبب تجهیزات و احتمالاً آمادگی و آموزش لازم را نیز در این زمینه نداشتند. ایالات متحده‌ی امریکا، بریتانیای کبیر و حتی اسرائیل به بهانه‌ی احترام به حقوق بشر، از فروش این قبیل

۱- شاه با عباراتی مملو از تعجب به رفتار George Lambrakis دبیر سیاسی سفارت کبرای امریکا اشاره کرده: Reponse a'l' Historie, P. 245.

۲- خیابان تخت‌جمشید تقریباً مقابل محل سفارت. (مترجم)

۳- اسناد... جلد بیستم.

تجهیزات به ایران خودداری کردند.[۱]

داوید آران[۲] مشاور اصلی معاون رئیس‌جمهور امریکا والتر ماندیل[۳] در همین اوان اعلام کرد: «دولت کارتر با مدیریت قبلی امریکا به‌کلی متفاوت است. اگر شاه خیال می‌کند که در زمینه‌ی تجهیزات نظامی و ســـاز و برگ، هر چه بخواهد، به دست خواهد آورد، کور خوانده است.»[۴]

رادیوهای بزرگ جهان غرب در برنامه‌های فارسی خود که در ایران با علاقه تعقیب می‌شد، هر روز لحنی انتقادآمیزتر نسبت به شاه و رژیم ایران اتخاذ می‌کردند. چه صدای امریکا، چه صدای اسرائیل. در این میان بی.بی.سی، نقش و سهمی خاص داشت «این رادیو در برنامه‌های فارسی خود از آغاز سال ۱۹۷۸ حملات شدیدتری را به رژیم من آغاز کرد. گویی یک رهبر ارکستر نامریی، ناگهان به این رویه چراغ سبز نشان داده»[۵]

«بی.بی.ســـی. رادیوی آقای کالاهان (رئیس الوزرای بریتانیا) طی ماه‌ها در برنامه‌های خود نوارهای آیت‌الله (خمینی) را که در آن مردم ایران دعوت به شورش می‌شدند، پخش کرد»[۶]

* * *

در ۱۴ ژوئن ۱۹۷۸، به تصمیم شاه ارتشبد نعمت‌الله نصیری رئیس ساواک که از کار برکنار شد و سپهبد ناصر مقدّم رئیس اداره‌ی دوم

۱- «تجهیزاتی که با شتاب بسیار به انگلستان سفارش داده شده بود، بعد از انقلاب به ایران رسید و تحویل رژیم جدید گردید.»:
Christian Delannoy et jean Pierre Pichard, Khomeyni, la Revolution trahle. P. 129.

2- David Aaron.

3- Walter Mondale

4- In Richard Sale, Carter in Iran, from idealisme to disaster, Washington Quarterly, Automne 1980.

5- Résponseà l' Histoire P. 211 محمدرضا پهلوی در

6- Le Figaro Ler février 1999

ستاد کل ارتش جایگزین او گردید. ارتشبد نصیری خوشنام نبود. بسیاری بر این عقیده‌اند که این تغییر کاملاً ضروری بود، اما خیلی دیر انجام گرفت.[۱]

مقارن همین احوال جلب و بازداشت تعدادی از سرکردگان اغتشاشات درتهران، تبریز، قم و شهرهای دیگر و نیز آغاز گرمای تابستان و تعطیل دانشگاه‌ها و مدارس، آرامشی نسبی در کشور پدید آورد.

شاه گاهی از بسط و توسعه‌ی دموکراسی و آزادی‌های بیش‌تر سیاسی سخن می‌گفت و گاه از موضع قدرت آشوب‌گران و متجاوزین به قانون و امنیت را به شدت محکوم می‌کرد. هدف این اظهارنظرهای متضاد و متناقض روشن نبود.

در همین اوان شاه بر آن شد که سرانجام با مراجع عالیه‌ی قم تجدید رابطه کند. به‌خصوص تماس‌هایی با آیت‌الله‌عظمی شریعتمداری که هنوز مهم‌ترین سخنگوی مخالفان وضع موجود بود، آغاز شد. این تماس‌ها عملاً تا یکی دو روز قبل از آن که شاه ایران را ترک کند ادامه یافتند اما کوچک‌ترین بهره‌برداری از آن‌ها به عمل نیامد و درنهایت امر نتیجه‌ای حاصل نشد.

در روز یازدهم ماه اوت (۱۹۷۸ میلادی) به بهانه‌ی آغاز ماه رمضان، چند صد تن در اصفهان، مهم‌ترین مرکز جلب سیاحان و مسافران خارجی، به تظاهراتی خشن پرداختند. رویه‌ی کار دیگر روشن بود، تظاهرکنندگان چند مرکز فرهنگی و شعبه‌های بانک‌ها

۱- ارتشبد نصیری به سفارت ایران در پاکستان منصوب شد و با شتاب به آن کشور اعزام گردید. در نخستین روزهای دولت ارتشبد ازهاری قطعاً با موافقت شاه و شهبانو، دولت، وی را به تهران احضار کرد و تصمیم به بازداشتش گرفت. بیست‌وچهار ساعت قبل از آن، دوستانش از تهران به او اطلاع دادند که از فرودگاه مستقیماً به زندان خواهد رفت. می‌توانست اسلام‌آباد را ترک کند و باز نگردد. به دوستانش گفت که عدم اطاعت از اوامر دون‌شأن اوست. آمد و توقیف شد. در زندان گروهی از همکارانش خواستند او را فراری دهند. باز قبول نکرد و به دست مأموران انقلاب اسلامی افتاد سخت شکنجه‌اش دادند. یزدی او را در برابر دوربین‌های تلویزیون استنطاق کرد. چیزی علیه شاه نگفت. بدن تقریباً بی‌جانش را در پشت‌بام اقامتگاه خمینی به اصطلاح تیرباران کردند. (مترجم)

را به آتش کشیدند و شیشه و پنجره‌های مغازه‌های متعددی را شکستند. خشونت تظاهرات، بی‌سابقه بود، بخصوص که بسیاری از کارمندان بانک‌ها و مراکزی که مورد حمله قرار گرفته بودند، مضروب و مجروح شدند. در یک کلام، اصفهان به آتش و خون کشیده شد.

هدف روشن بود. همچنان که اسلامیون افراطی و آشوبگر بعداً در کشورهای دیگر چون مصر، اندونزی، تونس... عمل کردند، می‌خواستند به فعالیت مراکز جلب سیّاحان در بازدید جهانگردان صدمه وارد آورند، چرا که این فعالیت‌ها را خلاف شرع می‌دانستند. از طرف دیگر، قصد آن‌ها این بود که هزاران جهانگرد خارجی را که در اصفهان بودند، تحت‌تأثیر قرار دهند تا آن‌ها در همه جا نابسامانی و ناامنی در ایران را بازگو کنند.

برای مقابله با این وضع، دولت با تصویب قوه‌ی مقنّنه، مقررات حکومت نظامی را در شهر اصفهان برقرار کرد. کامیون‌های مملو از سربازان وظیفه در برابر مراکز فرهنگی و آثار مهم تاریخی موضع گرفتند. هدف، آسوده ساختن خاطر جهانگردان بود، ولی مشاهده‌ی اغتشاشات خونین یازدهم اوت باعث شد که تقریباً همه‌ی آنان اصفهان را ترک کنند. سرلشکر ناجی فرمانده پادگان اصفهان، مرتباً در کوچه و بازارهای شهر گردش می‌کرد و با کسبه و مغازه‌داران به گفتگو و احوال‌پرسی می‌پرداخت. می‌خواست حضورش را به رخ آنان بکشد و خاطرشان را که به حقّ مشوش بود، آسوده سازد. تدبیر مهم دیگری اتخاذ نشد و برقراری حکومت نظامی بی‌فایده ماند.[1]

ماجرای اصفهان، برای دولت نگران کننده بود. شاه دستور داد که

۱- سرلشکر ناجی که مردی بسیار متدیّن بود، یکی از چهار تن امیران ارتش شاهنشاهی بود که اندکی بعد از روی کار آمدن خمینی در پشت‌بام خانه‌ای که آیت‌الله در آن مقیم بود به دستور وی به قتل رسیدند. در دقایق آخر عمرش سرلشکر ناجی برای قاتلین خود از خداوند طلب بخشش کرد که بی‌گناهی را به قتل می‌رسانند و جراید آن وقت تهران این جریان را با تمسخر نقل کردند. (مترجم)

تماس با قم بیش‌تر شــود.[1] رفت و آمد فرستادگان خودش، دولت و حزب رســتاخیز و شخصیت‌های سیاسی با مراجع مقیم آن شهر و روحانیــون مهم نقاط دیگر، از این پس عادی و علنی شــده اما هیچ‌گونه بهره‌برداری سیاسی از آن‌ها به عمل نیامد.

چند هفته بعد، فاجعه‌ی آبادان روی داد که درحقیقت آغاز مرحله‌ی خونین دیگری درانقلاب اسلامی بود.[2]

دولت در طی این چند هفته آرامش نســبی که در کشور پدیدار شده بود، از خود بی‌تصمیمی و ناتوانی کامل نشان داد. باز هم فرصت دیگری که از دست رفت.

شــاه و شــهبانو و اعضای خانواده‌ی ســلطنتی برای استفاده از تعطیلات تابستانی در نوشهر، به کنار دریای خزر رفتند.

البته شــاه و تا حدی شــهبانو اوضاع را تعقیب می‌کردند. اما بر روی‌هم نگرانی، حاکم بر برداشت آنان از مسائل نبود. ظاهراً هنوز مسائل را جدی تلقی نمی‌کردند.

* * *

چهار روز پس از فاجعه‌ی آبادان، یعنی در ۲۳ اوت (۱۹۷۸) آیت‌الله خمینی در پیامی که ضبط شده بود و در ایران انتشار یافت، برای

۱- نویسنده‌ی کتاب در این دوران رابط اصلی میان شاه و آیت‌الله‌عظمی شریعتمداری بود و در هفته‌های آخر تنها رابط میان این دو. جریان آن را در صفحات ۱۰۱ الی ۱۱۹ Carnets secrets چاپ دوم نقل کرده اســت. این کتاب به انگلیســی و لهستانی نیز ترجمه شده. ترجمه‌ی فارسی آن تحت عنوان، آخرین روزها، پایان سلطنت و درگذشت شاه، به‌وسیله شــرکت کتاب در لس‌آنجلس انتشار یافته است. سیاستمدار معروف بریتانیا Sir Eldon Griffiths در کتاب جالب خود:
Turbulent Iran, Recollection, Revelations and a Plan for Peace. seven locks Press, Santa Ana (California U.S.A) 2006 Pp. 92 - 94.
جریان این تماس‌ها را ظاهراً از قول نزدیکان آیت‌الله‌عظمی ذکر کرده. سناتور حسین موسوی که منتخب شــهر تبریز و هم‌ولایتی شریعتمداری بود، از جانب نخست‌وزیر وقت (دکتر جمشــید آموزگار) به دیدار آیت‌الله‌عظمی رفت و گزارش‌هایی دراین مورد به رئیس دولت داد. ســناتور موســوی تصور می‌کند که این گزارش‌ها به اطلاع شاه نرسیده باشد (مراجعه کنید به کتاب خاطراتش، منبع ذکر شده).

۲- نگاه کنید به صفحات قبلی این کتاب.

نخستین بار سلطنت را مورد حمله قرار داد و از جمهوری اسلامی سخن گفت.
در روز ۲۷ اوت، به خواست شاه، دکتر جمشید آموزگار استعفای خود را از مقام ریاست دولت به وی تسلیم کرد و از صحنه‌ی سیاست دور شد.

***

چند سال بعد از ماجرای انقلاب اسلامی کُنت آلکساندر دومارانش در این باره نوشت: «من درباره‌ی این حادثه‌ی دردناک بسیار فکر کردم. خیلی مایلم مورخ توانایی، کتابی در مقایسه‌ی سرنوشت غم‌انگیز لویی شانزدهم، نیکلای دوم آخرین تزار روسیه و محمدرضاشاه پهلوی بنویسد. هر سه‌ی آن‌ها بر اثر ضعف خودشان شکست خوردند. اگر این سه پادشاه اطلاع درست و دقیقی از اوضاع می‌داشتند، به راه دیگری می‌رفتند و روش دیگری را برمی‌گزیدند. یعنی راه قاطعیت توأم با روشن‌بینی را. و اگر چنین کرده بودند در هر سه مورد مسیر تاریخ عوض می‌شد.»[1]

***

حوادثی که طی سال ۱۹۷۸ در ایران رخ داد، شباهت بسیار به اعتصابات، سوءقصدها، آدم‌کشی‌ها و اغتشاشات به مراتب وسیع‌تر و مهم‌تری دارد که در سال ۱۹۰۵ درروسیه به وقوع پیوست. وضع روسیه در سال ۱۹۰۵ به مراتب وخیم‌تر از وضع ایران در سال ۱۹۷۸ بود، چرا که در مورد ایران، مداخله و در نهایت امر رهبری کامل ماجراها به دست بیگانگان، صورت مسأله‌ی دیگری را به‌وجود آورده بود. در روسیه بخشی از نیروهای مسلح دست به شورش زده بودند: شورش رزمناو پوتمکین[2] و نخستین نافرمانی در

1- Alexandre de Marenches, op. cit, P. 255.
2- Potemkine

دژکرنشتات.[1]

در ایران ارتش به قانون اساسی و به شاه که فرمانده کل قانونی قوای مسلح بود تا دقیقه‌ی آخر وفادار ماند، حتی موقعی که او ایران را ترک کرده بود. در روسیه، در بسیاری از روستاها، دهقانان نیز سر به شورش برداشته بودند. در ایران، مجموع روستاهای کشور برکنار از نابسامانی‌ها و در آرامش بودند.

در ایران، هنگامی که پس از فاجعه‌ی آبادان، دکتر آموزگار که مردی بود درست‌کار اما نه چندان مؤثر و قاطع، مجبور به کناره‌گیری شد، شخصی مانند استولی‌پین[2] برای هدایت و تمشیت امور مملکتی و ریاست دولت لازم بود. یا نظامی و یا غیرنظامی، که چند تنی در عرصه بودند.

محمدرضاشاه، جعفر شریف‌امامی رئیس هفتاد و چند ساله‌ی مجلس سنا را به نخست‌وزیری برگزید و خیلی زود معلوم شد و خودش نیز آن را قبول کرد، که به بدترین انتخاب ممکن دست زده بود.

* * *

نخست‌وزیر جدید از پانزده سال قبل از این تاریخ رئیس مجلس سنا

۱- Krondstadt یک قلعه و مرکز نظامی در نزدیکی پایتخت سابق روسیه (مترجم)
۲- Peter Arkadievitch Stolypine درسال ۱۹۰۶ به فرمان نیکلای دوم، به صدارت عظمی برگزیده شد. وی توفیق یافت خطر را از کشورش دور کند و به نظام حکومتی قوام و دوام بخشد. از طرفی با مخالفان خشن و شورشی به سختی و بی‌رحمانه مبارزه کرد و از طرف دیگر به اصلاحات وسیع اقتصادی و اجتماعی دست زد. گروهی از اطرافیان تزار وی را بیش از حد اصلاح‌طلب و تندرو می‌دانستند. مخالفان افراطی وی را مرتجع می‌خواندند، زیرا اصلاحاتش مانعی در توفیق تبلیغات و عملیات خرابکارانه‌ی آنان شده بود. استولی‌پین به سال ۱۹۱۱ در شهر کیف به دست یکی از مخالفین رژیم که در ضمن عضو سازمان پلیس مخفی روسیه «اخرانا» و گزارشگر و مأمور آن بود، به قتل رسید. تاریخ‌نویسان امروز جملگی برآنند که تزار از این سوءقصد خبری نداشت. حال آن که بعضی از اطرافیانش آگاه بودند و هیچ نکردند و به او هم خبر ندادند. استولی‌پین آخرین دولتمرد بزرگ روسیه بود. البته نمی‌توان تاریخ را دوباره نوشت. اما می‌توان پنداشت که اگر وی زنده و بر سر کار مانده بود، انقلاب بلشویکی روی نمی‌داد.

بود. او بر بنیاد پهلوی[۱]، بانک توسعه‌ی صنعتی و معدنی ایران و ده‌ها شرکت صنعتی، معدنی و بازرگانی نیز ریاست داشت و نیز «استاد اعظم لژ بزرگ ایران» بود. همه در تهران می‌دانستند که این سمت اخیر را مدیون مداخله و فشارهای شخص شاه است که می‌خواست شخص «وفادار» و مطیعی بر فراماسونری ایران ریاست و نظارت داشته باشد.

به حق یا ناحق، شریف‌امامی از یک سوءشهرت استثنایی برخوردار بود. بسیاری وی را آقای ۵٪ می‌خواندند. سپهبد مقدم که اندکی قبل به ریاست ساواک برگزیده شده بود پروای آن را کرد که به شاه بگوید که «این بدترین انتخاب ممکن است... دو ماه دیگر شورش عمومی آغاز خواهد شد»[۲]

شاه می‌خواست با این انتخاب چیزهایی یا اشخاصی را (چه چیزها، کدام اشخاص؟) از طریق تظاهر نخست‌وزیر به بعضی اصلاحات ظاهری و «اصلاح نقش ایوان» نجات دهد. اما با این انتخاب همه چیز را از دست داد. بعداً برادرش شاهپور غلامرضا نوشت: «این یک سوءانتخاب، یک اشتباه فاحش بود».[۳]

شریف‌امامی، ابتدا تصمیم گرفت، بدون اطلاع رسمی و علنی، بدون تصویب دولت و مجلسین، تقویم شاهنشاهی را لغو و تقویم هجری شمسی را دوباره برقرار کند.[۴] حال آن که در سمت رئیس مجلس سنا، خودش یکی از آتشی‌ترین و به ظاهر متعصب‌ترین طرفداران لغو تقویم هجری و برقراری تقویم شاهنشاهی[۵] بود.

۱- بنیادی با اساسنامه‌ی خاص، نه دولتی نه خصوصی، که مباشر فعالیت‌های فرهنگی، اجتماعی و عام‌المنفعه‌ی بسیار بود. اما نحوه‌ی فعالیت و نظارت بر حساب‌هایش از نظر افکار عمومی روشن نبود و گه‌گاه انتقاداتی برمی‌انگیخت. کلیه‌ی دارایی‌های بنیاد پهلوی پس از انقلاب به جمهوری اسلامی انتقال یافت.

۲- نگاه کنید به منبع ذکر شده: Carnets secrets, Pp 129 - 133 و نیز خاطرات شهبانو فرح، منبع ذکر شده صفحات ۲۷۸ - ۲۷۹ در متن فرانسه.

3- G.R Pahlavi. op. cit. P. 268.

۴- ۶۲۲ میلادی هجرت محمد، پیامبر اسلام از مکه به مدینه.

۵- که سرآغاز آن در قرن ششم قبل از میلاد مسیح و بنیان‌گذاری شاهنشاهی ایران

تصمیم دیگر شریف‌امامی، این بار با اعلام رسمی آن، تعطیل کازینوها در سرتاسر کشور بود. تعداد این کازینوها کم‌تر از ده واحد و تقریباً همه متعلق به بنیاد پهلوی بودند که خود بر آن ریاست داشت و تصمیم به ایجاد آن‌ها گرفته بود!

این تدابیر که برای «پاک‌سازی محیط سیاسی» اتخاذ شده بود، چند ساعتی باعث تمسخر عمومی و لبخند این و آن شد. سپس همه آن‌ها را فراموش کردند. مردم در انتظار تغییرات و اصلاحات دیگری بودند و شریف‌امامی اصولاً مرد این کار نبود.

در روز ۷ سپتامبر ۱۹۷۸ به مناسبت یک عید مذهبی[۱] در حدود یک‌صد هزار تن در خیابان کورش کبیر تهران (جاده‌ی قدیم شمیران) به راه‌پیمایی و سپس یک نماز عام عید فطر پرداختند. در انتهای ستون تظاهرکنندگان چند تن «فلسطینی» تصاویری از آیت‌الله خمینی در دست داشتند و شعارهایی بر ضد سلطنت می‌دادند. معذالک تعداد تصاویر آیت‌الله‌عظمی شریعتمداری بی‌شمار و در مجموع شعارهای اکثریت شرکت کنندگان در حد اجرای قانون اساسی بود. تعداد کثیری از رهبران سیاسی، از جمله سردمداران جبهه‌ی ملی و گروهی از روحانیون پایتخت در رأس ستون تظاهرکنندگان دیده می‌شدند. رادیو تلویزیون ملی ایران، به‌درستی و با بی‌طرفی اخبار و تصاویر این تظاهرات را منتشر کرد.

در همین روز و تقریباً در همان ساعت، شهبانو فرح به مناسبت «روز ملی بیمارستان‌ها» بدون اطلاع قبلی به بازدید یکی از بیمارستان‌ها بزرگ دانشگاه تهران - بیمارستان دکتر اقبال - و سپس مؤسسه‌ی مبارزه با سرطان رفت.

گرچه این بازدید قبلاً اعلام نشده بود حضور شهبانو در بیمارستان دکتر اقبال سریعاً در میان اهالی محلات اطراف دانسته شد. جمعیتی نزدیک به ده‌هزار نفر در پشت نرده‌های بیمارستان جمع

به دست کورش کبیر بود.

۱- عید فطر (مترجم)

شده با شور و هیجان فریاد «جاوید شاه» می‌کشیدند.
هنگامی که شهبانو پیاده از بیمارستان خارج و رهسپار مؤسسه‌ی سرطان شد که در چند صد متری قرار داشت، تعداد مردم باز هم افزایش یافته و جوّ تظاهرات واقعاً شورانگیز بود.
در این میان، خبرنگاران رادیو و تلویزیون ملی ایران سر رسیدند. خبر این بازدید و تظاهرات شورانگیز مـردم، به‌طور خیلی کوتاه پخش شد. اما نخست‌وزیر دستور داد که بعداً خبر آن پخش نشود و اصولاً حتی اشاره‌ای نیز به آن صورت نگیرد. شریف‌امامی گفته بود، «نباید مخالفین را ناراحت کرد».

* * *

در همین روز پنج‌شـنبه ۷ سپتامبر، بعدازظهر، نزدیک به سه‌هزار و به‌قولی پنج‌هزار تن از طرفداران آیت‌الله خمینی (که هنوز هم به او عنوان عظمی داده نمی‌شد) در میدان ژاله واقع در شرق پایتخت ایران جمع شوند. شعارها بسیار خشن و افراطی بود. فریاد مرگ بر شاه کشیده می‌شد. در پایان تظاهرات که بدون مداخله‌ی مأمورین انتظامـی به پایان رسـید، اعلام شـد که فـردای آن روز (جمعه) «راه‌پیمایی بزرگی» از میدان ژاله آغاز خواهد شد ولی نگفتند مقصد راه‌پیمایی کجاست.
پنج‌شـنبه شب، شورای امنیت ملی که نخسـت‌وزیر بر آن ریاست داشـت تشـکیل جلسـه داد و تصمیم گرفت که از بامداد روز بعد (جمعه ۸ سـپتامبر ۱۹۷۸ میلادی) حکومت نظامی در تهران اعلام شود. برقراری حکومت نظامی و اجرای مقررات آن مستلزم تصویب هیأت دولت و سـپس تأیید مجلسـین بود. پس شبانگاه از وزیران دعوت شد که به کاخ نخست‌وزیری بیایند و در جلسه‌ی فوق‌العاده‌ی هیأت دولت پیشنهاد شورای امنیت ملی را تنفیذ نمایند. هیأت دولت این پیشنهاد را تأیید کرد و «احتیاطاً» تصمیم گرفت که در چند شهر دیگر نیز همین مقررات به مرحله‌ی اجرا درآید.

نخست‌وزیر تلفنی نظر شـــاه را در مورد این تصمیمات جویا شد. شاه در ابتدا راضی نبود[۱] اما سرانجام موافقت کرد.
در همان جلســـه ارتشـــبد غلامعلی اویســـی، فرمانده کل نیروی زمینی به سمت فرماندار نظامی پایتخت برگزیده شد. سپهبد جعفر صانعی، یکی از معاونان وی نیز بعداً به معاونت فرمانداری نظامی تهران انتخاب گردید.[۲]
قرار بر این شـــد که از ساعت شـــش بامداد روز جمعه ۸ سپتامبر ۱۹۷۸ میلادی مقررات حکومت نظامی در پایتخت اجرا شود.
ارتشبد غلامرضا ازهاری، رئیس ستاد کل ارتش، به‌طور استثنایی در جلسه‌ی هیأت دولت حضور داشت. وی با اصرار و تأکید مکرر از رئیس دولت خواســـت که برقراری حکومـــت نظامی در پایتخت بلافاصله از طریق رادیو ایران (که بیســـت‌وچهار ســـاعته برنامه داشت) و نیز به‌وسیله‌ی شبکه‌های تلویزیونی که تا حدود نیمه‌شب برنامه داشتند، به اطلاع عامه برسد.
نخســـت‌وزیر بلافاصله به منوچهر آزمون وزیر مشـــاور و معاون اجرایی نخســـت‌وزیر دســـتور داد که مراتب را فوراً و بدون تأمل به رضا قطبی مدیرعامل سازمان رادیو تلویزیون ملی ایران ابلاغ کند و این کار انجام شود.
با وجود تقاضای مصرّانه و کاملاً منطقی رئیس ستاد کل و دستور مؤکد نخست‌وزیر به منوچهر آزمون، آن شب برقراری حکومت نظامی در پایتخت، از رادیو تلویزیون ملی ایران اعلام نشد و برای بار اول

۱- شـــهادت اردشیر زاهدی، سفیر ایران در واشنگتن که از محل مأموریت خود برای مشاوره به تهران احضار شده بود، مشغول صرف شام با شاه و شهبانو بود. مذاکره تلفنی در همان موقع صورت گرفت و اردشـــیر زاهدی پاســـخ‌های شاه را می‌شنید.
نگاه کنید به Intold Secrets, Los Angeles, 2002، این کتاب مجموعه‌ای اســـت از مصاحبه‌ها، مقاله‌ها و ســـخنرانی‌های و بعضی اظهارات آقای اردشیر زاهدی که به وسیله خانم پری اباصلتی سردبیر مجله راه زندگی جمع‌آوری و منتشرگردیده.
۲- سپهبد جعفر صانعی که اکنون مقیم کشور کانادا است، با کمال لطف یادداشت‌های روزانه‌ی خود را از این دوران در اختیار نویســـنده قرار داد. از ایشان و نیز از همکار دیرین و دوست عزیزم نادر مالک که ترتیب این کار را داد، کمال تشکر را دارم.

در ساعت شش بامداد روز بعد (جمعه) به اطلاع مردم رسید، یعنی درست در همان ساعتی که نخستین ستون‌های تظاهرکنندگان در محلات مختلف شهر در حال تشکیل و حرکت به سوی محل تجمّع همگان یعنی میدان ژاله بودند.

مسئولیت با چه کسی بود؟

آیا منوچهر آزمون در اجرای دستور نخست‌وزیر تعلل روا داشت یا رادیوتلویزیون ملی ایران در این مورد غفلت عمدی یا درست‌تر بگوییم خرابکاری کرد؟ علت هر چه باشد، در سوء جریان تردیدی نیست. قطعاً اگر برقراری حکومت نظامی از شب قبل به اطلاع مردم رسیده بود بسیاری از افراد در الحاق به گروه‌های متظاهرین تردید می‌کردند، شماره‌ی اینان کمتر می‌بود و در نتیجه تعداد کمتری، نظامی یا غیرنظامی، کشته و مجروح می‌شدند و صورت مسأله‌ی دیگری به‌وجود می‌آمد. با این حال کمیسیون تحقیقی مأمور بررسی این سوءجریان بدخیم نشد. منوچهرآزمون، رضا قطبی را متهم و به عنوان مسئول اصلی معرفی کرد. البته باید گفت که او حسن‌نظری به مدیرعامل رادیو تلویزیون ملی نداشت و شخص اخیر نیز کم‌ترین اعتنایی به او نمی‌کرد. موضوع دیگر در مراجع دولتی مطرح نشد. واقعیت امر در جای دیگر بود: دیگر ناخدایی در کشتی حکومت نبود.

روز هشتم سپتامبر، از ساعت هفت صبح، کامیون‌ها و اتومبیل‌های ارتش و پلیس با بلندگو در چهارراه‌های مختلف اطراف میدان ژاله مستقّر و ضمن اعلام برقراری حکومت نظامی به مردم یادآوری و اخطار می‌کردند که از تجمّع خودداری و به‌خصوص از حرکت به سوی آن محل خودداری نمایند.

این اخطارها کارساز نشد و گروهی بین پنج تا هشت هزار نفر در میدان ژاله گرد آمدند. این رقم در شهری که بیش از سه میلیون جمعیت داشت، ناچیز بود. جمعیت به سوی میدان بهارستان به حرکت درآمد. اطلاعاتی که به دستگاه‌های امنیتی و انتظامی رسیده

بود، حکایت داشت که هدف ستون متظاهران، کاخ بهارستان است که می‌خواستند آن‌جا را اشـــغال و در آن محل، حکومت جمهوری اسلامی را اعلام نمایند.
عجب این که بر خلاف تظاهرات روز قبل، در میان جمعیت نه روحانی سرشناســـی بود و نه شخصیت سیاسی شناخته شده‌ای. آیا قبلاً از ماجرایی که قرار بود به‌وجود آید باخبر بودند یا نمی‌خواســـتند در حمله به بهارســـتان «خانه‌ی ملت» و تصرف آن، شرکت داشته باشند؟
جوابی به این سئوال داده نشد و کسی هم در مقام تحقیق برنیامد!
گرداننـــده‌ی اصلی این حرکت، کـــه گویا فتوایی هـــم در مورد آن صادر کرده بود- بدون آن‌که مجوّز و صلاحیت آن را داشته باشد- آخوندی بود موســـوم به آیـــت‌الله علامه‌نوری که در بعضی محافل تهران ناشناس نبود، اما شهرتی به مخالفت با حکومت نداشت.
بهرحال، تظاهرکننـــدگان به راهنمایی و تحریک سردســـته‌گان و آتش‌بیارانی که غالباً نقاب بر چهره داشتند تا شناسایی نشوند، به سوی کاخ بهارستان پیش رفتند. از طرف مأموران انتظامی به آنان اخطار شد که متوقف و متفرّق شوند. وقعی نگذاشتند. مأموران به تیراندازی هوایی اخطارگونه پرداختند. در این هنگام بود که از میان تظاهرکنندگان و بخصوص از چند پشـــت‌بام منازل اطراف و دو یا ســـه آپارتمان واقع در مسیر ستون متظاهران هم به سوی جمعیت و هم به ســـوی مأموران انتظامی تیراندازی شد. مأموران انتظامی عکس‌العمل نشان دادند. معرکه‌ای خونین درگرفت. مخالفان حکومت و بعضی از جراید سخن از «جمعه‌ی سیاه» گفتند. رو در رویی علنی میـــان جناح افراطی مخالفان (که از آنان به عنوان طرفداران آیت‌الله خمینی نام برده می‌شـــد) و رژیم دیگر علنی شد. هدف آفرینش این فاجعه‌ی خونین هم چیزی جز این نبود.
بعد از فاجعـــه‌ی آبادان- برای تبدیل مـــوج مخالفت با حکومت به یک حرکت شـــدید و به اصطلاح انقلابی یا لااقل شورشی، نیاز به

حادثه‌ی دیگری بود که به این ترتیب آفریده شد.
تعداد واقعی قربانیان این حادثه چه بود؟
سال‌ها بعد از این ماجرا یکی از رؤسای پاسداران انقلاب، تعداد قربانیان را «تقریباً شصت و چهار تن» ذکر کرده است که البته شامل بر مأموران انتظامی نیست.[1]
به نوشته‌ی یک بانوی روزنامه‌نگار فرانسوی، «فردای آن روز، در تهران پیرامون شمار قربانیان اتفاق‌نظر وجود داشت: چهارهزار نفر»[2]
در سال ۱۹۸۶ در میان «پرونده‌ها و مدارکی»[3] که گه‌گاه روزنامه‌ی لوموند پاریس که در آن زمان از مدافعان و بلکه مداحّان بی‌قید و شرط آیت‌الله خمینی و انقلاب اسلامی بود، انتشار می‌دهد می‌خوانیم «تعداد قربانیان رسماً صد و هشتاد نفر بود. اما مخالفان معتقدند که بالغ بر دوهزار نفر بوده است. به این مناسبت رهبران مخالف دولت بازداشت و زندانی شدند»[4]
دو هفته بعد، بر اساس گزارش‌های دقیق پزشکی قانونی و جوازهای دفنی که صادر شده بود و مقامات قضایی بر صدور آن‌ها نظارت

۱- حسین بروجردی، پشت پرده‌های انقلاب اسلامی. انتشارات نیما، اِسن آلمان، ۲۰۰۲، صفحه‌ی ۴۳۰. این کتاب را یکی از پاسداران انقلاب بعد از فرار به غَرب نوشته و شامل است برخاطراتی نه چندان منظم درباره‌ی حوادث قبل و بعد از انقلاب اسلامی تا اواخر دهه‌ی هشتاد قرن گذشته. ناشر کتاب موسسه‌ی شناخته شده و موجّهی است. بسیاری از اطلاعات مندرج در آن دقیق و مطابق با واقعیات است. بنابراین نمی‌توان آن را نادیده گرفت.

2- Claire Briere, Iran, la Revolution au nom de Dieu, Paris, seuil, 1979, P. 61.

نویسنده در آن زمان فرستاده‌ی مخصوص روزنامه‌ی **Liberation** در تهران و از پیروان فیلسوف معروف میشل فوکو، یکی از مداحان آیت‌الله خمینی و انقلاب اسلامی بود.

3- Dossiers et documents.

4-Le Monde, Dossiesset Documents, L' Historie au jour le jour, 1974 - 1985, octobre 1986, P. 134.

ماجرای توقیف رهبران مخالف دولت به این مناسبت، واقعیت ندارد. تنها شخص نسبتاً سرشناس که بازداشت شد علامه‌نوری بود که او را هم سریعاً آزاد کردند. (مترجم)

دقیق داشتند، تعداد قربانیان به دولت اطلاع داده شد: صد و بیست و یک کشته از تظاهرکنندگان و هفتاد تن از مأموران انتظامی. یعنی مجموعاً صد و نود و یک نفر. این فاجعه در حقیقت یک مصاف خونین شهری بود تا کشتار یک جانبه از سوی مأموران انتظامی و امنیتی.

از جانب متظاهرین به سوی مأموران انتظامی تیراندازی شده بود، تیرهای متعددی نیز از چند پشت‌بام و پنجره‌ی بعضی آپارتمان‌ها و منازل به سوی تظاهرکنندگان و مأموران شلیک شده بود. کالبد شکافی‌هایی که به‌وسیله‌ی پزشکی قانونی انجام گرفت این نکته را بی‌چون و چرا ثابت کرد. بسیاری از غیرنظامیان با گلوله‌هایی که متعلق به اسلحه‌ی مأموران انتظامی نبود، کشته شده بودند.

تعداد زیادی مزدوران مسلّح فلسطینی، که دیگر هیچ‌کس درحضور آنان درتهران تردید روا نمی‌داشت، در میان متظاهرین بودند. گفته می‌شد، و ظاهراً این گفته نادرست هم نبود، که تیراندازی از پشت‌بام‌ها و پنجره‌ها به سوی جمعیت و مأموران انتظامی به‌وسیله‌ی این فلسطینی‌ها انجام گرفته است. اندکی بعد، آیت‌الله علامه‌نوری بازداشت شد.[1] در تفتیش منزلش تعداد زیادی گذرنامه‌ی صادره از چند کشور عربی یافته شد که به احتمال قریب به یقین متعلّق و مربوط به همان تظاهرکنندگان آشوبگر فلسطینی (یا عرب‌زبان) بود. هم‌چنین مدارکی به دست آمد که نشان می‌داد مبلغ چهل میلیون تومان، معادل تقریبی ۵/۵ میلیون دلار در آن زمان، از نجف به وی حواله شده است. امروزه می‌دانیم که منبع اصلی این وجوه که برای «تدارک انقلاب اسلامی» اختصاص یافته بود، چه بوده.[2]

علامه‌نوری مبلغ هجده میلیون تومان از این وجوه - یعنی اندکی کمتر از نصف آن را- به حساب پس‌انداز فرزندان خود ریخته بود. قسمت مهمی از آن هم در خانه‌ی خودش بود که ضبط شد.

۱- نگاه کنید به مصاحبه‌ی ارتشبد غلامعلی اویسی با نشریه‌ی ژاشا، چاپ پاریس، شماره‌ی ۱، ۲۲ اوت ۱۹۸۲.

۲- نگاه کنید به فصول بعدی این کتاب.

این ماجرا، که آن را دیگر «جمعه‌ی سیاه» خواندند. با دقت برنامه‌ریزی شده و اعتبارات مورد نیاز آن را خارجیان تأمین کرده بودند. بعضی از مدارکی که در خانه‌ی آیت‌الله علامه‌نوری به‌دست آمده و ضبط شده بود به طور متفرّق در چند روزنامه‌ی پایتخت منتشر شد. سپس به دستور نخست‌وزیر و به منظور رعایت اصل آرام‌سازی مخالفان و آشتی ملی، از طبع و انتشار آنان جلوگیری به‌عمل آمد.

نتایج سیاسی و روانی این روز خونین، برای دولت و رژیم شاهنشاهی کاملاً منفی و بلکه مصیبت‌بار بود. هدفی هم جز این وجود نداشت.

از آن پس نظام سلطنتی و شخص محمدرضا شاه پهلوی هدف حملات مخالفان قرارگرفتند و مسئول این خونریزی معرفی شدند. حال آن‌که در این گیرودار تنها دل‌مشغولی و نگرانی شاه اجتناب از خونریزی بود.[1] شاه واقعاً متأثر شد و روحیه‌ی خود را باخت. هر کس را می‌دید می‌گفت، «مگر من با این‌ها چه کرده‌ام؟»[2]

بعد از ماجرای میدان ژاله، نخست‌وزیر، احتمالاً با تأیید شاه و یا لااقل بدون مخالفت او، دستور داد که مقرّرات اجرایی قانون حکومت نظامی دیگر در پایتخت رعایت نشود. «قانون حکومت نظامی به ظاهر مجری بود، اما حکومت نظامی وجود نداشت.»[3]

سپهبد صانعی در یادداشت‌های روزانه‌ی خود نوشته که منوچهر آزمون وزیر مشاور و معاون اجرایی نخست‌وزیر، گاهی سه بار در روز به او تلفن می‌کرد که از عدم اجرای مقرّرات حکومت نظامی در پایتخت اطمینان حاصل کند!

۱- در همین اوان شاه به کُنت الکساندر دومارانش که به دیدارش آمده بود گفت، «آقای کُنت عزیز، این را بدانید که من هرگز اجازه نخواهم داد که بروی ملتم تیراندازی شود»
Alexandre de Marenches, op, cit, P. 225.

۲- من خود این جمله را بارها از او شنیدم.

3- Michael Leadeen et William Lewis, Debacle, l'e'chee americain en Iran, traductione francaise, Albin Michel, Paris, 1981, P. 164.

مقررات حکومت نظامی به ظاهر سخت بود. اما مطلقاً اجرا نمی‌شد. به مخالفان تندروی دولت و رژیم اطلاع داده شد که از اجرای این مقررات و سخت‌گیری حکومت بیمی نداشته باشند. یعنی می‌توانند بدون خوف و هراس هر چه می‌خواهند بکنند. این حکم شامل برموافقان و طرفداران رژیم نبود. به تصمیم دولت، انجمن‌های فعّال زنان منحل شدند. هدف آسوده کردن خاطر مخالفان بود. به طرفداران خمینی و گروه‌های وابسته به حزب توده با گروهک‌های افراطی چپ‌گرا تفهیم شد که دولت در سیاست خود که اعطای هر نوع آزادی عمل به آنان باشد، کاملاً صمیمی است!

هنگامی که به ابتکار سناتور مصطفی تجدد، یکی از بانکداران بسیار با نفوذ کشور[1] و یکی از اعاظم طریقت ماسونی، از نزدیک به پنجاه تن از «برادران» دعوت شد که در اقامتگاه وی گرد هم آیند و فکری برای دفاع از رژیم و شخص شاه بکنند. نخست‌وزیر که استاد اعظم لژ بزرگ ایران بود، به آنان «ابلاغ» کرد که این اجتماع مخالف مقررات حکومت نظامی است. در ضمن برای جلب اعتماد مخالفان افراطی، بدون رعایت تشریفات متعارف فعالیت فراماسون‌ها را به حالت تعلیق درآورد و تصمیم خود را به اطلاع مخالفان حکومت رساند. هدف اثبات حسن نیّت‌اش بود.

با اعلام حکومت نظامی، سپس با اتخاذ تصمیم دایر به عدم اجرای آن و اعلام این تصمیم به مخالفان افراطی، دولت در حقیقت دست و بال خود را در همه‌ی صحنه‌ها بست. رسماً و از نظر افکار عمومی ایرانیان و بخصوص دنیای غرب متهّم به اعمال خشونت و زورگویی شد. اما اعمال قدرت نمی‌کرد و نکرد که مخالفان آن را نه به حسن‌نیت که به ضعف و ناتوانی تعبیر کردند.

با این حال، بر مخالفان افراطی حکومت لازم بود که در افکار عمومی داخلی و بخصوص برای مطبوعات خارجی اعمال خشونت

۱- بنیان‌گذار، رئیس هیأت مدیره و مدیرعامل بانک بازرگانی ایران، نخستین موسسه‌ی بانکی خصوصی ایران.

و شـــدت و توسّل به خونریزی محسوس و ملموس باشد، که مردم خون به‌بینند، خون‌ریزی را احساس کنند.[۱]

شیوه‌ها یا «تاکتیک‌ها و تکنیک»های جدید انقلاب به مرحله‌ی عمل درآمد: «اســـتفاده از تابوت»، «آتش زدن مراکز فســـاد»، «استفاده از مســـاجد بصورت پایگاه انقلاب»، «اســـتفاده از تشییع جنازه‌ی شـــهید به عنوان یک تاکتیک انقلابی»، «اســـتفاده از لباس خونین شهدا»، «استفاده از حیوانات برای خراب کردن رهبران نظام ستم شاهی»،...

تمام این روش‌ها را بعداً محسن رضایی در کتاب خود توضیح داد و بـــه عنوان «تکنیک‌ها و تاکتیک‌های انقلاب» ارائه و معرفی نمود. محسن رضایی پس از پیروزی انقلاب اسلامی پانزده سال فرمانده سپاه پاسداران و نیز یکی از موسسان سرویس‌های اطلاعاتی رژیم جدید بود.[۲]

«ســـال‌ها بعد، گفته و دانسته شد که بسیاری از جنازه‌هایی که در خیابان‌ها می‌گرداندند و به عنوان شهیدان و قربانیان رژیم معرفی می‌کردند، در حقیقت از قبرســـتان‌ها و یا پزشـــکی قانونی ربوده، آن‌ها را به مواد مایع سرخ رنگ آغشته و در معابر عمومی با فریاد انتقام به معرض تماشـــا و نمایش می‌گذاردند. در این زمان در فکر و خیال وتصوّرات مردم ایران، هزاران شـــهید وجود داشت»[۳] البته از همان زمان بسیاری از ایرانیان واقعیت و حقیقت را می‌دانستند

۱- این توضیحات از محســـن رضایی است، نگاه کنید به منبع ذکر شده. این عبارت سرفصل‌های نوشته‌ی شخص فوق‌الذکراست.

۲- درباره‌ی نقش محسن رضایی در تأسیس این سرویس‌ها (که اکنون واواک نام دارد) نگاه کنید به کتاب Yves Bonnet رئیس سابق سازمان ضد جاسوسی فرانسه D.S.T Vevak, au service des ayatollahs, Histoire des services secrets Iraniens, Paris, Time'e, 2009.

کتاب محســـن رضایی که مطالعه‌ی آن برای تجزیه و تحلیل انقلاب اسلامی ضروری اســـت به تاریخ ۴ فوریه ۱۹۸۴ درمقاله‌ی مفصلی به وسیله‌ی Robert Lacontre در هفته‌نامه‌ی Figaro Magazine خلاصه شده. هم‌چنین نگاه کنید به

H. Nahavandi, le grand Mensonge Dossier moir de l' inte'grisme islamique, N.E.D. Paris, 1984.

3- Christian Delannoy, Jean Pierre Pichard, op, cit P. 135.

ولی نمی‌توانستند یا نمی‌خواستند آن را بگویند و بنویسند. مقامات مسئول دولتی نیز بخوبی به آنچه می‌گذشت واقف بودند، اما به خیال آرام کردن مخالفان مهر سکوت بر لب زدند.

* * *

پانزده روز بعد از تشکیل و معرفی دولت و اتلاف وقت بسیار در چند جلسه‌ی هیأت برای تدوین و تهیه‌ی برنامه‌ی جامع و کاملی که هیچ‌کس به آن کوچک‌ترین توجهی نکرد، جعفر شریف‌امامی وزیران خود را به مجلس معرفی و تقاضای رأی اعتماد کرد و پس از مذاکرات طولانی و بی‌حاصل به اخذ آن توفیق یافت. اما هنگامی که او تازه رأی اعتماد گرفته و ظاهراً برای اجرای سیاستش قدرت قانونی بدست آورده بود دولتش در حال احتضار بود و کشور درهرج و مرج فرو می‌رفت.

* * *

در روز ۱۶ سپتامبر ۱۹۷۸، زلزله‌ی شدیدی در جنوب ایالت خراسان روی داد که بیش از هفتاد درصد شهر طبس را ویران کرد و سه‌هزار نفر در طی آن جان سپردند. مأموران دولت و بخصوص شیروخورشید سرخ ایران سریعاً کمک‌های اولیه را به مردم آن شهر رساندند و بر روی‌هم ترتیب مقابله با این فاجعه، سریع و رضایت‌بخش بود.

شاه که از اشتباه خودش، خانواده‌ی سلطنتی و مقامات دولت در مورد حادثه‌ی سینما رکس آبادان درس عبرت گرفته بود، دو روز بعد شخصاً رهسپار طبس شد. مضحک آن که در بعضی از مساجد گفته و درمیان شهر شایع شد که امریکایی‌ها در آن منطقه یک آزمایش اتمی انجام داده و هوای شهر را نیز آلوده کرده‌اند. بازدید شاه چند ساعتی به‌طول انجامید. استقبال مردم گرم و سنتی بود، حال آن که بعضی از اطرافیان و گویا حتی دولتیان سعی کرده

بودند که وی را از این مسـافرت منصرف کنند و می‌پنداشـــتند یا می‌گفتند که از تظاهرات مخالفین بیم دارند.

شــاه، از طبس بدون اطلاع قبلی رهسپار مشهد، مرقد امام هشتم شیعیان شد. خبر این بازدید، که می‌بایست غیرمترقبه بماند، طبیعتاً منتشر نشده بود. با این وجود اهالی مشهد خیلی زود از آمدن شاه به شــهر خود مطّلع شدند. جمعیتی در اطراف مرقد امام رضا گرد آمدند و احساساتی بسیار گرم نسبت به وی ابراز داشتند. شاه در یکی از تالارهای موزه‌ی آستان قدس رضوی چند تن از روحانیون را به حضور پذیرفت که همگی نسبت به وی ابراز احترام و وفاداری کردند. می‌گویند که با اندکی نگرانی به ســفر رفته بود و با آرامش و خونسردی به پایتخت بازگشــت. گویا از استقبال گرم مردم در شــگفت شده بود. میســر بود از این ســفر درس بگیرد و از لحاظ سیاسی از آن بهره‌برداری کند، و دریابد که هنوز قشرهای عظیمی از مردم ایران پشتیبانش هستند و می‌تواند کاری بکند. هیچ کاری نکرد و هیچ کار نشد.

دو روز پس از ســفر شاه به طبس، نخســت‌وزیر با تصویب هیأت دولت، رئیس سابق و بازنشسته‌ی اداره‌ی مهندسی ارتش (سپهبد حســن عاطفی) را به عنــوان نماینده‌ی تام‌الاختیــار در منطقه‌ی زلزله‌زده برگزید و مأمور بازسازی آن کرد. سپهبد عاطفی مردی خوشنام و مشــتهر به دین‌داری بود. بلافاصله به طبس رفت، در آن‌جا مســتقر شد و سریعاً به انجام وظیفه‌ای پرداخت که دولت به وی محوّل کرده بود.

آغاز کارهای ســاختمانی و بازســازی و کمک‌های مؤثری که به زلزله‌زدگان شده بود، آرامشی در طبس به‌وجود آورد. در این میان گروهی عمامه به‌سر که معلوم نبود از کجا آمده‌اند و کسی آن‌ها را نمی‌شناخت به طبس آمدند، وجوهی اندک و تعدادی لباس کهنه و میوه و شیرینی میان مردم تقسیم کردند.

پس از ســفر آنان، تنی چند از آتش‌بیاران نابسامانی‌های تهران و

«واسطه‌های» متعارف از رئیس دولت وقت ملاقات خواستند و به دیدارش رفتند. آن‌ها به نخست‌وزیر گفتند، حال که مقامات روحانی به کار مردم توجه کرده‌اند، چه بهتر که امر بازسازی منطقه نیز به آنان محوّل شود، «آقایان» از این «عنایت» دولت ممنون خواهند شد و این عمل باعث ترضیه و تسکین خاطر آنان و کاهش تشنّج سیاسی در کشور خواهد بود.

عکس‌العمل نخست‌وزیر حیرت‌انگیز بود، ظاهراً بدون کسب موافقت قبلی شاه و نیز بدون تأیید هیأت دولت (که اعزام سپهبد عاطفی را تنفیذ و او را به نمایندگی تامّ‌الاختیار در منطقه منصوب کرده بود) با تقاضای فرستادگان یا واسطه‌های افراطیون موافقت کرد و دستور داد که عاطفی و گروه همکارانش بساط خود را جمع کنند و به پایتخت باز گردند تا «مقامات روحانی» بتوانند در بازسازی منطقه آزادی عمل کامل داشته باشند.[1]

پس از احضار مأموران اعزامی و بازگشت آنان، سخنگویان مخالفین، همان‌هایی که نزد نخست‌وزیر رفته بودند، همه جا گفتند و در بسیاری از مساجد تکرار شد که «دولت جنایتکار» شاه مردم ستم‌دیده و آسیب‌زده‌ی طبس را به‌حال خود رها کرده ولی خوشبختانه، نمایندگان آیت‌الله‌عظمی خمینی (دیگر همه او را آیت‌الله‌عظمی می‌خواندند. ولی هنوز لقب امامت نگرفته بود!) به محل رفته و به داد مردم رسیده‌اند.

همه ظواهر امر حق به آنان می‌داد و نخست‌وزیر عکس‌العملی نشان نداد.

* * *

در جوّ هرج و مرج سیاسی حاکم بر مملکت و ناتوانی و سردرگمی فزاینده‌ی دولت، زمان آن رسیده بود که ورق آخر ماجرای انقلاب

۱- دو سال پس از انقلاب، مرحوم حسن سراج‌حجازی، استاندار وقت خراسان ونایب‌التولیه‌ی آستان قدس رضوی، که مردی خوشنام و کاردان بود، تمام جزئیات این ماجرا را با چشمانی اشک‌آلود برای من در پاریس نقل کرد.

اسلامی به زمین زده شود. در طی مدت یک‌سال از روحانی تقریباً فراموش شده‌ای یک شخصیت نسبتاً معروف ساخته شده بود. حال می‌بایست شاهراه وصول به قدرت را برایش بگشایند.

فصل ششم

پرواز

«برای این که خمینی، یک رهبر انقلابی قابل ارائه و معرفی به دنیا باشد، لازم بود که او را از عراق خارج کنند. امکان نداشت که یک‌سره از بغداد به تهران بیاید. از آن‌جا که امریکا و فرانسه هم‌دست بودند، امریکایی‌ها تصمیم گرفتند که او را به پاریس بفرستند... اما قبل از این که راهی پاریس شود لازم بود که بر شدت بحران داخلی ا یران بیافزایند تا خمینی بتواند نقش سخنگو و رهبر یک ملت ناراضی را بازی کند. و ایرانیان تصور کنند که او شخصی است که باید به دنبالش رفت.»[1]

1- Domimique Lorentz, une guerre, Editions des Arênes, Paris, 1997, Pp 172 -173.

نویسنده‌ی این سطور را که محقق و روزنامه‌نویسی سرشناس است، نمی‌توان متهّم به مخالفت اصولی با خمینی یا انقلاب اسلامی کرد. او یکی از همکاران روزنامه‌ی Liberation بود که سهم مهمی در همین جریان «به صحنه آوردن» خمینی بازی کرد. جالب توجه است یادآور شویم که کتاب وی اندکی پس از انتشار به‌کلی نایاب و ظاهراً جمع‌آوری شد. اما نویسنده در سال‌های بعد در کتاب‌ها و مقالات دیگر باز هم به این موضوع اشاره کرد. کتاب وی که تنها مربوط به انقلاب ایران نیست، مستند و دقیق است. (مترجم)

در روز ششم اکتبر ۱۹۷۸ آیت‌الله روح‌الله خمینی از بغداد وارد پاریس شد. وی اندکی بیش از هفتاد و دو ساعت در آپارتمان ابوالحسن بنی‌صدر واقع در کشان[۱] شهر کوچکی واقع در جنوب پاریس اقامت گزید. سپس وی را در نوفل‌لوشاتو مستقر کردند. در آن‌جا همه چیز از پیش برای اقامت و استقرارش آماده شده بود.

از بغداد شخصی بنام ابراهیم یزدی، امریکایی ایرانی‌تبار، همراه او بود که رسماً به‌عنوان «سخنگو و مترجم وی»[۲] به مقامات رسمی و مطبوعات معرفی شد. اما در حقیقت، چنان که خواهیم دید، طی یک‌صد و دوازده روز اقامت در نوفل‌لوشاتو، وی گرداننده‌ی اصلی «بازی بود که بر اثر توافق شرق و غرب به روی صحنه آمد که اگر این توافق نبود، چنین صحنه‌سازی با نتایجی که بار آورد حتی قابل تصور هم نمی‌بود»[۳] ابراهیم یزدی که مکرراً به عنوان یک مأمور سیا (سازمان اطلاعاتی امریکا) تصور و حتی معرفی شده[۴] از این پس همه‌ی کارها را به دست گرفت، به جای خمینی مصاحبه می‌کرد، از جانب او در مذاکرات سیاسی شرکت داشت و تعهد می‌کرد. او را می‌توان در اصطلاح سازمان‌های اطلاعاتی، «مسئول عملیات» در نوفل‌لوشاتو دانست.

چند ماهی پس از پیروزی انقلاب اسلامی، که ابراهیم یزدی به

1- Cachan

2- Vincent Nouzille, Des secrets bien Gardés. Les Dossiers de La Maison Blanche Et de La CIA. Sur La France Et Ses Présidents. Paris, Artheme Fayard, 2009, P. 450.

این کتاب بررسی مستندی است براساس مدارک رسمی امریکایی که در دو سال اخیر در دسترس قرار گرفته پیرامون روابط ایالات متحده با روسای جمهوری فرانسه. در یک فصل طولانی از آن، اسناد مربوط به اقامت روح‌الله خمینی در فرانسه و اقامتش در نوفل‌لوشاتو ترجمه و بررسی شده. مدرکی است مهم درباره‌ی این مرحله از سرگذشت آیت‌الله و ماجرای انقلاب اسلامی.

3- Pierre de Villemarest, Bulletn de C.E.I, 15 juille 1984.

۴- اسناد سفارت امریکا (لانه‌ی جاسوسی)، جلد دهم، از جمله سند شماره‌ی ۸۷۷۹ مورخ ۱۰ اوت ۱۹۷۹، صفحه‌ی ۱۱۰ و نیز جلد هجدهم صفحه‌ی ۱۵۸، همان منبع صفحه‌ی ۱۸۰.

معاونت نخست‌وزیر و سپس وزارت امورخارجه منصوب شده بود، نیویورک تایمز روزنامه‌ی معروف امریکایی، از این که یک شهروند ایالات متحده بر خلاف قوانین آن مملکت توانسته بدون کسب اجازه‌ی قبلی و رسمی از وزارت دادگستری و توافق سیا، در کشور دیگری مقامات رسمی احراز کند اظهار تعجب کرد و دولت امریکا را مورد سئوال قرار داد. نیویورک تایمز سپس اضافه کرده بود که یک امریکایی شاغل سمت وزارت امورخارجه در ایران است، بدون این که کوچک‌ترین عکس‌العملی از جانب دولت امریکا ابراز شده باشد.[۱] نیویورک تایمز فراموش کرده بود، نقش و سهم ابراهیم یزدی را در کشتارهای ایران چه به عنوان «عضو شورای انقلاب» و چه به عنوان عضو یا رئیس بعضی از «دادگاه‌های انقلابی» که جلسات یا بازجویی آن‌ها مستقیماً از تلویزیون پخش می‌شد، یادآور شود.[۲] تا جایی که اطلاع داریم، مقامات رسمی امریکا هرگز عکس‌العملی در برابر این مقاله نشان ندادند و پاسخی به پرسش جریده‌ی وزین نیویورکی داده نشد.

* * *

چند روزی قبل از حرکت روح‌الله خمینی از عراق و استقرارش در فرانسه، نخست‌وزیر، جعفر شریف‌امامی، در جلسه‌ی هیأت دولت بر این احتمال اشاره کرد. او در جلسات غالباً قیافه‌ای گرفته و عبوس داشت. اما این بار خوش و خندان به نظر می‌رسید که با توجه به اوضاع و احوال جنبه‌ی استثنایی داشت.

شریف‌امامی در آغاز جلسه گفت خبر خوشی برای آقایان دارم.

1- New York Times, 30 September 1979.

۲- آیا این فراموشی عمدی بود؟ این جلسات نه تنها در ایران بلکه تقریباً در تلویزیون‌های همه‌ی کشورهای جهان پخش شد و سپس فیلم‌های مستند بسیار درباره‌ی انقلاب اسلامی قسمت‌هایی از آن‌ها را گنجاندند. بنابراین مشکل می‌توان قبول کرد که روزنامه‌ی معتبری چون نیویورک تایمز در جریان آن نبوده و به نقش ابراهیم یزدی توجه نکرده است.

سفیر ما در بغداد گزارش داده که خمینی نجف را ترک کرده عازم کویت شده است. اما قطعاً کویت به وی اجازه‌ی اقامت نخواهد داد زیرا از یک طرف اقلیت شیعه‌ی مهمی در آن امیرنشین اقامت دارد که آیت‌الله به تحریک آنان به ایجاد اغتشاش خواهد پرداخت و از طرف دیگر ما (دولت ایران) از مقامات کویتی خواسته‌ایم که به او چنین اجازه‌ای ندهند. بنابراین آیت‌الله خمینی یا به سوریه خواهد رفت و یا به لیبی. لیبی ارجح است چون با آن کشور خط تلفن خودکار نداریم و بنابراین ارتباط وی با طرفدارانش در ایران بسیار مشکل خواهد بود. در این صورت ما به آسانی خواهیم توانست با سران میانه‌رو جامعه‌ی روحانیت وارد مذاکره شویم.[۱]

دو تن از وزیران، از جمله وزیر امورخارجه[۲] نسبت به برداشت رئیس دولت ابراز تردید و احتمال حرکت او را به فرانسه و اقامتش را در پاریس مطرح کردند. نخست‌وزیر این اظهارنظرها را با خشونت رد کرد.

واقعیت امر این است که در این مورد هم دولت با ندانم‌کاری و سردرگمی عمل کرده بود.[۳]

پس از موافقت‌نامه‌های ۱۹۷۵ بین ایران و عراق که به همه‌ی موارد مهم اختلاف میان دو کشور خاتمه داده و آن‌ها را حل و فصل کرده بودند[۴] روابط میان بغداد و تهران نه تنها عادی بلکه بسیار حسنه شده بود. هم شاه در این مورد شخصاً مراقبت می‌کرد و هم صدام‌حسین نایب رئیس جمهوری و شورای انقلاب عراق که پس از مرگ حسن‌البکر رئیس جمهوری وقت به ریاست این مقام مهم رسید

۱- یادداشت و خاطره‌ی شخصی نویسنده‌ی کتاب که در آن زمان (برای مدت کوتاهی) در سمت وزیر علوم و آموزش عالی عضو دولت و بنابراین در جلسه حاضر بود.

۲- امیرخسرو افشار قاسملو (مترجم)

۳- برای اطلاع به جزئیات حرکت آیت‌الله روح‌الله موسوی‌خمینی به پاریس نگاه کنید به خاطرات فریدون زندفرد، منبع ذکر شده، صفحه‌ی ۲۱۸ الی ۲۲۶.

۴- معروف به موافقت‌نامه‌های الجزیره میان محمدرضا شاه پهلوی و صدام حسین نایب وقت ریاست جمهوری و مرد مقتدر عراق که در پایان مذاکرات این دو در مقابل عکاسان و فیلم‌برداران با یکدیگر روبوسی کردند. (مترجم)

و تا پایان حکومتش، مرد توانای بلامنازع عراق بود.

مقامات عالیه‌ی حکومت ایران معتقد بودند که اگر آیت‌الله خمینی عراق را ترک کند و در کشوری دورتر رحل اقامت افکند، مزاحمت و تحریکاتش را در داخل کشور کاهش خواهد داد و این نکته را به مسئولان بغداد یادآور و متذکر شده بودند. در بغداد نیز کسی علاقه‌ای به آیت‌الله نداشت. تا موقعی که عراق مرکز تحریکات علیه ایران بود و به مخالفان تهران کمک می‌کرد، خمینی عاملی بود در میان عوامل دیگر که می‌توانست مورد بهره‌برداری قرار گیرد و از او استفاده هم شده بود. بعد از عادی شدن روابط فیمابین، او دیگر مزاحمی بیش نبود که ترجیح می‌دادند از شرّش خلاص شوند. در نتیجه عراقی‌ها از نظر ایران حسن استقبال کردند. آن‌ها تصور می‌کردند که آیت‌الله خمینی به لیبی خواهد رفت و در پناه سرهنگ قذّافی یک «دولت در تبعید» تشکیل خواهد داد.[۱]

«طرح» موافقت با مسافرت آیت‌الله خمینی از عراق، یا درست‌تر بگوییم از سر باز کردن شخص مزاحمی چون او، در «شورای فرماندهی انقلاب» عراق مطرح شد و به تصویب رسید.

بغداد چشم براه حرکت خمینی بود.

در این میان عقیده‌ی مقامات ایرانی تغییر کرد. به سفیر کبیر ایران در عراق[۲] دستور داده شد که شخصاً با مقامات عالیه‌ی عراقی مذاکره کند و از آنان بخواهد که خمینی را در عراق نگاه دارند و مخصوصاً در تحدید فعالیت و مزاحمتش مراقبت و کوشش بعمل آورند. سفیر کبیر ایران با طه محّی‌الدین معاون رئیس جمهوری عراق ملاقات کرد و تقاضای دولت متبوع خود را در میان گذاشت. در این ملاقات، رایزن اول سفارت که کاملاً به زبان عربی تسلط داشت نقش مترجم را ایفا می‌کرد. زیرا فریدون زندفرد عربی نمی‌دانست و طه‌محی‌الدین فارسی.

۱- همان منبع صفحه‌ی ۲۲۲.

۲- دکتر فریدون زندفرد که این سطور برداشتی از خاطرات او به‌نظر می‌رسد (مترجم)

پاسخ عراقی‌ها منفی بود. طه محی‌الدین به سفیر ایران گفت که «تصمیم شورای فرماندهی انقلاب عراق قطعی است و تغییر پذیر نمی‌باشد.»
چند روز پس از این ملاقات بی‌نتیجه، سپهبد ناصر مقدّم که تازه به ریاست سازمان اطلاعات و امنیت ایران (ساواک) رسیده بود، با هواپیمای اختصاصی به بغداد رفت و همین تقاضا را با همتای عراقی خود در میان گذاشت. سفیر ایران در جریان مسافرت سپهبد مقدم قرار گرفته بود، اما نماینده‌ای از سفارت در ملاقات و مذاکرات او شرکت نداشت. بهرحال مقدّم هم جواب منفی شنید و توفیقی نیافت.
آیا خمینی و اطرافیانش از این آمد و شدها و گفتگوها به نحوی از انحاء مطّلع شده بودند؟[1] آیا سرویس‌های اطلاعاتی عراقی با کشورهای دیگر[2] آن‌ها را در جریان گذاشته بودند؟ نمی‌دانیم. اما قطعی است که در این مقطع از زمان بود که وی تصمیم به اخذ گذرنامه‌ی جدیدی گرفت و از سرقنسولگری ایران در کربلا متقاضی آن شد زیرا گذرنامه‌اش از سال‌ها پیش دیگر اعتبار نداشت. سرقنسول، از سفیر ایران در بغداد کسب تکلیف کرد. چون خمینی دیگر اسم و شهرتی یافته بود، سفیر از وزارت متبوعه‌ی خود کسب اجازه نمود. نظر به حسن روابط موجود میان ایران و عراق، مقامات بغداد نیز به دولت ایران اطلاع دادند که خمینی در تدارک مقدّمات ترک آن کشور است.
در این هنگام بود که نخست‌وزیر «خبر خوش» حرکت آیت‌الله را از عراق به هیأت دولت گزارش داد.

* * *

پاریس، شهری که جراید مخالف آن زمان پایتخت انقلابی نامیده

۱- این احتمال با توجه به آن‌چه در فصول بعدی کتاب خواهد آمد، قوی‌تر به نظر می‌رسد. چه بسا منبع خبر در خود تهران بوده. (مترجم)
۲- همان منبع، ۲۲۳.

بودند. طبیعتاً نقطه‌ی کمال مطلوب برای انجام کارآموزی و کسب وجهه ضروری بود. در فرانسه همه چیز را برای ورود روح‌الله موسوی‌خمینی، اسمی که در گذرنامه‌ی جدیدش ذکر شده بود، آماده کرده بودند.

روح‌الله موسوی‌خمینی شخصاً و رأساً تصمیم به حرکت به پاریس و استقرار در نزدیکی آن شهر نگرفت. کنت الکساندر دومارانش در خاطراتش نوشته که «وی به پاریس آمد چون از خبرنگاران تلویزیون فرانسه شنیده بود که این شهر محل مطلوب برای اقامت افرادی از قبیل او است»[1] که البته این جمله با طنز و اشاره که در سبک عادی نوشته‌های رئیس سابق سازمان اطلاعات فرانسه است کاملاً انطباق دارد.

شاید حتی خمینی قادر نبود که محل شهر پاریس را در روی یک نقشه‌ی جغرافیایی پیدا کند و قطعاً از نقش سنتی و تاریخی این شهر در جنبش‌های بزرگ سیاسی و فکری در جهان کوچک‌ترین اطلاعی نداشت. مارانش با همان لحن طنزآمیز اضافه کرده که «در وزارت امورخارجه‌ی فرانسه، بسیاری بر آن بودند که سنن این کشور در استقبال از مخالفان و معترضان ایجاب می‌کند که «حضرتش» را پذیرا شوند».[2]

* * *

روح الله موسوی‌خمینی دارای یک گذرنامه‌ی معتبر ایرانی بود و نیازی به اخذ روادید برای ورود به خاک فرانسه نداشت. می‌توانست به این کشور بیاید و تا سه ماه آزادانه در آن بماند.

در آن عهد و زمان، ایران در سرتاسر جهان کشوری سربلند، قابل اطمینان و محترم بود. ایرانیان، اتباع کشوری ثروتمند و مرفه و توانا بودند. همه جا آن‌ها را با آغوش باز استقبال می‌کردند. در

1- Dans Le secret des princes, op. cit. P. 246.

۲- همان منبع، همان صفحه.

بسیاری از فروشگاه‌ها، مهمان‌خانه‌ها، بنگاه‌های معاملات ملکی و رستوران‌های جهان غرب، کارمندانی را که آشنا به زبان فارسی باشند، استخدام می‌کردند که بهتر بتوانند مشتریان ایرانی را جلب کنند.

ایران کشوری بود آزاد. اتباع بسیاری از کشورهای جهان چون ایالات متحده، کانادا و یا ممالک اروپای غربی، به شرط داشتن گذرنامه‌ی معتبر و بدون احتیاج به روادید می‌توانستند به ایران سفر کنند.

البته، آیت‌الله روح‌الله موسوی‌خمینی، از آن جهانگردانی نبود که همه با آغوش باز و لبخند در انتظارش باشند. اما ایرانی و دارای گذرنامه‌ی معتبر بود و نیاز به اخذ روادید نداشت.

ابراهیم یزدی نیز که نقش پیشکار و همه کاره‌ی او را به‌عهده داشت، امریکایی بود. امریکاییان نیز مانند ایرانیان به شرط داشتن گذرنامه‌ی معتبر نیازی به روادید نداشتند.

رئیس جمهور وقت فرانسه آقای والری ژیسکاردِستن، برای توجیه سیاستی که اتخاذ کرد و رویه‌ای که در پیش گرفت، ابتدا به همین جنبه از ورود خمینی استناد کرد و نوشت که او ایرانی و دارای گذرنامه‌ی معتبر بود، احتیاج به روادید نداشت و امکان جلوگیری از ورودش به خاک فرانسه موجود نبود.[1] اما سال‌ها بعد، توجیه دیگری را عنوان کرد و گفت که آیت‌الله از فرانسه تقاضای پناهندگی سیاسی کرده بود.[2] نوشته‌ی اوّلش درست بود و نوشته‌ی دوم به‌کلی خلاف واقع و دروغ. این توضیحات ضد و نقیض مبیّن ناراحتی رئیس‌جمهور پیشین فرانسه در توجیه سیاستی است که اتخاذ کرده بود.

خمینی از فرانسه تقاضای پناهندگی سیاسی نکرده بود، احتیاجی به این کار نداشت و در نتیجه هیچ مرجعی به او چنین پناهندگی

1- Valery Giscasd d' Estaing, Le pouvoir et la vie, Compagnie 12, Paris, 1988, Pp 95 - 118.
2- Le Vif - Express, 29 janvier - 4 fevrier 1999.

سیاسی اعطا ننمود. روح‌الله موسوی‌خمینی «مسافری» مخصوص بود اما نه «پناهنده‌ی سیاسی مخصوص» چنان‌که بعداً نوشته شد.[1]

سه ماه بعد از ورودش به فرانسه، وضع او از لحاظ مقرّرات دولتی این کشور تغییر یافت. مدتی که او می‌توانست بدون روادید در فرانسه بماند به پایان رسیده بود. اما دیگر او یک شخصیت بین‌المللی شده بود. حضورش در فرانسه بدون مجوّز خاص خلاف مقررات و قوانین این کشور بود. «اما مقامات فرانسوی نمی‌خواستند او را اخراج کنند»[2] چرا که «رئیس جمهوری فرانسه می‌خواست به هر قیمت روابطش را با او حسنه نگاه دارد»[3] و بعداً خواهیم دید که تنها به این نکته اکتفا نکرد.

* * *

روح‌الله موسوی‌خمینی دیگر همه جا «آیت‌الله‌عظمی» خوانده می‌شد و از تاریخ ۱۰ اکتبر ۱۹۷۸ در نوفل‌لوشاتو مستقّر و رسماً و علناً وارد صحنه شد.

همه چیز برای پذیرایی و فعالیت او آماده شده بود و به این ترتیب حرکت اسلام‌گرایی افراطی و انقلابی آغاز شد.

«اقامتگاهش مانند محلی که در آن مقدس‌ترین اشیاء نگاهداری شود، تحت حفاظت نیروهای مخصوص فرانسوی بود»[4] در حقیقت دو گردان از این نیروها مأمور حفاظت خمینی شده بودند. با این حال خمینی که از همه کس و همه چیز بیم داشت و این در خصلتش بود، درخواست کرد یا از طرف او تقاضا شد که مأمورین امنیتی الجزیره‌ای و تنی چند فلسطینی نیز به محافظین او افزوده شوند و

1- 15, Des secrets bien gardés, op cit, P. 447.

۲- همان منبع، ۴۴۸.

۳- همان منبع، ۴۵۲. کتاب مورد استناد برداشتی از اسناد محرمانه‌ی امریکایی (و بعضاً فرانسوی) در مورد دوران اقامت روح‌الله موسوی‌خمینی در فرانسه است.

4- Dominique Lorentz, op. cit, P. 174.

این تقاضای کاملاً غیرعادی بی‌درنگ و بی‌چون و چرا پذیرفته شد. رئیس سازمان اطلاعات فرانسه سال‌ها بعد در خاطراتش نوشت: «برای حفاظت خمینی تعداد زیادی چپ‌گرایان افراطی از همه‌ی دانشگاه‌های جهان غرب به دورش گرد آمدند. سپس جمعی متخصصین این کار (حفاظت) به آنان اضافه شدند»[۱] این گروه بود که در تمام تلویزیون‌های جهان، میلیون‌ها نفر آن را با تعجب و سئوال تماشا می‌کردند.

هم‌چنین در اطراف وی «عوامل همه‌ی سرویس‌ها اطلاعاتی مهم جهان اجتماع کردند: C.I.A. I.S. K.G.B. S.D.E.C.E. عوامل سیا، حتی خانه‌ی مجاور اقامتگاه وی را از پیش اجاره کرده بودند»[۲]

کلیه‌ی عملیات تدارکاتی بوسیله‌ی مخالفان شاه انجام می‌شد. آن‌ها «در تماس با سازمان‌های فلسطینی و چپ‌گرایی که کلنل قذافی هزینه‌ی آنان را تأمین می‌کرد، عمل می‌کردند»[۳]

امروزه می‌دانیم که منبع تأمین اعتبارات مورد نیاز تنها دیکتاتور لیبی نبود. «اتحاد شوم سرخ و سیاه» که بعداً شاه به آن اشاره کرد[۴] از همین جا علنی و آشکار شد.

* * *

هنگامی‌که آیت‌الله خمینی به فرانسه آمد، قطعاً روحانی کم‌اهمیتی نبود، یا دیگر نبود.

چنان‌که دیدیم در کشورش نام و نشان و شهرتی یافته بود. اما بطور یقین برجسته‌ترین روحانی در سلسله مراتب شیعه نبود. می‌بایست او را سریعاً تبدیل به شخصیتی کرد که هم‌آورد محمدرضا پهلوی باشد که او از برجسته‌ترین شخصیت‌های صحنه‌ی بین‌المللی بود.

1- Dans le Secrets Des Princes, P. 247.

2- Edouard Sablier, Iran, la poudriere op. cit. P. 65.

ابراهیم یزدی نیز این مطلب را در خاطراتش پذیرفته.

۳- همان منبع، ۶۲.

4- Réponse ál' Histoire, op. cit, P. 207.

می‌بایست او را به وضعی درآورد که بتواند شاه ایران را سرنگون کند.

هدف از این برنامه سرنگون کردن رژیم ایران بود. نه به خاطر دشواری‌هایی که با آن روبرو بود و کسی در واقعیت آن‌ها تردید ندارد. بلکه به خاطر سیاست نفتی‌اش و بلندپروازی‌هایش. هدف آن بود که شاه را از صحنه بدر کنند و خمینی برای جانشینی او انتخاب شده بود.

در اجرای این برنامه لازم آمد که سریعاً به وی شخصیت و نام و نشانی در مقیاس بین‌المللی داده شود، او را صاحب زندگی‌نامه‌ای در خور یک رهبر سازند. یا چنان‌که یکی از نزدیکان و مشاورانش بعداً نوشت شخصیتی را «اختراع» کنند.

ما قبلاً به‌طور مستند زندگی‌نامه واقعی و حقیقی او را بررسی و به دروغ‌هایی که سپس درباره‌ی او ساخته و گفته شد اشاره کردیم. دروغ‌پردازی‌هایی که در سراسر جهان پراکنده شد و هنوز هم به آن‌ها اشاره می‌شود.

مناسب خواهد بود که این نکات را کوتاه کرده مجدداً یادآور شویم: تبار هندی وی را پنهان کردند و از هر اشاره‌ای به آن خودداری شد. پدرش را که منشی ساده و مستخدم یک فئودال محلی بود، به عنوان «رهبر جامعه‌ی خمین» معرفی کردند و نوشتند و گفتند که به امر رضاشاه به قتل رسیده است، که البته رضاشاه یک ربع قرن بعد از این ماجرا به سلطنت رسید.

نوشتند و گفتند که مادرش دختر یک روحانی بلندپایه بوده. حال آن که مادرش فرزند یک خانواده‌ی روستایی و البته محترم بود. نوشتند و گفتند که از اوان جوانی و در تمام مدت زندگی‌اش، خمینی قهرمان مبارزه با سیاست‌های استعماری بود. حال آن که اگر هم فعالیت قابل توجهی داشت، که نداشت، درمبارزه با دکتر مصدق و نهضت ملی ایران بود و در نتیجه به سود سیاست بریتانیا. او در این مقطع از زمان در شمار طرفداران و یا لااقل سینه‌زنان فعال

محمدرضاشاه پهلوی بود، آن هم در زمانی که میان شاه و مصدق نقار پدیدار شد.
نوشتند و گفتند که در تابستان ۱۹۷۸، پسر ارشدش مصطفی به امر محمدرضاشـــاه و به خاطر انتقام از قیام او بر ضد سلطنت به قتل رســیده، یا به اصطلاح به «درجه‌ی شهادت نائل آمده است». پسر شهیدش ماه‌ها قبل، که هنوز آیت‌الله خمینی «کسی» نشده بود، بر اثر یک ســکته‌ی قلبی وفات یافته بود که، ظاهراً ناشی از افراط در غذا و شدت بیماری قند بود.

* * *

حال می‌بایســت برای این «فرزند یک شهید» و «پدر شهیدی دیگر» عنوانی پر جلال و شکوه اختراع شود. چند روزی بعد از استقرارش در نوفل‌لوشاتو به وی عنوان «امام» داده شد.
ظاهراً این فکر مدیون و ســاخته شده دو روزنامه‌نویس فرانسوی اســت که هر دو با یک روزنامه‌ی عصرمعــروف پاریس همکاری می‌کردنــد. روزنامه‌ای که در آن زمان بدون قید و شــرط از آیت‌الله خمینی حمایت می‌کرد.[1]
هر دوی این روزنامه‌نویســان به نام‌های مستعار مطبوعاتی خود معروف بودند. هر دو از کشــورهای عربی می‌آمدند، اما مسلمان نبودند. شــاید (این شاید را باید نادیده نگرفت) مفهوم عنوان امام را نزد شیعیان با مفهوم آن نزد اهل سنت که در حقیقت همان امام جمعه باشد یکی می‌گرفتند اما بعید است که این اشتباه عمدی نبوده باشد.
برای شــیعیان، دوازده امام معنی و مفهوم خاصی دارا هســتند. نخستین آنان علی‌ابن‌ابی‌طالب پسر عم و داماد پیامبر اسلام محمد اســت که دخترش فاطمه[2] را به همسری برگزید، و سپس فرزندان

۱- ظاهراً اشاره است به روزنامه‌ی Le Monde (مترجم)
۲- فاطمه تنها دختر محمد و تنها فرزند او بود که زنده ماند. مادرش خدیجه نخستین

آن‌ها نسل بعد از نسل تا امام دوازدهم یا «صاحب‌الزمان» یا «امام غایب» یعنی مهدی موعود.

به این ملاحظات و مباحث کسی توجهی نداشت. احتمالاً آن دو روزنامه‌نویس از آن‌ها بی‌اطلاع نبودند. در آن روزها مسأله‌ی آن بود که برای روح‌الله موسوی‌خمینی، که آیت‌الله بود و سپس آیت‌الله‌عظمی خوانده شد، عنوانی پر ابهّت و چشمگیر انتخاب شود که شد: «امام».

خود روح‌الله خمینی هرگز مدعی امامت نشد. در اوائل قدرتش مرتباً این شایعه پراکنده می‌شد که وی در حقیقت همان «مهدی موعود» و «امام زمان» است که ظهور کرده. در بعضی جلسات ابلهان یا متملقین این پرسش را با او در میان گذاشتند. یکی از آنان به او گفت اقرار کنید، اعلام کنید که امام زمان هستید، که امام دوازدهم هستید. ماجرا عیناً از تلویزیون پخش شد. خمینی پاسخی نداد. اندکی سرش را از راست به چپ و از چپ به‌راست حرکت داد و سکوت کرد.[1]

با تمام این تفاصیل، در قانون اسلامی جمهوری اسلامی ایران که به تنقیذ و امضای روح‌الله موسوی‌خمینی رسیده به این لقب امام که تقریباً همه‌ی مراجع مهم تشیع و شاخه‌های دیگر اسلام آن را نشانه‌ی کفر دانسته‌اند، رسمیت داده شد.

روح‌الله خمینی سریعاً قدم فراتر نهاد و مدعی شد که برای تکمیل رسالت پیامبر اسلام آمده است که آن‌چه را او نتوانسته تحقق

همسر پیغمبر اسلام بود. محمد ابن عبدالله در زمان حیات خدیجه همسر دیگری اختیار نکرد. فاطمه هنگامی که فقط دوازده سال داشت به عقد ازدواج علی درآمد. شیعیان معتقدند که پیامبر، علی را به جانشینی خود انتخاب کرد، یعنی به «امامت». یازده امام دیگر (که آخرین آن‌ها همان «امام غایب» باشد) از نسل علی و فاطمه هستند. با اصطلاح دوازده امام و چهارده معصوم همه‌ی مسلمانان و بخصوص شیعیان آشنا هستند.

۱- در این مورد مقالات و تحقیقات بسیاری انتشار یافته، به عنوان مثال نگاه کنید به بررسی دقیق و مستند استاد دکتر جلال متینی در ایران‌شناسی. سال بیست‌ویکم شماره‌ی ۲ تابستان ۲۰۰۹ میلادی صفحات ۲۰۱ الی ۲۱۴.

بخشد، به جامه‌ی عمل درآورد[1] و حتی نظامات جمهوری اسلامی را برتر از همه‌ی حکومت‌های اسلامی یا غیراسلامی تاریخ جهان و برتر از آن‌چه در صدر اسلامی وجود داشت، دانست.[2]
این سخنان را نیز تقریباً همه‌ی مراجع مهم اسلامی جهان، اعّم از شیعه و سنّی، در فتاوی مختلف رسماً و علناً خلاف شریعت و نشانه‌ی کفر دانستند. ولی کم‌تر کسی به آن‌ها توجه کرد.[3]
«امام خمینی» درماه اکتبر ۱۹۷۸ در نوفل‌لوشاتو متولد شد.
یک کلاه‌برداری بزرگ.

* * *

دولت ایران تصّور می‌کرد که روح‌الله خمینی پس از ترک عراق به سوریه و یا لیبی خواهد رفت، ولی او از فرانسه سر درآورد و در حوالی پاریس (نوفل‌لوشاتو) مستقرش کردند. رفتار دولت پس از این واقعه نیز فاقد هماهنگی بود و نشان از سردرگمی داشت.
دیپلماسی فرانسه که در این ماجرا شریک و سهیم بود و نقش مهمی بازی می‌کرد، هنوز امکان مقاومت حکومت را در برابر خمینی و برنامه‌ی تخریبی او کنار نگذاشته بود. بنابراین کوشش می‌شد از طرفی خمینی را در مدار قدرت قرار دهند ولی ازطرف دیگر هنوز شاه و دولت ایران را به کلی نرنجانند. هنوز پاریس می‌خواست دوطرفه بازی کند.
والری ژیسکاردستن در کتاب خاطراتش نوشته که شخصاً به شاه تلفن کرد و پرسید که آیا با اقامت آیت‌الله خمینی در پاریس مخالفتی ندارد[4] و او (یعنی محمدرضا شاه پهلوی) خود را بی‌تفاوت نشان داده.

۱- مصاحبه با روزنامه‌ی Le Monde ۷ اوت ۱۹۸۰.
۲- پیام نوروزی، ۲۱ مارس ۱۹۸۲.
۳- نگاه کنید به کتاب نویسنده‌ی Le grane mensonge فصل دهم صفحات ۱۱۲ الی ۱۲۳ که همه‌ی این فتاوی در آن نقل شده.
4- Le pouvoir et la vie, op. cit, P. 115.

خود من سه یا چهار روز بعد از استقرار خمینی در فرانسه از شاه در این مورد سئوال کردم تا نظرش را بدانم. او گفت، ژیسکار هم چنین سئوالی کرد. به او گفتم که برای این موضوع اهمیتی قائل نیستم و سپس افزود «یک آخوند بدبخت شپشو با من چه کار می‌تواند بکند؟»[۱]

مذاکرات تلفنی میان روسای ممالک از لحاظ حقوقی و روابط بین‌المللی سندیت ندارند. بنابراین وزارت امورخارجه‌ی فرانسه رسماً موضع دولت ایران را خواستار شد. هنوز در بعضی از مسئولان دولت در ایران این توهّم وجود داشت که به سبب حسن رابطه‌ی فیمابین دو کشور، مقامات دولتی فرانسه رعایت آداب و مقررات بین‌المللی را خواهند کرد و در فعالیت‌های تخریبی آیت‌الله‌عظمی محدودیت‌هایی بوجود خواهند آورد. بنابراین اظهار مخالفتی نکردند. خیال باطل. محمدرضاشاه نمی‌توانست عداوت شخصی رئیس‌جمهوری وقت فرانسه را نسبت به خودش نادیده بگیرد و فراموش کند که دیگر با او روابط دوستانه‌ای ندارد. بهرحال توهّمات دولتیان تهران در این زمینه خیلی زود به پایان رسید.

ژان فرانسوا پونسه[۲] وزیر امورخارجه‌ی وقت فرانسه در کتاب خاطراتش، که سال‌ها بعد انتشار یافت، نوشته که یکی از کارمندان آن وزارت[۳] را نزد خمینی فرستاد که از او «خواهش کند» که از «تبلیغات سیاسی» در فرانسه خودداری نماید.

ظاهراً این ملاقات انجام شده[۴] اما از مفاد مذاکراتی که با آیت‌الله خمینی یا درست‌تر بگوییم با سخنگویان ومترجمانش انجام گرفته،

۱- تمام این ماجرا به تفصیل در
Carnets secets, Chute et mort du Shah, 2 eive éd Pp. 195 - 197
حکایت شده. نگاه کنید به ترجمه‌ی فارسی آن تحت عنوان آخرین روزها، پایان سلطنت و درگذشت شاه، چاپ دوم شرکت کتاب. لس‌آنجلس.

2- Jean Francois Poncet

۳- Claude chayet عضو اداره‌ی کُل قراردادها به نوشته‌ی ژیکاردستن (خاطرات صفحه‌ی ۱۱۴).

۴- نگاه کنید به صفحات بعدی این کتاب.

اطلاع دقیقی در دست نیست.

اقامت آیت‌الله خمینی در فرانسه -و در نوفل‌لوشاتو- برای کسانی که ترتیب آن‌را داده بودند، در کوتاه‌مدت کارساز بود و به نتیجه‌ی مطلوب آنان یعنی برکناری شاه منتهی شد.

اما، خیلی سریع توهّمات آنان نیز نادرست از آب درآمد. هیولایی که ساخته بودند، همانند رمان دکتر فرانکشتین، انتقام خود را از آنان کشید.

آن‌ها مجبور شدند که در مسجدی که خود ساخته بودند نماز بگذارند و سرانجام دریافتند -و در می‌یابند- که خود کرده را تدبیر نیست.

فصل هفتم

ماجرای نوفل‌لوشاتو

هنگامی که در روز ۱۰ اکتبر ۱۹۷۸ -روح‌الله موسوی‌خمینی، رسماً و علناً در اقامتگاهش در نوفل‌لوشاتو مستقر شد- همه چیز را آماده کرده بودند تا بتواند فعالیت و حرکت سیاسی‌اش را آغاز کند. برای تأمین آسایش وی، انجام تغییراتی در آن اقامتگاه ضرورت داشت. این تغییرات مستلزم کسب جواز از شهرداری بود که تشریفات آن چند ماهی طول می‌کشید. اما «شهرداری محل بر اثر مداخله‌ی وزارت امورخارجه بیست و چهار ساعته این جواز را صادر کرد»[1] چنان که دیدیم یک «گروه مختلط» حفاظت آیت‌الله و اقامتگاهش را به عهده گرفت. از یک طرف دو گردان از «نیروهای مخصوص» انتظامی فرانسه و از طرف دیگر تعدادی مأموران الجزایری، فلسطینی و چپ‌گرایان ایرانی که از این سو و آن سو آمده بودند. یکی از نزدیکان و مشاوران آیت‌الله در آن زمان حسن نزیه رئیس کانون وکلای دادگستری تهران بود که مقاله‌ی سراپا ستایشی نیز

1- Amir Taheri, Khomeyni, Balland, Paris, 1985, P. 238.

درباره‌ی وی در روزنامه‌ی لوموند انتشار داد.[1] همین شخص اندکی بعد نوشت: «خمینی از امکانات متعددی برخوردار بود: خطوط تلفنی، ارتباطات رادیویی، تسهیلات هوایی برای ارسال نوارهایش به تهران که در آن‌ها مردم ایران را به شورش دعوت می‌کرد»[2] رسماً دو خط تلکس و شش خط تلفنی از طرف دفتر پست محل در اختیار وی قرار داده بودند.[3] اما واقعیت چیز دیگری بود.
پی‌یر. ف. دو ویلماره[4] در آن زمان عضو هیأت تحریریه‌ی هفته‌نامه‌ی معروفی[5] در فرانسه بود. وی نخستین روزنامه‌نویسی بود که به دیدار خمینی رفت و موفق به گفتگو با او شد. چندی بعد به این مصاحبه به اختصار اشاراتی کرد[6] و سپس به تفصیل جریان آن را به مناسبت بیستمین سالگرد انقلاب اسلامی انتشار داد.[7] قسمتی از نوشته‌ی او را عیناً نقل می‌کنیم: «به کمک دوستان امریکایی مرکز اطلاعات اروپا[8] من می‌دانستم که خمینی چه روزی در نوفل‌لوشاتو مستقر خواهد شد. چند دانشجوی ایرانی به من اطلاعاتی درباره‌ی اطرافیانش داده بودند. یکی از آن‌ها مرا به شخصی از مشاوران رده اول خمینی معرفی کرد. او به من گفته بود که این شخص رابط خمینی با سیا محسوب می‌شود. در لباس و به‌عنوان یک روزنامه‌نویس به نوفل‌لوشاتو رفتم و در مقام دیدار آن مشاور خمینی برآمدم. به من گفتند که وی در آن‌جا نیست و برای انجام کاری رفته، قطب‌زاده که بعداً به دستور خمینی تیرباران شد مرا پذیرفت. مدتی چانه زدیم. سرانجام قبول کرد که

1- Le Monde, 31 janvir 1979.
2- Le Figaro, Magazine, 4 octobre 1980.
3- Amir Taheri, op. cit, 239.
۴- شخصیت سرشناس نهضت مقاومت فرانسه از همان آغاز فعالیتش در سال ۱۹۴۰، بعداً از صاحب منصبان سرویس‌های اطلاعاتی این کشور، متوفی به سال ۲۰۰۸.
5- Valeurs Actuelles.
6- La Vie Francaise, 26 Mars - 1 av. 1984.
7- Action Francaise 2000, 21 janvier - 3 fevrie 1999.
۸- C.E.I، که او بعد از بازنشستگی مدیریت آن را داشت.

مرا به نزد خمینی ببرد و به مدت دو ســاعت ترجمه‌ی مصاحبه‌ی مرا با آیت‌الله به‌عهده گرفت... خمینی برای اســتراحت کوتاهی به ســاختمان مجاور رفت که عمارت کوچکی بــود... برای ما چای آوردند... از اتاق مجاور صداهایی به گوشــم رســید که مخابرات رادیویی زمان مقاومت را به‌یادم آورد. کنجکاو شــدم. به بهانه‌ی رفتن به دستشویی اتاق را ترک کردم. درِ اتاقی را که صداها از آن می‌آمد باز کردم. دو نفری که در آن‌جا به کار مخابره مشغول بودند داد و فریاد کردند که در آن‌جا چه می‌کنم. عذر خواستم و گفتم که اشــتباه کرده‌ام و به دنبال محل دستشویی می‌گردم. مرا به آن‌جا هدایت کردند...

در بازگشت متوجه دکل‌های نســبتاً بزرگ دستگاه‌های مخابرات شــدم. ارتباطات آن‌ها با کجا و با چه کســی بــود؟... به محض پایان مصاحبه بی‌درنگ عازم پاریس شــدم. به وزارت کشور نزد مسئولان امر رفتم و تعجب خود را از این که خمینی اجازه یافته از خاک فرانسه بدون اجازه‌ی مخصوص با خارج از کشور ارتباطات رادیویی برقرار کند به آن‌ها گفتم. به من گفتند که در این کار دخالتی نکنم. به این ترتیب به من ثابت شــد که همه چیــز را از قبل برای آیت‌الله آماده کرده بودند».

ســال‌ها بعد، با اشاره به نحوه‌ی اســتقرار خمینی در فرانسه یک محقق امریکایی- فرانســوی نوشت «جهان غرب بطور غیررسمی جمهوری اسلامی را در آن‌جا مستقر کرده بود»[1]

1- Thierry M. Millemann, op. cit. 162.

مقابلــه‌ی مجموع این اطلاعات و همه‌ی تحقیقاتی کــه در مورد اقامت آیت‌الله خمینی در فرانسه انتشار یافته نشان می‌دهد که نوشته‌ی آقای ژیسکاردِستن رئیس جمهور وقت فرانسه دایر بر این که اصولاً از آمدن خمینی به فرانسه اطلاع نداشته و مقامات فرانســوی حتی او را نمی‌شناختند (خاطرات، صفحات ۱۱۲ و ۱۱۳) مقرون به حقیقت نیست.

William Lewis و Michael Leadeen درکتاب جالب خود (صفحات ۱۵۰ الی ۱۵۳) بخوبی نشــان داده‌اند که مقامات عالیه‌ی فرانسوی دقیقاً در جریان ورود خمینی به فرانسه بودند و از ارتباطات او از همان آغاز کارش اطلاع کامل داشتند.

***

در مخالفت - و لااقل سوءنظر- بسیاری از مسئولان آن روز حکومت فرانسه نسبت به رژیم سلطنتی در ایران و شخص محمدرضاشاه پهلوی در این دوران، جای تردید نیست.

آیا روابط شخصی و خصوصی شاه با رئیس جمهوری فرانسه در این جریان مؤثر بوده است؟ بسیاری از صاحب‌نظران بر این نکته تأکید کرده‌اند. در تاریخ موارد بسیاری مشاهده شده که مسائل و موضع‌گیری‌های شخصی و خصوصی در تصمیمات سیاسی و مملکتی مؤثر بوده‌اند.

محمدرضا پهلوی -والری ژیسکاردستن را از دیرباز می‌شناخت. هنگامی که وی وزیر دارایی و امور اقتصادی بود- سفری بسیار موفقیت‌آمیز به ایران کرد. شاه ذکاوت و اطلاعات عمومی وسیع ژیسکاردستن را می‌ستود و برای وی آینده‌ی سیاسی درخشانی پیش‌بینی می‌کرد. با این وجود بسیاری از محافل سیاسی تهران پیروزی ژاک شابان دلماس[1] را که از نزدیکان و یاران ژنرال دوگل بود در انتخابات ریاست جمهوری سال ۱۹۷۴ ترجیح می‌دادند، شاید هم کمک‌هایی به او شده بود.

اندکی پس از انتخاب ژیسکاردستن به ریاست جمهوری، شاه و شهبانو در ژوئن ۱۹۷۴ یک سفر رسمی بسیار پرشکوه و جلال به فرانسه انجام دادند که نتایج آن موفقیت‌آمیز و درخشان بود. موافقت‌نامه‌هایی از جمله در زمینه‌ی بهره‌برداری از نیروی اتم میان دو کشور به امضا رسید. مقامات رسمی فرانسوی در ستایش از شاه و تحسین پیشرفت‌های ایران با یکدیگر رقابت می‌کردند.

۱- Jacques Chaban Delmas نخست‌وزیر پیشین و رئیس مجلس شورای ملی فرانسه که دور اول انتخابات ریاست جمهوری فرانسه در سال ۱۹۷۴ از جانب حزب طرفدار ژنرال دوگل کاندید ریاست‌جمهوری شد. اما والری ژیسکاردستن بر او سبقت یافت و در دور دوم توانست با اکثریت نسبتاً ضعیفی بر فرانسوا میتران کاندید مجموع احزاب دست چپ آن کشور پیروز شود و به ریاست جمهوری رسید. (مترجم)

در روز ۱۷ فوریه‌ی ۱۹۷۵ که شاه و همسرش برای استفاده از ورزش‌های زمستانی در سن‌مورتیز[۱] سوئیس بودند، رئیس‌جمهوری فرانسه که به همین منظور با خانواده‌اش به کورشول[۲] آمده بودند، به دیدار شاه رفت. امری بود استثنایی که نشان از ابراز احترام و لااقل توجه ژیسکاردِستن به محمدرضا پهلوی داشت. می‌خواست او را بستاید.

آیا در این سفر اتفاق نامطلوبی رخ داد؟

رئیس‌جمهوری فرانسه با هلی‌کوپتر به س‌موریتز رفت. گویا مجبور شد چند دقیقه‌ای منتظربماند و برای این که رنجشی پیدا نشود، شهبانو از او پذیرایی کرد. ظاهراً این انتظار به او برخورد و رنجشی پدید آورد: «گفته می‌شود که شاه عمداً ژیسکار را در انتظار گذاشت زیرا با دوستانش به ورق‌بازی مشغول بود و می‌خواست بازی را تمام کند»[۳] این گفته نادرست به نظر می‌رسد «شاه بیش از حد مبادی آداب و مقیّد به تشریفات بود که چنین رفتاری داشته باشد»[۴]

چند هفته‌ی قبل از درگذشت شاه در قاهره، خود من این سئوال را با او مطرح کردم. ماجرا را بی‌اساس دانست و گفت که ژیسکار را در حد توجه به این مسائل کوچک نمی‌داند. «اگر هم منتظر ماند. برای آن بود که زودتر از موقع رسید»[۵]

یکسال بعد، رئیس‌جمهوری فرانسه به اتفاق همسرش و هیأتی بزرگ برای انجام یک سفر رسمی عازم ایران شد. در تهران از او با رعایت کامل همه‌ی تشریفاتی که برای روسای ممالک مقرّر و

1- Saint Moritz.

2- Covrchevel

3- William Shawcros, op. cit.

۴- اردشیر زاهدی در پاسخ به پرسش ویلیام شاوکراس، همان منبع.

۵- Carnets secrets (صفحات ۱۹۱ به بعد) اشاره‌ی ژیسکاردستن در خاطراتش به «مذاکره‌ی پیش‌بینی نشده» با شهبانو قبل از دیدار با شاه و اشاره‌ی شاه به این که ممکن است رئیس‌جمهوری فرانسه زودتر از ساعت مقرر آمده باشد، موید این ماجرا و انتظار ناخوشایند اوست (مترجم)

معمول بود، پذیرایی به‌عمل آمد.
یکی از دختران رئیس‌جمهوری فرانسه به اتفاق نامزد آینده‌اش در شمار همراهان بود.[۱] گویا هنگامی که رئیس کل تشریفات شاهنشاهی، هرمز قریب، برای ترتیب محل استقرار مدعوین مختلف بر سر میز شام رسمی شاه و شهبانو به افتخار رئیس‌جمهوری فرانسه، با متصدیان فرانسوی تشریفات به گفتگو پرداخت، آن‌ها از او خواستند که نه تنها دختر رئیس‌جمهوری، بلکه «نامزد آینده»اش را در بالای میز شام، هم‌ردیف شاهدخت‌ها و شاهپورها و مقامات عالیه‌ی دو کشور قرار دهد. رئیس کل تشریفات شاهنشاهی از قبول این تقاضای فرانسوی‌ها سرباز زد و گفت که یک «نامزد آینده» هیچ مقام و مرتبتی از نظر تشریفاتی ندارد و نمی‌تواند در بالای میز شام قرار گیرد. مأموران تشریفات فرانسه که نمی‌خواستند رئیس‌جمهوری را ناراحت کنند، در تقاضای خود اصرار ورزیدند. در این‌جا هرمز قریب مرتکب اشتباهی شد و گفت که مراتب را به عرض شاه خواهد رساند و همین کار را هم کرد. گویا شاه از این پرسش رئیس کل تشریفات سخت برآشفت و گفت که این مسائل به او ارتباطی ندارد، «وظیفه‌ی خودتان را انجام دهید و مقررات و آداب تشریفات را اجرا کنید». در نتیجه هرمز قریب از قبول توقع فرانسوی‌ها که به‌کلی بی‌جا بود، امتناع کرد و گفت «اعلیحضرت اجازه نفرموده‌اند که از آداب و مقررات تشریفات انحرافی حاصل شود»[۲] نتیجه آن که بر سر میز شام

۱- ظاهراً اشاره است به آقای مونتاسیه Montassier که بعداً این دو با یک‌دیگر ازدواج کرده و سپس طلاق گرفتند. (مترجم)

۲- در مورد این ماجرا هیچ‌گونه سند رسمی در دست نیست. اما شایعه‌ی آن بلافاصله در دربار و محافل سیاسی تهران پیچید. قدر مسلم این است که هرمز قریب عادت داشت برای هر مسأله‌ی کوچکی بگوید که آن را «به شرف عرض خواهد رساند و هر طور امر فرمودند عمل خواهد کرد». محمدرضاشاه نیز در بسیاری مسائل به متصدیان و مسئولان می‌گفت که به وظیفه‌ی خود عمل کنند و برای مسائل کوچک مزاحم وی نشوند. توضیحات رئیس جمهوری فرانسه در خاطراتش و اظهارنظرهای شاهپور غلامرضا پهلوی نشان می‌دهد که این شایعه چندان نادرست هم به‌نظر نمی‌رسد.

که یک‌صد و سی تن در آن حضور داشتند «نامزد آینده»ی دختر رئیس‌جمهوری فرانسه در انتهای میز -یعنی در جای خودش- نشسته بود.

شب‌هنگام -پس از پایان ضیافت رسمی شاه و شهبانو- رئیس‌جمهوری فرانسه و همسرش به کاخ گلستان[۱] که محل اقامت‌شان بود، مراجعت کردند. گویا رئیس‌جمهوری از محل نامناسبی که برای نامزد آینده‌ی دخترش معین شده بود، اظهار نارضایتی کرده و هدایایی را نیز که به آنان داده شده بود در شأن خود نمی‌دانست و محمدرضاشاه را «تازه به دوران رسیده» خواند.

کاخ گلستان، مانند اقامت‌گاه‌های مشابه در همه‌ی کشورهای جهان[۲] مجهز به دستگاه‌های شنود بود. بنابراین سخنان ژیسکاردستن بامداد روز بعد به اطلاع شاه رسید.

عجب آن است که سال‌ها بعد، رئیس‌جمهوری فرانسه در خاطراتش به گفتگوهایی که در کاخ گلستان با همسرش داشته اشاره می‌کند: «شب هنگام -در کاخ‌مان واقع در مرکز شهر تهران- آن اِمون[۳] به من گفت چقدر همه چیز مصنوعی بود. محیط به دکوراسیون یک تماشاخانه و مدعوین به بازیگران آن شبیه بودند» و از قول خودش اضافه می‌کند «واقعاً همه چیز دلخراش بود»[۴]

اشاره‌ی رئیس‌جمهوری به این مذاکرات شبانه می‌تواند دلیلی باشد بر آن که ماجرای گفتگوهایش به یک حادثه‌ی سیاسی تبدیل شده بود و او نیز بعداً از آن اگاه شده و خواسته آن را به نحوی ذکر کرده باشد و یا توجیه کند.

۱- کاخ و موزه‌ی بزرگی در مرکز شهر تهران که در زمان سلسله‌ی قاجار در قرن نوزدهم ساخته شد و قسمتی از آن به عنوان اقامتگاه مدعوین شاه و شهبانو مورد استفاده قرار می‌گرفت.

۲- و حتی مهمان‌خانه‌های مجللی که رجال خارجی در آن پذیرایی می‌شوند. (مترجم)

۳- Anne - Aymont همسر رئیس جمهوری فرانسه (مترجم)

4- Le pouvoir et lavie, op. cit, P. 103.

واقعیت آن است که دو یا سه روز بعد در محیط سیاسی کوچک تهران و سفارت‌خانه‌های خارجی، همه درباره‌ی این برخوردهای تشریفاتی صحبت می‌کردند.

پس از پایان سفر ژیسکاردستن و همسر و همراهانش، دیگر در محیط دربار از افزودن پسوند «دِستن» به نام رئیس‌جمهوری خودداری شد. همه می‌دانستند که این عنوان اشرافی را پدر وعموی رئیس‌جمهوری در اوائل دهه‌ی سی بعد از کسب اجازه‌ی رسمی از یک مرجع قضایی «خریداری» کرده‌اند و او تبار اشرافی ندارد.[1] همه در دربار او را ژیسکار می‌خواندند و نه ژیسکاردستن. شاه از کلمه‌ی «تازه به دوران رسیده» سخت ناراحت شده بود. اگر او «تازه به دوران رسیده بود، ژیسکار، «تازه به دوران رسیده‌تر» بود!

سال‌ها بعد شاهپور غلامرضا، برادر شاه، که از جریانات پشت پرده و بگومگوهای دربار بی‌خبر نبود، در خاطرات خود نوشت: «برادرم از رفتار متکبرانه و آمیخته با تحقیر رئیس‌جمهوری فرانسه و حساسیتش در بعضی مسائل تشریفاتی ناراحت شده بود. ژنرال دوگل و فرانسویان در زمان او، دوستان صمیمی و واقعی بودند. ژیسکاردستن در آن حد نبود.»[2]

روایت و شهادت شاهپور غلامرضا مؤید وقوع رویدادهای تشریفاتی (و غیر از آن) به هنگام سفررسمی رئیس‌جمهوری فرانسه به تهران است. واقعیت آن است که ورای لبخندهای رسمی (و بدون صمیمیت)، محیط این سفر رسمی چندان مطلوب نبود. طبیعی است که سردی روابط دو رئیس مملکت در رفتار دولت فرانسه به هنگام ورود آیت‌الله خمینی به این کشور اثر گذاشت. چندی بعد روزنامه‌نویسی از شاه در این مورد استفسار کرد. جواب محمدرضا پهلوی پر معنی بود: «فکر می‌کنم که ژنرال دوگل

۱- این عمل در بعضی از کشورها مرسوم است. در فرانسه باید با اجازه‌ی مراجع قضایی صورت گیرد، زیرا مستلزم تغییر نام خانوادگی است. (مترجم)

2- Mon Pere, mon frere, les shahs d' Iran, op. cit P. 260.

رفتار دیگری می‌داشت... اما او کس دیگری بود»[۱]
در کنفرانس گوادلوپ که بعداً به آن خواهیم پرداخت، به استناد روایاتی که انتشار یافته، ژیسکاردستن بیش از همتایان دیگرش، با محمدرضا پهلوی ضدّیت نشان داد. او گفت «اگر شاه در ایران بماند، ایران دست‌خوش یک جنگ داخلی خواهد شد و جوی خون به‌راه خواهد افتاد. کمونیست‌ها هر روز قدرت و نفوذ بیش‌تری به دست خواهند آورد. افسران امریکایی مقیم ایران ناچار به درگیری با بحران و برخوردها خواهند شد و به بهانه‌ی این جریان، شوروی‌ها در امور ایران مستقیماً مداخله خواهند کرد. اروپا احتیاج به ثبات سیاسی در ایران دارد و نیازمند نفت این کشور است. رویه ورفتار خمینی در فرانسه نشان می‌دهد که وی می‌تواند مردی معتدل و معقول باشد. باید امریکایی‌ها فکر و طرح یک تغییر اساسی در ایران را قبول کنند»[۲] احتیاجی به توصیه‌ی رئیس‌جمهوری فرانسه نبود. امریکایی‌ها از مدت‌ها پیش تصمیم خود را گرفته بودند.
به یک شخصیت برجسته‌ی فرانسوی که در همان زمان مورد مشورت دستگاه ریاست جمهوری (کاخ الیزه) قرار گرفته بود- گفته شد «بالاخره ما خواهیم توانست به برکت خمینی ثبات سیاسی را در ایران برقرار کنیم»[۳] رئیس‌جمهوری فرانسه خود را

1- Le monde, dimanch 4 lundi, 5 aout 1985
این مصاحبه به‌وسیله‌ی روزنامه‌نگار معروف ایرانی-فرانسوی فریدون صاحب‌جمع که مورد عنایت شاه بود، به هنگام اقامتش در مراکش انجام گرفت و به مناسبت پنجمین سال درگذشت محمدرضا پهلوی انتشار یافت.
اردشیر زاهدی در خاطراتش می‌نویسد که «میان دوگل و شاه یک نوع روابط پدرفرزندی وجود داشت. دوستی و اعتماد متقابل میان آن‌ها از زمان جنگ دوم جهانی آغاز شده بود. دوگل به شاه مانند فرزند خود نگاه می‌کرد. شاه نسبت به او احترام و اعتمادی داشت که نسبت به هیچ شخصیت خارجی دیگر ابراز نمی‌کرد». برگرفته از ترجمه‌ی فرانسه جلد اول خاطرات اردشیر زاهدی، صفحه‌ی ۱۱ مقدمه.
۲- متن اظهارات رئیس‌جمهوری فرانسه در کتاب Shawcross به طبع رسیده.
۳- روایت کتبی فرانسوا شارل‌رو Francois Charles Roux دیپلمات سرشناس فرانسوی به نویسنده‌ی کتاب در نامه‌ای مورخ ۲۷ فوریه‌ی ۱۹۸۴. فرانسوا شارل‌رو در زمان جنگ مدتی آجودان لشکری ژنرال دوگل بود. سپس وارد خدمت وزارت

علاقمند به ثبات سیاسی در ایران نشان می‌داد و آیت‌الله خمینی را عامل تأمین آن می‌پنداشت.

به هنگام اقامت محمدرضا شاه و خانواده‌اش در مراکش، والری ژیسکاردستن سعی کرد تلفنی با او تماس بگیرد «شاه در پارک کاخ محل اقامتش قدم می‌زد. امیراصلان افشار[۱] از رئیس‌جمهوری فرانسه خواست که مجدداً تلفن کند و جریان را سر ناهار به استحضارش رساند. شاه با تلخ‌کامی جواب داد، «با او حرفی ندارم. ما آن‌قدر که می‌توانستیم به فرانسوی‌ها محبت کردیم. حالا آن‌ها به کلی تغییر کرده‌اند. با او حرفی ندارم» و از مذاکره‌ی تلفنی با ژیسکاردستن سرباز زد.[۲]

آیا این بی‌اعتنایی و یا اهانت، در رفتار دولت فرانسه با شاه در طی آخرین ماه‌های زندگی‌اش و نیز رویه‌ی ژیسکاردِستن پس از وفات او در مصر مؤثر بود؟

شاید.

در جریان پاییز سال ۱۹۷۹ که بیماری شاه وخامت یافته و دیگر علنی شده بود، وی به این فکر افتاد که شاید برای انجام معالجات لازم ازمکزیک به فرانسه بیاید، بخصوص که اطبای معالجش در پاریس بودند. محمدرضا پهلوی می‌خواست به هر قیمت از سفر به امریکا که سرانجام ناچار به آن شد، اجتناب کند. به همین سبب خواستار شد که به نحوی کاملاً محرمانه و بدون سروصدا درمورد امکان این سفر از مقامات عالیه‌ی فرانسه، استفساری به‌عمل آید.

چهار هفته پس از طرح موضوع، دولت فرانسه به این تقاضا پاسخ

امورخارجه‌ی کشور خود شد و پس از احراز مقامات مهم، سال‌ها سفیر کبیر فرانسه در تهران بود. وی ایران را خوب می‌شناخت و به فرهنگ و تاریخ آن احترام و علاقه‌ی وافر داشت.

۱- آخرین رئیس کل تشریفات شاهنشاهی که در مصر و مراکش همراه شاه بود و در آخرین روزهای عمر او نیز در قاهره به دیدارش رفت و تا آخرین لحظه درکنارش بود.

۲- مصاحبه‌ی دکتر امیراصلان افشار با ویلیام شاوکراس، منقول در کتابش، منبع ذکر شده در صفحات ۱۴۰ و ۱۴۱.

منفی داد.[۱]
شاید علت تصمیم مقامات فرانسوی اجتناب از بروز مشکلاتی با رژیم تازه‌ی ایران بود، چنان که امریکاییان دچار آن شــدند. ولی آیا بعد از ماجرای نوفل‌لوشاتو و آن همه کمک و مساعدت علنی که به خمینی شد مقامات تهران عکس‌العمل شدیدی نشان می‌دادند؟ معلوم نیست. شاید هم بهتر بود که شاه به چنین اقدامی -گرچه محرمانه بود و محرمانه ماند- دســت نمــی‌زد و خود را کوچک نمی‌کرد. اما واقعاً در آن زمان درمانده بود و نمی‌دانست چه کند.
بامــداد روز ۲۷ ژوئیــه‌ی ۱۹۸۰، محمدرضاشــاه پهلوی در یک بیمارستان بزرگ قاهره درگذشت. روز بعد، وفات وی رسماً اعلام شد. در این موقع والری ژیسکاردِستن تلگراف تسلیتی به شهبانو فرح مخابره کرد که در آن توانسته بودند نه از متوفی نامی ببرند، نه از مقامی که داشــت، و نه از کشــورش و روابط دوســتانه و تاریخی آن با فرانسه.
متن تلگرام این بود: «اکنون که شوهر شما پس از تحمل رنج‌های فراوان درگذشــته، خواهشمندم مراتب تســلیت مرا بپذیرید و به اطلاع فرزندان خود نیز برســانید». این متن در مطبوعات فرانسه انتشار یافت. تحقیرآمیزتر از آن نمی‌شد نوشت.

* * *

زندگی آیت‌الله، که هنوز به «امامت» نرســیده بود، درنوفل‌لوشاتو نظم و ترتیب کامل داشت. سریعاً همسرش از عراق به فرانسه آمد

۱- من واســطه‌ی این استفسار محرمانه ازدولت فرانسه بودم. موضوع را با دوست قابل اعتماد خود آقای آلن پرفیت Alain Peyrefitte وزیر دادگستری وقت فرانسه در میان گذاشتم. وی قول داد که نظر رئیس جمهوری را که تنها مرجع اتخاذ تصمیم در این مورد بود جویا شــود. پاسخ کتبی و منفی وی به تاریخ ۱۵ نوامبر ۱۹۷۹ امضا و صادر شد وروز بعد به دستم رسید. پرفیت می‌توانست تلفنی یا حضوراً این پاسخ را اشعار دارد. علت نوشتن نامه‌ی رسمی قطعاً به خاطر ثبت در تاریخ بود. آلن پرفیت، یار و طرفدار دیرین ژنرال دوگل، بطور خصوصی شــدیداً از رویه‌ی دولت فرانسه در مورد خمینی انتقاد می‌کرد و او را «پیرمرد دیوانه» می‌نامید.

و به او ملحق شد. وی شخصاً مراقب سلامت و زندگی خصوصی و تدارک غذا برای شوهرش بود. پس از همسر خمینی، پسرشان، احمد به پاریس آمد. او مردی بود مشهور به فساد اخلاقی و مالی، جاه‌طلب و اهل توطئه و تحریک.

خمینی هر روز خیلی زود از خواب برمی‌خاست. نماز خود را به‌جا می‌آورد، صبحانه‌ی مختصری می‌خورد، سپس مجدداً دو ساعت استراحت می‌کرد و در حدود ساعت هشت «فعالیت» خود را آغاز می‌نمود. ناهار و شام او حسب‌المعمول بسیار ساده بود که همسرش آن‌ها را آماده می‌ساخت. مثل بسیاری از ایرانیان چندین استکان چای دم‌کشیده در طی روز می‌نوشید. می‌بایست همسرش شخصاً در این کار نظارت کند، زیرا خمینی می‌ترسید مسمومش کنند. در ساعت ده شب چراغ‌های اقامت‌گاهش خاموش می‌شد و آیت‌الله به استراحت می‌پرداخت.

یک چادر بزرگ مربع سیرک (با راه‌راه‌های سفید و آبی) در محوطه‌ی روبروی اقامت‌گاه خمینی (که آن‌هم از قبل آماده و تجهیز شده بود) برافراشته بودند. این چادر محل اقامه‌ی نماز جماعت بود و همه به‌زودی آن را مسجد نام گذاشتند. روح‌الله خمینی اقلا روزی یک بار از خانه‌ی خود خارج می‌شد و برای اقامه‌ی نماز از خیابان می‌گذشت و به «مسجد» می‌رفت. هر بار صدها تن که معلوم نبود که هستند و از کجا می‌آیند به او اقتدا می‌کردند. گویا در تمام مدت اقامت آیت‌الله در فرانسه یک‌صد هزار تن در این مراسم شرکت کردند.

عبور خمینی از خیابان فاصل میان اقامت‌گاه و نمازخانه یا مسجد، نمایش متعارفی بود که فیلمبرداران و عکاسان سراسر جهان از آن فیلمبرداری و یا عکس‌برداری می‌کردند.

آیت‌الله عمامه سیاه پاکیزه و منظمی بر سر داشت، لباس خاکستری درازی می‌پوشید و بر سر آن عبایی سیاه. همواره نعلین به پا داشت.

هر بار که آیت‌الله از این خیابان عبور می‌کرد، ژاندارم‌های فرانسوی دو سوی آن را مسدود می‌کردند و مانع رفت و آمد وسائل نقلیه و اشخاص «غیرمجاز» می‌شدند.

غالباً «احمدآقا» پسر آیت‌الله زیر بازوی پدرش را می‌گرفت و در راه رفتن به او کمک می‌کرد. علاوه بر محافظین رسمی فرانسوی، هر بار اقلاً پنجاه نفر «مأمور مخصوص» ملبّس به لباس‌های مشابه به چتربازان دور او را می‌گرفتند. گروهی نیز در اطراف اجتماع کرده، صلوات می‌فرستادند یا شعار می‌دادند.[۱]

یک کمیته مرکب از چهار عضو، مسئول و مأمور اداره‌ی امور اقامتگاه خمینی و ترتیب فعالیتش در فرانسه بود. نخست ابراهیم یزدی که عملاً جنبه‌ی سرپرستی کارها را داشت؛[۲] وی یک امریکایی ایرانی‌تبار و گویا همسرش نیز امریکایی بود، در دانشگاه تگزاس تدریس می‌کرد و رسماً هم سخنگو و هم مباشر روابط خارجی و بین‌المللی آیت‌الله خمینی بود. نفر دوم ابوالحسن بنی‌صدر بود که با وجود فرانسه‌ای نیم‌بند، گه‌گاه نقش مترجم آیت‌الله را به‌عهده می‌گرفت. بنی‌صدر خود را «نظریه‌پرداز» انقلاب اسلامی تلقی می‌کرد. زیرا قبلاً در دوره‌ی فوق‌لیسانس علوم‌اجتماعی دانشگاه تهران و سپس به مدت پانزده سال در دانشگاه سوربن[۳] پاریس ثبت‌نام کرده بود بدون آن‌که هرگز به اخذ دانشنامه‌ای توفیق یافته باشد!

نفر سوم صادق قطب‌زاده بود که گذرنامه‌ی سوریه‌ای داشت، جوانی بود پرجنب و جوش، همه‌کاره، اهل تحریک و دارای روابط حسنه با خبرنگاران مطبوعات و محافل خارجی[۴] نفر چهارم،

۱- تمام این جزئیات در جراید فرانسه منعکس شده.

2- "Ebrahim Yazdi, Khomeyni's U.S. mouthpice", Mike Evans, Jimmy Carter, the liberal left and world chaos, Time Worth book, Phoenix, Arizona, 2009, P. 237.

3- Sorbonne

۴- درباره‌ی صادق قطب‌زاده که چندی بعد از انقلاب به اتهام شرکت در یک توطئه به دستور آیت‌الله خمینی تیرباران شد نگاه کنید به مجله‌ی راه زندگی، (چاپ لوس‌آنجلس)،

«احمدآقا» پسر آیت‌الله بود، تنها کسی که به «اندرونش» راه داشت و گویا به پدرش خیلی نزدیک بود. ظاهراً میان این چهار تن رقابت و عداوت بسیار وجود داشته و غالباً علیه یک‌دیگر بدگویی و توطئه می‌کرده‌اند.[1]

زمانی که خمینی را در نوفل‌لوشاتو مستقرّ کردند، این شهر کوچک آرام و بی‌سروصدای حومه‌ی پاریس دوهزار نفر جمعیت داشت؛ زندگی و گذران بی‌ماجرای آنان به‌هم خورد. بر اثر تدابیر امنیتی و حفاظتی بسیار شدید -هجوم صدها تن اطرافیان و محافظان خمینی و استقرار تعداد زیادی روزنامه‌نویس- عکاس و فیلم‌بردار و در نهایت امر آمد و رفت بازدیدکنندگانی که به تماشا می‌آمدند که از نزدیک این نمایش را مشاهده کنند، برای ساکنان شهرک نوفل‌لوشاتو مزاحمت بسیار ایجاد شد که بعضی‌ها به آن اعتراض کردند.

سال بیست و نهم، شماره ۱۱۷۸، ۱۹ فوریه‌ی ۲۰۱۰. (مترجم)

۱- از چند سال پیش به این طرف، کتاب نسبتاً حجیمی (۲۵۷ صفحه در متن زیراکس شده‌ای که از تهران برایم فرستاده شده) در محافل ایرانی دست به‌دست می‌گردد. نویسنده‌ی آن ظاهراً شخصی است به نام جعفر شریف‌زاده که پاسدار انقلاب و در زمان اقامت خمینی در فرانسه جزو گروه محافظان وی بوده. آن‌چه در این کتاب پیرامون جزئیات اقامت آیت‌الله خمینی در نوفل‌لوشاتو نوشته شده، واقعی و حقیقی یا بهرحال قابل قبول به‌نظر می‌رسد. معذالک باید در این که آیا واقعاً نویسنده در شمار محافظان آیت‌الله بوده یا نبوده تعمق بیش‌تری کرد. به عقیده‌ی بعضی از محققان نویسنده‌ی این کتاب یا جزوه همان حسین بروجردی است که کتاب خاطرات دیگری انتشار داده و آن را رسماً به چاپ رسانده است و مطالبی را که نمی‌خواسته امضا کند با نام مستعار و در جزوه‌ای جداگانه انتشار داده.

با این حال باید گفت که متن منتسب به جعفر شریف‌زاده شامل بر نکات جالبی است پیرامون اقامت آیت‌الله خمینی در فرانسه، روابط میان اطرافیانش و ارتباطاتی که بعضی از آن‌ها با خارجیان داشتند. اسناد و مدارک رسمی که اخیراً در ایالات متحده‌ی امریکا و فرانسه انتشار یافته، در نکته‌ی اخیر (روابط اطرافیان خمینی یا خود او با خارجیان) موید نوشته‌های شریف‌زاده به نظر می‌رسند. رقابت‌های میان حلقه‌ی اول نزدیکان خمینی که وی به جزئیات آن پرداخته در نوشته‌های متعدد دیگری نیز آمده است. آیا ماجرای تفریحات شبانه و عیاشی‌های زشت بعضی از آنان که شریف‌زاده به شرح و وصف آن می‌پردازد، حقیقت دارد؟ نمی‌دانیم و بهرحال شاید از نظر تاریخ سیاسی انقلاب‌اسلامی واجد اهمیت خاص نباشد.

درنتیجه، شهرداری محل و مسئولان نیروهای انتظامی به اهالی اطلاع دادند که اقامت آیت‌الله در آن‌جا «کاملاً موقتی» است. بسیاری از کسبه و دکان‌داران شهر نیز دریافتند که حضور خمینی در آن‌جا می‌تواند منبع فعالیت و منفعتی برای آنان باشد. اهل محل، روزی چند بار آیت‌الله و رفت و آمدها و مصاحبه‌هایش را در تلویزیون می‌دیدند. این جریان برای آنان موضوع صحبت‌ها و بگومگوهای شهری شده بود. بر اثر حضور آیت‌الله و همراهانش فعالیت و فروش تنها قنادی و نانوایی محل چهار برابر شد.

رستوران کوچکی که در نزدیکی اقامتگاهش وجود داشت[1] به ستاد و محل استراحت و وقت‌گذرانی بازدیدکنندگان و مخصوصاً روزنامه‌نویسان و عکاسان و فیلمبرداران تبدیل شد و از بامداد تا شامگاه مملو از جمعیت بود. صادق قطب‌زاده که مردی خوش‌گذران بود، تقریباً هر روز سری به آن‌جا می‌زد و جامی از مشروبات الکی می‌نوشید که البته به گفته‌ی آخوندها عملی خلاف اسلام بود. هم‌چنین او در همین محل با بعضی از روزنامه‌نویسان وعده‌ی ملاقات می‌گذاشت و به آنان نیز مشروبات الکلی مورد علاقه‌شان را تعارف می‌کرد.

اما ستاد واقعی اطرافیان رده‌ی اول خمینی، محلی که در آن از شخصیت‌ها و روزنامه‌نگاران معروف پذیرایی می‌کردند، -رستوران بسیار مجلّل- پرتکلّف و گران‌قیمتی در شهر پاریس موسوم به کلوزری دِ لیلا[2] بود. عادت اطرافیان آیت‌الله بر آن شده بود که صورت‌حساب‌ها را امضا کنند و سپس کسی برای پرداخت آن‌ها به مدیریت رستوران مراجعه کند. آخرین صورت‌حساب‌ها پرداخت نشده ماند. مدیریت رستوران به مراجع مختلف شکایت

1- Auberge des trois marches

۲- Closerie des lilas رستوران پر تکلّفی که از ده‌ها سال پیش محل رفت و آمد و ملاقات سیاستمداران، روزنامه‌نویسان و فرهنگیان برجسته‌ی پاریسی است و «بار» آن نیز از شهرت خاصی برخوردار است. واقع در تقاطع خیابان‌های سن‌میشل، مُن‌پارناس و در میدانی موسوم به ابسرواتوار Observatoire. (مترجم)

کـرد و جرایـد پاریس از ایـن ماجرا صحبت کردنـد؟ نمی‌دانیم سرانجام این داستان چه شد.

به مناسبت سـال نو فرنگی و جشن میلاد مسیح، از طرف آیت‌الله خمینـی هدایای گران‌قیمتی بـه همه‌ی کودکان محل داده شـده. «فرستادگانش» درِ خانه‌ها را می‌زدند «از جانب آیت‌الله» از مزاحمت موقتی که فراهم شده پوزش می‌طلبیدند و هدایا را تقدیم می‌کردند. این عمل به دل بسیاری نشست و محبوبیتی برای مهمانان ناخوانده بوجود آورد و رورنامه‌های مختلف به آن اشاره کردند.

در تمام مدتـی که آیت‌الله خمینی (که دیگـر اندک‌اندک همه او را امام می‌خواندند) مقیم نوفل‌لوشاتو بود، اقامت‌گاهش مرکز خبری همه‌ی وسـائل ارتباط‌جمعی جهان شـده بود. روزنامه‌نویسان، خبرنگاران، عکاسان و فیلمبرداران متعددی بطور دائم در اطراف آن مستقّر و جمع بودند.

هم‌چنین بازدیدکنندگان و مدعوین مختلف می‌آمدند و می‌رفتند که ماجرای بعضی از آن‌ها جالب است.

* * *

نزدیکان و یاران سیاسی خمینی -چه آن‌ها که از دیرباز در کنارش بودند و چه آن‌ها که تازه به این جرگه پیوسته بودند- دسته‌دسته رهسپار نوفل‌لوشاتو شدند که یا با او دیداری به‌عمل آورند و یا در آن‌جا رحل یا در پاریس اقامت افکنند.

یکی از نخستین آن‌ها آقا شهاب اشراقی دامادش بود. پدر آقاشهاب واعظی معروف بود. خودش گرچه عمامه‌ای به سـر داشت و به اصطـلاح آخوند بود، از محل خریـد و فروش و دلاّلی زمین برای مقابـر زندگی می‌کرد. دلال معاملات بـرای قطعه زمین‌هایی بود کـه جنازه‌هـا را در آن دفن می‌کنند،[1] دلال قبر. آقاشـهاب، مرد

۱- فعالیتی پر منفعت در شهرهایی چون قم، مشهد و یا کربلا که بعضی از شیعیان وصیت می‌کنند که در آن‌جا به خاک سـپرده شـوند. در ایران غالباً گفته می‌شود که «قم جنازه وارد و ملّا صادر می‌کند» زیرا که این شهر مرکز آموزش ملاها نیز هست.

ثروتمندی شــده بود، تاجری عمامه به‌ســر و نگران حفظ مال و منال خود بود. می‌ترســید هیاهویی که پدرزنش به‌راه انداخته به کسب و کار پر رونق او لطمه بزنند، یا مأمورین دولتی به نحوی از انحاء مزاحمش شوند. هنگامی که خمینی در فرانسه مستقر شد، او اجازه خواست که با همسر و فرزندانش (یعنی دختر و نوه‌های خمینی) به آن کشور برود. مقامات دولتی از دادن گذرنامه به وی خودداری کردند. در نتیجه مســتقیماً با تقدیم عریضه‌ای به شاه متوسل شد. نه تنها شاه به گارد شاهنشاهی دستور داد که فوراً برای او و خانواده‌اش گذرنامه بگیرد، بلکه مقرر داشــت که بهای بلیت هواپیمای آنان نیز پرداخت شود!

پس از روی کار آمدن آیت‌الله خمینی، آقاشهاب ابتدا حجت‌الاسلام و سپس آیت‌الله خوانده شد و به ریاست هیأت‌مدیره و مدیریت‌عامل شرکت ملی نفت‌ایران رسید و اندکی بعد وفات یافت.

آخوند بی‌مقدار دیگری موســوم به شــیخ حسین‌علی منتظری که ســپس عنوان «آیت‌الله»، «آیت‌الله‌عظمی» و «فقیه نستوه» گرفت و حتی به عنوان «ولیعهد» و جانشــین خمینی منصوب شد، مرتباً از محمدعلی قطبی، دائی شــهبانو و مقاطعه‌کار ثروتمند، مقرّری ماهیانه‌ی مختصری دریافت می‌داشــت. یکی از رســوم معمول در بســیاری از خانواده‌های ایرانی این بود که به عنوان خمس و زکات و یا برای نشان دادن تشــخّص خود، آخوند یا آخوندهای مقرّری‌بگیر داشــته باشند و یا لااقل گاه‌گاه کمکی به آنان بکنند. محمدعلی قطبی بسیار متعجب شد هنگامی‌که «آقاشیخ حسین‌علی ما که مردی است شوخ و بذله‌گو و هر وقت به دیدارم می‌آید خیلی مــرا می‌خنداند» نزد او آمــد و برای رفتن به پاریــس از او کمک خواســت که هم برایش گذرنامه بگیــرد و هم مبلغی صدقه به او بدهــد. قطبی مرد نیکوکاری بود، امــا محتاط و مواظب اطراف و جوانب هم بود. درباره‌ی «آقا شــیخ حســین‌علی» تحقیق کرد. به

او گفتند که او از دوستان خمینی است، گه‌گاه مخالف‌خوانی هم می‌کند و مزه‌ی زندان را هم چشیده. قطبی بسیار متعجّب شد. با این حال برایش گذرنامه گرفت که احتمالاً در آن شرایط با اندکی صبر و حوصله به خودش هم می‌دادند. بلیت هواپیمایش را هم خرید و اندکی «پول جیبی» هم به او داد![۱]

اندکی پس از این ماجرا، پروفسور عباس صفویان، یکی از اطبای معالج شاه که مرخصی مطالعاتی یک ساله‌ی خود را در پاریس می‌گذراند و برای معاینه‌ی «بیمار نامدار»ش به تهران آمده بود، با یک هواپیمای شرکت ایرفرانس عازم مراجعت به پاریس بود. وی را در نزدیکی دو تن دیگر نشاندند. یکی از آن‌ها بازرگانی ایرانی مقیم هندوستان بود که از دهلی‌نو می‌آمد و عازم پاریس بود و دیگر مرد معمّمی که مقدار زیادی بارهای دستی داشت و نمی‌دانست آن‌ها را چگونه جابجا کند. پس از پرواز هواپیما، بازرگان ایرانی مقیم هندوستان خود را به دو همسایه‌اش معرفی کرد و با آنان به گفتگو پرداخت.[۲]

او مانند بسیاری دیگر از ایرانیان که با آخوندها شوخی می‌کردند و به اصطلاح آن‌ها را «دست می‌انداختند» رو به مرد معمّم کرد و گفت «حضرت آقا به پاریس تشریف می‌برید که یک زن خوشگل فرانسوی بگیرید»؟ مرد معمّم بعد از تکذیب این مطلب، به نوبه‌ی خود به شوخی و بذله‌گویی و مسخرگی پرداخت. سپس مقدار زیادی آجیل و شیرینی به مسافران اطراف تعارف کرد. بذله‌گویی‌ها و رفتارش موجب تعجّب بسیاری از مسافران شد که شاید از یک مرد روحانی توقع وقار بیش‌تری داشتند. هنگامی که

۱- در همان اوان مهندس محمدعلی قطبی این ماجرا را برای نویسنده‌ی کتاب تعریف و پس از انقلاب در پاریس هم تأیید کرد.

۲- روایت کتبی پروفسور صفویان به نویسنده که از ایشان کمال تشکر را دارم. او از چند ماه پیش از این اتفاق برای استفاده از مرخصی مطالعاتی در پاریس به‌سر می‌برد و ماهی یک بار برای معاینه‌ی شاه و مراقبت در وضع مزاجیش به تهران می‌آمد و پس از مدتی کوتاه به فرانسه باز می‌گشت.

هواپیما به پاریس نزدیک شد مرد معمّم اندک‌اندک آرام گرفت و خود را جمع و جور کرد.
پروفسور صفویان روایت می‌کند که تا چه حد خود او و مسافران دیگر متعجب شدند که چند تن از مأموران رسمی فرانسه به استقبال آخوند بذله‌گو آمده‌اند و عکاسان و خبرنگاران بسیاری در انتظارش هستند. چند ایرانی هم در آن‌جا بودند و برای انجام تشریفات ورود و جمع‌آوری اثاثیه‌اش به او کمک کردند. شب‌هنگام در اخبار تلویزیون فرانسه ورود «آیت‌الله» منتظری «جانشین» آینده‌ی خمینی را با عکس و تفصیلات اعلام کردند. پروفسور صفویان که مردی دین‌دار و طبیب معالج بعضی از روحانیون بود هرگز اسمی از این «آیت‌الله»، همان آخوند دلقک همسایه‌اش در هواپیما، به گوشش نخورده بود!
به این ترتیب امام نوفل‌لوشاتو در پاریس صاحب جانشین و «ولیعهدی» هم شد که وسائل ارتباط جمعی فرانسه به او عنوان «آیت‌الله» دادند. وی اندکی بعد از خمینی به تهران برگشت. به عضویت شورای انقلاب برگزیده شد. در زندگی سیاسی ایران و فجایع سال‌های اول انقلاب نقشی عمده بازی کرد و سرانجام کنارش گذاشتند.
این دو ماجرا نشان می‌دهد که محیط فکری و سیاسی ایران در آن زمان چه بود و در فرانسه چه بازی حیرت‌انگیزی جریان داشت.

* * *

مسافرت دکتر کریم سنجابی به پاریس و بیعت او با آیت‌الله خمینی جنبه‌ی سیاسی و اهمیت دیگری داشت. کریم سنجابی از یک خانواده‌ی مشهور و محترم کُرد بود، تحصیلاتش را در پاریس انجام داده، در دانشگاه تهران تدریس می‌کرد. به ریاست دانشکده‌ی حقوق و علوم سیاسی این دانشگاه نائل آمده و سپس با عنوان استاد ممتاز بازنشسته شده بود. دکترکریم سنجابی از

بنیان‌گذاران جبهه‌ی ملی و وزیر فرهنگ نخستین کابینه‌ی دکتر محمد مصدق بود. شخصیتی محسوب می‌شد و در این ماه‌ها بسیاری وی را به عنوان برجسته‌ترین مرد فعال سیاسی در جمع هواداران مصدق یا جبهه‌ی ملی تلقی می‌کردند. این گروه تشکیلات منظم و قدرت سیاسی مهمی نداشتند. اما نام و خاطره‌ی مصدق در میان انبوهی از مردم، گرامی و هنوز زنده بود و میراث‌خوارانش کم نبودند.

دکتر سنجابی از فعالیت‌های سیاسی برکنار بود. معذالک نام و نشانی داشت. به عنوان مشاور با دو سازمان بزرگ دولتی همکاری می‌کرد. او از سه یا چهار سال قبل می‌کوشید با شاه نزدیک شود. محمدرضا پهلوی که در اوج قدرت و افتخارش بود، اعتنای زیادی به مخالفانش نمی‌کرد -و این یک اشتباه بزرگ در رویه‌ی او نسبت به آنان بود- اما در مورد شخص دکتر سنجابی جای مصالحه را باقی گذاشت.[1]

پس از سال ۱۹۷۷ و به‌ویژه در بهار و تابستان ۱۹۷۸، دکتر کریم سنجابی سخنگوی بی‌چون و چرای مخالفان غیرمذهبی شاه و حکومت و همه‌ی کسانی بود که از اجرای دقیق نص و روح قانون اساسی و تحدید حیطه‌ی اختیارات مقام سلطنت هواداری می‌کردند. شهرت و نفوذش در بعضی از محافل -بازاریان، گروهی از روشنفکران، گروهک‌های معروف به اصلاح‌طلب- اندک نبود در جراید خارجی نیز گه‌گاه از او صحبت می‌شد.

دکتر سنجابی در اوائل سال ۱۹۷۸ سفری به اروپا کرد. در اجلاس جمعی از سوسیالیست‌های اروپایی سخن گفت. مصاحبه‌هایی با چند روزنامه کم و بیش مهم انجام داد. روز و ساعت مراجعتش به ایران در روزنامه‌های محلی نوشته شد و سپس رادیو لندن در برنامه‌های فارسی خود آن را اعلام کرد.

ناگهان در تهران شهرت یافت که دکتر سنجابی در فرودگاه

۱- من شخصاً شاهد و واسطه این ماجرا بودم.

با اسـتقبالی شایان روبرو خواهد شـد و به محض ورود به کاخ سـلطنتی خواهد رفت و مأمور تشـکیل دولتی «واقعاً متفاوت» با دولت‌های وقت (این ماجرا در زمان نخسـت‌وزیری دکتر آموزگار روی داد) خواهد شـد. جمعیتی که در فـرودگاه منتظرش بودند، اندک بود. قرار ملاقات و باریابی با دربار نداشت. تقریباً اعتنایی به او نشد. چندی بعد شاه یکی از بزرگ‌ترین اشتباهات سیاسی زندگی خود را مرتکب شد و جعفر شریف‌امامی را به ریاست دولت برگزید که این تصمیم آغاز جریان سقوط سلطنت در ایران شد. در این میان، حرکت یـا نهضت مخالفت با حکومت، و در نهایت امر با شـخص شاه، هر روز وسـعت بیش‌تری می‌یافت. سنجابی و دوسـتان پراکنده‌اش، که غالباً با یکدیگر عداوت یا رقابت هم داشتند، نتوانستند رهبری این حرکت را بدست بگیرند.
شـاه به سیاسـت‌مدارانی از اطرافیانش که قادر به رهبری امور مملکت و پیروزی بر مشـکلات بودند، اعتماد نمی‌کرد یا نسبت به آنان محتاط بود. نتیجه آن‌کـه بحران ادامه یافت و روحانیون به سرعت رهبری حرکت را به دسـت گرفتند و در میان آنان آیت‌الله خمینی که از همه تندروتر و درشت‌سـخن‌تر بود، با کمک مالی و سیاسی خارجیان در فرانسه مستقر شد و به صورت پرچمدار و رهبر اصلی آن درآمد.
بار دیگر در تهران شـایع شد که دکتر سنجابی به فرانسه خواهد رفت. در دربار و محافل سیاسی تهران گفته شد که وی مأموریت دارد کـه آیت‌الله خمینی را «آرام» کند. اعتمادش را جلب نماید و سپس مأمور تشـکیل دولتی جدید خواهد شد که هم تشنج افکار عمومی را فرو نشـاند و هم تقاضاهای روحانیون را (که کسی دقیقاً به کم و کیف آن‌ها اطلاع نداشت) برآورد.
گفته می‌شـد که دکتر سنجابی شاه را وادار به ترک ایران و حتی کناره‌گیری به نفع پسـرش (ولیعهد، شاهپور رضا) خواهد کرد و یک شورای نیابت سلطنت وظایف ریاست مملکت را انجام خواهد

داد. بدین‌ترتیب هم مخالفین راضی خواهند شد، هم یک تحول سیاسی آرام در محدوده‌ی قانون اساسی تحقق خواهد یافت و در نهایت امر یک شورش فروکش خواهد کرد.
سنجابی بار دیگر عازم اروپا شد. مسافرتی که در حقیقت پایان زندگی سیاسی او و در نهایت امر ننگ‌آمیز بود.
شهرت داشت که به او توصیه شده تا با روح‌الله خمینی بیعت کند، یا لااقل کنار بیاید.
چه کس یا کسانی این توصیه را کرده بودند؟ احتمالاً امریکایی‌ها که طبق اسناد سفارت امریکا سنجابی با آنان روابط حسنه داشت.
خمینی، چنان که دیدیم و می‌دانیم، از مصدق و نهضتش، از موضع‌های سیاسی ملی‌گرا و دور از دیانتش و از همه‌ی کسانی که طرفدارش بودند، نفرت داشت و به آنان با نظر تحقیر می‌نگریست.
شاید هم در سنجابی یک رقیب احتمالی می‌دید.
برای سنجابی وقت ملاقاتی در نوفل‌لوشاتوگذاشته شد. هنگامی که به اقامتگاه آیت‌الله رسید، او را به اتاقکی -موسوم به «اتاق انتظار»- هدایت کردند. این محل بیش‌تر به یک انباری شباهت داشت تا به اتاق انتظار. نه صندلی در آن بود و نه فرش. سنجابی، ایستاده، یک ساعت در آن‌جا انتظار کشید. آیت‌الله حتی او را «به حضور نپذیرفت» به آن اتاقک آمد، چند کلمه‌ای به سنجابی گفت و رفت.
دیدار سنجابی با خمینی قبلاً اعلام شده بود، روزنامه‌های ایران و خارج درباره‌ی آن بحث کرده بودند، یک واقعه‌ی سیاسی شده بود. برای سنجابی ضعیف، که پس از انتظار طولانی تحقیرآمیزش روحیه‌ی خود را بکلی باخته بود، دیگر جای عقب‌نشینی باقی نبود[1] نتیجه آن که با توافق ابراهیم یزدی یا در حقیقت در اطاعت از آن‌چه به او تکلیف می‌کرد، ناچار به صدور این اعلامیه شد.[2]

۱- حسین بروجردی، متن ذکر شده، صفحات ۴۲۸ و ۴۲۹.
۲- درباره‌ی این ماجرا و «دیدار رسمی» سنجابی و دو تن از همراهانش با آیت‌الله

بسمه‌تعالی

یکشنبه چهاردهم ذیحجه‌ی ۱۳۹۸
مطابق با چهاردهم آبان‌ماه ۱۳۵۷

۱. سلطنت کنونی ایران با نقض قوانین اساسی و اعمال ظلم و ستم و ترویج فساد و تسلیم در برابر سیاست‌های بیگانه فاقد پایگاه قانونی و شرعی است.
۲. جنبش ملی و اسلامی ایران با وجود بقای نظام سلطنتِ غیرقانونی، با هیچ ترکیب حکومتی موافقت نخواهد کرد.
۳. نظام حکومت ملی ایران بر اساس موازین اسلام و دموکراسی و استقلال به‌وسیله‌ی مراجعه به آراء عمومی تعیین گردد.

دکتر کریم سنجابی

برای کسی که خود را وارث مصدّق می‌دانست، این رفتار یک ضربه‌ی سیاسی جبران‌ناپذیر بود. این اعلامیه در حقیقت پایان فعالیت سیاسی مستقل جبهه‌ی ملی و انکار علنی همه‌ی اصول و افکار دکتر مصدق بود. کریم سنجابی سرافکنده به ایران بازگشت. هنگام ورود خمینی به فرودگاه مهرآباد حتی به وی اجازه داده نشد که به پای پله‌کان هواپیما بیاید. در تالار بزرگ مهرآباد در برابر صف بزرگی از مستقبلین ایستاده بود. هنگامی که خمینی از مقابلش عبور می‌کرد، تعظیمی به او کرد. «آیت‌الله‌عظمی امام خمینی» حتی سری هم در جواب این تعظیم تکان نداد و گذشت.[۱] پس از سقوط سلطنت و روی کار آمدن خمینی، دکتر کریم سنجابی برای مدتی کوتاه به وزارت امورخارجه برگزیده شد. سپس با

خمینی نگاه کنید به خاطرات ابراهیم یزدی آخرین تلاش‌ها در آخرین روزها. تهران، قلم، چاپ دوم، ۱۹۸۳ صفحات ۲۹ الی ۳۶. متن اعلامیه‌ی دکتر کریم سنجابی در صفحه‌ی ۳۳ همان کتاب درج شده.

۱- به اخبار تلویزیونی ورود آیت‌الله به تهران نگاه کنید.

تحقیر و توهین بیرونش کردند و چند سالی بعد در ایالات متحده‌ی امریکا با تلخ‌کامی و گویا پشیمانی درگذشت.

شخصیت سیاسی دیگری که در این روزهای پر تب و تاب از تهران به دیدار خمینی آمد، سیدجلال‌الدین تهرانی، رئیس شورای سلطنت بود که پس از انتصاب شاپور بختیار به ریاست دولت و حرکت شاه از ایران، این شورا ایفای اختیارات رئیس مملکت را به‌عهده داشت. سیدجلال به پاریس آمده بود که میان بختیار و آیت‌الله میانجی‌گری کند و ترتیب انتقال بدون خشونت و خونریزی قدرت را بدهد.

به هنگام ورود تهرانی به پاریس، بیش از یک‌صد خبرنگار، عکاس و فیلم‌بردار جرائد بین‌المللی در فرودگاه منتظرش بودند. مسافرتش از تهران به پاریس و ملاقات آینده‌اش با آیت‌الله خمینی به عنوان آخرین تلاش برای انتقال بدون تشنج قدرت از شاه به خمینی عنوان شده بود. فرستادگان وسائل ارتباط جمعی همیشه به‌دنبالش بودند و رهایش نمی‌کردند.

تهرانی هشتاد و چند ساله، یک سیاستمدار کهنه‌کار و سنتی ایران بود. به مقام استانداری، سفارت، وزارت، سناتوری رسیده بود. گفته می‌شد که با محافل و مراجع مذهبی حُسن رابطه دارد. او به محض ورود به پاریس، از طریق ابراهیم یزدی، واسطه‌ی غیرقابل اجتناب و ضروری همه‌ی فعالیت‌های مهم آیت‌الله، تقاضای دیدار خمینی را می‌کند.[1] بلافاصله به وی جواب می‌دهند که باید قبل از این ملاقات رسماً و علناً از ریاست شورای سلطنت کناره‌گیری کند. تهرانی به یزدی می‌گوید، من که یک هفته‌ی قبل با کمال آزادی این وظیفه را پذیرفته‌ام، چگونه می‌توانم استعفا بدهم و اضافه می‌کند که برای مذاکره و توافق با آیت‌الله آمده است نه برای بیعت با او.

۱- ابراهیم یزدی، متن ذکر شده، صفحات ۱۲۸ الی ۱۳۶.

گویـــا در این موقع چند عکس نه چندان شایســـته‌ی تهرانی را با پســـر جوانی که فرزند یکی از روحانیون سرشناس و از نزدیکان آیت‌الله خمینی بود به او نشـــان می‌دهند.[۱] چه کســـی یا کسانی ایـــن تصاویر را بـــه اطرافیان خمینی داده بودند؟ شـــاید بعضی از عوامل ســـاواک که در ســـال‌های آخر برای به دســـت آوردن و جمع‌آوری این قبیل مدارک سعی فراوان داشتند[۲] این کار را کردند و می‌خواستند به این ترتیب خود را به رهبران و مسئولان رژیمی که می‌رفت جانشـــین ســـلطنت شـــود، نزدیک کنند. به هر تقدیر یزدی به سیدجلال‌الدین تهرانی تفهیم می‌کند که اگر اطاعت نکند، ایـــن تصاویر در ایران پخش خواهد شـــد. در همـــان موقع یزدی به خبرنگاران داخلی و خارجی اعـــلام می‌کند که «امام» از قبول تقاضای ملاقات ســـیدجلال ســـرباز زده و او را در نتیجه نخواهد پذیرفت. رئیس شـــورای ســـلطنت این گفته‌ی یزدی را توهینی به خود و بســـیار تحقیرآمیز تلقی کرد. ولی هم برای حفظ آبرویش و هم برای آن که با چنین تودهنی علنی مواجه نشود، ناچار به توقع یزدی گردن گذاشت و طی اطلاعیه‌ای استعفای خود را از ریاست شورای سلطنت اعلام داشت. معذالک یک بی‌پروایی هم نشان داد و در مصاحبه‌ای از ذکر عنوان پاریســـی «امام» در مورد خمینی امتناع و به همان آیت‌الله‌عظمی اکتفا کرد![۳]

۱- حسین بروجردی، منبع ذکر شده، صفحه‌ی ۴۲۴.

۲- رسم و عادتی که در بسیاری از سرویس‌های اطلاعاتی دنیا، از جمله در کشورهای دمکراسی غربی وجود دارد. (مترجم)

۳- متن اطلاعیه که در صفحه‌ی ۱۳۱ خاطرات ابراهیم یزدی و تصویر آن در صفحه‌ی ۱۳۲ به چاپ رسیده این است:

یک‌شـــنبه اول بهمن ماه ۱۳۵۷ هجری شمسی -مطابق با ۲۲ شهر صفرالمظفر ۱۳۹۹ هجری قمری- پاریس

قبول ریاست شورای سلطنت ایران از طرف اینجانب فقط برای حفظ مصالح مملکت و امکان تأمین آرامش احتمالی آن بود. ولی شورای سلطنت به سبب مسافرت اینجانب به پاریس که برای نیل به هدف اصلی بود تشکیل نگردید. در این فاصله اوضاع داخلی ایران سریعاً تغییر یافت به طوری که برای احترام به افکار عمومی مصلحت در آن بود که کناره‌گیری کنم و کناره‌گیری کردم.

سرانجام با تقاضای ملاقات تهرانی موافقت شد و او توانست به مدت ده دقیقه[۱] به «حضور» خمینی بار یابد.
سیدجلال‌الدین تهرانی، سیاستمداری فراموش شده بود. به این ترتیب دو سه روزی نامش بر سرِ زبان‌ها افتاد. دیگر به ایران برنگشت. در پاریس ماند و همان‌جا درگذشت.[۲]

* * *

سنجابی و تهرانی دو شخصیت سیاسی شناخته شده و دو مورد خاص بودند. با مطالعه‌ی خاطرات مختلفی که از آن زمان تاکنون انتشار یافته، مقالات جراید و یا مصاحبه‌ها اسامی مراجعین و ملاقات کنندگان بسیار دیگری نیز فاش شده. بعضی از آن‌ها در شمار «روشنفکران» سرشناس بودند که در فصل دیگری به آن‌ها اشاره خواهیم کرد.
بعضی دیگر، محرمانه می‌آمدند و می‌رفتند، به برنامه‌های سیاسی آیت‌الله کار داشتند و به اطرافیانش کمک می‌کردند. اسامی چند تن از آنان را می‌دانیم:
محمد حسنین‌هیکل، دوست رازدار، مشاور و وزیر رهبر متوفای مصر جمال عبدالناصر یکی از آن‌ها بود. وی در حقیقت فرستاده و پیام‌آور و واسطه‌ی محافل چپ‌گرای جهان عرب بود.[۳] بعد از آن که آیت‌الله در تهران به قدرت رسید، هیکل نقش مهمی در روابط بین‌المللی حکومت اسلامی و از جمله در جریان گروگان‌گیری سفارت امریکا، ایفا نمود.

از خداوند و اجداد طاهرین و ارواح مقدسه‌ی اولیاء اسلام مسئلت دارم که مملکت و ملت مسلمان ایران را در ظل عنایات حضرت امام عصر عجل‌الله تعالی فرجه از هر گونه گزندی مصون داشته و استقلال وطن عزیز ما را محفوظ فرمایند.
محمدالحسینی سید جلال الدین تهرانی

۱- همان منبع، صفحه‌ی ۱۳۴.
۲- در جراید وقت نوشته شد که فقط دو نفر در تشییع جنازه‌اش شرکت داشتند (مترجم)
۳- ملاقات خمینی و هیکل ظاهراً چندین ساعت به طول انجامید. ابراهیم یزدی مترجم آن‌ها بود. هیکل در کتابش به آن اشاره کرده.

به محض استقرارش در نوفل‌لوشاتو به آیت‌الله خمینی با فرستاده‌ی مخصوص سرهنگ قذافی -دیکتاتور لیبی- سرگرد صلاح‌الدین، ملاقاتی طولانی داشت. سپس با رئیس روابط بین‌المللی سازمان آزادی‌بخش فلسطین (P. L.O.)، فاروق قدومی مذاکراتی طولانی به عمل آورد. موافقت‌نامه‌ای بصورت مبادله‌ی مراسلات بین آیت‌الله و آن سازمان به امضا رسید. ابراهیم یزدی و صادق قطب‌زاده، واسط و مترجم این مذاکرات و تبادل نامه‌ها بودند.

جبهه‌ی دمکراتیک خلق برای آزادی فلسطین (F. D. P. L. P) که رهبری آن با نایف حواتمه بود و جبهه‌ی خلق برای آزادی فلسطین (F. P. L. P) به زعامت جرج حبّش که هر دو سازمان‌هایی مارکسیست و علناً وابسته به اتحاد جماهیر شوروی بودند، قسمتی از کار تنظیم و اداره‌ی فعالیت‌های فنی (تهیه‌ی نوار، ارسال آن‌ها به ایران، مخابرات، حفاظت) را تقبّل کردند. رهبر حزب کمونیست لبنان محسن ابراهیم نیز به دیدار خمینی شتافت و مسئولیت روابط آیت‌الله و اطرافیانش را با احزاب کمونیست دنیای عرب و کشورهای عربی به‌عهده گرفت. عوامل تبلیغاتی و سیاسی که در اطراف خمینی بودند، علاقه‌ای به این که رهبران و یا فرستادگان احزاب کمونیست در نوفل‌لوشاتو دیده شوند و در نتیجه آیت‌الله متهم به نزدیکی یا همراهی با مسکو شود، نداشتند. محسن ابراهیم وظیفه‌ی خود را به خوبی انجام داد.

در تابستان ۱۹۷۸، یاسر عرفات پشتیبانی بی‌قید و شرط سازمان‌های فلسطینی را از حرکت سیاسی آیت‌الله خمینی اعلام کرد.[۱] وی بعداً گفت «بدون کمک ما شاید خمینی هنوز در تبعید به سر می‌برد».[۲] اظهارنظری که نشان از خودستایی و زیاده‌روی داشت ولی پر معنی بود.

امریکایی‌ها اندکی محتاط‌تر بودند، ولی نه چندان. چند تن از

۱- نگاه کنید به پیام‌های مورخ ۲۱ اوت و ۲۷ سپتامبر ۱۹۷۸.

۲- مصاحبه با کیهان (چاپ لندن) آوریل ۱۹۸۵.

عوامل‌شان عملاً خمینی را «اداره» می‌کردند. «سیا»، چنان‌که دیدیم، خانه‌ی مجاور اقامت‌گاه «امام» را از پیش کرایه کرده بود[1] و از آن‌جا می‌توانست بر همه‌ی آمد و شدها و فعالیت‌های او به آسانی نظارت داشته باشد و شاید هم مکالمات و مذاکراتی را که انجام می‌گرفت بشنود و ضبط کند.

رمزی کلارک[2] وزیر پیشین دادگستری امریکا و شخصیت برجسته‌ی حزب دموکرات آن کشور اقلاً دو بار به دیدار خمینی رفت.

در پاریس، علاوه بر فرستادگان متعددی که از واشنگتن می‌آمدند و می‌رفتند و صاحب‌منصبان سازمان‌های مختلف اطلاعاتی که حسب وظیفه آمد و رفت آن‌ها بی‌سر و صدا و نامرئی است، سفیر کبیر امریکا آرتور هارتمان[3] یکی از نزدیک‌ترین همکارانش والتر زیمرمان[4] وزیر مختار و رایزن سیاسی سفارت را مرتباً به دیدار آیت‌الله می‌فرستاد. او با یک اتومبیل پژو کهنه‌ی عادی و بدون شماره‌ی مخصوص دیپلماتیک، به آن‌جا می‌رفت و پیغام‌های واشنگتن و آیت‌الله را رد و بدل می‌کرد.[5]

حتی یک بار از والری ژیسکاردستن رئیس جمهوری فرانسه خواسته شد که واسطه‌ی مبادله‌ی این پیام‌ها باشد. واسطه‌ی رد و بدل پیام‌ها این بار شخصی به نام لوکنت بود که سمتش ذکر نشده[6] ظاهراً مفاد این پیام کارتر این بود که از آیت‌الله بخواهد که در مخالفت با شاپور بختیار، نخست‌وزیر منصوب شاه، زیاده‌روی نکند تا وی بتواند در آرامش نسبی برنامه‌ی انتقال قدرت را به

۱- چهار سال بعد، ابراهیم یزدی، این نکته را که در جراید غربی به آن اشاراتی شده بود، رسماً پذیرفت. نگاه کنید به متن ذکر شده، صفحات ۱۷۴ و ۱۷۵.

2- Ramsey Clark

3- Arthur Hartman

4- Walter Zimmerman

۵- مصاحبه‌ی نوزیل با هارتمن، متن کامل در کتاب نوزیل صفحه‌ی ۴۴۸.

6- Vincent Nouzille, op. cit, Pp. 449 - 450.

انجام رساند.[۱]
پاسخ یزدی (یا خمینی) منفی بود. آیت‌الله، -که چندین بار فرستادگان رسمی فرانسوی را به حضور پذیرفته بود-[۲] از فرصت استفاده جسته از حمایتی که رئیس‌جمهوری فرانسه از فعالیت او به عمل می‌آورد ابراز تشکر و امتنان کرد.[۳]
دل‌مشغولی و نگرانی اصلی آیت‌الله، مداخله‌ی ارتش ایران بود و از رئیس‌جمهوری امریکا خواسته بود که مانع از این مداخله شود تا او بتواند زمام امور را بدست گیرد، که تقاضای او پذیرفته شد. بدون شبهه می‌توان گفت که مقامات رسمی فرانسه نه تنها از حرکت سیاسی آیت‌الله خمینی حمایت می‌کردند، بلکه در تنظیم و ترتیب آن نیز مشارکت داشتند. عملاً هیچ مخالفتی با این سیاست در محافل سیاسی رسمی فرانسه، لااقل بطور علنی، ابراز نشد و اگر هم شد کسی به آن اعتنا نمی‌کرد. دیدیه ژولیا[۴] یکی از نمایندگان مجلس فرانسه که از نزدیکان میشل دبره[۵] رئیس‌الوزرای پیشین آن کشور بود، در مجلس بطور رسمی از دولت در این زمینه سئوال کرد و در انطباق رفتاری که با خمینی می‌شد و حمایتی که از او به‌عمل می‌آمد با اصول و مبانی حقوق بین‌الملل، اظهار تردید نمود. اما جوابی نشنید.
در همین موقع و به همین مناسبت، روزنامه‌نگار سرشناسی نوشت «فرانسه به دنبال‌روی از سیاست امریکا مشغول است و خیال می‌کند که دارد نقش بازی می‌کند. ولی در آینده‌ی نزدیک

۱- متن پاسخ خمینی که در اسناد رسمی امریکا و فرانسه آمده و در کتاب وَنسان نوزیل مندرج است (همان صفحه همان منبع) با ترجمه‌ی فارسی آن در خاطرات ابراهیم یزدی (صفحات ۹۰ الی ۹۸) تفاوت‌هایی دارد.

۲- همان منبع، همان صفحه.

۳- همان منبع صفحه‌ی ۳۶. وَنسان نوزیل «گزارش رسمی ملاقات آقایان شایه و لوکنت Chayet- Leconte درباره‌ی تسلیم پیام رئیس‌جمهوری آمریکا کارتر به تاریخ ۱۱ ژانویه‌ی ۱۹۷۹ را عیناً درکتاب خود نقل کرده. (صفحات ۴۵۱ و ۴۵۲).

4- Didier Julia

5- Michel Debre'

همه از جوی خونی که در تهران به راه خواهد افتاد، اظهار تأسف خواهیم کرد»[۱] این یکی از نغمه‌های نادر ناسازگار با سیاست کلّی و جوّ سیاسی زمان بود، ولی تحقق پذیرفت.

* * *

به محض استقرار آیت‌الله روح‌الله موسوی‌خمینی در نوفل‌لوشاتو و قبل از آن که به مقام امامت ارتقاء یابد، بخش مهمی از وسائل ارتباط جمعی دنیای غرب، به عوامل تبلیغاتی انقلاب در ایران و توسعه‌ی اسلام‌گرایی خشن و افراطی تبدیل شدند. بعضی از جراید و رادیو تلویزیون‌های فرانسوی در این میان نقش و سهم مهم‌تری داشتند.

در ابتدای کار خبرنگاران می‌آمدند، با آیت‌الله خمینی به گفتگو می‌نشستند، سئوالات خود را به وسیله‌ی مترجم وی مطرح و پاسخ‌ها را ضبط یا یادداشت می‌کردند. حتی به بعضی از آن‌ها اجازه داده شد که مترجمین مخصوص خود را به همراه بیاورند. دو سه تن از آنان کم و بیش به فارسی هم آشنا بودند که ممکن بود «اطرافیان» خمینی به آن واقف نباشند و این از رعایت شرط احتیاط دور بود.

به این وضع سریعاً خاتمه داده شد و ترتیبی در انجام مصاحبه‌ها داده شد که از هر بی‌احتیاطی در انجام مصاحبه‌ها جلوگیری به‌عمل آید. «طی سه ماهی که خمینی به تدارک رسیدن به قدرت مشغول بود، مصاحبه‌هایی انجام داد که پرسش‌ها را قبلاً به اطلاعش رسانده بودند. وی در انتظار چراغ سبز واشنگتن بود»[۲] بنای کار بر این نهاده شد که پرسش‌ها را قبلاً به اطرافیان خمینی تسلیم کنند. پاسخ‌ها نیز قبلاً بررسی و تنظیم می‌شد. مهدی بازرگان که اندکی بعد از طرف خمینی به نخست‌وزیری

1- Danie'le Martin, Monde et Vie, 17 noveubre 1978.

2- Domomique Lorentz, op, cit, P. 174.

منصوب شد، از زحمات ابراهیم یزدی در این زمینه تقدیر می‌کند که با مراقبت کامل پاسخ‌ها را تدوین و تنظیم کرده و ترتیب انجام مصاحبه‌های «امام» را می‌داده می‌افزاید که غالب این مصاحبه‌ها تأثیر مثبت فوق‌العاده‌ای در افکار عمومی جهانیان داشته‌اند.[۱]
بیست سال بعد - همین ابراهیم یزدی - در یک نشریه‌ی تقریباً رسمی جمهوری اسلامی جزئیات «روشی را که برای مصاحبه با امام» انتخاب کرده بودند شرح داده: از روزنامه‌نویس یا خبرنگار تقاضا می‌شد که پرسش‌ها را قبلاً تنظیم و تسلیم کند. به او گفته می‌شد که چون «آقا» به هیچ زبان خارجی آشنا نیست، باید سئوالات را قبلاً تنظیم کرد و به نظرش رساند. سپس باید پاسخ‌های او را نیز ترجمه کنیم و در نهایت امر به شما (خبرنگاران) مسترد داریم.
یزدی می‌افزاید که با این روش همه چیز «تحت کنترل» (کنترل چه کسی؟) بود.
بـه اظهار ابراهیم یزدی اندکی بعد «آقا» تصمیم می‌گیرد که چون سئوال‌ها غالباً متحدالشکل اسـت دیگر لزومی ندارد که خود او پاسخ‌ها را ببیند. سئوالاتی دریافت می‌شد، «اطرافیان» پاسخ‌ها را تنظیم و ترجمه می‌کردند. سـپس روزنامه‌نگار می‌آمد در کنار «آقا» می‌نشست عکس از آنان گرفته می‌شد و با در دست داشتن پاسخ‌هایی که قبلا تهیه شـده بود. اتاق را ترک می‌کرد. ابراهیم یزدی تعداد مصاحبه‌هایی را که بـه این ترتیب «تحت کنترل» در مدت «یک‌صد و دوازده روز نوفل‌لوشـاتو» انجام گرفته، در حدود چهارصد می‌داند.[۲]
اقلاً یک بار، وزارت امورخارجه‌ی امریکا در ترتیب این مصاحبه‌ها

۱- مهدی بازرگان، انقلاب ایران در دو حرکت، چاپ سـوم، تهران، ۱۹۸۳، صفحه‌ی ۵۰.

۲- ایران فردا، شـماره‌ی مخصوص به مناسبت بیستمین سالگرد انقلاب اسلامی، فوریه‌ی مارس ۱۹۹۹. توضیحات مندرج در متن خلاصه‌ای است از مقاله‌ی طولانی (و جالب) ابراهیم یزدی، چند تن دیگر از رهبران انقلاب نیز در این شماره درباره‌ی نقش خود در این واقعه مقالات مفصلی انتشار داده‌اند.

مستقیماً مشارکت داشت:

«در نیمه‌ی دسامبر هنری پرشت[۱] (رئیس اداره‌ی امور ایران در وزارت امور خارجه‌ی ایالات متحده) به دفتر نیویورک تایمز در واشنگتن تلفن کرد و مصراً خواست که خبرنگار آن روزنامه در مصاحبه‌ای که فردای آن روز خمینی در پاریس انجام خواهد داد شرکت کنند. پرشت افزود که در این مصاحبه آیت‌الله مطالب مثبتی در مورد ایالات متحده اظهار خواهد داشت»[۲]

می‌توان حدس زد که چه کس یا کسانی چگونه مصاحبه‌های آیت‌الله را به‌قول ابراهیم یزدی «کنترل» می‌کردند.

مصاحبه‌های آیت‌الله در حقیقت پیش ساخته، مصنوعی و نوعی کلاهبرداری بود که افکار عمومی را بفریبد و آن‌چه را که می‌خواستند برای‌شان حکایت کند:

«ما طرفدار یک رژیم آزادی مطلق هستیم. رژیم آینده‌ی ایران یک رژیم آزادی خواهد بود»[۳] «همه‌ی حقوق بشری و از جمله حقوق اقلیت‌های مذهبی کاملاً رعایت خواهد شد»[۴]«من در ایران آینده هیچ سمت و مسئولیتی جز رهبر روحانی مردم نخواهم داشت»[۵] «کشور ما درمنازعه‌ی میان اسرائیل و عرب‌ها باید به‌کلی بی‌طرف بماند»[۶] «حکومت اسلامی یک حکومت دمکراتیک به معنای واقعی کلمه خواهد بود»[۷] «ما ساواک را منحل خواهیم کرد و همه‌ی گروه‌های دست‌چپی حق خواهند داشت آزادانه، به بیان عقاید

1- Henry Precht

2- William Leeden et William Lewis, De'bacle... op. cit P. 219.

3- Le Figaro, 15 Octobre 1978.

4- Te'le'vision autrichieme, 1 Nov 1978.

5- Paris Match, 2 fevriea 1979.

۶- کیهان هوایی، نشریه‌ی مخصوص ایرانیان خارج از کشور که در این زمان تحت کنترل انقلابی بود.

۷- Manifes te ou le discours de Paris، نقل از کتاب ابوالحسن بنی‌صدر «فرزند روحانی» آیت‌الله خمینی و نخستین رئیس جمهوری اسلامی منصوب او. L'Esperance trahie, Papyrus, Paris, 1982.

خود و فعالیت سیاسی بپردازند»[۱] «نباید به زندانیان و محکومان دشنام داد و به آن‌ها سیلی زد»[۲] «در زمینه‌ی سیاسی و در زمینه‌ی اجتماعی -زن مانند و برابر با مرد، حق مشـــارکت در امور دارد. در تشکیل دولت- زن مانند مرد حق انتخاب کردن و انتخاب شدن دارد و کاملاً با یکدیگر برابرند»[۳]

باید گفت که شاید هرگز در تاریخ سابقه نداشته باشد که قسمت اعظم وسائل ارتباط جمعی جهان غرب، برای به حکومت رساندن شـــخصی که در پایتخت یکی از کشـــورهای بزرگ مستقر شده و علیه حکومت قانونی مملکت خود، که هم‌پیمان و «دوســـت» همین دنیای غرب بود، قیام کرده باشد، تجهیز شده به فعالیت پرداخته باشند.

همـــه‌ی گروه‌های چپ ایران در کنار و پشـــتیبان آیت‌الله خمینی و حرکت اســـلامی افراطی او بودنـــد. در درجه‌ی اول حزب توده که رسماً با او اعلام بیعت کرد.[۴]

گروهک‌های چپ‌گرای افراطی که همه از مسکو یا آلمان شرقی الهام و کمک مالی می‌گرفتند قبل از حزب توده به خدمت اســـلام‌گرایی افراطی درآمده بودنـــد و نیروی ضربتی انقلابیون را در هفته‌ها و ماه‌های اول تشکیل می‌دادند.

به این ترتیب مجموع شاخه‌های چپ گرای جامعه‌ی ایران زیر علم آیت‌الله موسوی‌خمینی -که دیگر به «امامت» هم رسیده بود- جمع

1- The Guardiau, 1 nov, 1978.

2- Le Monde, 2 fevrie 1979.

3- Reforme, 27 janvir 1979.

۴- ابتدا چند سازمان شبه‌کمونیست و در عمل وابسته به حزب توده، از قبیل انجمن‌های «ملی» نویسندگان و یا دانشگاهیان به خمینی پیوستند. سپس خود حزب رسماً به این کار دســـت زد. گرچه گویا بعضی از رهبران قدیمی‌اش تمایلی به این کار نداشـــتند. ولی دستور مسکو بود و اطاعت از ان بر همه واجب. در روز ۱۶ ژانویه‌ی ۱۹۷۹ همان روزی که شـــاه ایران را ترک کرد و شوروی‌ها دانستند که دیگر کارش ساخته است و ســـلطنت آینده‌ای در ایران ندارد، دبیرکل جدیدی برای حزب توده معین شـــد: دکتر نورالدین کیانوری که از یک خانواده‌ی روحانی سرشناس برخاسته بود. در این تاریخ حزب توده با افراط و تعصب به همکاری با رژیم خمینی و جمهوری اسلامی پرداخت.

شدند و سینه می‌زدند. همین وضع بود که سبب شد تحلیلگران بسیاری به وجود «یک نوع توافق خمینی میان شرق و غرب» برای براندازی ایران و سقوط محمدرضاشاه پهلوی، متوجه و بلکه معتقد شوند.

شاه می‌توانست مقاومت کند و موفق شود. بسیاری از ایرانیان، سران ارتش و نیز انورسادات رئیس‌جمهوری مصر، ملک‌حسین پادشاه اردن هاشمی، ملک‌حسن پادشاه مراکش و گویا دولت چین، این توصیه را به او کردند. اما شاه این کار را نکرد که قطعاً بزرگ‌ترین و بدعاقبت‌ترین اشتباهات زندگی سیاسی‌اش بود که تاریخ آن را نخواهد بخشید، گرچه شاید «جهات مخفّفه»ای هم داشت ولی خود آن را پذیرفت و درمقام توجیه آن برنیامد. اما آن داستان دیگری است.

* * *

راهبری تشکیلات عظیمی که در نوفل‌لوشاتو و منطقه‌ی پاریس در اطراف آیت‌الله خمینی به‌وجود آمده و فعالیت می‌کرد، آسان نبود و به خصوص احتیاج به امکانات مالی فراوان داشت. علاوه بر آن، بساطی هم که در ایران به راه افتاده بود، کم‌خرج نبود.

در فرانسه، حدود پانصد نفر کم و بیش در اطراف آیت‌الله خمینی جمع بودند. بعضی‌ها داوطلبانه و بدون دریافت هزینه، فعالیت می‌کردند و احیاناً به آنان اتاق یا محل اقامتی اختصاص داده شده بود. اما این گروه اقلیتی بیش نبودند.

در کنار این «داوطلبان» می‌بایست از انبوه «محافظان»، «مشاوران»، «مدعوین» و کسانی که برای دیدار آیت‌الله از دور و نزدیک می‌آمدند و چند روز یا چند هفته می‌ماندند (و ماندند) پذیرایی و یا لااقل هزینه‌ی سفر و اقامت آنان پرداخت شود.

هزینه‌ی روزانه‌ی «بیت امام» با تمام الزاماتش کم نبود. مخارج اطرافیان و مشاورانش که همه پرتوقع بودند، وسیله‌ی نقلیه با

راننده می‌خواســتند، به رســتوران‌های گران‌قیمت می‌رفتند، از روزنامه‌نویسان و خبرنگاران و شخصیت‌های سیاسی بی‌دریغ و حساب پذیرایی می‌کردند اندک نبود.

به قولی می‌بایست مخارج تفریحات شبانه بعضی از «یاران امام» -روحانی یا غیر روحانی- نیز پرداخت شــود[1] که بسیار سنگین بود.

جمع‌بندی این ارقام و هزینه‌ها در خارج از کشور -وبخصوص در فرانسه- به چندین ده میلیون فرانک یا دلار می‌رسد. چه کسی، چه منبعی این هزینه‌ها را تأمین می‌کرد؟

عجب در آن که تا امروز هیچ کس یا مرجعی این ســئوال را مطرح نکرده یا جرئت طرح آن را نداشته است. گرچه مسأله و موضوعی اســت اساسی در شــناخت ماهیت حرکت سیاسی که خمینی را علمدار آن کردند و در نهایت امر، انقلاب اسلامی نامیده شد. اطلاعاتی که امروز در دســت داریم و چند بررســی مستند اخیر، امکان پاسخ به این پرسش را مقدور می‌سازد.

* * *

«سیاست امریکا در تبدیل ایران[2] به یک رژیم شیطانی باید با یک دید تاریخی مورد بررســی قرار گیرد و... آیا واشــنگتن ریشه‌ی اصلی انقلاب اسلامی در ایران نبود؟... نخستین تظاهرات جدی علیه رژیم ایران به‌وسیله‌ی کنفدراسیون بسیار مقتدر دانشجویان ایرانی[3] آغاز شــد. به این ســازمان با دســت و دل‌بازی کامل از

۱- نگاه کنید به نوشته‌ی سید جعفر شریف‌زاده که درباره‌ی آن جنبه‌ی احتیاط را باید رعایت کرد.

۲- مقصود نظام سلطنتی و حکومت قبل از انقلاب اسلامی است (مترجم)

۳- «کنفدراسیون دانشجویان ایرانی» پس از پیروزی انقلاب اسلامی از بین رفت، یا به عبارت دیگر ناپدید شد. رهبرانش همه در ظاهر متمایل به چپ بودند. اما از جای دیگر الهام می‌گرفتند. یا به قول بعضی از تحلیل‌گران غربی در خدمت «توافق ضمنی شرق و غرب» برای براندازی ایران فعالیت می‌کردند. بسیاری از آنان به خدمت رژیم اسلامی درآمدند و در آن به مقامات عالیه رســیدند. برخی دیگر مدتی با رژیم همکاری کردند و ســپس طریق انشــعاب را برگزیدند. گروهی دیگر اصولاً فعالیت سیاسی ندارند.

جانب منابع امریکایی کمک می‌شد و هزینه‌های سنگین آنان تأمین می‌گردید» این توضیحات را در سال ۱۹۹۹، نویسنده و محقق موجّهی چون ریشارد لابه‌ویز[1] در کتاب خود عنوان کرده و مبانی و مراجع آن را به روشنی نشان داده است.

اما در ماه‌های قبل از پیروزی انقلاب، ابعاد و اهمیت هزینه‌هایی که ضرورت یافت، چیز دیگری بود:

در تهران و بعضی از شهرهای ایران، چند تن از بازاریان آزادانه به هزینه‌های شورش و شورشیان کمک کردند. بخشی از بازار از نخستین منابع تأمین نیازهای مالی حرکت اسلام‌گرایی افراطی و علمدار آن آیت‌الله خمینی بود. وجوهی که از بازاریان جمع و اخذ می‌شد هرگز از سی‌هزار دلار (دویست هزار تومان به نرخ تغییر دلار در سال ۱۹۷۸) تجاوز نمی‌کرد. مجموع این وجوه ناچیز نبود. اما جواب‌گوی هزینه‌های معتنابه حرکت سال ۱۹۷۸ حتی در ایران نبود. در آخرین ماه‌های قبل از سقوط رژیم، نوامبر و دسامبر ۱۹۷۸ -ژانویه و اوایل فوریه‌ی ۱۹۷۹- بعضی از بازرگانان و صاحبان صنایع که وابستگی علنی با دربار و بعضی از اعضای خاندان سلطنتی داشتند. مبالغ هنگفتی به «انقلابیون» پرداختند که خود را در صورت تغییر رژیم بیمه کنند. هر چه حکومت وقت بیش‌تر ضعف نشان می‌داد و زبونی خود را علنی می‌کرد، این پرداخت‌ها وسعت می‌یافتند و اندک اندک جنبه‌ی پرداخت «مالیات انقلابی» به خود گرفتند. عوامل خمینی، یا چپ‌گرایان افراطی و وابستگان به حزب توده، از چند تن از «مشاهیر» بخش خصوصی وجوه سنگینی را با تهدید و فشار مطالبه می‌کردند. اقلاً چهار تن از این گروه هر یک سی میلیون تومان به «صندوق انقلاب» پرداختند، که البته آنان را در پناه سخت‌گیری‌های روزافزون بعد از روی کار آمدن خمینی نگذاشت.

مشهورترین آنان در اروپا یا امریکا اقامت گزیده‌اند.

1- Richard Labe'viere, Les dollars de la terreur, op, cit, P. 232.

یکی از بازاریان -که نام و شهرتی در محیط سیاسی تهران نداشت- موسوم به حاج روغنی، مسئول تمرکز و اداره‌ی این عملیات بود و همه‌ی دریافت‌ها و پرداخت‌ها را زیر نظر داشت.[۱] هم او بود که هزینه‌ی تظاهرات را می‌پرداخت، برای صدها مسافری که عازم دیدار خمینی بودند، بلیت هواپیما می‌خرید و یا حتی پول جیبی و خرج سفر می‌پرداخت. تقریباً کسی خود او را ندیده یا نمی‌شناخت و «عوامل و واسطه»هایش عمل می‌کردند. هر یک از تظاهرات بزرگ آن روز تهران در حدود پنجاه میلیون تومان هزینه داشت: حمل و نقل جمعیت از نقاط مختلف کشور و حتی محلات داخل شهر به نقاط آغاز حرکت ستون‌ها، تهیه‌ی شعارها و تصاویر بزرگ، حق‌الزحمه‌ی آتش‌بیاران و سردمداران تظاهرات، تهیه و توزیع غذای گرم در چهارراه‌ها که صدها هزار شرکت کنندگان گرسنه نمانند و خسته نشوند و جز این‌ها...

گویا حاج روغنی مردی مؤمن و درست‌کار بود و سوءاستفاده‌ی مالی نکرد. او به خاطر عقیده‌اش عمل می‌کرد. اما بسیاری از «واسطه‌ها» وجوه زیادی به جیب خود ریختند که شاید در چنان شرایطی غیرقابل اجتناب بود.

سازمان‌های اطلاعاتی حکومت، کاملاً در جریان فعالیت روغنی و شبکه‌اش بودند. بسیاری از اعضای این شبکه از منابع اطلاعاتی یا نفوذی ساواک بودند. اما حکومت که می‌توانست جلوگیری کند، عکس‌العملی نشان نداد و اصولاً دیگر قصد دفاع از موجودیت خود را نداشت.

با این وجود، همه‌ی این وجوه معتنابه برای تأمین «هزینه‌های انقلاب» کفایت نداشت. به شهادت یکی از صاحب‌منصبان عالی‌رتبه‌ی «سیا» که در زمان حکومت کارتر مباشر انجام برنامه بود، امریکایی‌ها صد و پنجاه میلیون دلار برای «برنامه‌ی خمینی

۱- از یکی از اشخاصی که در این جریان شریک و سهیم بود و اکنون در ایران اقامت و فعالیت دارد برای اطلاعات دقیقی که در اختیارم گذاشته صمیمانه متشکرم. آن‌چه در این سطور آمده خلاصه نکات و توضیحاتی است که او برای نویسنده ارسال داشته.

در فرانســـه» اختصاص داده بودند که می‌بایست شامل هزینه‌ها و حتی پرداخت هزینه‌ی اجاره‌ی هواپیمایی باشد که آیت‌الله را به تهران انتقال داده. این موضوع در دقیقه‌ی آخر موجب بروز اشکال شد. صاحب‌منصب مورد اشاره‌ی سیا در مصاحبه‌ی خود اشاره کـــرده که جیمی کارتر خمینی را «یـــک روحانی واقعی و یک مرد مقدس» می‌پنداشت.[۱]

طبق اطلاعاتی که در دست داریم[۲] وجوه مهمی نیز از این دلارهای دریافتـــی از پاریس بـــه تهران انتقال یافت که هزینه‌ی نخســـتین روزهـــای اقامت آیت‌الله را در تهران تأمیـــن کند. یا لااقل بهانه‌ی رسمی این بود.

و اما ماجرای هواپیمایی که خمینی را به تهران برد:

«با کمک وزارت امورخارجه‌ی فرانسه، شرکت ایرفرانس هواپیمایی را کـــه با فخر و جـــلال وی را در روز اول فوریه‌ی ۱۹۷۹ به تهران برد، در اختیارش گذاشت»[۳]

چنان‌که دیدیم از نظر امریکایی‌ها، یک‌صد و پنجاه میلیون دلاری که به «برنامه‌ی فرانســـه» اختصاص داده شـــده بود، می‌بایست هزینـــه‌ی انتقال خمینی را بـــه تهران نیز دربرگیـــرد. این انتقال، نقطه‌ی پایان برنامه بود. در دقیقه‌ی آخر به امریکاییان گفته شـــد که دیگر پولی در بساط نیست. تصور اطرافیان خمینی بر آن بود کـــه به هنگام «پیروزی» از یک کمک اضافی به آن‌ها دریغ نخواهد شد. امریکایی‌ها تسلیم نشدند. ناچار صادق قطب‌زاده با یک چک شـــخصی کرایه‌ی هواپیما را پرداخت. البته چک او بی‌محل بود.

۱- شـــهادت یکی از مســـئولین ســـیا به Mike Evans در کتابش، منبع ذکر شـــده، صفحه‌ی ۱۴. با وجود عکس‌العمل وسیعی که انتشار این کتاب درامریکا یافت و جراید و تلویزیون‌ها به بحث در باره‌ی آن پرداختند، تا جایی که اطلاع داریم، تاکنون مفاد و اسناد آن مورد تکذیب مقامات رسمی امریکایی قرار نگرفته.

۲- به پانویس صفحه‌ی ۲۰۱ نگاه کنید.

3- Vincent Nouzille, op. cit. P. 452.

هواپیمایی که کرایه شـده بود، بوئینگ ۷۴۷ بود که می‌بایسـت «امام» و خانواده‌اش، مشاوران و نزدیکانش و نزدیک به دویست روزنامه‌نویس و خبرنگار و عکاس را به تهران ببرد. شـب قبل از حرکت به تهران، صادق قطب‌زاده در باغ مجاور اقامتگاه خمینی به مزایـده‌ی بلیت‌ها پرداخت. وی در نور چراغ دسـتی پُرقوه‌ای بلیت‌ها را به پول نقد به متقاضیان می‌فروخت و وجوه دریافتی را در کیسه پلاسـتیکی که به دست داشت می‌ریخت. هر که بیش‌تر می‌داد، اولویت داشـت. به متقاضیان توضیح داده می‌شد که به هنگام چنین مسافرتی به‌همراه داشتن پول نقد واجب است»[1]

بار اول هزینه‌ی اجاره‌ی هواپیما در اعتباری که امریکایی‌ها تأمین کرده بودند، منظور بود. بار دوم با یک چک بی‌محل و بلااستفاده «پرداخت» شد. بار سوم، روزنامه‌نویسان بین‌المللی آن را «نقداً» در مجاورت «بیت امام» پرداختند. اما این وجه نیز هرگز به شرکت ایرفرانس پرداخت نشـد و ایرفرانس بعداً در مقام مطالبه‌ی طلب خود برآمد. روزنامه‌های فرانسـه به تفصیـل موضوع را مطرح کردند. ظاهراً سرانجام شرکت بیمه‌ی دولتی کوفاس[2] آن را پرداخت و مستقیماً از محل اعتبارات دولت فرانسه تأدیه شد، یعنی به هر ترتیب از طرف مالیات‌دهندگان فرانسه!

* * *

«چرا حکومت وقت امریکا، به سبب تمایل احمقانه‌اش دائر به تغییر رژیم سیاسـی ایران، تواناترین و بهترین هم‌پیمان خود را در یک منطقه‌ی حساس و پر نوسان جهان محکوم کرد؟» کُنت آلکساندر دومارانش، بعد از طرح این سـئوال خودش به آن پاسـخ می‌دهد «پاسخ را باید در مخلوطی از کوته‌بینی، بی‌اطلاعی و ساده‌لوحی

۱- شـهادت Gerard Beaufils روزنامه‌نگار و نویسـنده‌ی فرانسوی که از جمله‌ی مسافران بود. در Tous otages de Khomeyni صفحه‌ی ۵۴ (منبع ذکر شده).

۲- Coface که صادرات فرانسه را بیمه و تضمین می‌کند (مترجم)

تاریخی جستجو کرد»[1]

«از ســال‌های ۱۹۷۴ و ۱۹۷۵، امریکایی‌ها به دلایل نفتی، تصمیم به برکناری شــاه گرفته بودند. در نوفل‌لوشــاتو، ســیا، خانه‌ی مجــاور محلی را که نوارهای آتش‌افروزانه‌ی خمینی در آن تهیه و ضبط می‌شد، در اختیار گرفته بود. این نوارها را سپس با چمدان دیپلماتیک به تهران می‌فرستادند. ماجرای نوفل‌لوشاتو صفحه‌ی درخشانی در تاریخ فرانسه نیست. رفتار والری ژیسکاردستن که آن همه توجه و عنایت به یک پیغمبر دروغین کرد و آن همه وسیله در اختیارش گذاشت، قابل فهم نیست.

ایرانی که محمدرضا پهلوی بر آن سلطنت می‌کرد، خالی از نقص و عیب و نقطه‌ضعف نبود. اما کشــوری بود در حال نوســازی و توســعه. آیا درســت بود که نظامی عقب‌افتاده و تابع تعصّبات خونین را جایگزین آن ســازند؟ اعتلای اســلام‌گرایی افراطی در همین جا آغاز شد»[2]

این سطور را موریس دروئون نوشته.

1- Dans les secrets de princes, op. cit. P. 256.
2- Maurice Druon, Le Figaro, 12 novembre 2004.

فصل هشتم

معبود چپ‌گرایان و ساده‌لوحان

پس از آن که آیت‌الله موسوی‌خمینی به صحنه آمد و در مسیر نیل به قدرت قرار داده شد، حتی قبل از آن که در فرانسه به «امامت» برسد و این عنوان مجعول تقریباً در همه‌جا مورد استفاده قرار گیرد و در ایران رسمیت یابد، بسیار از «روشنفکران» جهان غرب، به‌ویژه در فرانسه و ایالات متحده‌ی امریکا، در شمار ستایشگران بی‌چون و چرای وی درآمدند. به‌خصوص چپ‌گرایان فرانسوی از او بتی ساختند.

در فرانسه چند «کمیته‌ی پشتیبانی» از آیت‌الله تشکیل شد. ریاست آن‌ها را ژان‌پل سارتر[1]، خانم سیمون دوبووآر،[2] و میشل فوکو،[3]

۱- Jean Paul Sartre فیلسوف، نویسنده و نمایشنامه‌نویس فرانسوی (۱۹۸۰ - ۱۹۰۵) یکی از بنیان‌گذاران مکتب Existantialisme. مدتی عضو حزب کمونیست فرانسه بود. سپس از آن حزب کناره گرفت. اما از مواضع چپ افراطی، از جمله تروریست‌های مارکسیست آلمانی دفاع می‌کرد. از موسسان روزنامه‌ی Liberation نیز بود. ستایشگران و منتقدان بسیار داشته و دارد. (مترجم)

۲- Simone de Beauvoir فیلسوف و نویسنده‌ی فرانسوی که مدتی شریک زندگی و تا پایان عمر یار و همکار سارتر بود. (مترجم)

۳- Michel Foucault (۱۹۸۴ - ۱۹۲۶) فیلسوف فرانسوی با گرایش‌های تند چپی،

به‌عهده گرفتند.

میشل فوکو برای نشان دادن حمایت خود از آیت‌الله و حرکت اسلام‌گرایی افراطی دو بار به ایران رفت. یک بار در سپتامبر ۱۹۷۸ میلادی و بار دیگر در نوامبر همان سال که دیگر خمینی در نوفل‌لوشاتو مستقّر شده بود. وی به ملاقات آیت‌الله نیز رفت و مقالاتی در مدح او در جراید مهم اروپایی انتشار داد[۱] و حتی چنان رفتار کرد که به‌نظر می‌رسید یکی از متخصصان اسلام و بخصوص تشیع است![۲]

فوکو، در میان روشنفکران چپ‌گرای فرانسه نفوذ فراوان داشت[۳] عنوان مقاله‌ای که در هفته‌نامه‌ی پاریسی نوول آبسرواتور نوشت پرمعنی است: «ایران: چگونه می‌توان به یک حرکت سیاسی جنبه‌ای روحانی داد؟» تحلیلی که از تشیّع کرد در آن زمان مورد تأیید همه‌ی اعضای شورای نویسندگان این هفته‌نامه‌ی وزین دست‌چپی قرار گرفت که در میان روشنفکران متعلق به این جناح نفوذ و مرجعیت قابل ملاحظه‌ای داشت[۴] و آن را هنوز هم تا حدّی حفظ کرده.

در این هفته‌نامه از «توفان افسانه‌ای که ایران را به لرزه درآورد»

استاد مدرسه‌ی عالی معروف College de France مولف کتب مختلف درباره‌ی زندان‌ها و Historie de la sexualité (سه مجلد). بسیاری از همکارانش تندروی‌های او را در دفاع از اسلام‌گرایی افراطی و آیت‌الله خمینی نکوهش کرده و می‌کنند. (مترجم)

۱- از جمله در Le Nouvel Observateur, Le Monde و Corriera della Sera.

۲- «من بخوبی مقاله‌ای از فوکو در Le Nouvel Observateur به یاد دارم که در آن کوته‌بینی بخش بزرگی از چپ‌گرایان، بدون قید و شرط مشهور است. خمینی که البته در جلب عوام استاد بود، نمونه‌ی کامل بدکاری و اهریمن صفتی به معنای واقعی کلمه نیز هست که باید او را در کنار هیتلر، استالین و پُل پُت قرار داد». این چند سطر از مقدمه‌ی جامعه‌شناس مشهور بلژیکی Claude Javeau بر کتابی درباره‌ی انقلاب ایران نقل شده است.

۳- در مورد برداشت‌های وی از انقلاب اسلامی نگاه کنید به:

I. Afari et K. B. Anderson, Foucault and the Iranian Revolution university of Chicago Press, 2005

به عقیده‌ی نویسندگان این کتاب فوکو فریفته‌ی اسلام‌گرایی افراطی بود.

4- Le Nourel Observaten, no 727, 16 - 22 Octobre 1978.

از «مبارزه‌ی داود با گُلیات»[۱] از «درویشی با گونه‌ی خشکیده و چشمان غمگین، مردی مقدس، در عین حال توانا ولی در معرض خطر است» از «نبرد تن به تن شاه با مردی مقدس» از «یک سلطان مستبد در برابر مردی با دست‌های تهی» سخن گفته می‌شد.[۲] و در پاسخ به کسانی که از این اسلام‌گرایی افراطی هفته‌نامه‌ای چپ‌گرا اظهار تعجب می‌کردندو در پاسخ نوشته شد: «خمینی واپس‌گرا است؟ عجبا. در این صورت چطور می‌توان توجیه کرد که همه‌ی روشنفکران و توده‌های ملت پشتیبان او هستند؟»[۳]
میشل فوکو که دیگر هیجانش حد و اندازه نداشت به معرّفی تشیع پرداخت: «مذهبی فاقد هر گونه سلسله مراتب، مذهبی تابع ملت» ستایش او نسبت به خمینی و برداشت وی از اسلام و تشیع، حد و حسابی نداشت. به خصوص که حتی یک کلمه از «آثار» خمینی را نخوانده بود و چیزی از عقاید او نمی‌دانست. زمانی که کشتارهای دسته‌جمعی حکومت اسلامی، شکنجه‌ها، سلب آزادی‌ها، تحدید حقوق زنان... علنی و قطعی شد و روشنفکران برجسته‌ای چون اسلام‌شناس واقعی ماکسیم رُدَنسون[۴] -که او هم دست‌چپی بود- جرئت کردند که از وی انتقاد کنند.[۵] میشل فوکو نوشت «به استناد کدام اصل جهان‌شمول ما می‌توانیم به خود اجازه دهیم که مانع بروز و اظهار اعتقادات مسلمانان شویم و نگذاریم که آن‌ها نجات و آینده‌ی خود را در اسلام جستجو کنند»[۶]

۱- نبرد تن به تن David contre Goliath در تورات (مترجم)
۲- همان هفته‌نامه شماره‌ی ۷۲۳.
۳- همان منبع.
4- Maxime Rodinson
۵- همان هفته‌نامه، شماره‌ی ۷۴۵.
۶- همان هفته‌نامه، شماره‌ی ۷۵۳. ماه‌ها بعد هنگامی که ماهیت واقعی حکومت و رویه‌ی خمینی دیگر نمی‌توانست مورد انکار قرار گیرد، ژان دانیل Jean Daniel مدیر این هفته‌نامه، که او نیز شخصیتی برجسته و مورد احترام در میان جناح چپ فرانسه به شمار می‌رفت و می‌رود نوشت: «همه چیز بعد از رسیدن او به قدرت به راه تباهی رفت. مذهب به نهضت سیاسی رویه‌ای دیوانه‌وار داد. (شماره‌ی ۷۸۴)
در مورد این موضوع نگاه کنید به یک تحلیل در مجله‌ی Esprit تحت عنوان

سیمون دوبووآر، برای ابراز پشتیبانی از انقلاب اسلامی عازم ایران شد. ولی ژان‌پُل سارتر به انتشار مقالات پرهیجانی در روزنامه‌ی Liberation اکتفا کرد.

بعدها، بعد از آن که چهره‌ی واقعی انقلاب اسلامی هویدا شد. خانم دوبووآر اندک اظهار تأسفی کرد. ژان‌پُل سارتر مُهر سکوت بر لب زد و میشل فوکو به همان توضیحی که فوقاً آوردیم اکتفا کرد.

به پیروی از این «بزرگان» بسیاری از روشنفکران سرشناس چپ‌گرا به حمایت کورکورانه از انقلاب اسلامی و شخص آیت‌الله یا «امام» خمینی پرداختند این در همان زمانی بود که در فرانسه گفته می‌شد «بهتر است به دنبال سارتر به راه غلط برویم تا به دنبال آرُن به راه درست»[۱]

رژه گارُدی نیز که پیش و بعد از این ماجرا انحرافات بسیار داشت[۲] از جمله ستایندگان بی‌چون و چرای آیت‌الله خمینی بود.

یک فیلسوف ایرانی که اکثر آثارش را به زبان فرانسه انتشار داده، داریوش شایگان، در مقاله‌ای خمینی را هم‌ردیف گاندی دانست.[۳]

L' Histoire Déraille، همه‌ی مقالات ژان دانیل و گی سیتبون Guy Sitbon و خانم کنیزه مراد Kenizé Mourad در این هفته‌نامه، مورد تجزیه و تحلیل دقیق نویسنده قرار گرفته است. ما در این کتاب از مقاله‌ی او بهره گرفته‌ایم.

۱- Raymond Aron جامعه‌شناس، فیلسوف و تحلیل‌گر معروف فرانسه. عبارت مورد اشاره این است:

Il vaut mieux se tromper avec Sartre qu, avoir raison avec Aron مترجم

۲- Roge Garaudy یکی از نظریه‌پردازان بزرگ حزب کمونیست فرانسه بود، بر انتشار مجموعه‌ی کامل آثار لنین نظارت کرد. در سال‌های قبل از انقلاب اسلامی به دربار شاهنشاهی ایران و شهبانو فرح نزدیک شده بود و سپس به آنان گستاخانه دشنام داد. اندکی بعد به دین اسلام درآمد و در سال ۱۹۸۱ کتابی تحت عنوان L' Islam habite notre avenir انتشار داد. پس از آن در شمار «تجدیدنظر طلبان» قرار گرفت که منکر کشتار دسته‌جمعی یهودیان به امر هیتلر و وجود اردوگاه‌های قتل‌عام آنان بودند. چند بار در مراجع قضایی تحت تعقیب قرار گرفت و محکوم شد.

۳- Nouvelles Litteraires 7- 14 Octobre 1978 این هفته‌نامه در آن زمان وابسته به حزب کمونیست فرانسه محسوب می‌شد. داریوش شایگان نیز نوسانات بسیاری داشت. مقاله‌ای نیز در همین زمینه در هفته‌نامه‌ی Nouvel Observatieur انتشار داد. کتاب وی تحت عنوان یک انقلاب مذهبی چیست Qu e'stce gu' une

در همین زمینه «روشنفکران، نویسندگان، قلم‌زنان، روزنامه‌نگاران و ایران‌شناسان» کم‌و بیش سرشناس دیگری را نیز می‌توان نام برد. اولویه روآ Olivier Roy، کریستیان ژامبه Christian Jambet، کِلر بریِر Clair Briee، و پی‌یر بلانشه Pierre Blanchet.

برخی از آنان بعد از انقلاب اسلامی سعی کردند مسیر خود را تا حدی تغییر دهند.[1]

آندره فونتن، مدیر روزنامه‌ی لوموند پاریسی که همواره منّقد نظام سلطنتی در ایران بود و طی مدتی طولانی از آیت‌الله خمینی و انقلاب اسلامی با حرارت پشتیبانی می‌کرد، در این روزنامه سرمقاله‌ی پر سر و صدایی تحت عنوان «بازگشت پدیده‌ی الهی» انتشار داد و آیت‌الله خمینی را با پاپ ژان پُل دوم مقایسه کرد.[2] وی نوشت که نهضت خمینی نشان از نیاز بنیادی انسان‌ها به جستجوی اصل و هویت خویش دارد و اظهار امیدواری کرد که نمایندگان ادیان بزرگ جهان گرد هم آیند و برای آینده‌ی بشریت که سیاستمداران از نجات آن عاجزند، به اندیشه‌ی راه‌یابی بپردازند.

این مقاله به فارسی ترجمه شد و درایران انتشار یافت و در محافل روشنفکران عکس‌العملی خاص داشت.

همین روزنامه‌ی لوموند پاریسی که در تبلیغ و پیروزی انقلاب اسلامی نقش و سهمی عمده داشت و بازگوینده‌ی «آراء و عقاید» آیت‌الله خمینی بود، پس از آن که محمدرضاشاه پهلوی در ۱۶ ژانویه‌ی ۱۹۷۹ ایران را ترک کرد و دیگر شکی در سقوط سلطنت و به قدرت رسیدن آیت‌الله باقی نماند، زندگی‌نامه‌ی دیگری از او

---

re'rvolution ıeligieuse به سال ۱۹۸۲ در پاریس انتشار یافت و جالب توجه است.

۱- در این مورد نگاه کنید به

Eric Phalippou, La re'volution iranienn et l' Iranologie frauçaise

تحقیق بسیار مفصل و دقیقی که به مجمعی از متخصصین در چهارچوب مرکز بررسی همکاری‌های بین‌المللی و توسعه‌ی اقتصادی دانشگاه بروکسل (CECID) ارائه شد و به وسیله‌ی این مرکز به چاپ خواهد رسید.

2- Le Monde, 2 fevriei 1979.

انتشار داد که شامل نکات دروغین تازه‌ای درباره‌ی او بود.[1]
چند روز بعد، همین نشریه مقاله‌ای پیرامون «افکار سیاسی» آیت‌الله خمینی انتشار داد. عنوان مقاله این بود: «شورش علیه دولت بیدادگر باید بر معنویات، آزادی و استقلال ملی بنیان نهاده شود»[2] نه تنها در این مقاله باز هم نکات تازه‌ای به زندگی‌نامه‌ی آیت‌الله خمینی افزوده شده از جمله آن‌که پدربزرگش (که یک مرد عامی هندی و بی‌سواد بود) «امام» لقب گرفته و به پدرش عنوان آیت‌الله داده شده بود، بلکه توضیحات مفصلی نیز به افکار فلسفی، نظریات سیاسی و اندیشه‌های اقتصادی «امام» و پیشنهادها و طرح‌هایش در مورد اصلاحات ارضی، بهبود وضع کشاورزی، آبیاری، زراعت چند محصولی و امثال آن اختصاص یافته و حرکت سیاسی‌اش را ناشی از اعتقادات و ایمانش قلمداد کرده‌اند. در هیاهوی مطبوعاتی آن روز و الزاماتی که بر جوّ سیاسی و محیط فکری فرانسه حاکم بود، هیچ‌کس جرئت نکرد و به خود اجازه نداد که بپرسد این مطالب بر چه مدارک و نوشته‌ها و منابعی متّکی و مستند است. اگر هم این پرسش مطرح شده بود جوابی داده نمی‌شد و بهرحال کسی به این پرسش‌ها و پاسخ‌ها اعتنایی نمی‌داشت. ستایش خمینی و انقلاب اسلامی در میان چپ‌گرایان و ساده‌لوحان الزامی بود.
فیلسوف سرشناس، ژاک مادُل، در همین روزنامه‌ی لوموند[3] «نهضت خمینی را خروشی که از اعماق تاریخ برآمده» تلقی می‌کند، آن را «نشانه‌ی اراده‌ی ملتی می‌داند که می‌خواهد

۱- Le Monde, 11 Janvier 1979 – حق آن است که این مقاله تماماً به عنوان نمونه‌ی کامل ساده‌لوحی و دروغ‌پردازی یا اشتباه در مطالب خلاف واقع نقل شود. درباره‌ی روش بعضی از جراید فرانسه در «ساختن و پرداختن» خمینی نگاه کنید به فصل هفدهم کتاب Mike Evans منبع ذکر شده، تحت عنوان The French Connection صفحات ۲۲۵ الی ۲۳۴.

2- Le Monde, 12 janvir 1979.

3- Jacques Madaule, Le Monde, 13 Janvier 1979.

زنجیرهای اسارت را پاره کند» و نتیجه می‌گیرد «شاید شور و هیجان ملت ایران راه‌گشای آینده‌ای بهتر برای نوع بشر باشد».
باز هم در همین روزنامه‌ی لوموند، نویسنده و فیلسوف دیگری، گابریل ماتزنف، با روشن‌بینی می‌نویسد: «آیت‌الله خمینی یک امتیاز بزرگ دارد: مسلمان است و نه مسیحی. اگر یک اسقف ارتدکس روس به فرانسه می‌آمد و بر آن می‌شد که علیه آقای برژنف شعار بدهد و مردم کشورش را به شورش علیه حکومت شوروی دعوت کند، بی‌چون و چرا هیاهوی بسیار، بر ضد او به راه می‌افتاد. همه‌ی دست‌چپی‌ها او را به لجن می‌کشیدند و وی را مرتجع می‌خواندند و وزارت کشور ما بی‌درنگ ترتیبات لازم را می‌داد که او به اقدامات خود خاتمه دهد». با این احوال ماتزنف بر این گمان بود که «رویه‌ی آیت‌الله خمینی می‌تواند از نظر مذهبی ضروری و بارور تلقی شود»[۱]
متون و مقالات دیگری را از همین روزنامه که در آن زمان نفوذ و اعتبار بیش‌تری داشت، می‌توان نقل کرد. لوموند مدتی به رویه‌ی خود در دفاع از انقلاب خمینی ادامه داد. به مناسبت درگذشت محمدرضا پهلوی در قاهره، مقاله‌ای مفصل انتشار داد که نمونه‌ی بارز کینه‌توزی، تصفیه حساب و مطالب خلاف واقع بود که آن را هم می‌توان به عنوان نمونه‌ای در این مورد نقل و تلقی کرد.[۲]
پنج سال بعد، در بزرگداشت سالروز پیروزی انقلاب اسلامی همین روزنامه در ادامه‌ی لحن شاعرانه و افسانه‌ای خود مقاله‌ای تحت عنوان «دوازده روزی که سرنوشت ایران را دگرگون ساختند» انتشار داد.[۳]
اما با توجه به راه و روش‌های حکومت ایران و انقلاب اسلامی، لوموند اندک‌اندک رویه‌ی خود را تعدیل کرد. ولی هرگز نه تأسفی

1- Gabriel Matzneff, Le Monde, 13 janvier 1979.

۲- Le Monde, 29 Juillet 1980. این مقاله به امضای Eric Rouleau انتشار یافت که بعداً به مقام سفارت نیز رسید.

۳- Le Monde, 5 - 6 fevrie 1985. به امضای Paul Balta.

ابراز داشــت و نه اقراری به اشــتباهات گذشــته‌اش در تجزیه و تحلیل مسائل البته این رویه در بسیاری دیگر از مطالبی که در این روزنامه نوشته شد، مرسوم و معمول است.
ســی سال بعد، در نشــریه‌ی مخصوصی که به مناسبت انتشار بیســت‌هزارمین شــماره‌ی این روزنامه به طبع رســید، و در آن مهم‌تریــن حوادث و اخباری که لوموند در این مدت به آن پرداخته بود باٍ ذکر عناوین و احیاناً نقل بعضی از مقالات، یادآوری شده، اصولا دیگر نام و نشانی از خمینی و انقلاب اسلامی نیست.
قطعاً ترجیح داده‌اند که این ماجرا را که افتخارآمیز نبوده به دست فراموشی بسپارند.

* * *

حزب سوسیالیست فرانسه که فرانســوا میتران[۱] رهبر آن بود در قطعنامه‌ای حمایت خود را از حرکتی که در جریان اســت»[۲] اعلام داشــت و اجتماعی بــرای حمایت از انقلاب اســلامی برپا نمود.
دفتر اجرایی حــزب در تاریخ ۱۲ فوریه‌ی ۱۹۷۹ از پیروزی انقلاب اســلامی «نهضتی مردمی و بی‌سابقه در تاریخ معاصر جهان»[۳] ابراز خوشوقتی نمود. ظاهراً خود فرانسوا میتران، چنین توهماتی نداشت اما گویا ناچار به تحمل عقاید حاکم بر جوّ سیاسی زمان بود.[۴]

* * *

معدودی از روزنامه‌نویسان فرانسوی با این هیاهوی چپ‌گرایان

۱- رئیس‌جمهوری فرانسه بعد از ۱۹۸۱ در دو دوره‌ی هفت ساله. (مترجم)
۲- اعلامیه‌ی هیأت اجرایی حزب، ۶ ژانویه‌ی ۱۹۷۹، مرکز اسناد و حزب سوسیالیست.
۳- اعلامیــه‌ی هیــأت اجرایــی حــزب، ۱۴ ژانویــه‌ی ۱۹۷۹، مرکز اســناد و حزب سوسیالیست.
پس از پیروزی انقلاب، حزب سوسیالیســت از جریان گروگان‌گیری ســفارت امریکا حمایت کرد و در هیأتی از چپ‌گرایان فرانســه که به این منظور رهســپار تهران شد شرکت داشت.
۴- اطلاع شخصی نویسنده‌ی کتاب.

و ســـاده‌لوحان همراهی و هم‌آهنگی نداشتند. گزارش‌ها و مقالات تیری دوژاردَن[۱] فرســـتاده‌ی مخصوص فیگارو، میشل گورفینکل[۲] خبرنگار اعزامی هفته‌نامـــه‌ی والرآکتورال[۳] و پی‌یردو ویلماره[۴] در همین هفته‌نامه، معتدل‌تر بودند و نســـبت به حرکت اسلام‌گرایی افراطی با نظر شک و تردید بسیار می‌نگریستند.

ادوارد سابلیه[۵] که او هم در دو نشریه‌ی فوق‌الذکر مقالاتی انتشار می‌داد و هر بامداد حوادث بین‌المللی را در رادیوی فرانسه تفسیر می‌کرد -مردی بود آشنا به ایران و فارسی‌دان- بارها به آن کشور ســـفر کرده بود، هم روحانیون را خوب می‌شناخت و هم با رجال سیاســـی آشنایی داشت. او نیز از گروه ستایندگان خمینی دوری جست و مقالاتش واقع‌بینانه‌تر بود.

بانوی روزنامه‌نویس دیگری دانیل مارتن[۶] در مجله‌ی مونداِوی با درون‌گری آن‌چه را بعداً به ایران گذشـــت پیش‌بینی کرد. پرسُوال شـــخصیت فرهنگی، دانشگاهی و ایران‌شناس فرانسوی معتبری که به مناســـبت مســـئولیت‌های سیاســـی که در آن زمان داشت نمی‌توانســـت علناً اظهارنظـــر کند. در چند مقالـــه‌ی عمیق که در ماهنامه‌ای منتشر شد به تحلیل بحران ایران پرداخت:

او در مـــاه ژانویه‌ی ۱۹۷۹ -که هنوز آیت‌الله در پاریس به هیاهوی خود مشغول بود- در مقاله‌ای نوشت:

«... بحـــران کنونی شـــباهت به توفانی دارد کـــه از مدت‌ها پیش دشمنان ایران در تدارک و انتظار آن بودند. در میان آنان متأسفانه باید بعضی از هم‌پیمانان این کشور را نیز به شمار آورد... آیت‌الله خمینی، میهمان ناخوانده و سوءاســـتفاده‌گر فرانسه، خیلی زود

1- Thierey Desjardins
2- Michel Gurfinkiel
3- Valeurs actuelles
4- Pierre de Villemarest
5- Edouard Sablier
6- Danie'le Martin, Monele et Vie, 17 november 1978.

ماهیت خود را برملا کرد: مردی که باعث قتل و کشتار بی‌گناهان بسیار شده و می‌شود و از مرگ آن‌ها سوءاستفاده می‌کند. او از تشییع جنازه‌ها بهره‌برداری می‌کند و از عزادارای در کشورش لذت می‌برد. می‌گوید که می‌خواهد در برابر شاه مقاومت کند. اما در امن و امان پاریس نشسته و باعث کشتار ایرانیان می‌شود. هدف او چیست؟ برقراری یک حکومت استبدادی روحانیون که مباین سنت‌های دیرین ایرانیان است و کم‌تر کسی در ایران واقعاً از آن جانبداری می‌کند... طرح برقراری یک جمهوری اسلامی در ایران غیرقابل تصور و تحقق نیست مگر نه این است که پیش از خمینی، در آلمان نازی و اتحاد جماهیر شوروی، نظام‌های استبدادی اهریمنی ایجاد شدند. آیت‌الله نیز به همان راه می‌رود...»[۱]

در تحلیل دیگری که دو ماه بعد انتشار یافت، همین محقق با اشاره به یک مقاله‌ی روزنامه‌ی لوموند که به اصطلاح گزارشی از شورش روستاها علیه رژیم ایران انتشار داده بود،[۲] نوشت:

«کارگران به‌کلی خود را از حرکت انقلابی کنار کشیده‌اند و موج آن مطلقاً به روستاها نرسیده است».[۳] وی اضافه کرد «شرکت کنندگان در تظاهرات انقلابی، اقلیتی شهرنشین هستند و عامل اصلی سقوط ایران چیزی جز مداخله و فشار امریکاییان نبوده»[۴]

این سخنان فریادهایی در تاریکی بودند. چپ‌گرایان و ساده‌لوحان -به تشویق یا لااقل با تأیید دولت‌های غربی و شرقی- چنان هیاهویی به پا کرده بودند که البته این فریادها به‌جایی نمی‌رسید. اما لااقل این موضع‌گیری‌ها واقع‌بینانه و شجاعانه حیثیت و اعتبار بخشی از روشنفکران فرانسه را حفظ کرد و یا نجات داد و متأسفانه پیش‌بینی‌ها و درون‌گری‌های آنان به تحقق پیوست.

1- Perceval, Revue Unirersselle des faits et des idee's, janvier - fevier 1979, P. 15 - 20

2- Le Monde, 2 janvia 1979.

3- Revue Universelle..., Mars- avril 1979.

۴- همان منبع، همان شماره.

* * *

چند «روشنفکر» معروف امریکایی نیز در آن سوی اقیانوس اطلس با این هیاهو هم‌صدا بودند. نفوذ آنان بر جامعه‌ی آمریکا و مطبوعات آن کشور کم‌تر از همتایان فرانسوی‌شان بود. در این زمان نهضت مردمی عمیقی که متعاقباً رنالد ریگان را در ایالات متحده به ریاست جمهوری رساند آغاز شده و بسیاری از دانشگاهیان و نویسندگان و قلم‌زنان امریکا با موضع‌گیری‌های روشنفکران چپ‌گرا موافق نبودند و جرئت اظهارنظر علنی نیز داشتند. معذالک باید گفت که نفوذ «چپ‌گرایان و ساده‌لوحان» در محافل شرق امریکا کم نبود و به خصوص عقاید آنان در میان مسئولان حکومت کارتر گوش شنوا داشت و مورد توجه بسیار بود.

به عنوان نمونه پروفسور ریچارد کاتم، استاد دانشگاه‌ی معتبر پیتزبورگ[1] که مشاور مورد اعتماد وزارت خارجه‌ی امریکا و کاخ سفید محسوب می‌شد، در اشاره به «مرام اسلامی» نوشت که «آیت‌الله خمینی به هیچ‌وجه علاقه‌ای به مداخله در امور سیاسی ندارد و نمی‌خواهد نقشی در حکومت داشته باشد»[2]

دانشگاهی دیگری، پروفسور ریچارد فالک[3] که او نیز مورد توجه مقامات کاخ سفید بود، انقلاب اسلامی ایران را به عنوان «نمونه‌ی تمام عیار یک انقلاب آرام و بدون خون‌ریزی» معرفی کرد و آن را «درخشان‌ترین واقعه‌ی تاریخ اسلام و بنیان‌گذار حکومتی انسانی» دانست.[4]

دانشگاهی دیگری از این هم فراتر رفت «امام خمینی یک معجزه

1- Pittsburgh, Richard Cottam

۲- نگاه کنید به کتاب: Michael Ledeen et Welliam Lewis, .

3- Richard Falk.

۴- در مقاله‌ای در روزنامه‌ی معتبر New - York Times این مقاله در کتاب ۶۱۹ صفحه‌ای علامه شجاع‌الدین شفا، تولدی دیگر، صفحه‌ی ۴۸۷ ترجمه و تجزیه و تحلیل شده است.

اســـت». در سرتاسر تاریخ بشریت، رهبری که قابل مقایسه با او باشد، وجود نداشته. تصور نمی‌کنم که در آینده نیز چنین رهبری ظهور کند»[۱]

ماننـــد بعضـــی از روزنامه‌نگاران، نویســـندگان و روشـــنفکران فرانســـوی، تنی چنـــد از تحلیل‌گـــران امریکایی نیز دچـــار افکار مالیخولیایی شـــده بودند: دانشـــگاهی دیگری که او نیز مشـــاور حکومت کارتر بود، پروفسور جیمس. دی. کک‌رافت استاد دانشگاه راتگـــرز[۲] در مقالـــه‌ای به «تشـــریح کامل» برنامه‌ی سیاســـی و اقتصادی خمینی پرداخت. او اظهار داشت که این اطلاعات را طی ملاقاتی با آیت‌الله کسب کرده:

- توزیع مجدد ثروت به سود مستضعفین و افزایش نظارت دولت بر امور اقتصادی.
- توســـعه‌ی صنایع جدید، مخصوصاً صنایع بنیادی و اجتناب از ایجاد صنایع ســـبک و کارخانه‌های متخصص در سوار کردن قطعات منفصله‌ی ساخت خارج.
- توسعه و اســـتفاده از ماشین‌های کشـــاورزی در روستاها به استثنای شـــرکت‌های کشـــت و صنعت. تأمین نیازهای بنیادی کشاورزان.
- تأمین آزادی‌های بنیادی انسانی - سیاسی و مذهبی.
- ایجـــاد یک نظـــام دموکراتیک چند حزبـــی، روحانیون اجازه‌ی انتخاب شدن خواهند داشت. اما از قبول سمت‌های اجرایی ممنوع خواهند شد.
- آزادی مطلق همه‌ی اقلیت‌های مذهبی با حق انتخاب نمایندگان

۱- همان منبع، ۴۸۸.

2- Pr. James D. Cockraft, New- York Times, 18 janvia 1979

دانشگاه Rutgers.

مجمـــوع ایـــن نوشـــته‌ها و مقـــالات در کتـــاب جالب دانشـــمند هنـــدی ویلانی لام Vilanilam تجزیه و تحلیل شـــده: S.V. Vilanilam, Reporting a Revollution, Sage Publication, New - Delhi, 1983.

در مجالس مقننه. به استثنای بهاییان که به شاه وابستگی دارند. آیا این «تشریح جامع و کامل» از تخیّلات نویسنده‌ی مقاله ناشی شده یا آن را مشاوران و نزدیکان آیت‌الله خمینی که مصاحبه‌هایش را تنظیم می‌کرده‌اند، به وی تلقین کرده بودند؟

احتمالاً واقعیت، ترکیبی است از این دو فرض و به هر حال سوءاستفاده از نادانی و ساده‌لوحی یک دانشگاهی امریکایی.

کار به آن‌جا رسید که آقای آندر ئویانگ[1] نماینده و سفیر ایالات متحده در سازمان ملل متحد آیت‌الله خمینی را یک «قدیس سوسیال دمکرات» خواند و افزود که «نهضتی که وی به‌وجود آورده و هدف‌های انقلاب اسلامی از اعلامیه‌ی جهانی حقوق بشر الهام گرفته‌اند.»[2]

* * *

بر اساس گزارش‌ها و مدارک رسمی وزارت امورخارجه‌ی امریکا و کاخ سفید، مراجع رسمی و دولتی این کشور حتی نسخه‌ای از نوشته‌ها و متون سخنرانی‌های پیشین آیت‌الله روح‌الله موسوی‌خمینی را در اختیار نداشتند و از آن‌ها آگاه نبودند. سازمان سیا نیز در همین وضع بود. در نتیجه از روزنامه‌ی واشنگتن‌پست تقاضا کردند که نسخه‌ای از این نوشته‌ها و گفتارها را در اختیارشان بگذارد.[3]

بعضی از روزنامه‌ها و مجلات امریکایی، که بر خلاف جراید فرانسه همه یک‌صدا ستایشگر بی‌چون و چرای خمینی نبودند،

1- Andrew Young.

۲- متن اظهارات آقای آندرِئویانگ در همه‌ی کتب و مقالات مربوط به انقلاب اسلامی مندرج است.

۳- جریان این ماجرا به تفصیل در کتاب Ledeen و Lewis (منبع ذکر شده) صفحات ۱۵۴ به بعد آمده است. هنگامی که آقای ویلیام سولیوان William Sullivan در ماه سپتامبر ۱۹۷۸ به دیدار من آمد (این موقع وزیر علوم و آموزش عالی بودم- شرح این ملاقات در کتاب خاطراتش هست)، نوشته‌ها و گفتارهای خمینی را در میان گذاشتم. وی گفت که اطلاعی از آن‌ها ندارد. احساس من بر آن نبود و هنوز هم نیست که تظاهر می‌کرد.

گزیده‌هایی از نوشته‌های خمینی و سخنان ضد یهودی، ضد امریکایی و ضد غربی او را انتشار دادند. درج و نشر این مطالب موجب ناراحتی و رنجش مقامات رسمی واشنگتن شد. هنری پرشت، متصدی قسمت ایران در وزارت امورخارجه‌ی ایالات متحده، همان کسی که چنان‌که دیدیم از واشنگتن در ترتیب مصاحبه‌های مطبوعاتی خمینی شرکت می‌کرد، اعلام داشت که «این مطالب در بهترین توجیه یادداشت‌هایی است که شاگردان آیت‌الله خمینی از دروسش برداشته‌اند ولی به احتمال قریب به یقین ساختگی است»[۱]

واشنگتن‌پست نیز به نوبه‌ی خود، در درستی این گفتارها ابراز تردید کرد: «آن‌ها خارج از چهارچوب خود به چاپ رسیده‌اند. دروس خمینی به زبان عربی داده نشده بود. او برای ایرانیان صحبت می‌کرد. چه دلیلی داشت که به زبان عربی صحبت کند؟ من متن فارسی این گفتارها را خوانده‌ام و در آن هیچ مطلبی که دالّ بر احساسات ضد یهودی خمینی باشد ندیده‌ام»[۲]

ظاهراً اندک پریشانی در نوشته‌ی روزنامه‌ی مهم و معتبر واشنگتن‌پست وجود دارد. زبان مردم ایران عربی نبود و نیست. گفته‌ها و نوشته‌های خمینی همه به زبان فارسی است، ولو به نثری پر از غلط و «شلغم‌شوربا».[۳] عربی زبانی است از ریشه‌ی سامی و فارسی از ریشه‌ی هندواروپایی. فارسی همان‌قدر به عربی شبیه است که فرضاً فرانسه به آلمانی یا سوئدی.

در جریان زمستان ۱۹۷۸ - ۱۹۷۹ مکاتبات مفصلی میان سفارت

۱- همان منبع (Leeden et Lewis)

۲- برگزیده‌ای از آثار و نوشته‌های قبل از انقلاب آیت‌الله موسوی‌خمینی، ترجمه و در سال ۱۹۷۹ به وسیله‌ی موسسه‌ی Editions Lilbres Hallier در پاریس به چاپ رسید. قسمتی از گفتارها و نوشتارهای ضدیهودی وی در صفحه‌ی ۳۰ این کتاب آمده است. Perceval ایران‌شناس فرانسوی (نام مستعار) مقاله‌ی مفصلی به این کتاب در شماره‌ی سپتامبر - اکتبر 1979 Revue Universelle اختصاص داد.

۳- اصطلاح عامیان Charabia را که در متن کتاب فرانسه آمده چنین ترجمه کرده‌ایم. (مترجم)

امریکا در ایران و مقامات واشنگتن درباره‌ی درستی یا نادرستی نوشته‌هایی که به آیت‌الله خمینی «نسبت داده می‌شد» صورت گرفت. سرانجام پس از تحقیقات طولانی واقعیت این «انتساب» محرز شد. در ضمن قبول کردند که این نوشته‌ها و گفتارها به فارسی بوده و نه عربی.
خمینی در آن موقع زمام قدرت را در ایران به‌دست گرفته بود!

* * *

«اصرار جهان غرب در تکرار اشتباهاتش واقعاً حیرت‌انگیز و دردناک است. غربی‌ها همیشه اسلام‌گرایی افراطی را بدون توجه به منافع و مصالح کشورهای مسلمان و علاقمندی آن‌ها به توسعه و ترقی و جدایی مذهب از سیاست، تشویق و حمایت کرده و می‌کنند. علت آن است که اسلام‌گرایی غیرافراطی -یا اسلام به عنوان دیانت و نه مشی سیاسی- همیشه توأم با میهن دوستی، ملت‌گرایی و ترقی‌خواهی بوده، که ظاهراً تحمل آن برای بسیاری از محافل غربی میسر نیست»[1]
«بیست سال پیش، به اقتضای سالگرد انقلاب اسلامی، همه‌ی متفکرین رسمی ما از به قدرت رسیدن آیت‌الله خمینی اظهار خوشوقتی می‌کردند. آن‌ها می‌پنداشتند که سرانجام کشور بزرگ ایران دارای حکومتی مترّقی و دموکراتیک شده است. آن‌ها می‌گفتند که ایرانیان ریشه‌های تمدن خود را باز یافته‌اند.
این متفکرین رسمی که به ناگاه خود را متخصص ایران، متخصص تمدن ایرانی و متخصص تشیّع پنداشتند و وانمود کردند، گمان می‌بردند که مردم ایران همواره عمیقاً مذهبی بوده‌اند و چون شیعه مذهب هستند در انتظار مهدی موعود و امام زمان بودند...
همین «متفکرین رسمی» چند سال قبل از آن تصرف شهر سایگون

1- Iacques Duquesnes, La Croix - L' Eve'nement 30 de'cembre 1998.
نویسنده‌ی این مقاله روزنامه‌نگار و نویسنده‌ای سرشناس و متخصص در بررسی‌های تاریخی و مذهبی محسوب می‌شود. (مترجم)

را به دست کمونیست‌ها، رهایی و آزادی ملت ویتنام خواندند. هنگامی که فجایع کمونیست‌ها در ویتنام علنی شد و صدها هزار ویتنامی جان خود را به خطر انداخته و سوار بر قایق‌ها و کشتی‌های کوچک بادبانی یا حتی تخته‌پاره‌هایی از بهشت کمونیستی گریختند، هنگامی که تأثر و ندامت بر افکار عمومی جهانیان که دست روی دست گذاشته سقوط ویتنام را پذیرفته بودند، غالب شد، همین متفکرین رسمی، یا در حقیقت دلقک‌های روشنفکرنما، برای آن که بلاهت و یا ساده‌لوحی‌شان فراموش شود، به لباس متخصصان اسلام و خاورمیانه و ایران درآمدند و سنگ آیت‌الله خمینی و انقلاب اسلامی را بر سینه زدند.

باید گفت که در مورد ایران، «روشنفکران» رسمی ما با طرّاحان سیاست جهانی ایالات متحده‌ی امریکا هم‌آواز بودند. حکومت کارتر رسماً و علناً شاه را کنار گذاشته بود. بی.بی.سی، رادیوی آقای جیمز کالاهان[1] طی ماه‌ها نوارهای آیت‌الله را که همه برای دعوت مردم ایران به شورش و انقلاب بود پخش می‌کرد»[2]

* * *

هیچ‌یک از این «متفکرین بزرگ» یا در حقیقت «دلقک‌های روشنفکرنما» که هر روز از مقامات مسئول کشور خود فرانسه، خواهان اظهار ندامت و پوزش رسمی برای اشتباهاتش در گذشته‌های دور و نزدیک (حتی صدها سال پیش) هستند، ولو آن‌که بسیاری از این اشتباهات واقعیتی هم نداشته و ندارند، این شهامت و شرافت را نداشتند که لااقل به اشتباه خود در مورد

1- James Callaghan   رئیس‌الوزرای وقت بریتانیا
2- Thierry Desjardins, Le Figaro, 1999.

از دوست گرامی و دانشمندم آقای دکتر پرویز آموزگار رئیس اسبق دانشگاه فردوسی (مشهد) و رئیس سابق دانشکده‌ی حقوق و اقتصاد و مدیریت پاریس و همچنین از آقای پروفسور Joseph Santa - Croce که بسیاری از مقالات و اسناد این فصل کتاب را در اختیارم گذاشتند، صمیمانه متشکرم.

«انقلاب اسلامی» و روی کار آوردن خمینی و ارتکاب جنایت بزرگی که علیه ملت ایران و ملت‌های دیگر مسلمان و غیرمسلمان در آن شریک و سهیم بوده‌اند، اعتراف کنند و به خاطر آن طلب بخشش نمایند.

آیا ایرانیان فراموش خواهند کرد؟

فصل نهم

در تهران: درماندگی و فروپاشی حکومت

ورود آیت‌الله روح‌الله موسوی‌خمینی به فرانسه و استقرارش در نوفل‌لوشاتو نه تنها تعدیل و آرامشی در اوضاع به‌وجود نیاورد، که باعث تشدید تظاهرات شورش گونه‌ای شد که او علمدار و مظهر آن شده بود.

خیلی زود روشن شد که بار دیگر دولت در ارزیابی وضع سیاسی اشتباه کرده. موافقت با خروج خمینی از عراق اشتباه بود. امیدواری به این که خود او در فرانسه آرام خواهد شد و یا آرامش خواهند کرد، اشتباهی بزرگ‌تر.

پیش از این تغییرات، تماس تلفنی با اطرافیان خمینی در نجف بسیار دشــوار و محدود بــود و هر دو دولت ایران و عـــراق بر آن نظارت داشتند. نوارهایش با اشکالات زیاد از سرحد رد می‌شد. تکثیر آن‌ها در ایران جنبه‌ی حرفه‌ای نداشت. البته آلمان شرقی قسمتی از این کار را انجام می‌داد، ولی با کندی و نه به آسانی.

قبل از آن که آیت‌الله به فرانسه بیاید و در نوفل‌لوشاتو مستقرّش کنند -فرستنده‌های رادیویی قوی و مجهزی در اقامتگاهش مستقر کرده بودند، خطوط تلفنی متعدّدی به آنجا متصل شده بود- ترتیبات لازم برای انتقال نوارهایش با مصونیت دیپلماتیک داده شده و در حقیقت همه چیز مهیا بود.

ترتیب هیاهوی مطبوعاتی که در پاریس برای او ایجاد شد و هفته‌ها طول کشید، از بغداد یا لیبی حتی قابل تصوّر هم نبود. فعالیت تخریبی او در فرانسه ابعاد گسترده یافت.

رادیوی لندن بی‌بی‌سی، در برنامه‌های داخلی خود کاملاً آزادی عمل داشت و دارد و دولت را در آن حق دخالتی نیست. اما برنامه‌های خارجی آن، به‌ویژه در «موارد خاص و حساس» چون وضع آن‌روز ایران، تحت نظارت مقامات رسمی و سرویس‌های اطلاعاتی انجام می‌گیرد و کم‌وبیش در همه‌ی کشورها چنین است.

رادیوی لندن در ماه‌های آخر قبل از پیروزی انقلاب، عملاً سخنگو و وسیله‌ی تبلیغ «انقلابیون» شده بود. بسیاری، آن را صدای انقلاب می‌نامیدند. رادیو لندن در برنامه‌های فارسی‌اش، پیشاپیش برنامه‌های تظاهرات را با همه‌ی جزئیات اعلام می‌کرد. نوارهای آیت‌الله، منظماً از بی‌بی‌سی پخش می‌شد و چنان که ابراهیم یزدی مشاور او یادآور شده، ترجمه‌ی مقالات مهمی که علیه شاه و به نفع خمینی در جراید غربی منتشر می‌شد، از طریق این رادیو به اطلاع مردم ایران می‌رسید.

سپس «معجزه‌ای» رخ داد. طبق اطلاعاتی که در دست داریم، آیت‌الله خمینی تا هنگام استقرارش در نوفل‌لوشاتو هرگز از تلفن استفاده نکرده بود و اصولاً این وسیله‌ی مکالمه و ارتباط را نمی‌پسندید. در نوفل‌لوشاتو بالاخره به این کار رضایت داد! سرانجام صدایش بلاواسطه، به گوش جمعی از طرفدارانش یعنی بعضی از روحانیون و چند بازاری رسید. این اتفاق برای آنان یک دگرگونی واقعی بود صدای «آقا» را «مستقیماً» شنیدند. مطلب مهمی در تلفن نمی‌گفت.

اما «خودش» بود و صدای خودش و این یک انقلاب محسوب می‌شد!

* * *

«خمینی طی مدت سه ماه خود را برای نیل به قدرت آماده می‌کرد. با روزنامه‌نویسان و خبرنگاران به مصاحبه می‌پرداخت و به پرسش‌هایی که قبلاً آماده شده و در اختیارش گذاشته بودند، پاسخ می‌داد و چشم به راه چراغ سبز واشنگتن بود.»[۱]
«رادیوها و تلویزیون‌های دنیا از او (خمینی) یک شخصیت تاریخی ساختند، تبلیغات در جهت مخالف نیز موثر بود. در تهران عوام‌الناس اهمیتی را که در ممالک خارج به خمینی داده می‌شد، مشاهده می‌کردند. تصاویر بزرگ و کوچکش در هزاران نسخه منتشر و در همه جا دیده می‌شد. مشاهده‌ی این وضع به اهمیت او نزد خارجیان می‌افزود»[۲]

در نوفل‌لوشاتو با وضع و شرایطی که دیدیم، خمینی سریعاً به صورت مهم‌ترین مخالف نظام شاهنشاهی درآمد. با بیعت کریم سنجابی مهم‌ترین رهبر جبهه‌ی ملی، آیت‌الله موفق شد عملاً همه‌ی مخالفان را تحت لوای خود گرد آورد.
در طول بهار و تابستان ۱۹۷۸، آیت‌الله‌عظمی شریعتمداری، رهبر واقعی و مظهر و سخنگوی مخالفان بود که هنوز به مخالفت با رژیم برنخاسته و خواستار اجرای دقیق قانون اساسی و تحدید اختیارات شاه و اصلاحات سیاسی و اجتماعی بودند. خواست اصلی همه‌ی جناح‌های مخالف این بود که شاه سلطنت کند و نه حکومت.
محمدرضا پهلوی مسلماً خداشناس بود. اما به بسیاری از فرائض و آداب اسلامی عمل نمی‌کرد. اعتقاداتش بیش‌تر جنبه‌ی

1- Dominique Lorentz, une guerre, op cit. P. 174.
2- Edouard Sablier, op, cit P. 65.

معنوی داشت. او نمی‌خواست و نمی‌توانست فراموش کند که اگر در سال ۱۹۵۳، بخش عمده‌ی روحانیت و مخصوصاً آیت‌الله‌عظمی بروجردی (که مرجع تقلید بلامنازع و عملاً واحد شیعیان بود) از سپهبد زاهدی که نیروهای ارتش در اختیارش نبودند و قادر به کودتای نظامی نبود، حمایت نمی‌کرد، وی نمی‌توانست تاج و تختش را به او بازپس دهد. از آن پس همه‌ی کوشش شاه بر آن بود که خود را از قید و بند دِینی که به مراجع روحانی داشت آزاد کند. او ملاها را در مجموع واپس‌گرا، فاسد و مخالف نوسازی کشور و مانعی در راه تحقق آن می‌دانست.

سیاست سنتی پادشاهان و دولت‌های ایران همواره بر آن بود که با «قهر و لطف» گاهی تهدید و گاهی تطمیع؛ و در موارد مهم و خاص چون مراجع تقلیدی مانند اصفهانی، بروجردی و یا شریعتمداری و خویی با مذاکره و تفاهم، روابط خود را با سلسله مراتب روحانیت حفظ کنند. اما، این اواخر، رویه‌ی مقامات حکومت نسبت به روحانیت تغییر کرده بود. به تعدادی از مراجع و مقامات - غالباً مهم‌ترین و محترم‌ترین آنان- اعتنایی نمی‌شد. نسبت به اکثر آنان سیاست تطمیع معمول می‌شد. ملاهای مقرری‌بگیر کم نبودند. با گروه کوچکی نیز که علناً مخالف دستگاه بودند با خشونت رفتار می‌شد.

عملاً دو نخست‌وزیری که طی پانزده سال آخر سلطنت محمدرضاشاه بر ایران حکومت کردند همین رویه را داشتند. میان آنان و مراجع تقلید قابل احترام (یا بعضاً در جهات اخلاقی کم‌تر قابل احترام) رابطه‌ی مستقیمی وجود نداشت. شاید شاه مایل به وجود چنین روابطی نبود.

هنگامی که طی سال ۱۹۷۸ دشواری‌های روزافزون پدیدار شدند، محمدرضاشاه دریافت که باید رابطه و مذاکره و احیاناً تفاهم با قم را مجدداً برقرار نماید. فرستادگانی نزد آیت‌الله‌عظمی شریعتمداری رفتند. به گفته‌ها و پیشنهادهایش گوش فرا دادند.

اما این گفت و شنودها هرگز به جایی نرسید و به پیشنهادها و نظرات آیت‌الله‌عظمی که اکثراً معقول و عملی هم بودند توجهی نشد.

پس از استقرار روح‌الله موسوی‌خمینی در نوفل‌لوشاتو، دیگر رشته‌ی کار از دست شریعتمداری به در رفت و کار عمده‌ای از او ساخته نبود. افراطیون و درشت‌سخنان که مورد حمایت خارجیان بودند، سررشته‌ها را بدست گرفتند. دوران گفتگو و تفاهم به پایان رسید و زمان خشونت آغاز شد.

محمدرضا پهلوی، جعفر شریف‌امامی را که از یک خانواده‌ی کوچک روحانی برخاسته بود، مرد گفتگو با قم می‌پنداشت. اما خیلی زود دریافت که به راه خطا رفته است و اشتباه کرده. چند هفته‌ی بعد، درست قبل از فروپاشی نظام شاهنشاهی، راه‌حل دیگری پدیدار شد. اما دیگر شاه نه اراده‌ی توسل به آن را داشت و نه قدرت لازم را. کار از کار گذشته بود.

* * *

اندکی بعد از فاجعه‌ی آبادان، یعنی در ۲۷ اوت ۱۹۷۸، جعفر شریف‌امامی به ریاست دولت برگزیده شد. کمتر از یک ماه بعد دولتش دیگر کاره‌ای نبود و کشور در هرج و مرج فرو می‌رفت. شاه به شریف‌امامی اختیار تام و کامل داده بود. دیگر او بود که تصمیم‌های مهم را می‌گرفت. پانزده روز پس از انتصابش، هنگامی که برای معرفی وزیران و طرح برنامه‌ی دولتش به مجلس رفت، شریف‌امامی دیگر نه فکر و طرحی داشت و نه حیثیت و اعتباری. سیاستمداری بود زبون، درمانده و در حال احتضار. چند تن از وزیرانش به عنوان اعتراض به ناتوانی او در مقابله‌ی با حوادث دولت را ترک کردند. عملاً پس از اخذ رأی اعتماد از مجلسین دیگر صحبتی از نخست‌وزیر نمی‌شد و کسی برای او اهمیت و تأثیری در راهبری امور کشور قائل نبود.

از سپتامبر ۱۹۷۸، شهبانو به‌تدریج نقش مهمی در اداره‌ی امور کشور و اتخاذ بعضی از تصمیمات اساسی به‌عهده گرفت. سهمش روزافزون بود. باید گفت که وی شجاعت کرده عملاً و رسماً با انتصاب شریف‌امامی به ریاست دولت ابراز مخالفت کرده بود. سپهبد مقدّم رئیس سازمان اطلاعات و امنیت کشور نیز با این انتصاب مخالف بود و بر خلاف عادات و سنت سلفش، این مخالفت را ابراز داشت.[۱] جریان حوادث سریعاً حق را به شهبانو داد و همین امر سبب شد که آراء و نظراتش وزن و اهمیتی پیدا کنند. اما پس از آن خود او نیز دچار اشتباهاتی شد و از خود حسن تشخیص نشان نداد.

بیماری شاه و ضعف بدنی و مخصوصاً روانی فزاینده‌اش نیز مزید بر علت شد. شاه بیمار و رنجور و خود را باخته بود. نخست‌وزیر، ناتوان و درمانده بود. شهبانو نیز که آزادی عمل یافته بود، تجربه‌ی سیاسی و حسن تشخیص لازم را نداشت. رهبری کشور دچار خلاء شده بود.

در اواسط دولت شریف‌امامی اعتصابات دامنه‌داری در صنعت نفت و شبکه‌ی مملکتی توزیع نیروی برق آغاز شد. رهبری این اعتصابات را گروه شناخته شده‌ای از اعضای حزب به اصطلاح منحله‌ی توده به‌عهده داشت.

اکثریت قاطع کارگران صنایع و علماً تمام روستاییان و کشاورزان از حرکت انقلابی فاصله گرفته و در آن شرکتی نداشتند.

برخوردهایی در دهات صورت گرفت، حتی این‌جا و آن‌جا خونریزی هم شد. اما نه میان روستاییان و خرده‌مالکان و مأموران انتظامی بلکه میان فرستادگان بزرگ مالکان سابق با خرده‌مالکان که از اصلاحات ارضی برخوردار شده بودند. عوامل مالکان سابق به نام آیت‌الله خمینی که «همه»ی اصلاحات شاه و انقلاب سفید را

۱- نگاه کنید به H. Nahavandi, Canets Secrts... op cit p. 135 -137. ترجمه‌ی فارسی آخرین روزها، شرکت کتاب.

محکوم کرده بود، به دهات کشور آمده درصدد بازپس گرفتن اراضی از دست رفته برآمدند. عکس‌العمل روستاییان شدید بود. انقلابیون آن‌ها را «چماق‌دار» خواندند. مقاله‌ی روزنامه‌ی لوموند پاریس که از شورش یک‌پارچه‌ی روستاییان علیه شاه سخن گفته بود.[1] ناشی از تخیلات نویسنده یا تلقینات اطرافیان آیت‌الله بود.

با این حال باید گفت که اعتصابات صنعت نفت و شبکه‌ی توزیع نیروی برق به سرعت زندگی مردم را فلج کرد و نوعی هرج و مرج در کشور به‌وجود آورد.

برای مقابله با این اعتصابات، نخست‌وزیر ناگهان اعلام کرد که همه‌ی دستمزدهای کارگران و کارمندان شرکت ملی نفت ایران ۲۵٪ افزایش خواهد یافت. در پاسخ به پرسش‌های تنی چند در باره این «تصمیم» و بی‌اساس بودن آن، وی پاسخ می‌داد که مقصودش فقط آرام کردن اعتصابیون است و این تصمیم نه عملی است و نه اجرا خواهد شد.

وی دستور داد که رئیس هیأت مدیره و مدیرعامل شرکت ملی نفت ایران[2] برای گفتگو با اعتصابیون و آرام کردن آنان به مناطق نفتی برود. این شخص منتقدّان و مخالفین بسیار داشت. با استقبالی ناشایست روبرو شد و به تهران بازگشت.

اعتصابات فلج کننده هم‌چنان ادامه یافتند.

* * *

در اوایل پاییز ۱۹۷۸ -هنگامی که کشور به تدریج در هرج و مرج کامل فرو می‌رفت و ناتوانی دولت در مقابله با بحران علنی شده بود- ملک‌حسین پادشاه کشور اردن‌هاشمی به محمدرضاشاه تلفن کرد و گفت «طرحی که امریکایی‌ها امروز در ایران به اجرای آن پرداخته‌اند، همان بلایی است که می‌خواستند در ۱۹۷۰ بر

1- Le Monde, 3 janvier 1979.

۲- ظاهراً اشاره به هوشنگ انصاری است. (مترجم)

سر من و کشورم بیاورند.[1] من مقاومت کردم. شورش را فرو نشاندم و امریکایی‌ها ناچار شدند با من کنار بیایند. اگر تو (شاه) نمی‌خواهی یا نمی‌توانی دستوراتی را که الزاماً خشن خواهند بود صادر کنی، به من اجازه بده که به تهران بیایم. در دفتر کوچکی در محل کارت مستقّر شوم از طرف تو اوامر لازم را به فرماندهان ارتش بدهم و به آن‌ها بگویم که چه باید بکنند. خواهی دید که غائله سه روزه فیصله خواهد یافت و امریکایی‌ها خفه خواهند شد»[2]

شاه که تنها یک دل‌مشغولی داشت و آن اجتناب از خونریزی بود جواب منفی داد. وی بعداً گفت «من در مورد رویه‌ی امریکایی‌ها کاملاً در اشتباه بودم. به‌ویژه به هیچ قیمتی نمی‌خواستم که خون ملتم را بریزم. یک شاه، نباید مانند یک دیکتاتور رفتار نماید و بخواهد به هر قیمتی قدرت را حفظ کند».[3]

تشابه میان رفتار شاه با طرز فکر و عمل لوئی شانزدهم در سال‌های قبل از سقوط و اعدامش حیرت‌انگیز است.

«پیروی از نظر امریکایی‌ها و انگلیسی‌ها اشتباه بود. آن‌ها می‌خواستند که من دست آتش‌افروزان، خرابکاران، آدمکشان و غارتگران را باز بگذارم. آن‌ها می‌گفتند که مایلند به این ترتیب اجرای سیاست فضای باز سیاسی ادامه یابد»

در ماه‌های نوامبر و دسامبر ۱۹۷۸، معاون وزارت امورخارجه‌ی امریکا در مسائل مربوط به حقوق بشر به ایران آمد و خواست که از هرگونه خشونتی نسبت به مخالفان و تظاهرکنندگان اجتناب و جلوگیری شود.[4]

قبلاً در اکتبر ۱۹۷۸، وزارت امورخارجه‌ی ایالات متحده و شخص ویلیام سولیوان سفیر آن کشور در تهران با فروش و تحویل «ابزار

۱- ماجرای معروف به سپتامبر سیاه

۲- روایت شاه به نویسنده‌ی کتاب در قاهره. ماه مه ۱۹۷۹.

۳- همان منبع.

4- "Desastrous Year", Encounter, novembre 1988.

و وسائل ضد شورش» به ایران شدیداً مخالفت کرده آن را مباین سیاست آشتی ملی دانسته بودند.[۱]

* * *

با تمام این احوال، فرماندهان ارتش، بدون این که دستور خاصی از شاه دریافت داشته باشند طرحی جامع برای استقرار نظم و بازگشت به حکومت قانون تهیه کردند و به آن طرح خاش نام نهادند.[۲] هدف طرح آن بود که در ظرف چند ساعت قدرت حکومت را عیان و بر کشور مسلط سازند، کفّه‌ی ترازو را به نفع مدافعان قانون سنگین کنند و مانع اضمحلال تشکیلات مملکتی شوند تا هنگامی که نظم و آرامش باز آیند. در آن موقع مسئولان سیاسی (در حقیقت شاه) خواهند توانست از موضع قدرت با رهبران مخالفین به مذاکره پرداخته یک راه‌حل سیاسی در چهارچوب قانون اساسی پیدا کنند.

در آن روزها هیچ کس در این که عمر دولت شریف‌امامی به پایان رسیده شک و تردیدی نداشت. سران ارتش مایل بودند که ارتشبد غلامعلی اویسی، فرمانده کل نیروی زمینی و فرماندار نظامی تهران به ریاست دولت برگزیده شود. بنای کار بر این گذاشته شده بود که این تغییر، یعنی برکناری یا استعفای شریف‌امامی و انتصاب ارتشبد به ریاست دولت، شبانگاه در ساعت آغاز ممنوعیت رفت و آمد در پایتخت اعلام شود. در این هنگام گروه‌های متعلق به «مأمورین ویژه» که پایگاه آنان در لویزان و مهران بود،[۳] افراد گارد شهربانی مستقر در عشرت‌آباد[۴] و واحدهای هوانیروز وارد

1- Zbigniew Brezezinski, Power and Prinćipels Mc Graw Hill, Toronto, New- York, 1984, P. 355.

۲- خاش شهر کوچکی در جنوب بلوچستان- استانی که اکثریت اهالی آن سنّی هستند.

۳- در شمال پایتخت.

۴- در مرکز شهر، فرماندهی این واحد مجهز با سرتیپ امیرهوشنگ فیروزبخش بود.

عمل شده، قریب به چهارصد تن از رهبران و سرکردگان تظاهرات خشن و افراطی را در تهران جلب و بازداشت نمایند. این چند واحد کاردان و ورزیده، تا آن زمان عملاً از مداخله در تظاهر دولت به استقرار نظم در پایتخت کنار مانده بودند و در حقیقت نیروی احتیاط حکومت را تشکیل می‌دادند.

در شهرهای عمده وظیفه‌ی جلب سرگردگان اغتشاشات به پلیس تفویض شده بود و واحدهای کوچک امنیتی و احیاناً افراد ارتش می‌بایست به پشتیبانی آنان اکتفا کنند.

بنای کار بر آن بود که در تهران اکثریت بازداشت‌شدگان به پایگاه دوشان‌تپه مرکز نیروی هوایی و یا قسمت نظامی فرودگاه بین‌المللی مهرآباد هدایت شوند. در هر یک از این دو محّل دو فروند هواپیمای C130 آماده بود که این افراد را به خاش انتقال دهد. وجه تسمیه‌ی طرح همین بود.

برای شهرهای دیگر کشور نیز پیش‌بینی‌های مشابهی بررسی و به روی کاغذ آورده شده بود و در چند مرکز مهم هواپیمایی آماده‌ی پرواز بودند.

قرار بود رهبران سیاسی «غیرمعمّم» مخالفین، در حقیقت کسانی که مسئولان می‌خواستند با آنان وارد مذاکره شوند، به چند ساختمان که محل پذیرایی سازمان اطلاعات و امنیت کشور بود هدایت گردیده در آن‌جا چون میهمان تلقی شوند. برای معمّمین جزیره‌ی کیش و یکی از مهمان‌سراهای آن را که آماده اما هنوز بهره‌برداری نشده بود، در نظر گرفته بودند. نیروی دریایی شاهنشاهی تعهد کرده بود که این گروه را در آن‌جا مستقّر و هر نوع رابطه‌ی آنان را با خارج قطع کند.

در تدارک این برنامه، نیروی زمینی سربازخانه‌ی قدیمی شهر خاش را که قبلاً مرکز یک تیپ بود و از سال‌ها پیش به عنوان انبار ملزومات مورد استفاده قرار می‌گرفت، نظافت و به قدر کافی وسایل زندگی، تختخواب و اغذیه در آن‌جا مستقر کرده بود. حتی

چند مولّد کوچک برق نیز برای رعایت احتیاط به آن‌جا برده بودند. فرودگاه قدیمی شهر آمادگی تحمّل این عملیات و رفت و آمد چند هواپیما را داشت. با دقت و وسواس که خاص نظامیان است، حتی تعداد پتوها و صورت داروها و وسائل بهداشتی احصاء شده و آن‌ها را به خاش ارسال داشته بودند.

وظیفه‌ی هر واحد و هر کس در طرح، پیش‌بینی و به دقت مندرج شده بود. برای این که شاه مستقیماً در تدارک و اجرای طرح دخالت نداشته باشد و بتواند بعداً به عنوان حکم و مرجع حل و فصل بحران سیاسی در آن مداخله کند، به افراد گارد جاویدان[1] نقشی در اجرای این طرح محوّل نشده بود.

برخلاف آن‌چه شهرت داده شده بود، «گارد شاهنشاهی» قصد انجام کودتایی نداشت.

در آن هنگام، اعتصاب صنعت نفت و شبکه‌ی توزیع سرتاسری برق، باعث ایجاد ناراحتی زیادی برای مردم عادی شهرها شده بود. مسئولین این دو اعتصاب در حدود بیست تن بودند. گروه‌های تخصّصی «تعقیب و مراقبت» ردپای آنان را، مانند سایر کسانی که قرار بر جلب آنان بود، داشتند. تعدادی از مهندسین و کارشناسان فنی ارتش برای جایگزینی آنان در نظر گرفته شده و آماده بودند.

می‌بایست رادیو-تلویزیون ملی ایران تحت نظارت و در حقیقت به تصرّف ارتش درآید و چند افسر جوان، با لباس نظامی جایگزین مسئولین برنامه‌های خبری شوند. انتشار جراید نیز قرار بود برای مدت کوتاهی معلّق شود.

۱- نظامیان برجسته و ورزیده‌ای که مأمور حفاظت شخص شاه و اقامتگاه او و امنیت آن بودند. گارد جاویدان در قرن پنجم قبل از میلاد مسیح به امر داریوش کبیر ایجاد شده بود. پس از قرن‌ها، میرزا تقی‌خان امیرکبیر، صدراعظم بزرگ و مصلح ایران، این واحد را در نیمه‌ی اول قرن نوزدهم احیاء کرد که سرانجام در عصر پهلوی شکل نهایی به خود گرفت. در این زمان فرماندهی آن با سرلشکر علی نشاط بود که بعداً به دستور خمینی به قتل رسید.

همه‌ی این جزئیات به دقت طرح‌ریزی و اجرای آن‌ها آماده شده بود؟

آیا شاه در جریان بود؟

به احتمال قریب به یقین.

تا آخرین روز، تا یازدهم فوریه‌ی ۱۹۷۹ و سقوط رسمی نظام پادشاهی، حتی هنگامی که شاه در مراکش بود و ارتباطش را با تهران قطع کرده بود، ارتش در مجموع منسجم بود و به او وفادار ماند. برای فرماندهان ارتش حتی قابل تصور هم نبود که قدمی علی‌رغم فرمانده قانونی خود بردارند. تا لحظه‌ی آخر، حتی موقعی که شاه دیگر در ایران نبود و عملاً همه چیز را رها کرده بود، مسئولان نیروهای مسلّح در انتظار اشاره‌ای از او بودند که به وظایف خود عمل کنند. این اشاره صورت نگرفت و متأسفانه سلسله‌مراتب ارتش و شخصیت کسانی که مسئولیت‌های مهم را داشتند چنان بود که بدون «امر» یا «تأیید» شاه هیچ کاری نمی‌کردند و در نهایت امر نکردند. همین رویه به نابودی آنان، به نابودی ارتش و به فروپاشی کشور انجامید. در اندیشه‌ی گروه تهیه‌کنندگان، طرح[1] انجام یک کودتا وجود نداشت. هدف استقرار

۱- کمیته‌ای سری مأمور تدارک طرح خاش بود. ریاست آن را سپهبد هوشنگ حاتم به‌عهده داشت. او قائم‌مقام رئیس ستاد کل ارتش بود که بعد از انتصاب ارتشبد ازهاری به نخست‌وزیری کفالت ستاد را به‌عهده گرفت. سپهبد حاتم افسری کاردان، درست‌کار و خوش‌نام بود که بخش مهمی از تحصیلات نظامی‌اش در فرانسه انجام پذیرفته بود.

ابراهیم یزدی در خاطراتش (منبع ذکر شده) قسمت‌هایی از طرح خاش را ذکر کرده که بیش‌تر مبتنی بر بازجویی‌هایی است که از افسران عالی‌مقام ارتش به عمل آمده و یا به آنان نسبت داده شده مطالبی که در خاطرات یزدی ذکر شده، طبیعتاً به قصد اضرار به افسران و امیرانی انتشار یافته که سپس همه‌ی آنان به قتل رسیدند.

اطلاعاتی که در این کتاب آورده‌ایم، از روایات دو تن از دست‌اندرکاران رده اول تهیه و اجرای طرح خلاصه شده، نخست سرتیپ جواد معین‌زاده، رئیس اطلاعات نیروی زمینی که چندی پیش در لندن درگذشت و دیگری مسئول نیروهای ویژه که اکنون در اروپا زندگی می‌کند.

لطف و همکاری آنان را فراموش نمی‌کنم و بر آن سپاس می‌گذارم.

پرونده‌ی کامل طرح خاش و صورت جلسات مختلف آن را یکی از امرای ارتش که سمت

دولتی بود که قادر به حل و فصل مسائل حادّ مملکتی و بازگرداندن نظم و آرامش و حکومت و حرمت قانون باشد.
می‌بایست مداخله‌ی واحدهای حرفه‌ای -گارد شهربانی، نیروهای مخصوص، هوانیروز- موقت و در حقیقت دارای جنبه‌ی ضربتی باشد و به تدریج واحدهای معمولی ارتش و قوای انتظامی جای آنان را در شهرها بگیرند و به حفاظت نقاط حساس بپردازند. هم‌چنین، به مأموران انتظامی دستور داده شده بود که امنیت خانواده‌های بازداشت‌شدگان و اقامت‌گاه‌های آنان را به‌عهده بگیرند و هر تجاوز یا تصفیه‌حسابی را نسبت به آنان مانع شوند.

قرار بر این بودِ که نخست‌وزیر جدید (امیری که شاه برگزیده باشد؛ احتمالا ارتشبد اویسی) بلافاصله بعد از دریافت فرمان انتصابش و اخذ رأی اعتماد از مجلسین شورای ملی و سنا، برای مدتی کوتاه از قوّه‌ی مقنّنه تقاضای اختیارات تام کند. بعضی از امرای ارتش به انحلال دو مجلس (که در اختیار مقام سلطنت بود) بی‌میل نبودند تا دست‌شان به‌کلی باز باشد. اما از مخالفت شاه با این کار آگاه بودند.
اجرای این طرح، یک نوع «درمان ضربتی» برای نجات کشور بود و می‌توانست موفقیت‌آمیز باشد. ارتش مورد اعتماد و آماده بود؛ واحدهای ضربتی که اجرای مرحله‌ی اول طرح را به‌عهده داشتند از یک کاردانی حرفه‌ای استثنایی برخوردار بودند.
جزئیات طرح، محرمانه مانده بود و اجرای آن آشوبگرانی را که به ناتوانی و بی‌تصمیمی دولت عادت کرده بودند، غافلگیر می‌کرد.
مسئولان انتظامی به خوبی می‌دانستند که گروهک‌های مسلح چپ افراطی که به لباس اسلام‌گرایی درآمده بودند، به مقاومت خواهند پرداخت. تعدادی «فلسطینی» مسلح نیز در تهران بودند، اما کسی

دبیری کمیته را داشت از ایران خارج کرد و نجات داد. وی اکنون مقیم ایالات متحده‌ی امریکا است.

برای مقاومت مسلحانه در مقابل قدرت ارتش بخت توفیق نمی‌دید و همه‌ی مسئولان، «نیروهای ویژه» و واحدهای «هوانیروز» را قادر به درهم شکستن مقاومت احتمالی افراد مسلح می‌دانستند و قطعاً حق داشتند.

در مورد فلسطینی‌ها نگرانی کم‌تر بود. آن‌ها فارسی نمی‌دانستند، امکان اختفای آنان در میان ایرانیان ناچیز بود. طی چند ماهی که اندک‌اندک در تهران و بعضی شهرهای دیگر ظاهر شده بودند، مخصوصاً بر اثر حملات شبانه و غارت بعضی منازل، مردم از آنان نفرت داشتند. احتمال قریب به یقین آن بود که به محض ملاحظه‌ی قدرت و انعطاف‌ناپذیری حکومت، فرار را بر قرار ترجیح خواهند داد. شبکه‌های اطلاعاتی، بعضی از سردمداران آنان را می‌شناختند و به خوبی می‌دانستند که «قابل خریداری» هستند. این هم راهی برای تسریع در مراجعت آنان به لبنان یا جاهای دیگر بود.

«جنگ‌جویان» فلسطینی، یا بهرحال عرب‌زبان آمده بودند، چون اجازه‌ی ورود به ایران یافته بودند و دولت برای آن‌که غربی‌ها نرنجند بر اَعمال سوء آن‌ها چشم فرو بسته بود. آن‌ها در ایران مانده بودند برای آن که خود را در امان می‌دیدند. در فجایع، آدم‌کشی‌ها و غارت‌ها شرکت می‌کردند، چون می‌دانستند کسی را با آن‌ها کاری نیست. اما اگر رویه‌ی دولت تغییر می‌یافت، اگر اِعمال قدرت جایگزین ضعف و چشم‌پوشی می‌شد، دیگر موجبی برای ادامه‌ی اقامت‌شان در ایران نبود. آن‌ها جز گروهک‌های چپ‌گرای افراطی، هم‌دستی نداشتند، به زبان فارسی آشنایی نداشتند، ردیابی آن‌ها بسیار آسان بود. اگر بلایی بر سرشان می‌آمد کسی برای‌شان نمی‌گریست، اگر هم قصد مقاومت می‌داشتند، مقاومت‌شان دیری نمی‌پایید.

با این تفصیلات، فرماندهی ارتش، تعداد قربانیان احتمالی اجرای طرح خاش را حداکثر پنجاه تن تخمین می‌زد.

همه چیز آماده بود.
فرصت اجرای طرح فرا رسید.

* * *

در روز یک‌شنبه ۵ نوامبر ۱۹۷۸، اغتشاشات شدیدی در تهران روی داد. طرفداران آیت‌الله خمینی وحشیانه به شعب بانک‌ها، مهمان‌سراها، مراکز فرهنگی، کتابفروشی‌ها، سینماها و رستوران‌های بسیاری حمله کردند، هه جا دست به غارت زدند و سپس آتش‌سوزی‌های بزرگی به راه انداختند.

همان شب، یک فیلم خبری از این جریان که قسمت اعظم آن قبلاً ساخته و آماده شده بود، از برنامه‌ی اخبار شبانه‌ی تلویزیون ملی ایران پخش شد. در آن فیلم سربازانی در حال جبهه‌گیری و تیراندازی به سوی جمعیت دیده می‌شدند، چند جنازه به چشم می‌خوردند، برای آن که به فیلم واقعیتی داده شود، چهره‌ی موقّر و غمگین و در ضمن برافروخته‌ی استاد عبدالله شیبانی رئیس دانشگاه تهران را هم نشان دادند که قبل از ظهر همان روز در داخل محوطه‌ی این دانشگاه از دانشجویان با التماس می‌خواست که آرام باشند و دانشگاه را حفظ کنند.

قسمت اعظم این فیلم خبری مستند، از اخبار اغتشاشات خارجی و از یک فیلم داستانی در مورد روی کار آمدن ژنرال پینوشه در شیلی استنساخ و ترتیب داده شده بود.[۱] همین‌قدر کافی بود که تماشاگران به لباس‌های سربازانی که در فیلم «خبری» دیده می‌شدند دقت کنند و متوجه شوند که لباس متحدالشکل و کلاه‌خود سربازان ایرانی نیست.

طبیعتاً نه از غارت‌ها و خراب‌کاری‌ها خبری بود و نه از آتش‌افروزی‌ها.

۱- ظاهراً اشاره است به فیلم معروف سینماگر نامدار و کمونیست ایتالیائی Pontecorvo. (مترجم)

اما در آن حالت هیجانی که بر جوّ سیاسی و روحیات مردم حاکم بود، چه کسی به این «جزئیات» بی‌اهمیت توجه می‌کرد؟
عجب آنکه در ساعت پخش اخبار تلویزیونی، ناگهان جریان برق در پایتخت برقرار شد که مردم این برنامه را ببینند. باز کسی توجه نکرد که شب‌های قبل عمداً قطع جریان برق تا ساعت پایان اخبار به‌طول می‌انجامید تا اهالی شهرها و روستاها نتوانند برنامه‌های خبری را که می‌توانست احیاناً پیام‌هایی از دولت و مسئولان امور دربر داشته باشد، ملاحظه کنند. هیچ‌کس در آن فضای فکری در جستجوی علت این امر برنیامد!
در این یکشنبه شب، پایتخت ایران به شهری می‌ماند که مورد حمله‌ی افراد چنگیزخان قرار گرفته باشد. این بار غارتگران و آتش‌افروزان، گروه‌های نسبتاً کوچکی به فرمان آیت‌الله روح‌الله موسوی‌خمینی بودند.
شبانگاه، جعفر شریف‌امامی نخست‌وزیر نزد شاه رفت و استعفای دولت خود را تقدیم داشت که بی‌درنگ پذیرفته شد. از روزها پیش دولتش دیگر واقعیتی نداشت. توهّمی بیش نبود. سنت قانونی بر آن بود که شاه نخست‌وزیر مستعفی را مأمور تمشیت «امور جاری» نماید. حتی این تشریفات نیز انجام نشد. دیگر «امور جاری» در مملکت نبود که نخست‌وزیر و دولتش به آن بپردازند. دیگر دولتی وجود نداشت.

* * *

وخامت اوضاع در این ساعت‌ها به‌حدّی بود که شاه از حالت افسردگی و بی‌تصمیمی که در این اواخر بر او حاکم بود، خارج شد. دستور داد که دقیقه به دقیقه اوضاع پایتخت را به او گزارش دهند. اما هم‌چنان به مأمورین انتظامی مأموریت و دستور داد که از تیراندازی به سوی تظاهرکنندگان و خونریزی خودداری کنند. عملاً دست «خرابکاران و غارتگران و آتش‌افروزان» باز گذاشته شد.
معذالک وضع چنان بود که دیگر شاه نمی‌توانست دست روی

دست بگذارد و بی‌تفاوت بماند.

تعدادی از امرای ارتش به‌تدریج در اتاق‌های انتظار کاخ صاحبقرانیه، محل دفتر کار شاه، جمع شدند. همه‌ی آن‌ها سخت افسرده و عصبانی بودند و به شاه پیغام دادند که باید کاری کرد و وضع دیگر قابل تحمل نیست.[1]

شاه رئیس کل تشریفات را احضار کرد و گفت «به اویسی بگویید در دفتر خود بماند و منتظر اوامر من باشد». دکتر امیراصلان افشار می‌گوید به امرا و افسران ارشدی که در آن‌جا بودند، اوامر شاه را اطلاع دادم. مسرّت آنان زائدالوصف بود.

بلافاصله بعضی از آنان با پیام‌های تلفنی، دستور تدارک سریع اجرای طرح خاش را به همکاران خود ابلاغ کردند.

طبق روایت فرماندهشان، حتی افراد نیروهای ویژه بر اتومبیل‌های خود سوار شدند که بدون کوچک‌ترین فوت وقت عملیاتی را که به آنان محول شده بود آغاز کنند.

در فرودگاه مهرآباد و در پایگاه دوشان‌تپه هواپیماهای مأمور انتقال بازداشت شوندگان احتمالی آماده شدند.

اویسی در دفتر کار خود به انتظار نشسته بود.

سفرای ایالات متحده‌ی امریکا و بریتانیای کبیر به کاخ احضار شدند و به اتفاق نزد شاه رفتند. شهبانو نیز مفصلاً با همسر خود به مذاکره نشست.

بدین‌سان، نزدیک به سه ساعت گذشت و همه در انتظار بودند.
تهران نیز در آتش می‌سوخت.

بعد از این ملاقات‌ها شاه مجدداً رئیس کل تشریفات را احضار

۱- درباره‌ی ماجرا و جریان این شب، علاوه بر اسناد و مدارک دیگر، به روایت دکتر امیراصلان افشار، رئیس کل تشریفات شاهنشاهی که حاضر و ناظر بود و شخصیتی است موثّق و کاملاً مورد اعتماد مراجعه کنید: ماهنامه‌ی پرتو ایران، چاپ کانادا، شماره‌ی ۵۶، فوریه‌ی ۱۹۸۸ و نیز مصاحبه‌ای با نشریه‌ی آرا، ۱۱ سپتامبر ۱۹۸۷. به درخواست من، دکتر امیراصلان افشار کتباً مفاد این دو مصاحبه را تأیید و نکات تازه‌ای بر آن افزود. از ایشان صمیمانه سپاس‌گزارم. روایت و شهادت ایشان، منبع اصلی توضیحات این کتاب است.

کرد و به او گفت که تصمیم گرفته اســت ارتشــبد ازهاری رئیس ستاد کل را مأمور تشکیل دولت جدید نماید. امیراصلان افشار از او پرسید، پس تکلیف اویسی چیست. شاه پاسخ داد: «به او تلفن کنید و بگویید مرخص است.»

امیراصلان افشار در روایات مختلف خود نوشته که وقتی خبر این تصمیم شــاه را به امرای حاضر در کاخ داد همگی عمیقاً متأثر و متأسف شدند.

«در مراکــش، اعلیحضــرت به من فرمودند که ســفرای امریکا و بریتانیا فکر می‌کردند که اویســی بــا قاطعیت عمل خواهد کرد و به وخامت اوضاع خواهد افزود و باید شــخص معتدل‌تری را به ریاســت دولت برگزید کــه مردم را آرام کنــد... امروزه دیگر من مطمئن هستم که آن‌ها می‌خواستند من از ایران بروم»[۱]

شــهبانو نیز در خاطرات خود قبول کرده و نوشته که با انتصاب ژنرالی (اویسی) که به خشونت شهرت داشت، موافق نبود.[۲]

سال‌ها بعد، شاهپور غلامرضا، برادر شاه، در خاطراتش به همین ماجرا اشاره می‌کند: «وی (شاه) هنوز امریکایی‌ها و انگلیسی‌ها را دوستان خود می‌دانست. اما این «دوستان» بدترین نظر را به وی دادند و مانع انتصاب اویســی شدند که مرد قاطعی بود و ارتشبد ازهاری را توصیه کردند که مرد مســالمت بود و تصور می‌کردند که قادر به یافتن تفاهمی با مخالفین باشد»[۳]

این مرحله از آخرین روزهای سلطنت در ایران، بسیار شگفت‌انگیز اســت و سئوال‌های متعددی را مطرح می‌کند که بحث و گفتگو در چگونگی پاسخ به آن‌ها هنوز ادامه دارد.

۱- روایت امیراصلان افشار.

2- Farah Pahlavi, Me'moires, op. cit, P 283.

وَنســان مِیلان Vincent Meylan در زندگی‌نامه‌ی مجازی که از شهبانو انتشار داده می‌نویسد «فرح همواره طرفدار اعتدال و اجتناب از تندروی بود.»

La veritable Farah, Pygmalion, Paris, 2000, P. 248.

3- Gholam Reza Pahlavi, op. cit, P. 282.

رویه‌ی دولت ایالات متحده و دولت بریتانیای کبیر روشـــن است. آن‌هـــا در مقام تحقّق ســـقوط رژیم ســـلطنتی در ایـــران و هوادار پیروزی انقلاب اسلامی بودند. برای آن‌ها یک شب و روز چپاول و آتش‌سوزی در پایتخت ایران، صدها ساختمانی که غارت شدند و چند تن کشته و زخمی شایان کوچک‌ترین توجه و اهمیتی نبودند. رویه‌ی شاه کم‌تر قابل فهم است. وی خیلی زود متوجه اشتباه خود شد و بعداً بی‌پرده به آن اشاره کرد: «من اشتباه کردم که اجازه‌ی آزادی تروریســـت‌ها را دادم که بلافاصله به رهبری اغتشاشات، غارت‌هـــا و آتش‌افروزی‌ها پرداختنـــد. امریکایی‌ها به من توصیه می‌کردند که باید به سیاســـت آزادسازی محیط ادامه داد. اشتباه بـــزرگ من پیروی از توصیه‌های امریکایی‌ها و بریتانیایی‌ها بود. من می‌دانم که اشـــتباه کرده‌ام. اما اتخاذ تصمیم در آن زمان و در آن شرایط کار آسانی نبود. در آن موقع من می‌خواستم از ریختن خون هم‌میهنانم جلوگیری کنم. امروزه تصور بر این است که اگر نظم و حرمت قانونی برقرار می‌شـــد، تعـــداد قربانیان صدها بار کم‌تر از آن‌چه بود که در این پانزده ماه شـــاهد و ناظر آن بودیم.[۱] دنیـــای غرب و امریکایی‌ها خواهان تغییر رژیـــم در ایران بودند. آیا اکنون به هدف‌های خود رســـیده‌اند؟ آیا امروزه حقوق بشر در ایران رعایت می‌شـــود؟ آیا یک رژیم دموکراتیک در ایران برقرار شده؟ آیا آزادی بر ایران حکومت می‌کند؟»[۲]

اما شهبانو تاکنون توضیحی درباره‌ی رویه‌ی خود نداده است. آیا اگر او از قاطعیت در برابر «غارتگران، آتش‌افروزان و آدمکشـــان» (اصطلاحاتی که شـــاه به کار برده) جانـــب‌داری می‌کرد، چنین سیاستی اتخاذ می‌شد؟ نمی‌دانیم.

پس از این مشـــورت‌ها ورفت و آمدها، شـــاه تصمیم به مسالمت

۱- این مصاحبه در ماه نوامبر ۱۹۸۰ با واشـــنگتن پست انجام گرفت و در ایران تایمز نیز به چاپ رسید.

۲- برگرفته از مصاحبه‌ی فوق‌الذکر، ترجمه‌ی کامل در ایران تایمز شماره‌ی ۳۰ مه ۱۹۸۰.

و رفتــار کج‌دارومریز در برابر شــورش و شورشــیان گرفت. به عبارت دیگر توصیه‌های سفرای ایالات متحده و بریتانیای کبیر و همسرش را پذیرفت.

وی شب، دیرگاه، دفتر کار خود را ترک کرد و به صاحب‌منصبان تشــریفات کل شاهنشــاهی که به انجام وظایف خود مشغول و در آن‌جــا حاضــر بودند گفت که فــردای آن روز -از طریق رادیو تلویزیون- پیامی به ملت ایران خواهد فرستاد.

راه برای ارتکاب خطایی فاحش -و شاید ضربه‌ی نهایی به دوران سلطنت و قدرتش- گشوده شد.

* * *

در روز ششم نوامبر، شاه با نظم و وقت‌شناسی که معمولش بود، به دفتر کار خود رفت.

او بعد از تصمیــم شــب قبل، رئیس ســتاد کل را احضــار کرده و انتصابش را به نخست‌وزیری به او ابلاغ کرده بود. ارتشبد ازهاری کــه مطلقاً در انتظار چنین تصمیمی نبود، از خود اندکی تردید در قبول پیشــنهاد شاه نشان داد. شاه به او گفت که این تصمیم یک امریه اســت. یک نظامی در برابر امر فرمانده کل قوا چاره‌ای جز پیروی و اطاعت نداشت.

شاه در استقرار یک «دولت نظامی» اشتباه نمی‌کرد و حق داشت. اما دولتی که تشکیل شد فقط ظاهر نظامی داشت.

ارتشبد ازهاری، نخست‌وزیر جدید، یک افسر عالی‌رتبه ستاد بود. مدت‌هــا مســئولیت هم‌آهنگی نیروهای پیمان مرکزی (سنتو) را در آنکارا به‌عهده داشــت. مردی بود فاضــل، تاریخدان، معروف به درستکاری. در ارتش از احترام خاصی برخوردار بود. اما شهرتی به قاطعیت و اعمال قدرت نداشت. «همه‌ی محاسن را داشت، اما مردی نبود که در جستجوی قدرت و مقام باشد»[1]

1- William Sullivan, Mission to Iran, op. cit, P. 178.

بسیاری بر این عقیده بودند که انتصابش به ریاست دولت به همین سبب صورت گرفته. احتمالاً بهانه‌ی مخالفت شهبانو با انتصاب اویسی نیز همین بود.
به نوشته‌ی محمد حسنین‌هیکل که ظاهراً در سبب این انتصاب تحقیق و از اطرافیان شهبانو سئوالاتی کرده بود، گروه اخیرالذکر دیگر جداً به فکر حرکت شاه از ایران و استقرار نیابت سلطنت «ملکه مادر ولیعهد»[1] بودند.[2] انتصاب امیری که نماینده و یا مظهر «جناح قاطع و سخت‌گیر»[3] ارتش محسوب می‌شد، برای آنان نگران کننده بود و می‌توانست به ظهور یک ژنرال ایوب‌خان[4]– یا یک ضیاءالحق[5] ایرانی منتهی شود.
در این محافل، ارتشبد اویسی را که مردی دین‌دار و مقیّد به رعایت آداب اسلامی بود و با مراجع مذهبی حسن رابطه داشت، با ایوب‌خان و بخصوص ضیاءالحق مقایسه می‌کردند و از روی کار آمدن یک نظامی قدرتمند مذهبی بیم داشتند.
این فرضیه را نمی‌توان چشم بسته و بی‌چون و چرا پذیرفت. اویسی البته شهرت به شدت عمل داشت. ولی شهرتش در این زمینه بیش از واقعیت آن بود. او کورکورانه به شاه وفادار بود و احتمالاً مرد یک کودتا نبود.
شاید این شایعات و توضیحات در ماه‌ها بعد از طرف گروه کوچک دوستان نزدیک و اطرافیان شهبانو رواج پیدا کرد. آن‌ها از همان وقت مشغول اقدام برای نخست‌وزیری شاپور بختیار بودند که حاصلی نه برای کشور داشت و نه برای سلطنت و بعداً این توضیحات را برای تبرئه‌ی خود و توجیه اشتباه‌شان عنوان کردند

۱– کلمات مندرج در قانون اساسی (مترجم)
2- M. H. Heykal, The Return of the Ayatollah. op. cit. P. 134 ets.
۳– همان منبع.
۴– ژنرال پاکستانی که بعد از یک کودتای بدون خونریزی، ژنرال اسکندر میرزا، رئیس جمهور پاکستان را کنار گذاشت و قدرت را بدست گرفت.
۵– ژنرال پاکستانی که او نیز بعد از یک کودتا به قدرت رسید.

و بر سر زبان‌ها انداختند.[۱]
ارتشبد ازهاری شبانگاه روزی که مأمور تشکیل دولت شد، اعضای کابینه‌ی خود را برگزید. فرماندهان نیروهای سه‌گانه هر یک تصدی و سرپرستی چند وزارتخانه را به‌عهده داشتند و چند وزیر نظامی نیز برگزیده شدند.
هنگامی که شاه برای ایراد نطقش (یا پیامی که می‌خواست به ملت ایران بفرستد) به دفتر کار خود آمد، چند تن از این وزیران نظامی به وزارتخانه‌های تحت مسئولیت خود رفته بودند و همه جا، برخلاف انتظار بعضی و شایعاتی که پراکنده شده بود باحسن استقبال و احترام کامل مواجه شدند.
آن‌چه در این ساعات درکاخ نیاوران گذشت، نشان از هرج و مرجی داشت که در رأس هرم سلسله مراتب کشور، حکم‌فرما بود.[۲]
شاه، آجودان کشیک، منوچهر صانعی را احضار کرد و گفت «قرار است گروه رادیوتلویزیون ملی ایران به این‌جا بیایند» صانعی عرض کرد، آن‌ها در این‌جا حاضر و منتظر اوامر مبارک هستند. شاه با عصبانیت شروع به قدم زدن در دفتر کار خود کرد.
تمام امور مربوط به شاه معمولاً با دقت تنظیم و اجرا می‌شد. هر کس می‌دانست مسئول چه کاری است و چه وظیفه‌ای را باید انجام دهد. اما این بار در تشریفات دربار هیچ کس آگاه نبود که چه

1- Barry Rubin, Paved with Good intention, The American Experience in Iran, Oxford University Press.

۲- روایت منوچهر صانعی، رئیس تشریفات دربار شاهنشاهی و آجودان کشوری کشیک در آن روز. منوچهر صانعی مردی هنردوست و هنرشناس و مورد احترام همگان بود. تا آخرین روز اقامت شاه و شهبانو در ایران و در کنارشان ماند و سپس از ایران خارج شد. سال‌ها بعد به کشورش بازگشت و بعد از مدتی نسبتاً طولانی مقامات جمهوری اسلامی حکم به قتل خود و همسرش دادند. حتی تشریفات یک محاکمه‌ی نمایشی و قلابی اسلامی نیز در مورد آنان معمول نشد. علاوه بر این روایت نگاه کنید به خاطرات و گفته‌های دکتر امیراصلان افشار، رئیس کل تشریفات شاهنشاهی که در تمام این ماجرا حاضر و ناظر بود. آرا، ۱۱ سپتامبر ۱۹۸۷، ماهنامه‌ی پرتو ایران شماره‌ی ۶۵، ۱۹۸۸ و نیز در یادداشت ایشان خطاب به نویسنده‌ی کتاب که تکرار مطالب مندرج در این دو نشریه است.

کسی پیام شاه را نوشته و باید برایش بیاورد. این کار از وظایف انحصاری شجاع‌الدین شفا مشاور فرهنگی دربار شاهنشاهی بود که به مأموریت خارج رفته بود.

چند دقیقه بعد، شاه مجدداً منوچهر صانعی را احضار کرد و گفت، رضا قطبی[۱] باید متن پیام مرا بیاورد. پس او کجاست؟» صانعی از همه جا بی‌خبر بود. به عرض شاه رساند که به پرس‌وجو خواهد رفت و چند دقیقه بعد به استحضارش رساند که رضا قطبی به اتفاق حسین نصر (رئیس دفتر مخصوص شهبانو) در دفتر یا نزد اوست. شاه با عصبانیت بسیار گفت «آن‌ها با شهبانو چه کار دارند، پیام، پیام من است.»

امیراصلان افشار رئیس کل تشریفات شاهنشاهی، و رئیس مستقیم منوچهر صانعی، تلفنی با شهبانو صحبت کرد و بی‌صبری و عصبانیت شاه را به اطلاعش رساند.

اندکی بعد، شهبانو به اتفاق رضا قطبی و حسین نصر از کاخ نیاوران به کاخ صاحبقرانیه (هر دو ساختمان در یک محوطه قرار دارند) محل دفتر کار شاه آمدند و مستقیماً نزد شاه رفتند.

اصلان افشار از آغاز تا انجام این ماجرا حاضر و ناظر بود و جریان آن را بعداً انتشار داد: شهبانو و دو همراهش متن پیام را به شاه دادند. شاه آن‌را خواند و گفت «نه. من نباید چنین مطالبی را بگویم». رضا قطبی عرض کرد «خیر اعلیحضرت زمان آن فرا رسیده که شما هم در کنار ملت قرار بگیرید و مطالبی بفرمایید که دلپسند و مطبوع مردم باشد.» شهبانو و حسین نصر نیز در همین زمینه اصرار ورزیدند.

شاهپور غلامرضا می‌نویسد:

«متن پیام را می‌بایست فقط برای مطالعه و اظهارنظر برادرم بیاورند ولی چند دقیقه قبل از ایراد و ضبط آن به دستش دادند.

۱- رضا قطبی تا چند روز پیش از این ماجرا رئیس رادیو تلویزیون ملی ایران بود. وی پسردایی شهبانو (فرزند مهندس محمدعلی قطبی و لوئیز صمصام‌بختیاری) و به قول همه «مثل برادر» مشارالیها محسوب می‌شد و از نزدیک‌ترین مشاورانش نیز بود.

حتی فرصت نیافت که به دقت درباره‌ی آن‌چه نوشته شده بود و می‌بایست بخواند و ضبط کند، به تفکر بپردازد. این ماجرا حیرت‌انگیز است و برای ما نیز حیرت‌انگیز بود».[۱] این روایت برادر شاه را می‌توان انعکاس برداشت دربار و درباریان از پیام شاه دانست.

شاه مأموران رادیو تلویزیون ملی را احضار کرد، پشت میز کارش نشست و در نهایت خستگی، با لحن غمگین و صدایی گرفته متنی را که به دستش داده بودند (و فقط نگاهی به آن انداخته بود) قرائت کرد. در طی آن مرتکب چند اشتباه تلفظی شد که در عاداتش نبود. متنی بود با نثر و انشایی بسیار زیبا که در آن شاه پنج بار به «اشتباهات گذشته» خود و از جمله عدم توجه به رعایت قانون اساسی (که به صیانت و اجرای آن سوگند خورده بود) اقرار و اعتراف کرد و قول داد که «از این پس» قانون اساسی را رعایت کند و بر تغییرات سیاسی لازم مراقبت و نظارت نماید.

شاه تشکیل دولت نظامی را به اطلاع مردم رساند و آن را کاملاً موقتی و برای اعاده‌ی نظم و آرامش خواند و تعهد کرد که بعداً یک دولت غیرنظامی تشکیل و مأمور انجام انتخاباتی «کاملاً آزاد» خواهد شد.

شاه‌بیت سخنان شاه جمله‌ای بود که در خاطره‌ها ماند «من صدای انقلاب شما را شنیدم» و افزود که این انقلاب نمی‌تواند مورد تأیید وی نباشد.

متن منسجم و زیبا، که اثرات و نتایجی شوم در برداشت:

مردم از آن فقط به یک جمله توجه کردند: «صدای انقلاب شما را شنیدم» تا آن زمان کلمه‌ی «انقلاب» با همه‌ی مفاهیم و معانی که در بردارد، به کار نرفته بود. با این پیام «انقلاب» رسمیت یافت.

در متن پیام، پنج بار شاه به عناوین مختلف، از جمله یک بار صراحتاً، عدم رعایت قانون اساسی را پذیرفته بود. قانونی که

1- Gholam Reza Pahlavi, op. cit, P. 282.

خود حافظ و نگاهبان و ضامن اجرای آن بود. رسماً و علناً، نقضِ سوگندی را که یاد کرده و نقض قانون اساسی را پذیرفت. یا وادارش کردند بپذیرد. این اقرار به مجلس شورای ملی امکان می‌داد که اگر شاه بعداً در برابر فشارهایی که بر وی وارد می‌آمد مقاومت کند و گردن بر «توقعات» ننهد، وی را از سلطنت خلع نماید و این کار، یا این تهدید، در جوّ سیاسی و التهاب آن روز کار دشواری نبود.

با این پیام شوم -شاه دانسته یا ندانسته- پایان سلطنتش را اعلام کرد. سر آنتونی پارسون سفیر کبیر بریتانیا، به تاریخ همان روز در خاطراتش نوشت: «آیا اصولاً شاه می‌فهمد که چه گفته؟»[1]

این ماجرای مرحله‌ی پایانی جریان شورش، یا «انقلاب» چنان که شاه را وادار به اعلام آن کردند، هنوز بعد از سی سال مورد بحث و گفتگو و مجادلات مفسّرین و مورّخین است.

در واقعیت چند نکته تردید نیست:

- شاه، بعد از آن که رئیس ستاد کل را مأمور تشکیل «دولتی کاملاً موقت» کرد تصمیم گرفته بود پیامی خطاب به ملت ایران ایراد نماید.

- او در فردای آن روز به هنگام ایراد و ضبط پیام، هنوز متن آن را نخوانده و از آن اطلاع نداشت و فقط چند دقیقه‌ای توانست آن را مرور کند.

- مسئولیت تهیه و تدوین متن این پیام با رضا قطبی و سیدحسین نصر (رئیس دفتر مخصوص شهبانو) است. گرچه بعضی‌ها معتقدند که کسان دیگر نیز در آن شریک و سهیم بوده‌اند.

- دکتر عباس میلانی، استاد دانشگاه استانفورد که مورخ و مفسّر شناخته شده‌ای است اخیراً در مقاله‌ای اظهار داشته که موفق

1- Anthony Parsons, The Pride and the Fall. 1974 - 1979.
ترجمه‌ی فارسی، صفحات ۱۵۴ و ۱۵۵.

شـــده است پیش‌نویس این پیام را به خط رضا قطبی بدست آورد و در اختیار دارد. البته این بدان معنی نیست که رضا قطبی یگانه نویسنده و مسئول تهیه و تدوین پیام باشد. در همین مقاله، دکتر میلانی یادآور شـــده که برای حصول اطمینان کامل از درستی یا نادرستی این مطلب، از رضا قطبی تقاضای ملاقات کرده و هرگز جوابی دریافت نداشـــته است. وی افزوده که برای اطلاع مستقیم از نقش شـــهبانو در این ماجرا، دوبار از مشارالیها تقاضای وقت ملاقات کرده که ابتدا پذیرفته و سپس در دقیقه‌ی آخر لغو شد.[1]

ورای ایـــن نکات کـــه در واقعیت و صحّت آن‌هـــا تردید نمی‌توان داشت، باید گفت که مسئولیت سیاسی و حقوقی ایراد این پیام با شخص محمدرضاشاه پهلوی است که خود بعداً آن را با تلخ‌کامی پذیرفت و به خاطر آن و چند سرزنش دیگر، از رضا قطبی سخت دلتنگ بود.

نکته‌ی دیگر آن است که آیا شهبانو شخصاً این متن را قبلاً به دقت خوانده بود یا نه؟ دراین که ایشـــان از شاه مصراً خواستار ایراد آن شـــده تردیدی وجود ندارد و روایات مکرر امیراصلان افشـــار قابل تکذیب به نظر نمی‌رسد و هرگز تکذیب نشده.

آیا اگر شهبانو این متن را به دقّت خوانده بود، متوجه دقایق آن و نتایج سیاسی، روانی و حقوقی که می‌توانسته در بر داشته باشد، شده یا خیر؟

۱- دکتر عباس میلانی در مقاله‌ای که در Persian Heritage (مجله‌ی سه ماهه‌ای که در ایالات متحده به دو زبان فارســـی و انگلیســـی انتشار می‌یابد) شماره‌ی ۴۳ پاییز ۲۰۰۷ این جریان را به تفصیل نقل کرده.

سیدحســـین نصر رئیس دفتر مخصوص شهبانو، در مجموع نقش اصلی خود را در تهیـــه‌ی این متن پذیرفته؛ چه در مصاحبه‌ای که به مناســـبت دریافت جایزه‌ی بزرگ رئیس‌جمهوری اســـلامی ایران (محمود احمدی‌نژاد) در سال ۱۳۸۸ انجام داد، چه در کتابـــی که بصورت گفتگو با رامین جهانبگلو انتشـــار داده و چـــه در دو مصاحبه و مذاکره‌ی دیگر که آن‌ها نیز طبع و نشـــر یافته‌اند. اما توضیحات وی هر بار متفاوت است. برآیند همه‌ی آن‌ها توافق وی و رضا قطبی درباره‌ی متن نهایی است که به شاه داده شد و عملاً وی را مجبور به قرائت آن کردند و تأیید شهبانو (ایران‌شناسی، سال بیست و دوم، شماره‌ی ۱ بهار ۱۳۸۹، صفحات ۲۲ و ۲۳ و ۵۲ و ۵۵).

پاسخی به این سئوال‌ها نداریم.

دکتر علی امینی -نخست‌وزیر اسبق، که به حق یا ناحق مشهور به دوستی و نزدیکی با امریکایی‌ها بود- در خاطراتش یادآور شده که برای شاه مناسب و مفید خواهد بود که برای تسکین افکار عمومی، اشتباهات دولت‌های گذشته و حتی شخص خودش را بپذیرد.[۱]

درست است که درماه‌های آخر، دکتر امینی بعد از یک دوران طولانی دل‌تنگی و برودت متقابل، از نزدیکان و مشاوران شاه شده بود. اما نمی‌دانیم که آیا چنین توصیه‌ای را به شاه کرده یا نکرده. بهرحال او مجرّب‌تر و عاقل‌تر از آن بود که چنین متنی را تهیه کند و مطلقاً دلیلی در دست نیست که از دور یا نزدیک در تدارک و تدوین آن کوچک‌ترین دخالتی داشته است.

ندانم کاری؟ اشتباه؟ خیانت و توطئه؟

همه‌ی این فروض ارائه شده. قدر مسلم این است که متنی بدعاقبت و شوم بود و سخت بر هرج و مرج و سردرگمی حاکم بر جوّ سیاسی آن روز افزود و ضربتی غیرقابل التیام بر سلطنت شاه وارد ساخت.

* * *

با وجود این پیام بدیُمن و بدعاقبت، تشکیل یک دولت نظامی، تأثیر مثبت غیرقابل انکاری در افکار عمومی و جریان اوضاع به جای گذاشت.

حضور نظامیان در رأس امور، بسیاری را به فکر و احتیاط واداشت. اعتصاباتی که در بانک‌ها، صنعت ذوب آهن، بعضی از ادارات و موسسات دولتی و بخصوص شبکه‌ی توزیع برق و صنعت نفت در جریان بود، به یک‌باره پایان پذیرفت. جریان برق

۱- نگاه کنید به ایرج امینی - بر بال بحران - در این کتاب که زندگی‌نامه‌ی سیاسی دکتر علی امینی است، یادداشت‌های وی نیز ملحوظ و مندرج شده، نشر ماهی، تهران ۲۰۰۹، صفحه‌ی ۵۴۱.

دوباره برقرار شد.
بانک‌ها، مهمان‌سراها، کتاب‌فروشی‌ها، سینماها و موسسات دیگری که به‌وسیله‌ی عُمّال خمینی به آتش کشیده و غارت شده بودند، با شتاب به ترمیم خسارات خود پرداختند. بازار شیشه‌برهای تهران به یک‌باره گرم شد!
در روز هفتم نوامبر، تهران در آرامش کامل بود. عبور ومرور وسائل نقلیه جنبه‌ی عادی داشت. تب شورش فرو نشسته بود.
در خوزستان، ده تن اعضای کمیته‌ی رهبری اعتصابات صنعت نفت، که ظاهراً همه‌ی آن‌ها عضو حزب توده بودند، خود را به سپهبد بقراط جعفریان فرمانده ارتش منطقه که ستادش در اهواز بود معرفی کردند و از وی خواستند که امنیت و آسایش خانواده‌ی آن‌ها را تضمین کند. تصّور می‌کردند، بلکه یقین داشتند که بازداشت و زندانی خواهند شد و به حق نگران آینده‌ی نزدیکان خود بودند.
جعفریان به آنان در این زمینه اطمینان داد و سپس دستور بازداشت موقت آنان را صادر کرد. هشدار سپهبد به اعتصابیون و قاطعیتی که نشان داد، به شروع مجدد فعالیت صنعت نفت انجامید.
در تلویزیون، چند افسر جوان که از کارمندان آن قسمت روابط عمومی ارتش بودند، با لباس نظامی جایگزین گویندگان اخبار شدند.
پس از روی کار آمدن «دولت نظامی» بسیاری از رهبران جناح‌های مخالف با شخصیت‌هایی که گفته می‌شد با سران ارتش حُسن رابطه دارند، مستقیماً یا توسط اقوام و نزدیکان‌شان تماس گرفتند که آنان را از وفاداری خود به شخص شاه مطمئن کنند و رشته تماس‌هایی را که قبلاً وجود داشت، مجدداً برقرار سازند.[۱]

۱- دو تن از برجسته‌ترین سران حرکت سیاسی آن روز، که دیگر انقلاب نامیده می‌شد، و بعداً از رژیم اسلامی دوری جستند و اکنون در پاریس اقامت دارند، با نویسنده‌ی این کتاب تماس گرفتند. نخستین آن‌ها از احترام دیرین خود به «اعلیحضرت» سخن

دکتر در الهیات محمد بهشتی (موسوم به آیت‌الله) که بعداً در جریان‌های انقلاب و آغاز حکومت اسلامی، نقش و سهمی عمده داشت و به احتمال قریب به یقین در جریان اغتشاشاتی بود که می‌بایست روز پنجم نوامبر در تهران تدارک شود (و شاید انقلابیون آن را پایان کار سلطنت پنداشته بودند) ساعاتی بعد از وین پایتخت اتریش عازم تهران شد. هواپیمای شرکت بلژیکی سابنا که وی با آن مسافرت می‌کرد، توقفی کوتاه در فرودگاه آتن داشت که به سبب مشکلات فنی طولانی شد. در آتن وی اطلاع حاصل کرد که ارتشبد ازهاری در تهران روی کار آمده و یک دولت نظامی تشکیل داده است. سخت خشمگین و نگران شد. به نزدیکانش گفت «به ما خیانت شده» بهشتی مسیر خود را تغییر داد و راهی پاریس شد که در آن‌جا با آیت‌الله خمینی به مشاوره بپردازد.[۱]

بدین ترتیب چهل و هشت ساعت کفایت داشت تا مخالفین احساس کنند که ورق برگشته و خود را در موضع ضعف ببینند. ارتش قوی و مورد احترام مردم بود. همه‌ی ظواهر بر آن حکایت داشت که بعد از ماه‌ها، شاه در رویارویی با «انقلاب» به یک پیروزی نائل آمده است و امکان تغییر مسیر و تحول حوادث وجود دارد.

* * *

گفت و مرا به شهادت طلبید و خواست که اگر «مشکلی» برایش پیش آید به کمکش بشتابم. دومی در جستجوی محلی برای اختفا بود و خانه‌ی نویسنده را محلی امن تصور می‌کرد! هر دو با مطالعه‌ی این سطور خود را بازخواهند شناخت. با زنده‌یاد دکتر قاسم معتمدی نیز تماس‌های مشابهی گرفته شد که در همان زمان برایم حکایت کرد. قطعاً کسان و موارد دیگری هم بوده‌اند.

۱- روایت پروفسور ابوالقاسم بنی‌هاشمی، معاون دانشکده‌ی پزشکی داریوش کبیر دانشگاه تهران که در هواپیما در کنار دکتر محمد بهشتی و ناظر این جریان بود. از این دوست و همکار عزیز که بعداً روایت خود را کتباً نیز برایم تأیید کرد، کمال سپاس و تشکر را دارم.

بعضــی از تصمیمات «دولت نظامی» با حسـن اسـتقبال افکار عمومی مواجه شدند از جمله تجدید سازمان بنیاد پهلوی و تشکیل هیأتی از قضات عالی‌رتبه‌ی دیوان عالی کشـور که در اسـتقلال رأی و بی‌طرفی آنان تردید نبود، برای رسیدگی به دارایی چند تن از اعضای خانواده‌ی سلطنتی.

بعضی دیگر از این تصمیمات، سـئوالات بسیار پیش آوردند. از جمله جلب و توقیف نخست‌وزیر پیشین امیرعباس هویدا که گرچه به معنای اخص کلمه زندانی نشـد و در مهمان‌سـرای سازمان اطلاعـات و امنیت کشـور تحت‌نظر قرار گرفت ولـی پیدا بود که می‌خواهند او را به عنوان مسئول اصلی همه‌ی اشتباهات گذشته وانمود کنند و همه چیـز را به گردن او بیاندازند. چند تن دیگر از شخصیت‌ها و مسئولان امور نیز جلب و بازداشت شدند. بدون آن که اتهام خاصی به آنان وارد آمده باشـد. شاه و شهبانو با این تصمیمات ابراز موافقت کرده بودند.

توّهم و تصوّر این که ورق برگشته دیری نپایید. می‌بایست دولت از موضع قدرت عمل کند، با قاطعیت سـخن گوید، آشـوب‌گران و آتش‌افروزان و غارتگران را جلب و بازداشـت نماید. مأموران انتظامی و امنیتی همه‌ی آن‌ها را شناسـایی کرده تحت مراقبت و تعقیب قرار داده بودند. هیچ‌یک از این کارها نشد.

سـفرای ایالات متحده و بریتانیای کبیر مرتباً نزد شاه و شهبانو آمده آن‌ها را به مسالمت و مماشات با مخالفین تشویق می‌کردند. رویه‌ی چند تنی نیز که «دوسـتان» یا «اطرافیان» شهبانو بودند، همین بود.

دکتر علی امینی، احتمالاً بعد از دکتر جمشید آموزگار می‌توانست نخسـت‌وزیر مناسبی باشد و به اوضاع لااقل موقتاً سروصورتی بدهد، اما شـاه از وی نفرت داشت و حتی از پذیرفتنش خودداری می‌کرد، در این ماه‌ها دیگر روابطش با شاه ترمیم شده بود. او به اتفاق چند رجل سالخورده و فراموش شده، دیگر جزو اطرافیان و

مشاوران شاه و شهبانو شده بودند. آن‌ها نیز به شاه و شهبانو توصیه می‌کردند که از مخالفان «رفع سوءتفاهم» کنند و راه مسالمت و مماشات و سازش را در پیش گیرند و مخصوصاً از اعمال قدرت بپرهیزند.

همه بر این عقیده نبودند.

آیت‌الله‌عظمی شریعتمداری و تنی چند از رهبران مذهبی از اوضاع ابراز نگرانی می‌کردند. شبکه‌ی وسیع و موثر انجمن‌های محلی پایتخت و بخصوص کانون توانای افسران و درجه‌داران بازنشسته و نیز گروه‌های متعددی از دانشگاهیان و روشنفکران و بازرگانان، همه شاه را از تسلیم در مقابل شورش و عواقب وخیم آن برحذر می‌داشتند. اما کسی به هشدارهای آنان گوش نمی‌داد. دوستان و وفاداران مطرود شده بودند و دشمنان مطلوب و مقبول.

شاه از جنگ داخلی بیم داشت و می‌خواست از خونریزی جلوگیری کند. واقعیت آن بود که دیگر توان مبارزه نداشت و روحاً تسلیم شده بود.

معذالک نخستین روزهای کابینه‌ی ازهاری و عقب‌نشینی مخالفان می‌بایست او را به اندیشه وا دارد که جز تسلیم و رضا راه دیگری نیز هست.

مخالفان حکومت و دشمنان شاه آزادی عمل کامل داشتند. به هواداران و دوست‌دارانش، به طرفداران دفاع از حکومت و حرمت قانون بی‌اعتنایی می‌شد و حتی از فعالیت آنان جلوگیری به‌عمل می‌آمد.

فرصت دیگری از دست رفت.

* * *

سرانجام، نخست‌وزیر، کابینه‌ی خود را به مجلس معرفی کرد. سخنانش در شأن یک نظامی قدرتمند نبود که موقتاً توفیقاتی

نیز به دست آورده. به مسائل مذهبی اشاره کرد. از آیات عظام التماس حمایت نمود.

فرماندهان نیروهای سه‌گانه که عضو دولت بودند و حضورشان به آن ابهتی می‌داد، از کار برکنار شدند. بنای کار بر آن بود که اوضاع «عادی» شود. اما وضع انقلابی بود و شاه به انقلاب رسمیت بخشیده بود.

ده روز بعد از روی کار آمدنش، «دولت نظامی» به گروهی سیاست‌پیشه‌ی جبون و فاقد هر گونه دورنگری و بینش تبدیل شده بود. در این میان ارتشبد ازهاری دچار یک سکته‌ی قلبی شد. مردانه در دفتر کار خود ماند که نشان دهد قادر به مقابله با مشکلات هست.

اما کاری بود بی‌فایده. احتضار رژیم آغاز شده بود.

* * *

شاه، «دولت نظامی» را کاملاً موقت اعلام کرده بود.
سفرای امریکا و بریتانیا و نیز چند شخصیت سیاسی سالخورده که به عنوان «رجال قدیمی» برای خود نقشی در صحنه پیدا کرده بودند، دائماً به شاه و شهبانو توصیه می‌کردند که یک «راه‌حل سیاسی» برای «بحران» پیاده کنند.

ارتشبد ازهاری بیمار بود و در دفتر کارش روی تختخوابی دراز کشیده و ناتوان بود.

مذاکراتی که شاه و شهبانو، برای یافتن «یک راه‌حل سیاسی» با این و آن انجام می‌دادند، محرمانه نمی‌ماند و به تزلزل دولت می‌افزود.

دولت فلج و ناتوان بود. مقامات حکومتی به جناح‌های افراطی مخالفین (به عبارت دیگر طرفداران آیت‌الله موسوی‌خمینی) می‌گفتند که آزادی عمل دارند و بیمی از عکس‌العمل‌های مقامات انتظامی و امنیتی نداشته باشند. مقررات حکومت نظامی رسماً مجری بود،

اما عملاً اجرا نمی‌شد. گرم نگاه داشتن تنور انقلاب احتیاج به «قربانی» داشت. پس «انقلابیون» چنان که محسن رضایی بعداً اقرار کرد[۱] جنازه‌هایی را می‌ربودند، تشییع جنازه‌های قلابی برای قربانیانی که وجود نداشتند به راه می‌انداختند، خبرنگاران خارجی و داخلی را برای تهیه‌ی گزارش و فیلمبرداری دعوت می‌کردند تا هیاهو به بهر قیمتی هست ادامه یابد.

شاه به عبدالله انتظام وزیر امورخارجه‌ی دولت سپهبد زاهدی که بعداً به ریاست هیئت مدیره و مدیریت عامل شرکت ملی نفت ایران منصوب شد و سال‌ها در این سمت مهم مملکتی بود، مأموریت داد که یک دولت ائتلافی تشکیل دهد.

عبدالله انتظام هشتاد ساله بود و در سال‌های بازنشستگی. با وجود احتراماتی که برایش قائل می‌شدند و عضویت در شوراهای عالی متعدد که مستلزم رفت‌وآمد به دربار بود، خود را بی‌کار و «قربانی» رژیم می‌دانست. نیش‌هایی که به همه می‌زد و متلک‌هایی که می‌گفت همه جا ورد زبان‌ها بود. این رفتار سبب شد که اعتباری نزد مخالفان حکومت پیدا کند. از قبول مأموریتی که شاه به وی تفویض کرده بود سرباز زد اما به رفت‌وآمد خود به دربار به منظور توصیه «مسالمت» با مخالفان و «سیاست مماشات» ادامه داد.

شاه، از محمّد سروری که نزدیک به نود سال داشت، همین تقاضا را کرد. سروری که در سال‌های دهه‌ی چهل بارها به وزارت رسیده و نیز در یک دوره‌ی طولانی ریاست دیوان‌عالی کشور را به‌عهده داشت، مردی نیک‌نام بود. لااقل نزد کسانی که او را می‌شناختند. او نیز معذرت خواست.

واسطه‌ای به نزد دکتر محمد نصیری حقوق‌دان معروف فرستاده شد که از یاران مصدق و در زمان او رئیس کل بانک ملی ایران بود و سپس به وزارت رسید و چند سالی نیز ریاست دانشکده‌ی

۱- تاکتیک و تکنیک‌های انقلاب، متن ذکر شده.

حقوق و علوم سیاسی دانشگاه تهران را به عهده داشت. مردی معروف به مسالمت که با همه‌ی جناح‌های سیاسی کشور روابط دوستانه داشت و مورد احترام بسیاری از روحانیون نیز بود. نصیری از ابراز اعتماد شاه ابراز تشکر کرد ولی پاسخ داد که «مرد روز» نیست و حتی با عذرخواهی از رفتن به دربار نیز سر باز زد.

مذاکره با دکتر غلامحسین صدیقی، دانشگاهی مبرّز دیگری که در حقیقت وارث سیاسی و ادامه‌دهنده‌ی راه مصدق بود، به مراحل جدی‌تر رسید.
دکتر صدیقی، استاد ممتاز دانشگاه تهران، بنیان‌گذار موسسه‌ی تحقیقات و مطالعات اجتماعی همین دانشگاه، در زمان حکومت دکتر مصدّق وزیر پست و تلگراف، سپس وزیر کشور و نایب نخست‌وزیر بود. بعد از برکناری مصدق، او نیز خود را به‌کلّی از سیاست کنار کشید. در محیط دانشگاهیان از احترام خاص برخوردار بود. در میان روشنفکران غیردانشگاهی و حتی در بازار نیز نام و نشانی داشت.
قبل از این که به نزد شاه فرا خوانده شود، از او پرسیده شد که آیا در صورت احضار به کاخ، حاضر به دیدار شاه خواهد بود، یا عذر خواهد خواست. هدف از دیدار را نیز به او تفهیم کرده بودند.
در نخستین دیدار، شاه به دکتر صدیقی گفت که می‌خواهد وی را با اختیارات تام به نخست‌وزیری منصوب کند و دستور خواهد داد که ارتش از وی اطاعت و حمایت کند. وی می‌خواهد از ایران خارج شود، اندکی استراحت کند. در غیابش طبق سنت، یک شورای سلطنت، مسئولیت انجام وظایف قانونی رئیس مملکت را به‌عهده خواهد گرفت.
دکتر صدیقی با خروج شاه از مملکت مخالفت کرد. به او گفت که قادر است به اوضاع سروسامان بدهد ولی بهتر است که شاه پس

از تشکیل شورای سلطنت که به او آسودگی خاطر خواهد داد، به یکی از پایگاه‌های نظامی، مثلاً در ساحل خلیج‌فارس، برود. وگرنه ارتش مضمحل خواهد شد. حال آن‌که وحدت و انسجام قوای مسلح برای امنیت کشور و بازگشت به وضع عادی لازم و ضروری است. این تنها شرط صدیقی برای قبول ریاست دولت بود که شاه از قبول آن امتناع ورزید.

دکتر صدیقی مردی میهن‌دوست، قاطع و با ایمان بود. حتی مخالفانش نسبت به او احترام خاص داشتند. مشهور به رعایت آداب مذهبی نبود و همانند مصدق از جدایی سیاست و دیانت علناً طرف‌داری می‌کرد.

با این احوال، با بسیاری از مراجع عالی روحانی ارتباطاتی داشت. مرد روز و مرد میدان بود. می‌توانست فروغی دیگر برای ایران باشد. با کنار گذاشتن او شاه و شهبانو، بخت دیگری را از دست دادند.

پس از صدیقی، شاه به یک «مخالف» تاریخی و قدیمی دیگر، مظفر بقایی روی آورد. بقایی زمانی یار و همگام مصدق بود و مرد شماره‌ی ۲ جبهه‌ی ملی تلقی می‌شد. سپس از او کناره‌جویی کرد و در جمع نزدیکان سپهبد زاهدی درآمد که از او هم جدا شد. وجهه‌ی صدیقی را نداشت ولی معروف به قاطعیت بود.

بعد از دو جلسه مذاکره‌ی طولانی با شاه، که بیست‌وپنج سال بود با یکدیگر ملاقاتی نداشتند، و دیداری یک‌ساعته با شهبانو، بقایی نیز از شاه خواست که لااقل به مدت دو هفته از تهران خارج و در یکی از پایگاه‌های نظامی (او پایگاه وحدتی همدان را پیشنهاد کرد) مستقر شود تا دست رئیس دولت در اجرای برنامه‌اش آزاد باشد. بقایی حتی تشکیل شورای سلطنت را ضروری نمی‌دانست. پس از رایزنی با تنی چند از سران ارتش، وی می‌خواست در حقیقت همان طرح خاش را با قدرت و شدّت بیشتری عمل کند، مخالفان افراطی و خرابکار را به زانو درآورد و سپس ترتیب انتخابات کاملاً

آزاد را در کشور بدهد.

برنامه‌ی او هنوز قابل اجرا بود و می‌توانست مثمرثمر باشد. شاه به او گفت که ناگزیر به خروج از ایران است، معذالک وانمود کرد که وی را به ریاست دولت برخواهد گزید و بقایی مشغول تدارک مقدمات کار شد.

او اندکی بعد، از رادیو، انتصاب جانشین ارتشبد ازهاری را شنید.[1]

در حالی که شاه و شهبانو در جستجوی یک شخصیت مخالف با حکومت، یا لااقل دور از دربار و مراجع قدرت، برای نخست‌وزیری بودند تا بدین‌ترتیب هم مخالفین را به خیال خود راضی کنند و هم امریکایی‌ها و انگلیسی‌ها را که خواهان خروج سریع شاه از ایران بودند، «راه‌حل» دیگری در بسیاری از محافل سیاسی و بخصوص ارتشی ایران مطرح بود: توسل به اردشیر زاهدی برای ریاست دولت.

اردشیر زاهدی، فرزند امیر ارتشی که بیست و پنج سال قبل از این تاریخ، شاه را به تخت سلطنت باز گردانده بود، قبلاً سفیر در بریتانیای کبیر و ایالات متحده‌ی امریکا، سپس به مدت پنج‌سال وزیر امورخارجه بود و از هفت سال پیش مجدداً سفیر کبیر در واشنگتن.

او به مدت هفت‌سال همسر شاهدخت شهناز، یگانه دختر محمدرضاشاه از همسر اولش شاهزاده خانم مصری فوزیه بود. گفته می‌شد که ازدواج آنان، «عاشقانه» بوده نه مصلحتی. اما بعد

۱- تمام این جریانات در کتاب دیگر نویسنده، آخرین روزها، پایان سلطنت و درگذشت شاه، ترجمه‌ی مریم سیحون و بهروز صوراسرافیل، از انتشارات شرکت کتاب، به تفصیل ذکر شده. مخصوصاً به چاپ دوم آن نگاه کنید.

از دوست عزیزم دکتر داریوش شیروانی نماینده‌ی مجلس شورای ملی که رابط اصلی شاه و شهبانو با مظفر بقایی بود و این جریان‌ها را با جزئیاتش برایم روایت کرد، صمیمانه سپاسگزارم. اردشیر زاهدی در جلسه‌ی نهایی تنظیم برنامه‌ی بقایی حاضر بود او نیز این ماجرا را تأیید نمود. این جلسه در منزل دکتر شیروانی تشکیل شده بود.

از جدایی از همسرش، اردشیر زاهدی هم‌چنان در حلقه‌ی نزدیکان و محارم شاه باقی ماند.
به هنگام تصدی وزارت امورخارجه به اصلاحات مهمی در آن سازمان دست زد. هم‌چنین پیش‌قدم نزدیکی با کشورهای عربی، بخصوص مصر، و استقرار روابط سیاسی با ممالک افریقایی شد.
در سال‌های سفارت اخیرش در واشنگتن، به سبب میهمانی‌های باشکوهی که می‌داد و پذیرایی گرم و محبت‌آمیزش از مدّعوین و حسن رابطه‌ای که با محافل مختلف پیدا کرده بود، هم دوستان بسیار یافته بود و هم دشمنانی که حتی وی را به مداخله در امور سیاسی داخلی امریکا متهم می‌کردند!
در ماه سپتامبر شاه وی را به تهران فرا خواند تا به روشن شدن وضع روابط ایران و ایالات متحده، مسأله‌ای که دیگر در قلب و متن بحران سیاسی داخلی بود، او را یاری دهد. یا شاید می‌خواست شخص مورد اعتمادی در کنارش باشد.
هنگامی که زاهدی به فرودگاه تهران وارد شد، برخلاف مرسوم که رفت‌وآمدهایش بی‌سروصدا انجام می‌گرفت، جمعی کثیر در انتظارش بودند، بسیاری از امرای ارتش، سیاست‌مداران شاغل یا بیکار، روزنامه‌نویسان، گروهی از وکلای مجلس و سناتورها... همه‌ی این افراد تصور می‌کردند که شاید انتصاب او به ریاست دولت راه‌حلی برای خروج از بحران باشد.
از آن پس، اقامتگاهش در حصارک واقع در بلندی‌های شمال تهران، مرکز رفت و آمدهای بسیار و در روزهای آخر مملو از جمعیت بود که همه آمده و از او می‌خواستند «کاری بکند»[۱]

۱- ماجرای «توسل به زاهدی» در بسیاری از کتب مربوط به پایان سلطنت پهلوی و انقلاب اسلامی که در انگلستان و امریکا انتشار یافته‌اند، به تفصیل ذکر شده، از جمله نگاه کنید به:
Gene E. Bradley, The Story of One Maaer's journey in Faith, X lon Press, 2003, P. 63 - 69 Michael Leadeen et Willian Lewis op. cit. Sir Eldon Griffiths, Turbulent Iran... op. cit. Mike Evans, op. cit.

اردشیر زاهدی، با بسیاری از رجال سیاسی امریکا، مخصوصاً در میان جمهوری‌خواهان حسن رابطه داشت. در این‌سو و آن‌سوی دنیا اشخاص با نفوذ بسیاری را می‌شناخت. همه‌ی این‌ها می‌توانست کارساز باشد. او، طی سال‌های اخیر، با وجود دوری از ایران توانسته بود روابط نزدیک و دوستانه‌ای با بعضی از شخصیت‌های معروف به مخالفت با حکومت و هم‌چنین مقامات روحانی، مخصوصاً آیت‌الله‌عظمی خویی به‌وجود آورد.

امتیاز اصلی اردشیر زاهدی نسبت به سیاست‌مداران دیگر ایران -چه مخالف و چه موافق- نفوذ وی در ارتش بود. هم به سبب خاطره‌ی خوبی که پدرش در ارتشیان به‌جای گذاشته بود و هم به علت روابط بسیار دوستانه‌اش با جمعی از سران مؤثر قوای مسلح. گفته می‌شد که بسیاری از آنان چون ارتشبد اویسی[۱] سرلشکر منوچهر خسروداد،[۲] سرتیپ یزدجردی،[۳] سرتیپ عباس شفاعت،[۴] و مخصوصاً سپهبد بقراط جعفریان فرمانده ارتش جنوب که موفق به استقرار آرامش در منطقه‌ی نفتی و حساس خوزستان در پایان دادن اعتصابات شده بود،[۵] با ریاست دولت

۱- فرمانده کل نیروی زمینی و فرماندار نظامی تهران. پنج سال پس از انقلاب در پاریس به‌وسیله‌ی عوامل جمهوری اسلامی به قتل رسید.

۲- فرمانده هوانیروز که در نخستین روزهای بعد از پیروزی انقلاب اسلامی در پشت‌بام اقامت‌گاه آیت‌الله خمینی به قتل رسید.

۳- فرمانده پادگان مشهد و فرماندار نظامی آن شهر که آرامش را در آن‌جا برقرار کرده بود. او نیز به دستور خمینی و سران رژیم اسلامی کشته شد.

۴- فرمانده تیپ چترباز شیراز، یکی از کارآمدترین واحدهای ارتش. بعد از انقلاب، وی را ابتدا کور کردند و سپس به قتل رساندند.

۵- یکی از برجسته‌ترین افسران عالی‌رتبه‌ی ارتش. مردی مشهور به صداقت و قاطعیت که در میان افسران و افراد خود محبوبیت خاص داشت. علاوه بر فرماندهی ارتش جنوب (که بر دو لشکر زرهی نیز شامل می‌شد) به فرمانداری نظامی کل خوزستان نیز برگزیده شده، با قاطعیت و حسن تدبیر اوضاع آن استان را به نظم درآورده بود. در زمان نخست‌وزیری شاپور بختیار، رئیس کل وقت ستاد، ارتشبد قره‌باغی وی را به تهران احضار و به سبب سخت‌گیری با انقلابیون رسماً توبیخ کرده بود. به هنگام مراجعت، تروریست‌ها، هلی‌کوپتری را که وی را از فرودگاه به مقر فرماندهی‌اش می‌برد هدف موشک قرار دادند و سپهبد نیز به شهادت رسید.

او روی موافق نشان داده‌اند. محبوبیت او در گارد شاهنشاهی نیز بر هیچ‌کس پوشیده نبود.

در همین اوان، یک روزنامه‌ی معتبر لندن مقاله‌ای در پنج ستون به این احتمال اختصاص داد و او را «تنها مردی (خواند) که می‌تواند شاه را نجات دهد»[1]

دو مفسر امریکایی نیز نوشتند «زاهدی ترتیب یک کودتا را میسر می‌داند. به شرطی که شاه بعد از ترک ایران، دست دوستان خود را در مبارزه باز بگذارد... او بهترین امکانات را برای نجات کشور داشت.»[2]

در مقابل، زاهدی مخالفان و منتقدان بسیار نیز داشت. او را متهم به شدت عمل و عدم تحمّل مخالفت با تصمیماتش می‌کردند. بریتانیایی‌ها هم با انتصابش مخالف بودند و این مخالفت را پنهان نمی‌کردند.

در دربار، بسیاری با او علناً مخالف بودند، از جمله بعضی از افراد خانواده‌ی سلطنتی و مخصوصاً یکی از خواهران شاه و تنی چند از دوستان و نزدیکان شهبانو. زاهدی هم به‌طور خصوصی مخالفت خود را با آنان پنهان نمی‌کرد و عقیده به ضرورت تصفیه‌ی دربار داشت.

بهرتقدیر، طرحی برای وصول او به قدرت تهیه شده بود. نزدیکانش با آیت‌الله‌عظمی خویی تماس گرفته بودند. ظاهراً وی از این طرح حمایت کرده بود. خویی انگشتر عقیق سبز خود را به علامت تفقّد برای زاهدی فرستاد که او آن را برای اجتناب از بگو و مگو و ایجاد مسئله به شاه تقدیم کرد.

قرار بر این شده بود که آیت‌الله‌عظمی، برای پایان بخشیدن به «نفاق میان مسلمین» و ایجاد «وحدت کلمه»، پیاده از مرز ایران و عراق بگذرد و مرحله به مرحله عازم تهران و قم شود. قطعاً

1- One man who might Rescue the Shah. Sunday Times.

2- Michael Ledeen et William Lewis, Debacle, op. cit. P. 204.

در راه هزاران نفر به وی می‌پیوستند و حرکت و جنبشی به‌وجود می‌آمد که تظاهرات طرفداران خمینی را تحت‌الشعاع قرار می‌داد و محیط سیاسی دیگری به‌وجود می‌آورد. گمان همه بر آن بود که با حمایت ارتش و دولت این حرکت عظیم مذهبی و مردمی، فراگیر خواهد بود و ورق را برخواهد گرداند.[۱]

در اجرای طرحِ هوادارانش و احتمالاً برای سنجش عکس‌العمل مردم، زاهدی به‌عنوان زیارت به آرامگاه حضرت عبدالعظیم واقع در شهرری در نزدیکی تهران رفت و سپس با یک هواپیمای نظامی و در حالی که تنی چند از ارتشیان همراهش بودند عازم زیارت مرقد حضرت رضا در مشهد شد و در آن‌جا با تنی چند از روحانیون نیز ملاقات کرد و به آنان اطمینان داد که «به زودی

۱- روابطی که در این زمان با آیت‌الله‌عظمی حاج‌آقا ابوالقاسم خویی مرد شماره‌ی یک سلسله مراتب شیعه برقرار شده و نقشی که او می‌توانست یا می‌خواست بازی کند، هنوز کاملاً روشن نیست. اردشیر زاهدی از آن‌ها در فصل پایانی خاطراتش با درج مدارک موجود سخن خواهد گفت. از اطلاعاتی که در چند مذاکره‌ی طولانی تلفنی به من داد، کمال امتنان را دارم.

همه می‌دانند که آیت‌الله‌عظمی خویی، نسبت به روح‌الله موسوی‌خمینی نظر خوبی نداشت، نه تنها در نجف به او بی‌اعتنا بود، بلکه وی را به نظر تحقیر می‌نگریست. وی در ۸ نوامبر ۱۹۷۸ شهبانو فرح را در اقامت‌گاه خود در نجف به حضور پذیرفت. مذاکرات آنان، که طبیعتاً مترجمی در آن حضور نداشت، دقیقاً سی دقیقه به‌طول انجامید. پس از اتمام ملاقات، سخنگوی آیت‌الله‌عظمی اعلام داشت که مشارالیه مراتب توجه خود را از طریق شهبانو به استحضار شاه رسانده و برای توفیقش در خدمت به اسلام و ایران دعا کرده است. معنای این کلمات پشتیبانی از شاه در مقابل شورش آیت‌الله خمینی و طرفدارانش بود. رژیم که در حال احتضار بود، از این برگ برنده کوچک‌ترین بهره‌برداری نکرد. معلوم نیست اصولاً چرا شهبانو به عراق و به زیارت مرقد حضرت علی درنجف و دیدار آیت‌الله‌عظمی رفت. سپس مشارالیها با صدام حسین مرد توانای آن روز عراق نیز ملاقاتی طولانی داشت.

واقعیت این است که در این مقطع از زمان، رژیم دیگر اعتماد به خود را از دست داده و طرفدارانش و ارتش را به حال خود رها کرده بود.

حاصل سفر شهبانو به نجف و دیدارش با آیت‌الله‌عظمی، فقط انتشار چند تصویر بود که شاید در انتخاب آن‌ها هم حسن تشخیص به خرج نرفت.

از دوست ارجمند، دکتر هادی هدایتی استاد دانشگاه تهران و وزیر پیشین آموزش و پرورش که بعضی از مدارک مندرج در این فصل را در اختیارم گذاشت صمیمانه متشکرم.

اوضاع آرام خواهد شد» و هر دو جا با حسن استقبال روبرو شد. محل پادگان باغشاه، در قلب تهران، مرکز فرماندهی سرلشکر خسروداد، به‌عنوان ستاد عملیاتی اجرای این طرح در نظر گرفته شده بود.

گمان هواداران روی کار آمدن اردشیر زاهدی بر آن بود که همه چیز به سرعت بعد از انتصاب او روبراه خواهد شد. در حقیقت این طرح از بعضی جهات بی‌شباهت به ترتیباتی نبود که یک ربع قرن پیش منجر به پایان کار مصدق و روی کار آمدن سپهبد زاهدی شد. پسر می‌خواست به راه پدر برود. در این طرح قرار بود آیت‌الله‌عظمی خویی همان نقش را بازی کند که بیست‌وپنج سال قبل آیت‌الله‌عظمی بروجردی ایفا کرده بود.

با تمام این اوصاف، شاه و شهبانو از انتصاب زاهدی به ریاست دولت خودداری کردند. از «شدت عمل» وی بیمناک بودند. گمان می‌بردند که محافل حزب دموکرات امریکا که حکومت در اختیارشان بود عکس‌العمل منفی نشان خواهند داد، حال آن‌که طرفداری برژینسکی از زاهدی بر هیچ‌کس پوشیده نبود. می‌گفتند که حتی اسم زاهدی، عده‌ای را بی‌جهت تحریک خواهد کرد. اشاره به طرفداران مصدق بود. شاید نگرانی اصلی این بود که اگر اردشیر زاهدی با حمایت ارتش و آیت‌الله‌عظمی خویی و چند مرجع دیگر چون آیت‌الله‌عظمی شریعتمداری به قدرت برسد، برخلاف پدرش قدرت را برای خود نگاه دارد. اما زاهدی بدون فرمان انتصاب به نخست‌وزیری دست به هیچ اقدامی نزد. یعنی در حقیقت کودتا نکرد.

آیا می‌توانست با اخذ فرمان و یا بدون آن توفیقی بیابد و کشورش را از مهلکه نجات دهد؟ پاسخی به این پرسش نداریم. قدر مسلم این است که تاریخ می‌توانست به مسیری دیگر برود.

کمتر از دو هفته پس از تشکیل «دولت نظامی» که خیلی زود فلج و

ناتوان شد، کشور دچار هرج و مرج کامل بود. در کشتی حکومت نه سکانی وجود داشت و نه ناخدایی. امکان عمل و توفیق بر مشکلات هنوز وجود داشت. اما اراده‌ی آن نبود.
حکومت روزهای پایانی عمر خود را می‌زیست.
بعد از فرجی که به مناسبت روی کار آمدن ارتشبد ازهاری پیش آمده بود، دوباره پایتخت با اعتصابات مختلف، از جمله در ادارات و بانک‌ها و قطع و وصل جریان برق، به حالت فلج و تعطیل تقریبی درآمده بود.

مغازه‌ها باز و بسته می‌شدند. مدارس ابتدایی و متوسطه کمابیش به کار خود مشغول بودند. اما دانشگاه‌ها تعطیل بودند. کارخانه‌های بزرگ غرب تهران دور از اغتشاشات و اعتصاب بودند. در روستاها خبری نبود «کارگران و کشاورزان» به انقلاب نپیوسته بودند و نپیوستند.

اما زندگی در پایتخت هر روز دشوارتر می‌شد، ناامنی همه جا حکمفرما بود. گروهک‌های معروف به «فلسطینی» -آیا واقعاً فلسطینی بودند؟- شبانگاه به منازل بسیاری حمله برده، به نام انقلاب اسلامی آن‌ها را غارت می‌کردند. بسیاری از مردم با نگرانی کشور را ترک می‌کردند. فرودگاه‌ها انباشته از این گروه بود. بعضی دیگر از سرحد ترکیه می‌گذشتند یا به امارات خلیج فارس می‌رفتند.

وضع استان‌های کشور یکسان نبود. در کردستان، بلوچستان، ترکمنستان و بسیاری از شهرهای ساحل خلیج فارس و دریای عمان آرامش کامل حکمفرما بود. اکثریت ساکنان این مناطق سنّی هستند و خبرنگاران و فیلمبرداران تلویزیون‌های خارجی نیز به آن مناطق نمی‌رفتند. ایجاد اغتشاش در آن نقاط «فایده‌ی انقلابی» نداشت.

استان آذربایجان آرام‌تر از بسیاری دیگر از مناطق بود. شاید علت نفوذ آیت‌الله‌عظمی شریعتمداری در آن سامان بود که کمتر به

آتش دامن می‌زد.

از دو استان ساحلی دریای خزر، مازندران، بخصوص شهرهای صنعتی ان که همواره توده‌ای‌ها در آن نفوذ داشتند و ظاهراً شبکه‌های خود را مخفیانه حفظ کرده بودند، سخت دچار اغتشاش و ناامنی بود. در رشت تظاهراتی که به طرفداری از خمینی شد محقّر بود و شمار شرکت‌کنندگان در آن‌ها از یک‌هزار نفر تجاوز نکرد.

شیراز، اصفهان، یزد و کرمان سخت دست‌خوش تب انقلاب بودند. در شهر اخیر برخوردهای خونینی میان مخالفان خمینی که اکثراً کارگران و کشاورزان بودند، و موافقانش، بیش‌تر از کارمندان دولت و بازاریان، درگرفت.

مردم، برخلاف آن‌چه در جراید غربی نوشته می‌شد، یک‌پارچه نبودند. بسیاری قصد تظاهرات «ضد انقلابی» داشتند. شاه که می‌گفت از بروز جنگ داخلی بیمناک است مانع این تظاهرات می‌شد و هنوز طرفدارانش رعایت نظرات او را می‌کردند.[۱]

قوای ارتش و نیز ژاندارمری، شهربانی به شاه و قانون اساسی وفادار بودند و وفادار ماندند.

در چند هفته‌ی آخر، پلیس و سازمان‌های امنیتی مرتباً گزارش می‌دادند که در تعدادی از خیاط‌خانه‌ها (از جمله در محله‌ی سرچشمه) افرادی مشغول تهیه‌ی البسه‌ی متحدالشکل نظامی هستند. قطعاً اسلامیون افراطی می‌خواستند، نظامی‌های قلابی به صحنه بیاورند تا در مطبوعات غربی از شورش ارتش گفتگو شود. آن‌ها این روش را طی سال‌های بعد در الجزایر و در مصر به‌کار گرفتند و پیدایش نظامیان و یا پاسبانان دروغین باعث ایجاد هرج و مرج و نابسامانی‌هایی شد.

۱- اندکی بعد از آن که شاه و شهبانو از ایران رفتند، در نخستین تظاهرات هواداران قانون اساسی و طرفداران شاه بیش از دویست هزار تن شرکت کردند. موج این تظاهرات فزاینده بود. اما طبیعتاً جراید و وسایل ارتباط جمعی دنیای غرب اعتنایی به آن‌ها نکردند. غرب از ماه‌ها پیش تصمیم خود را گرفته بود.

مدت‌ها بود که «انقلابیون» ایران جنازه‌های دروغین و تشییع‌جنازه‌های قلابی به وسائل ارتباط جمعی جهان ارائه می‌دادند. دلیلی نداشت که نظامیان دروغین هم در خدمت یک امام کاذب به صحنه نیاورند. اما کار به آن‌جا نکشید.[۱]

حتی دربار هم دیگر نظم و ترتیب خود را از دست داده بود، بیش‌تر اعضای خانواده‌ی سلطنتی ایران را ترک کرده بودند، می‌خواستند این کار محرمانه بماند، ولی هیچ چیز دیگر محرمانه نمی‌ماند.

شایعه‌ی مسافرت شاه روز به روز قوّت می‌گرفت و بر نگرانی‌ها می‌افزود. با این حال، خود او مرتباً به دفتر کارش می‌رفت. اشخاص بسیاری را به حضور می‌پذیرفت. از مقامات رسمی و «شخصیت‌های مملکتی» دیگر خبر زیادی نبود. اما بسیاری از دانشگاهیان، اعضای انجمن‌های محلی، روحانیون اما محرمانه، اصناف، افسران بازنشسته به دیدارش می‌رفتند. تقریباً همه از او می‌خواستند که کشور و ارتش را رها نکند.

در همین روزها، اردشیر زاهدی، پانزده تن روحانی را که دو سه تن از آنان اهمیت خاص داشتند، محرمانه به دربار برد. آن‌ها حمایت خود را از شاه به استحضارش رساندند و از او خواستند که در برابر هرج و مرج ایستادگی کند و بخصوص از کشور خارج نشود. هدف هم حمایت از شاه بود و هم این که بداند که جناحی از روحانیت هوادار زاهدی است ولی بهرحال عملی بی‌فایده و کار از کار گذشته بود.

شهبانو نیز به سهم خود، ملاقات‌های بسیار داشت، جلساتی تشکیل می‌داد، تلاش‌هایی می‌کرد، اطرافیانش در شهر شایعاتی می‌پراکندند که به ناآسودگی خاطر مردم می‌افزود.

۱- عکس معروفی که نشان می‌دهد تعداد زیادی ارتشی به حال خبردار و در حال سلام به خمینی در روزنامه‌های اطلاعات و کیهان به چاپ رسید که همان موقع نیز در اصالت ارتشی بودن آن افراد تردید شد. پس از انقلاب نیز هرگز در مورد آن عکس و چه گروهی از ارتشیان جمع شده بود، اظهارنظر رسمی نشد. (مترجم)

***

در حالی که در نیمه‌ی دسامبر، مظفّر بقایی خود را برای به دست گرفتن رشته‌ی کارها آماده کرده و منتظر فرمان انتصابش بود، که شبکه‌ای وسیع برای روی کار آوردن اردشیر زاهدی فعالیت می‌کرد. ناگهان شخصی تقریباً ناشناس، که کسی هم در انتظارش نبود، در صحنه ظاهر شد: شاپور بختیار.

فصل دهم

آخرین تلاش‌های و آخرین دسیسه‌ها

ظاهراً، شهبانو فرح مسبّب اصلی انتصاب شاپور بختیار به ریاست دولت بود.

ایشان، «سه ماه قبل از آن که» شاپور بختیار به کاخ نیاوران احضار شود در خفا با وی ملاقات کرد.»[1]

ملاقات در ویلای محمدعلی قطبی دایی شهبانو که مقاطعه‌کاری ثروتمند بود صورت گرفت. این ویلا در دروّس -محله‌ای در شمال پایتخت ایران- قرار دارد.

شاپور بختیار شش ساعت در این محل ماند.[2] سه ساعت با شهبانو که به طور کاملاً محرمانه و ناشناس به آنجا آمده بود به گفتگو نشست و تقریباً سه ساعت دیگر با خاله‌ی خود لوئیز صمصام‌بختیاری، که هنوز همسر محمدعلی قطبی بود.

۱- روایت خود بختیار:
Chapour Bakhtiar, Ma Fidelité, Paris, Albin Michel, 1982, P. 97.
۲- روایت محمدعلی قطبی به نویسنده‌ی کتاب.

ترتیب این ملاقات را لوئیز قطبی داده بود که جزو نزدیک‌ترین کسان و مشـــاوران شهبانو محسوب می‌شد و گویا وسیله و رابط اصلی آن رضا قطبی پســـر دایی و «تقریباً برادر» شـــهبانو و پسرخاله‌ی شاپور بختیار بود. در نتیجه می‌توان پنداشت که این ارتباط نزدیک خانوادگی در ترتیب ملاقات موثر بوده.

سال‌ها بعد، تاریخ انجام این ملاقات بسیار بحث‌انگیز شد. شهبانو در خاطرات خود نوشته که نخستین دیدارش با شاپور بختیار پس از انتصاب وی به نخست‌وزیری، یعنی در اواخر نیمه‌ی دوم دسامبر ۱۹۷۸ انجام گرفته. لوئیـــز صمصام‌بختیاری-قطبی، تاریخ وقوع آن را در «یک روز ســـرد پایین» قرار داده.[۱] گفته‌ی بختیار، که مورد تأیید محمدعلی قطبی و همسر سابقش می‌باشد[۲] قابل قبول به نظر می‌رسد.

احتمالاً علت این اختلاف‌نظرها آن است که شهبانو نمی‌خواست و نمی‌خواهـــد قبول کند که در آن زمـــان با یکی از تندروترین رهبران حرکت بر ضد حکومت و در نتیجه همسرش دیدار و مذاکره داشته. مگر نه آن که دقیقاً در همان اوان شـــاپور بختیار طی مصاحبه‌ای ارتش ایران را «یک نیروی اشـــغالگر که کورکورانه به سوی مردم تیراندازی می‌کند و به کشتار بی‌گناهان می‌پردازد»[۳] خوانده بود؟

شهبانو و شاپور بختیار، اقلاً یک ملاقات دیگر نیز داشتند. شهبانو یک مجلّد از اشعار پُل الوار[۴] شاعر معاصر معروف فرانسوی را به بختیار که مردی شعردوست و شعرشناس بود، هدیه کرد.[۵]

شاپور بختیار «دشمنی و کینه‌ی خود را نسبت به خانواده‌ی پهلوی هرگز پنهان نمی‌کرد»[۶] نفرتی که از شاه داشت بر هیچ‌کس پوشیده

۱- در مقاله‌ی کوتاهی در کیهان (چاپ لندن) شماره‌ی ۱۰۶۲، ۳۰ ژوئن، ۶ ژوئیه‌ی ۲۰۰۵

۲- در روزهای قبل از ســقوط رژیم، این دو از یک‌دیگر جدا شــدند. محمدعلی قطبی مجدداً ازدواج کرد و به سال ۱۹۹۸ در موناکو درگذشت.

۳- مصاحبه با Jean Gueyras, Le Monde, 10 - 11 Septembre 1978

4- Paul Eluard.

5- Chapou Bakhtiar, op. cit. P. 97.

6- Gholam Reza Pahlavi, Mon hee, mosfoeiei, op. cit. P. 248.

نبود.[1] اما در ستایش شهبانو داد سخن داده و عقاید و آراءاش را «خیلی نزدیک» به عقاید خود دانسته.

دیدار شاه یا شهبانو با این و آن، در شرایط کاملاً محرمانه، امری عادی بود. گارد شاهنشاهی مباشرت این کار را به‌عهده می‌گرفت. در مورد ملاقات‌های سیاسی داخلی یا بین‌المللی هرگز این جنبه‌ی سرّی، بر سر زبان‌ها نیافتاد.[2] مجادلاتی که در سال‌های اخیر پیرامون ملاقات‌های شاپور بختیار با شهبانو بروز کرده ناشی از آن بود و هست که مشارالیها حتی منکر انجام آن‌ها قبل از انتصاب بختیار به نخست‌وزیری شده. اگر چنین انکاری نشده بود، بحثی هم پیش نمی‌آمد.

به نوشته‌ی کنت برتران دوکاستل باژاک، یکی از زندگی‌نامه‌نویسان معتبر محمدرضا شاه «شهبانو به بختیار اظهار داشته بود که نظریاتش خیلی به عقاید و آراء او نزدیک است. او بخصوص مایل بود که شاه هر چه زودتر ایران را ترک کند. چرا که بهتر از هرکس از وضع مزاجی وخیم شوهرش اطلاع داشت. او می‌خواست که یک انتقال آرام قدرت از همسرش به ولیعهد که هنوز در سنین رسیدن به تاج و تخت نبود، ترتیب دهد. شاپور بختیار نیز همین را می‌خواست اما به دلایلی دیگر. او نیز خواهان آن بود که شاه هر چه زودتر از ایران برود. او می‌دانست که امریکایی‌ها نیز در این زمینه اصرار دارند»[3]

سال‌ها بود که شاپور بختیار می‌کوشید با سفارت امریکا در تهران

۱- مطالعه‌ی خاطراتش به زبان فرانسه نشان می‌دهد که این نفرت تنها جنبه‌ی سیاسی نداشته است.

۲- خود من یکی از معروف‌ترین آیت‌الله‌های ایران را در نیمه‌ی اکتبر با اتومبیل شخصی به دیدار شهبانو به داخل کاخ بردم. دو سه روز بعد از آن همین شخص در رأس یکی از راه‌پیمایی‌های بزرگ پایتخت بود ولی رابطه‌ی خود را با دربار تا زمان حرکت شاه از ایران هم‌چنان نگاه داشت.

3- Bertrand de Castelbajac, L' homme qui voulait éte Ecyrus, Albatros, Paris, 1987, P. 159.

حســن رابطه برقرار کند[1] هنگامی که جریان انتصابش به ریاست دولت آغاز شد، بختیار کوشید که تا حدامکان شاه را نسبت به خود آسوده‌خاطر سازد، تا مبادا با این انتصاب روی موافق نشان ندهد، قباد ظفر، که یکی از مهندســان معمار سرشناس و موّجه تهران و در ضمن از برجستگان ایل بختیاری و نزدیک به دربار بود، نامه‌ای به شاه نوشت و در آن به درخواست شاپور بختیار، وفاداری او را به مقام سلطنت و به رعایت قانون اساسی شخصاً تضمین کرد.[2]

در طی نیمه‌ی دوم دسامبر ۱۹۷۸، شاه دو بار شاپور بختیار را به حضور پذیرفت. بار اول، ســپهبد مقدم رئیس سازمان اطلاعات و امنیت او را شــبانگاه شخصاً با وسیله‌ی نقلیه‌ی اختصاصی خود به کاخ برد.

هم‌چنین بختیــار، در روز ۱۸ دســامبر ۱۹۷۹، قبل از آن که رسماً به ریاســت دولت برگزیده شود، در یک ناهار خصوصی برنامه‌ی «دولت آینده» خود را به سفیر کبیر بریتانیا در تهران توضیح داد.[3]

در روز ۳۱ دسامبر ۱۹۷۸، درست یک‌سال بعد از مسافرت معروف کارتر به ایران، شــاه او را رسماً مأمور تشکیل دولت جدید کرد. از آن پــس در تمام مذاکرات خصوصی‌اش شــاه از بختیار به عنوان «آخرین نخســت‌وزیر شاهنشاهی ایران» سخن می‌گفت و اطرافیان شهبانو وی را به فرانسه «Le Cousin» (پسرخاله) می‌خواندند.

بختیار، هنگامی که به روی صحنه آمد، شــصت‌وپنج ســاله بود. پدرش ســردار فاتح بختیاری در آغاز اعتلای رضاشاه که او برای پاک‌ســازی ایران از هرج و مرج‌طلبان و سرکشــان می‌کوشید تا وحدت و تمامیت کشــور را تأمین کند، به جرم شورش مسلحانه، بازداشت و محاکمه و به رأی یک دادگاه نظامی تیرباران شده بود،

۱- نگاه کنید به اسناد سفارت (اسناد «لانه‌ی جاسوسی») جلد بیستم، ۱۹۸ صفحه + ۹۸ تصویر مدارک.

۲- روایت دکتر امیراصلان افشــار رئیس کل تشــریفات شاهنشــاهی که حامل این «عریضه» بود، کیهان (چاپ لندن) شماره ۱۰۶۱ - ۲۳ - ۲۹ ژوئن ۲۰۰۵.

3- Sir Anthony Parsons, ترجمه‌ی فارسی P. 175.

به احتمال قوی سرچشمه‌ی نفرت و کینه‌ی شاپور بختیار به شاه و خانواده‌ی پهلوی همین بود.

با این احوال سران ایل بختیاری که اکثر آنان با رضاشاه کنار آمده بودند، شاپور جوان را رها نکردند، وی را برای انجام تحصیلات متوسطه به بیروت و از آن‌جا به فرانسه فرستادند. در پاریس در رشته‌ی حقوق به تحصیل پرداخت و گویا نخستین بختیاری بود که موفق به اخذ درجه‌ی دکتری در این رشته شد. در همان شهر با یک دخترخانم فرانسوی ازدواج کرد و ظاهراً خدمت نظام وظیفه را نیز در فرانسه انجام داد. همیشه افتخار می‌کرد که در جنگ داخلی اسپانیا در صف طرفداران جمهوریت و مخالفان ژنرال فرانکو شرکت داشته است.

شاپور بختیار، بلافاصله پس از پایان جنگ دوم جهانی به ایران بازگشت و به خدمت در وزارت کار، که به ابتکار احمد قوام ایجاد شده بود، آغاز کرد. به هنگام نهضت ملی شدن نفت مدیرکل کار استان خوزستان بود. تنی چند از یاران نزدیک دکتر مصدق به ملاحظه‌ی اسناد محرمانه‌ی شرکت نفت ایران و انگلیس (معروف به شرکت منحله‌ی نفت که صاحب امتیاز بهره‌برداری از منابع نفت ایران و خلع ید شده بود) وی را متهم کردند که از آن شرکت مقرری دریافت می‌دارد. با این وصف در ماه‌های آخر زمامداری مصدق به معاونت وزارت کار منصوب شد.

بعد از ماجرای ۲۸ مرداد و پایان کار مصدق، بختیار در شمار رهبران سرشناس و مهّم جبهه‌ی ملی و هواداران رهبر ملی‌گرای آن نبود. با این حال دو بار بازداشت و زندانی شد. سپس به عضویت هیأت مدیره‌ی چند شرکت مهم وابسته به بخش دولتی یا بنیاد پهلوی درآمد که قطعاً با موافقت مستقیم یا ضمنی شاه بوده. هم‌چنین می‌توان پنداشت که نسبت خانوادگی نزدیکش با ملکه ثریا، سپهبد تیمور بختیار و سرانجام با لوئیز و محمدعلی قطبی و در نتیجه شهبانو فرح، همسر سوم محمدرضا شاه، در کسب این مقامات

غیرسیاسی مؤثر بوده است.

مسلماً شاپور بختیار جاه‌طلبی‌های سیاسی داشت و این حق مسلّم او بود. شاید در سطوح بالای حکومت و دربار توقع داشتند که وی علناً به شاه «اظهار وفاداری» کند. چنان‌که بسیاری کردند و یا چون بعضی از یاران مصدق در صف همکاران یکی از رهبران پر نفوذ سیاسی درآید تا بتواند به مقامات مهم سیاسی برسد. بختیار این کار را نکرد و اگر این کار بر اثر وفاداری به مصدق بود، سبب افتخار او است که راه خود را تغییر نداد.

واقعیت این است که هنگامی که به ریاست دولت منصوب شد، کم‌تر کسی او را می‌شناخت.

هنگامی که به نخست‌وزیری منصوب شد، شاه اعضای هیأت رئیسه‌ی دو مجلس شورای ملی و سنا را به کاخ فرا خواند تا علت این انتخاب راتوضیح دهد و به آنان توصیه کند که به دولت جدید رأی اعتماد بدهند. جلسه‌ای در یکی از تالارهای کاخ صاحبقرانیه در نزدیکی دفتر کار شاه تشکیل شد. طی مذاکرات غالب حاضران به استحضار شاه رساندند که اصولا شاپور بختیار را نمی‌شناسند و حتی اسم او را هم نشنیده‌اند![۱]

باید دانست که علل واقعی انتصاب شاپور بختیار به این سمت چه بوده.

- شاه که سخت سردرگُم، بیمار و به‌خصوص از لحاظ روانی ضعیف شده بود، در جستجوی شخصیت یا لااقل شخصی بود که با خروج وی از ایران در شرایطی قابل قبول و محترمانه، موافقت کند.

جوّ سیاسی زمان بر آن بود که از رجال حکومت، چه لشکری، چه کشوری، ولو قادر به حل مشکلات باشند، دعوت نشود. به دکتر صدیقی و مظفر بقایی که در این شمار نبودند، تکلیف شد که

۱- برگرفته از مقاله‌ی مفصل مصطفی الموتی، نایب‌رئیس مجلس شورای ملی که متکی به گزارش‌ها و مدارک رسمی و یادداشت‌های وی می‌باشد. ره‌آورد، شماره‌ی ۵۳ پاییز سال ۲۰۰۰.

ریاست دولت را بپذیرند. هر دو قبول کردند به شرطی که شاه از کشور نرود و دور از تهران در جایی در داخل ایران اقامت گزیند تا یکپارچگی و انسجام ارتش حفظ شود که بتوان به مدد آن به اوضاع سر و صورتی داد. تاریخ حق را به آنان داد. اما دیگر او اراده‌ی مبارزه و دفاع از تاج و تخت و وطنش را نداشت. می‌خواست با رعایت حداقل احترامات از ایران خارج شود. این خواست ایالات متحده و بریتانیای کبیر بود. بختیار تنها کسی بود که به قبول این سفر بی‌بازگشت شاه تن در داد و از آن به عنوان برگ برنده‌ای در برابر مخالفان افراطی استفاده کرد.

برای شاه دیگر تفاوتی میان این و آن وجود نداشت. به «آخرین نخست‌وزیر شاهنشاهی ایران» اعتنایی نداشت. «می‌بایست» و می‌خواست برود.

- شهبانو فرح تنها کسی بود که وخامت حال شاه و بیماری مهلک او را می‌دانست. هدفش این بود که تاج و تخت را برای پسرش حفظ کند. وی در مصاحبه‌ای گفت «من برای پسرم می‌جنگم. امیدوارم که او صفات و قدرت لازم را برای انجام وظایفش داشته باشد»[1]

روی کار آمدن شاپور بختیار، مستلزم خروج شاه از ایران و استقرار یک شورای سلطنت در چهارچوب قانون اساسی بود که «ملکه مادر ولیعهد» ریاست آن را به‌عهده داشت. بدین‌ترتیب شهبانو چند سالی عملاً مقام نایب‌السلطنه را پیدا می‌کرد. تنی چند از دوستان و اطرافیانش که همواره به علل خصوصی یا عقیدتی از شاه نفرت داشتند و سرانجام جرئت ابراز این موضع خود را یافته بودند، می‌خواستند بدین‌ترتیب هم از او انتقام بگیرند، یا تلافی کنند و هم میدانی برای تاخت و تاز سیاسی بدست آورند. «Le Cousin» برای آنان عامل خوبی به نظر می‌رسید. آن‌ها می‌خواستند یک «سلطنت سوسیال دمکرات» به وجود آورند. مگر نه آن بود که بختیار نیز

۱- مصاحبه با Paris - Match ، ۲۲ سپتامبر ۱۹۷۸.

اعلام می‌کرد که «می‌خواهد یک جامعه‌ی واقعاً سوسیال دمکرات» بنیان نهد؟[1]

- دولت‌های غربی، در رأس آن‌ها واشنگتن، لندن و پاریس، به دلایل مختلف و گاه متضاد که بارها تجزیه و تحلیل شده، می‌خواستند «شاه برود». امروزه که دسترسی به بعضی از مدارک محرمانه‌ی دول غربی میسر شده می‌دانیم که لااقل امریکا و انگلیس از چند سال قبل از این تاریخ در تدارک برکناری شاه بودند.[2]
دولت‌های غربی تصور می‌کردند که بختیار کسی است که می‌تواند بدون اشکال عمده انتقال قدرت را به حکومت مهدی بازرگان -که او را یک اسلام‌گرای معتدل می‌پنداشتند- جامه‌ی عمل بپوشاند و ترتیب استقرار آیت‌الله خمینی را به عنوان رهبر مذهبی در ایران بدهد. از دید آن‌ها، بختیار می‌بایست نقشی مشابه ژنرال مین[3] در سایگون را ایفا کند که در ۱۹۷۵ به اصطلاح خودشان «کلید خانه» را به کمونیست‌ها تحویل داد. غربی‌ها توقع داشتند که بختیار شاه را روانه کند و کشور را به بازرگان -مرد مطلوب‌شان- و خمینی- رهبر مذهبی که تصور نمی‌کردند جاه‌طلبی سیاسی داشته باشد، تحویل دهد.

- خود بختیار در این نمایش پیچیده و پر معمّا، سرانجام این امکان را می‌دید که شخصیتی بشود -به صحنه بیاید- نقشی ایفا کند، شهرتی بیابد، احتمالاً موفق شود به آرمان‌های سیاسی خود تحقق بخشد. او به اروسترات شبیه بود.[4] در جستجوی نام و شهرت و

۱- کیهان، ۶ ژانویه‌ی ۱۹۷۹.
۲- در مورد این مدارک از جمله نگاه کنید به مقاله‌ی مفصل Los Angeles Times مورخ ۱۷ اکتبر ۲۰۰۸، همچنین Tereta Parsi, Tracherous Alliance, Yale university Press, New - Haven, London, 2007 و چاپ جدید ۲۰۰۹. بخصوص کتاب‌های ذکر شده Mike Evans و Vincent Nouzille.
3- General Minh
۴- شخصیت داستانی یا واقعی یونانی که گمنام بود و برای کسب شهرت معبد بزرگ

نقشی که خود را به حق یا ناحق شایسته آن می‌دانست.

***

در روز ششم ژانویه‌ی ۱۹۷۹، نخست‌وزیر جدید پیامی خطاب به ملت ایران فرستاد، نثر و انشا و ساختار این پیام شباهت بسیار به پیام شوم «صدای انقلاب شما را شنیدم» داشت.
وی وزیران خود را در محیطی متشنج به شاه معرفی کرد.[۱]
یکی از نخستین تصمیمات نخست‌وزیر جدید این بود که تصاویر رسمی شاه از دفاتر سفارت‌خانه‌های ایران در خارج برداشته شود.[۲]
بختیار دولت خود و برنامه‌ی آن را در روز دهم ژانویه‌ی ۱۹۷۹ به مجلسین معرفی کرد.

قسمت اعظم سخنانش در مجلس شورای ملی به انتقاد از شاه و حکومت وی، که نخست‌وزیر آن بود، اختصاص داشت.[۳] در حقیقت سخنان و برنامه‌ی آیت‌الله خمینی را با اندک تغییری تکرار می‌کرد. به این امید که مردم نسخه‌ی بدل را به اصل ترجیح دهند، که ندادند. محیط مجلس به هنگام معرفی وزیران و ارائه‌ی برنامه‌ی دولت بختیار سخت متشنج بود. گذشته‌اش و اتهاماتی که به وی در همکاری با شرکت نفت ایران و انگلیس وارد شده بود، مطرح شد.

شهر افز Ephese را به سال ۳۵۶ قبل از میلاد مسیح آتش زد. نوشته‌اند که اسکندر مقدونیَ در همان شب چشم به جهان گشود. نام اروسترات جنبه‌ی نمادین یافته و در زبان فرانسه به همین صورت به‌کار می‌رود.

۱- امیراصلان افشار رئیس کل تشریفات شاهنشاهی در این مراسم حاضر بود و جریان آن را در شماره‌ی ۱۰۶۲ کیهان (چاپ لندن) مورخ ۳۰ ژوئن، ۶ ژوئیه‌ی ۲۰۰۵ حکایت کرده است.

۲- روایت رضا قاسمی (که در آن موقع مقام سفارت داشت) که این دستور را از وزیر متبوع خود دریافت کرد که به همه‌ی نمایندگی‌های ایران در خارج ابلاغ نماید، کیهان (لندن) شماره‌ی ۱۰۶۲ مورخ ۳۰ ژوئن، ۶ ژوئیه‌ی ۲۰۰۶، روایت خانم مینو مفتاح دیپلمات و کارمند وزارت امورخارجه که در همان موقع شاهد برداشتن تصاویر رسمی شاه در این وزارتخانه بود. بعضی از همکارانش شادمان بودند و بعضی می‌گریستند، کیهان (لندن) شماره‌ی ۱۰۷۲، ۴ - ۸ سپتامبر ۲۰۰۶.

۳- کیهان، ۱۱ ژانویه‌ی ۱۹۷۹.

نخست‌وزیر جدید پاسخی نداد.

بختیار در ملاقاتی با هیأت رئیســـه‌ی دو مجلس اظهار داشــت که عنقریب یک لایحه‌ی قانونی تقدیم خواهد کرد که همه‌ی نخست‌وزیران و وزیران دولت‌های بیســت‌وپنج سال اخیر[1] (بعد از بیست‌وهشتم مـــرداد و برکنـــاری مصدق) تحت تعقیب قرار گرفتـــه و در مقابل دادگاه‌های «استثنایی» محاکمه و محکوم شوند. افزود که مجازات آن‌ها سنگین و حتی محکومیت به اعدام خواهد بود.[2] کاری که بعداً انقلابیون انجام دادند.

***

محمدرضا پهلوی قبل از تـــرک وطن تغییراتی در فرماندهی ارتش داد. ارتشـــبد قره‌باغی رئیس کل ژاندارمری و وزیر کشور کابینه‌ی شریف‌امامی به ریاست ستاد کل منصوب شد که در ماه‌های اخیر سپهبد هوشنگ حاتم کفالت آن را داشت. سپهبد عبدالعلی بدره‌ای فرمانده لشــکر گارد به فرماندهی کل نیروی زمینی برگزیده شد. سرلشکر علی نشاط فرمانده گارد جاویدان که واحدی از لشکر گارد بود، جانشین بدره‌ای شد.

قره‌باغی در آخرین هفته‌های رژیم ســلطنتی، نقشی بازی کرد که به‌درستی روشن نیست. پس از انقلاب مدت زمانی در ایران ماند و سپس از کشور خارج شد. شهرت یافت که به سوریه رفته. سرانجام به پاریس آمد و سال‌ها بعد در همین شهر درگذشت.

ســپهبد بدره‌ای با تهوّری عجیب کوشید که در آخرین روز، ارتش را بر ضد خمینی بشــوراند. در مقر فرماندهی‌اش از پشــت وی را

۱- ســـه نخســت‌وزیری که قبل از بختیار مصدر امور بودند، شریف‌امامی، ارتشبد ازهاری و ظاهراً دکتر آموزگار، و همچنین دکتر علی امینی، در زمان حکومت او و با موافقتش با گذرنامه‌ی سیاســی ایران را ترک کردند. تنها امیرعباس هویدا در زندان ماند و به سرنوشت شومی که می‌دانیم دچار شد.

۲- مصطفی الموتی، ره‌آورد، متن ذکر شده.

به رگبار مسلسل بستند و در دم جان سپرد.[1] سرلشکر علی نشاط و سپهبد هوشنگ حاتم نیز در روزهای بعد از پیروزی انقلاب به دستور آیت‌الله خمینی به قتل رسیدند.

سپهبد بدره‌ای، سپهبد حاتم و سرلشکر نشاط، هر سه، افسرانی خوش‌نام و کاردان بودند.

اندکی قبل از روی کار آمدن قره‌باغی، سپهبد حاتم که هنوز کفالت ستاد کل ارتش را داشت به کاخ نیاوران تلفن کرد و اجازه خواست که با شاه صحبت کند. شاه فرمانده کل قوا بود و رئیس ستاد جزو کسانی که مجاز به مذاکره‌ی تلفنی مستقیم با او بودند. شهبانو به وی پاسخ داد. سپهبد حاتم وضع کشور و نابسامانی پایتخت را برایش توضیح داد، که نیازی به آن نبود، و افزود که هنوز امکان نجات مملکت وجود دارد و می‌توان با اجرای طرح خاش، البته پس از تطبیق آن با وضع روز، به هرج و مرج پایان داد و حکومت و حرمت قانون را دوباره برقرار کرد. در نتیجه اجازه خواست که ارتش وارد عمل شود. شهبانو پاسخ داد «پیام شما را به عرض خواهم رساند» چند دقیقه‌ی بعد، شهبانو حاتم را پای تلفن خواست و گفت، «اعلیحضرت اجازه نفرمودند»[2]

سپهبد حاتم نیز مانند اردشیر زاهدی می‌خواست در محدوده‌ی قانون عمل کند!

* * *

هنگامی که این بحث‌های بی‌ثمر در تهران جریان داشت. روح‌الله خمینی و اطرافیانش در فرانسه، در وحشت مداخله‌ی ارتش برای استقرار نظم و حکومت قانون در ایران به‌سر می‌بردند.

در ملاقاتی با فرستادگان ژیسکاردستن رئیس جمهوری فرانسه،

1- H. Nahavandi, Iran, deux - op. cit, P. 207.

۲- روایت فرمانده «نیروی مخصوص» که اکنون مقیم اروپا است و یکی از امرای ارشد ارتش که اکنون در غرب امریکا زندگی می‌کند و در کنار سپهبد حاتم بود. من شخصاً به صحّت روایات آنان که با یکدیگر ارتباطی هم ندارند، اطمینان دارم.

که غالباً نقش واسطه میان خمینی و کارتر را بازی می‌کرد، آیت‌الله از آن‌ها خواست (یا یزدی به نام آیت‌الله چنین تقاضایی کرد) که از رئیس‌جمهوری امریکا بخواهد به هر قیمت که شده از «کودتای ارتش» جلوگیری کند.[۱]

جیمی کارتر در پاسخی که از طریق ژیسکاردستن برای خمینی فرستاد، اظهار داشت که شاه عنقریب ایران را ترک خواهد کرد. در چنین شرایطی اصلح آن است که یک آرامش نسبی در ایران حفظ شود تا بتوان اوضاع را تحت کنترل نگاه داشت. مداخله‌ی ارتش خطری است که وجود دارد. اگر اوضاع نابسامان‌تر شود، خطر مداخله‌ی ارتش افزایش خواهد یافت. در محدوده‌ی وضع فعلی آیا بهتر نیست که با توجه به تحول پیش‌بینی شده (خروج شاه) اندک آرامشی بوجود آید؟[۲]

به منظور یک ارزیابی مجدد از اوضاع، رئیس جمهوری فرانسه مشاور مخصوص و مرد مورد اعتماد خود میشل پونیاتوسکی[۳] را برای سومین بار با هواپیمای مخصوص به تهران فرستاد.

پونیاتوسکی در گزارش به ژیسکاردستن نوشت «شاه در نهایت وقار بود و به اوضاع با روشن‌بینی می‌نگریست. اما غمگین، خسته و دیگر نسبت به اوضاع بی‌تفاوت به‌نظرم آمد». این گزارش که اخیراً از طریق منابع امریکایی فاش شده به تاریخ ۲۶ – ۲۸ دسامبر ۱۹۷۸، یعنی چهل و هشت ساعت قبل از رسمیت انتصاب شاپور بختیار به نخست‌وزیری تدوین و به رئیس جمهوری فرانسه تسلیم شد.[۴]

گویا در همین ملاقات بود که میشل پونیاتوسکی[۵] به شاه رسماً

1- Vincent Nouzille, op. cit.

۲- متون این دو پیام (خمینی به کارتر برای جلوگیری از مداخله‌ی ارتش و کارتر به خمینی) در کتاب نوزیل صفحات ۴۴۹ – ۴۵۲ عیناً با استفاده از منابع امریکایی و فرانسوی نقل شده.

3- Michel Poniatowski.

۴- نگاه کنید به کتاب Vincent Nouzille، منبع ذکر شده، ۴۴۹

۵- میشل پونیاتوسکی در این هفته‌ها سه بار به ایران آمد. در سفر قبلی‌اش، به

اطلاع داد که «مســـأله‌ی ایران» به نحو قطعی در کنفرانس گوادلوپ حل خواهد شد.[۱]

* * *

«خطر» مداخله‌ی ارتش، با موافقت شـــاه یا بـــدون موافقت او، در این روزها بزرگ‌ترین نگرانی گروه نوفل‌لوشاتو و دولت کارتر بود. طی «ملاقات‌های ســـرّی متعدد»[۲] خود، ابراهیم یزدی «ســـخنگو و نماینده‌ی آیت‌الله» و والتر زیمرمان وزیر مختار و مستشار سیاسی سفارت امریکا در پاریس، به بحث در این موضوع پرداختند.
در نهایـــت امر همه منتظر «تصمیم نهایی» بودنـــد که قرار بود در کنفرانس گوادلوپ اتخاذ شـــود. محمدرضا پهلوی که ظاهراً دیگر در مورد آینده‌ی خودش توهّم و امیدی نداشـــت، نگرانی خود را از مداخله‌ی شـــوروی‌ها در امور ایران به میشـــل پونیاتوسکی اظهار داشت و خواستار شد که کنفرانس گودالوپ پیامی به مسکو بفرستد و شوروی‌ها را رسماً از مداخله در امور ایران برحذر دارد.[۳]
کنفرانس گودالوپ که ژیسکاردستن «سه همتای بزرگ غربی» خود را، چنان که نوشـــته،[۴] به آن دعوت کرده بـــود، در روز ۵ ژانویه‌ی ۱۹۷۹ آغاز شـــد. «سرنوشـــت ایران» در طـــی آن قطعیت یافت. به روایتی، رئیس جمهور فرانســـه در طی مذاکـــرات بیش از دیگران به شـــاه اظهار مخالفت و ضدیت کرد: «اگر او بر ســـر کار بماند، جوی خون در ایران جاری خواهد شد. کمونیست‌ها هر روز قدرت بیش‌تری به دست خواهند آورد. افسران امریکایی مجبور به مداخله

تقاضای خود او، من با وی ملاقاتی طولانی داشتم. او مردی وارد به مسائل بین‌المللی و «پرونده ایران» را به دقت مطالعه کرده بود. در همین ملاقات احساس کردم که دیگر اعتقادی به این که شاه بتواند بر اوضاع مسلط شود ندارد (جریان این ملاقات را در Iran, deux Reves Brisés صفحات ۱۹۶ و ۱۹۷ بازگو کرده‌ام)

۱- جزئیات این مطلب به تفضیل در کتاب نوزیل آمده است.

2- Mike Evans, The liberal left....., op. cit, P. 237.

۳- Vincent Nouzille منبع ذکر شده.

4- Le Pouvoir et lavie, of. cit P. 109.

خواهند شد. شوروی‌ها به این بهانه در ایران دخالت خواهند کرد. باید واشنگتن اندیشه‌ی تغییر (شاه) را در ایران بپذیرد»[۱]
خود ژیسکاردستن بیان دیگری دارد: «فعلا باید از شاه حمایت کرد، حتی اگر تنها و ضعیف است. لااقل اوضاع را با روشنی می‌بیند و ارتش یعنی تنها قدرت کشور را که بتواند با روحانیون روبرو شود در اختیار دارد»[۲] ژیسکاردستن نوشته که جیمی کارتر نخستین کسی بود که گفت «شاه باید برود، ملت ایران او را نمی‌خواهد ولی ما (یعنی امریکایی‌ها) هیچ دلیلی برای نگرانی از این تغییر نداریم»[۳]
روایات و مدارک رسمی که از آن پس انتشار یافته، نوشته‌ی ژیسکاردستن را تأیید نمی‌کنند.
موضع قطعی امریکایی‌ها هنوز چندان روشن نبود. میشل پونیاتوسکی بعداً اظهار داشت که آن‌ها «پنج موضع و عقیده‌ی مختلف درباره‌ی اوضاع آن روز ایران داشتند.»[۴]
ظاهراً برژینسکی نسبت به سیاست رسمی کاخ سفید و تقویتی که از اسلام‌گرایی افراطی و روی کار آوردن خمینی می‌شد، سخت بیمناک بود.[۵]
تقریباً همه‌ی مشاوران کاخ سفید، وزارت امورخارجه و بسیاری از سیاست‌مداران امریکا و نیز انجمن‌های کم و بیش رسمی تفکّر و مشاوره در سیاست آن کشور، هوادار خمینی و حرکتش و تقویت از آن برای تغییر نظام سیاسی ایران بودند. در نهایت امر پیروزی با این دسته شد.

1- William Shawcross, Le Shah... op. cit. P. 140.

2- Le Pouvoir et LA Vie P. 109.

۳ - همان منبع، همان صفحه.

۴- مصاحبه با TF1 برنامه‌ی اول تلویزیون فرانسه در شب بعد از انتخاب رنالد ریگان به ریاست جمهوری امریکا، ۶ نوامبر ۱۹۸۰.

5- Pierre Salinger, Otages... op. cit. P. 43.

اردشیر زاهدی، سفیر کبیر ایران در واشنگتن نیز چنین برداشتی از رویه‌ی آقای برژینسکی داشت (روایت ایشان به نویسنده‌ی کتاب). همه‌ی نوشته‌های بعدی دکتر برژینسکی موید همین معنی هستند.

بر اســاس بررســی‌هایی که مایک اوانس انجــام داده، روایت‌ها و شــهادت‌هایی که گرد آورده و مدارکی کــه در کتابش نقل کرده دولت کارتر معادل یک‌صد و پنجاه میلیون دلار به تأمین هزینه‌های «عملیات خمینی» اختصاص داد.[۱] کتاب مایک اوانس پس از انتشار در امریکا انعکاس وسیع یافت. در مطبوعات و وسایل ارتباط جمعی مورد بحث و گفتگوهای فراوان شــد. اما مقامات امریکایی تاکنون مفاد آن را تکذیب نکرده‌اند.

در تهران -طبق اسناد محرمانه‌ی سفارت کبرای امریکا- رویه و رفتار دیپلمات‌های آن کشور رسماً و علناً در جهت همکاری و پشتیبانی از انقلاب اسلامی و آیت‌الله خمینی بود. تا آن‌جا که نمایندگان سفارت در جلساتی که برای ترتیب تشریفات ورود خمینی به تهران تشکیل می‌شد، شرکت می کردند.[۲]

کنفرانس گودالوپ با اتخاذ «تصمیم قطعی» چهار دولت بزرگ غربی درباره‌ی ایران به پایان رســید. به ژنرال امریکایی رابرت هویزر[۳] معــاون فرمانــده کل نیروهای پیمان آتلانتیک شــمالی مأموریت داده شــد که به ایران برود، در خروج شاه از ایران تسریع کند، از مداخلــه‌ی ارتش در بحران جلوگیری نماید و موجبات ورود آیت‌الله روح‌الله خمینی را به ایران فراهم آورد.

کنت آلکســاندر دومارانش که به مدت دوازده سال رئیس سازمان اطلاعات فرانســه[۴] و مشــاور امنیتی بین‌المللی چند تن از ســران کشورهای «جهان آزاد» بود در خاطرات خود می‌نویسد:

«دولــت کارتر در اجرای سیاســت احمقانه‌ی خــود دایر به تغییر

۱- Mike Evans, The liberal left....., op. cit, P 14. قطعــاً هزینه‌هــای واقعــی «انقــلاب» بــه مراتب بیش از این‌ها بوده: مخارج ســنگین دســتگاه نوفل‌لوشــاتو، حق‌الزحمه‌هایی که با گشاده‌دستی پرداخت می‌شــد، هزینه‌ی تظاهرات در تهران و شهرستان‌ها، رفت‌وآمدها... به کمک امریکا باید پرداخت‌های بازاریان ایران و دولت لیبی و کمک‌های دیگر خارجیان را افزود.

۲- اسناد (لانه‌ی جاسوسی) جلد ۲۷ صفحات ۱۰۰ - ۱۰۴ و ۱۳۰ الی ۱۳۱.

3- Robert Huyser

4- S.D.E.C.E - D.G.S.E

رژیم سیاسی ایران ژنرال هویزر را به ایران فرستاد. وی به دیدار همه‌ی مراجع ارتشی رفت و به آنان تفهیم کرد که قوای مسلح ایران -بهترین و مجهزترین و تواناترین ارتش‌های منطقه، که قسمت اعظم ساز و برگ خود را از امریکا دریافت می‌داشتند- اگر بخواهند عکس‌العملی (در برابر انقلاب خمینی) از خود نشان دهند حتی یک واحد از قطعات منفصله‌ی مورد نیاز خود را دریافت نخواهند داشت. بدین‌ترتیب امریکایی‌ها خمینی را بر مسند قدرت نشاندند و انقلاب را به پیروزی رساندند»[۱]

ژنرال هویزر نه تنها به عنوان نماینده‌ی رئیس‌جمهوری ایالات متحده‌ی امریکا بلکه در مقام «فرستاده‌ی مجموع قدرت‌های جهان غرب» به ایران رفت و رونوشت تصمیمات کنفرانس گوادلوپ را به همه‌ی کسانی که به ملاقات‌شان می‌شتافت ارائه داد.[۲]

مأموریتی که به ژنرال هویزر تفویض شده بود به عکس‌العمل شدیدی از جانب ژنرال آلکساندر هگ[۳] فرمانده کل نیروهای پیمان آتلانتیک شمالی منتهی شد. دولت امریکا حتی به خود زحمت آن را نداده بود که فرمانده و رئیس مستقیم هویزر را در جریان این مأموریت قرار دهد. هِگ از مقام خود استعفا داد. می‌دانیم که چندی بعد به سمت وزیر امورخارجه‌ی پرزیدنت رنالد ریگان منصوب شد. اندکی بعد، جرج بوش معاون بعدی رئیس‌جمهوری و سپس رئیس‌جمهوری ایالات متحده‌ی امریکا، شدیداً از مسئولیت امریکایی‌ها در توفیق انقلاب اسلامی انتقاد و در ضمن نکوهش دولت کارتر اظهار داشت که مأموریتی که به ژنرال هویزر به منظور «فلج کردن ارتش ایران» تفویض شد، یک خطای بزرگ بود.[۴]

* * *

1- Alexandre de Marenches, op, cit

2- Mike Evans, op. cit. P. 15.

3- Alexander Haig

4- Washington Post, 29 janvier 1979.

ایران برای ژنرال هویزر کشـــور ناشناســـی نبود. شاه او را خوب می‌شناخت و در هر یک از مأموریت‌هایش به ایران او را به حضور می‌پذیرفت.

این بار حتی مسافرت هویزر را به اطلاع شاه نیز نرساندند. او افسر نیروی هوایی امریکا بود و مطابق معمول نزد همکاران ایرانی خود (نیروی هوایی) در پایگاه دوشان‌تپه مستقّر شد.

شـــاه با تعجب از این ماجرا آگاهی یافت. اردشـــیر زاهدی به وی توصیه کرد که دستور دهد ژنرال امریکایی را به سبب ورود غیرمجاز به خاک ایران جلب و رسماً از کشور اخراج کنند.[۱] محمدرضا پهلوی با این پیشنهاد موافقت نکرد.

سرانجام، هویزر به اتفاق سفیر کبیر ایالات متحده در ایران نزد شاه رفت. «موضوع اصلی مورد علاقه‌ی آن‌ها این بود که بدانند من در چه روز و چه ساعتی ایران را ترک خواهم کرد.»[۲]

بعد از پیروزی انقلاب اســـلامی، سپهبد ربیعی فرمانده کل نیروی هوایی ایران که در حقیقت میزبان ژنرال هویزر بود در دادگاه انقلاب اسلامی می‌گفت «ژنرال هویزر شاه را مثل یک موش مرده از ایران بیرون انداخت»[۳]

«فرمانـــروای واقعی ایران در طول این مدت کوتاه ژنرال هویزر بود که مأموریت داشت ترتیب ورود خمینی را به ایران بدهد»[۴]

هویـــزر حتی به خود این زحمت را نداد که ســـری به نخســـت‌وزیر قانونی کشور، یعنی شاپور بختیار بزند. او را به حساب نمی‌آورد. شاپور بختیار بعداً نوشت که حتی اسم او را هم نشنیده بود.[۵] دلیلی وجود ندارد که نوشته‌اش را باور نکنیم.

1- Ardeshir Zahedi, Untold Secrets, L.A. P. 9

2-Reponse a l' Histoire, op. cit, P. 246.

۳-اظهار سپهبد ربیعی در دادگاه انقلاب اسلامی که شاه با اندوه بسیار در خاطراتش عیناً نقل کرده: Reponse a l' Histoire, op. cit, P. 247 سپهبد ربیعی بعد از جلسه‌ی «محاکمه» به تصمیم مقامات حکومت اسلامی به قتل رسید.

4- Gholam Reza Pahlavi, op. cit. P. 290.

5- Declaration a l' A.F.P. مندرج در کیهان و اطلاعات ۱۱ ژانویه‌ی ۱۹۷۹

در روز ۱۱ ژانویه‌ی ۱۹۷۹ سایرس وانس[1] وزیر امورخارجه‌ی امریکا در واشنگتن اعلام داشت که شاه به‌زودی از ایران خارج خواهد شد. اما تاریخ حرکتش به ملاحظات امنیتی محرمانه خواهد ماند. در حقیقت، همه در تهران منتظر بودند که تشریفات قانونی استقرار شاپور بختیار به ریاست دولت انجام شود تا دیگر مانعی در راه خروج شاه وجود نداشته باشد و به اصطلاح خلائی در حکومت به‌وجود نیاید.

این کار در روز ۱۶ ژانویه‌ی ۱۹۷۹ انجام شد.

در این روز به شهادت یک راوی قابل اعتماد «سفیر ایالات متحده» هر پانزده دقیقه به پانزده دقیقه، به کاخ تلفن می‌زد که بداند «آیا شاه رفته است یا نه»[2]

واشنگتن عجله داشت که مرحله‌ی اول از دستورالعملی که به ژنرال هویزر داده شده بود، جامه‌ی عمل بپوشد.

* * *

در روز ۱۶ ژانویه‌ی شاپور بختیار از مجلس سنا رأی اعتماد گرفت. مجلس شورای ملی قبلاً به او رأی اعتماد داده بود.

شاه می‌خواست همه چیز با نظم و ترتیب انجام شود و تصوّر می‌کرد که دیگر می‌تواند از ایران خارج شود. او، چنان که بارها گفته و نوشته شده، می‌دانست که این سفر بازگشتی نخواهد داشت، اما نمی‌دانست و حتی شاید نمی‌توانست تصور کند که چه رنج‌ها و اهانت‌هایی درانتظار اوست و چه کینه و نفرتی نسبت به او در بعضی از محافل و مراجع سیاسی وجود دارد.

او، برای بار آخر در ساعت ده بامداد به دفتر کار خود رفت. برای آخرین بار چند نامه و مدرک رسمی را امضا کرد. آخرین کسی که به دیدارش رفت دکتر محمد باهری استاد دانشگاه و وزیر پیشین

1- Cyrus Vance
2- Gholam Reza Pahlavi, op. cit, P. 284.

دادگستری بود که رفته بود التماس کند که وطنش، هم‌وطنانش و ارتش را رها نکند و از ایران نرود. به باهری گفت که هنوز این مسافرت قطعی نیست. می‌خواست خاطرش را آسوده کند و چون می‌دانست که او با گروهی در تلاش است که تظاهراتی برای جلوگیری از این مسافرت به راه بیاندازد، به این ترتیب می‌خواست رفع مزاحمت کرده باشد. بعد از پایان شرفیابی دکتر باهری، شاه، ایستاده، یک استکان چای خورد و دفتری را که سال‌ها ازآن بر کشورش سلطنت و حکومت کرده، که طی آن اشتباهات بسیار نیز مرتکب شده بود، و در صحنه‌ی بین‌المللی درخشیده بود، برای همیشه ترک کرد.

او در این لحظه بزرگ‌ترین و بدخیم‌ترین اشتباهات زندگی سیاسی خود را مرتکب شد:

وطنش، هم‌وطنانش، ارتش توانا و برازنده‌ای را که مایه‌ی سربلندی و غرور خودش و همه‌ی ایرانیان و هنوز به وی وفادار و در انتظار فرمانش بود، رها کرد.

شهبانو، به نوبه‌ی خود کاخ نیاوران، اقامت‌گاه‌شان را ترک کرد. در باغ محوطه‌ی کاخ صدها تن کارمندان دربار، مأمورین گارد شاهنشاهی، خدمتکاران دو قصر محل کار و اقامت شاه و شهبانو، که در آخرین دقیقه از ماجرا خبر یافته بودند، جمع شده انتظار می‌کشیدند. شاه و شهبانو با بسیاری از آن‌ها دست دادند. شاه به بسیاری گفت، ناراحت نباشید برمی‌گردیم. تقریباً همه می‌گریستند. شاه و شهبانو به محل پرواز هلی‌کوپتر که در کنار کاخ بود رفتند. قطعاً به ملاحظات امنیتی هر یک ازآن‌ها به هلی‌کوپتری سوار شدند. شاه در داخل هلی‌کوپتر در سکوتی کامل و غمگین فرو رفته بود. فقط دکتر امیراصلان افشار و یک افسر محافظ در کنارش بودند. به خارج، به پایتخت کشورش نگاه می‌کرد. به چه می‌اندیشید؟

فرودگاه مهرآباد چند دقیقه قبل از ورود شاه و شهبانو بسته شده

و همه‌ی پروازها متوقف شـــده بودنـــد. هلی‌کوپترها در آن‌جا فرود آمدند.
تاریخ و ساعت حرکت افشا نشده و محرمانه بود. بیش‌تر از تظاهرات کسانی که مخالف حرکت شاه از ایران بودند احتیاط می‌شد. حتی بیم آن می‌رفت که آن‌ها محوطه‌ی فرودگاه را اشـــغال کنند و مانع پرواز هواپیما شـــوند. شاه شنیده بود که چنین فکری در بعضی از محافل مطرح و بررسی شده.
گروه نســـبتاً محدودی بـــه بدرقه آمده بودند. نه ســـفیری بود، نه وزیری. دکتر جواد ســـعید رئیس مجلس شـــورای ملی، که اندکی بعد به دستور مقامات رژیم اسلامی به قتل رسید، آن‌جا بود. دکتر محمد ســـجادی رئیس ســـنا، که حتی در زمان رضاشاه نیز مقام وزارت داشـــت، حاضر نبود. شـــاید همین غیبت از دلایلی بود که انقلابیون بعداً کاری به کارش نداشتند.
قرار بود نخســـت‌وزیر بیایـــد. اما هنوز در آن‌جا نبود. می‌بایســـت منتظرش بمانند. رفتار نخســـت‌وزیر مباین آداب بود. شاه اعتنایی نکرد و به روی خود نیاورد. عجله داشـــت که این آخرین صحنه‌ی سلطنتش زودتر به پایان برسد.
بالاخره شـــاپور بختیار نیز با هلی‌کوپتری به فرودگاه رسید. شاه وی را در سالن اختصاصی ساختمان تشریفاتی فرودگاه بین‌المللی مهرآباد به‌حضور پذیرفت. از نخست‌وزیر خواست «که ترتیب کامل حفظ امنیت شـــخصیت‌های رژیم شاهنشـــاهی را بدهد و اگر لازم شد وسایل حرکت آنان‌را به خارج فراهم کند»[1] چرا خودش قبلاً این کار را نکرده بود؟ محمدرضا شاه اظهار داشت که بختیار صراحتاً چنین تعهدی را کرد. نخست‌وزیر نیز در خاطراتش به این توقّع شاه

۱- گفتگو با نویسنده‌ی کتاب - در مکزیک ۲۹ سپتامبر ۱۹۷۹ نگاه کنید به
Iran, Deux Rêves Brisés, op. cit. P. 281.
محمدرضا شـــاه نمی‌توانست از لایحه‌ی قانونی بختیار دایر به بازداشت، محاکمه و احیاناً اعدام این «شخصیت‌ها» بی‌خبر باشد.

اشاره کرده[۱] ولی افزوده که چنین وعده‌ای را به شاه نداده بود.[۲] به نوشته‌ی شاپور بختیار، شهبانو که در مذاکرات حضور داشت برای خاتمه دادن به گفتگو گفت «بختیار فداکاری می‌کند. به او اعتماد داشته باشید»[۳]

شاه و شهبانو با بدرقه‌کنندگان خداحافظی کردند. بسیاری از آن‌ها می‌گریستند و هنوز از شاه می‌خواستند که وطنش را ترک نکند. سپهبد بدره‌ای، به رسم ایلیاتی در برابر شاه زانو زد و با گریه گفت، «اعلیحضرتا ولمون نکنید» شاه او را به دو دست بلند کرد و با چشمانی پر از اشک -که تصویر آن در همه‌ی مطبوعات جهانی انتشار یافت- از او ابراز تشکر و امتنان نمود.

این تنها لحظه‌ای بود که شاه تسلط همیشگی خود را بر گفتار و رفتارش از دست داد. تنها باری بود که با چشمان اشک‌آلود دیده شد.

شاه و شهبانو به داخل هواپیما رفتند. محمدرضا پهلوی بار دیگر نخست‌وزیر را فرا خواند. باز در چند مورد به وی یادآوری‌هایی کرد و سرانجام گفت: «ایران را به شما می‌سپارم و شما را به خدا». بختیار برای نخستین بار دست شاه را بوسید.[۴]

شاه در پشت فرمان هواپیمای سلطنتی نشست و آن را به پرواز درآورد. مقصد، شهر آسوان در مصر بود.

سفر بی‌بازگشت و دربدری شاه آغاز شد.

در راه بازگشت آیت‌الله روح‌الله موسوی‌خمینی به ایران دیگر مانعی وجود نداشت. او از شاه می‌ترسید. دیگر شاه در ایران نبود.

1- Ma Fidelité, Op. cit. P. 151.

۲- همان منبع، همان صفحه.

۳- همان منبع، همان صفحه.

۴- روایت دکتر امیراصلان افشار که در هواپیما حاضر و ناظر بود. کیهان (لندن) شماره‌ی ۱۰۶۲، ۳۰ ژوئن، ۶ ژوئیه‌ی ۲۰۰۵.

سرانجام

«هیچی»

با خروج شاه از ایران، نخستین مأموریتی که کنفرانس گودالوپ به ژنرال هویزر داده بود، تحقق یافت.
او پس از حرکت شاه هم‌چنان در ایران ماند. بارها با فرماندهان و روسای ارتش و سازمان‌های انتظامی و امنیتی ملاقات کرد. مجموع روایاتی که در دست داریم و تحقیقاتی که انتشار یافته نشان می‌دهد که طرف اصلی مذاکرات او و ترتیب‌دهنده‌ی این ملاقات‌ها ارتشبد قره‌باغی رئیس جدید ستاد ارتش بود.[1]

۱- ابتدا در تهران شایع شده بود که ژنرال هویزر برای تشویق ارتش به تثبیت اوضاع آمده است. اما زود دانسته شد که درست خلاف این است و مأموریت وی تسریع در حرکت شاه و ورود آیت‌الله خمینی به ایران و انتقال قدرت به او است. هنگامی که این شایعات به گوشم رسید و کم‌وبیش اطمینان حاصل کردم که هویزر برای انجام چه مأموریتی به ایران آمده، من شخصاً به ارتشبد قره‌باغی تلفن کردم و بعد از ابراز نگرانی نسبت به فقدان عکس‌العمل قوای مسلح در برابر شورش و ناامنی، درباره‌ی مأموریت هویزر از او پرسیدم. ارتشبد قره‌باغی شرح مفصل و بالنسبه‌ی پریشانی در وفاداری خود به «اعلیحضرت» بیان داشت، که من در آن ابراز تردیدی نکرده بودم.

ژنرال هویزر با رهبران مخالفین رژیم و انقلابیون نیز ملاقات‌هایی طولانی و مکرر داشت. طرف اصلی‌اش در این مذاکرات دکتر محمد بهشتی (معروف به آیت‌الله بهشتی) بود که در حقیقت همان نقشی را بازی می‌کرد که ابراهیم یزدی در نوفل‌لوشاتو بر عهده داشت.
ظاهراً یک شخصیت مهم وابسته به رژیم در حال احتضار که از سال‌ها قبل با مهندس مهدی بازرگان دوستی داشت که وی نیز در مذاکرات هویزر نقش مهمی بازی می‌کرد، و هم‌چنین یک مقاطعه‌کار معروف که استاد دانشکده‌ی فنی دانشگاه تهران نیز بود و با همه‌ی جناح‌های سیاسی ارتباط داشت،[۱] واسطه‌ی این دیدارها بودند و اقامت‌گاه‌شان را برای ترتیب آن‌ها در اختیار گذاشتند.
یکی از این ملاقات‌های هویزر با رهبران مخالف ده ساعت به طول انجامید. بهشتی و بازرگان هر دو در آن حضور داشتند.
ژنرال هویزر اعتنایی به شاپور بختیار، نخست‌وزیر قانونی کشور نکرد و در مقام دیدار او برنیامد. شاپور بختیار نیز گویا ابراز تمایلی به دیدار او ابراز نداشت که مطلقاً ایرادی بر او وارد نیست. ولی چرا دست روی دست گذاشت و کاری نکرد؟

* * *

در حالی که ژنرال هویزر به انجام مأموریت خود برای «انتقال قدرت» و «تصفیه» رژیم سلطنتی مشغول بود،[۲] شاپور بختیار که

سپس افزود که ژنرال هویزر به عنوان مشاور سیاسی او (یعنی قره‌باغی) به ایران آمده است. در روزها و ساعات بعد، دریاسالار ابوالفتح اردلان، دریادار سیامک دیهیمی و سرتیپ جواد معین‌زاده نیز تأیید کردند که رئیس ستاد ارتش همواره از ژنرال هویزر به عنوان مشاور سیاسی خود صحبت می‌کند. دیگر بر هیچ کس پوشیده نبود که هویزر از جانب رئیس‌جمهوری امریکا برای ترتیب تغییر رژیم به ایران آمده است.
۱- در چند بررسی که در امریکا انتشار یافته، به مهندس کاظم جفرودی دبیرکل سندیکای شرکت‌های ساختمانی و استاد مقاومت مصالح و سدسازی دانشکده‌ی فنی اشاره شده است. (مترجم)
2- "Before General Hayser's death in 1997, I met with him in his home. During the meeting, the general told me "Jimmy Carter was responsible for the overthrow of the Shah". Huyser maintained Carter

از دو مجلس رأی اعتماد گرفته و مظهر حقانیت و حکومت قانونی کشور به شمار می‌رفت، عملاً فرماندهی کل قوا را به‌عهده داشت. او در مصاحبه‌ای اعلام داشت «هیچ‌کس بدون اجازه‌ی من حق اتخاذ تصمیم در قوای مسلح ندارد». این مصاحبه با بی.بی.سی. انجام گرفته بود و به تفصیل در جراید محلی منعکس شد.[۱]
نخست‌وزیر حق داشت. ارتش هنوز آماده بود که وارد عمل شود و آرامش را برقرار سازد. ارتش آماده و قادر بود که دستورات او را اجرا کند و هنوز می‌توانست اوضاع را تثبیت کند و لااقل این امکان را به رئیس دولت بدهد که از موضع قدرت با مخالفین وارد مذاکره شود. نخست‌وزیر می‌توانست به ارتش و جناح مهمی از افکار عمومی که هنوز به قانون اساسی و به شاه وفادار مانده بود، تکیه کند.
مشکل در آن بود که بختیار از ارتش بیمناک بود و به سران آن اعتماد نداشت. شاید مخالفین افراطی را بر ارتشیان ترجیح می‌داد. هم‌چنان که در زمان انقلاب بلشویکی در روسیه کرنسکی ترجیح داد که قدرت را به لنین واگذارد و با ارتش کنار نیاید و از کشورش گریخت.[۲]
مهندس لطفعلی صمیمی، وزیر پست و تلگراف کابینه‌ی بختیار و تنها شخصیتی از جبهه‌ی ملی که حاضر به همکاری با وی شده بود بعداً نوشت که بختیار «هیچ طرح و نظری در مورد امور مملکتی و مقابله با بحران نداشت.» اصولاً دولت بختیار وجود خارجی نداشت. افرادی مثل من که او را عامل نجات کشور می‌پنداشتیم،

---

had deceived not only the Shah but me also", Mike Evans, op. cit. P. 15
اعترافاتی که دیر بود و غم‌انگیز.

۱- کیهان، ۱۷ ژانویه‌ی ۱۹۷۹.

۲- Alexander F. Kerenski (۱۸۸۱ - ۱۹۷۰). در نخستین کابینه‌ای که بعد از استعفای نیکلای دوم و قبل از پیروزی بلشویک‌ها تشکیل شد، وزیر دادگستری و سپس وزیر جنگ شد. در فوریه‌ی ۱۹۱۷ به ریاست دومین «دولت موقت» روسیه رسید. فرمانده کل ارتش روسیه ژنرال کرنیلف **Kornilov** را که قصد مبارزه با بلشویک‌ها را داشت معزول کرد. جز ارتش حامی دیگری نداشت ولی از ارتش بیمناک بود. به اروپا و سپس امریکا رفت و در سال ۱۹۷۰ که نود ساله بود در نیویورک درگذشت.

خیلی زود به اشتباه خود پی بردیم. سپهبد رحیمی رئیس کل شهربانی و فرماندار نظامی تهران به من گفت که ارتش از ضعف و بی‌تصمیمی بختیار که مملکت را فلج کرده خسته و مستأصل شده است.»[۱]

بختیار نمی‌خواست به کسانی که به شاه وفادار مانده بودند تکیه کند. بعداً اظهار داشت «من خمینی را به این حرامزاده‌ها ترجیح می‌دهم. من نمی‌توانم با این سلطنت‌طلبان کثیف و فاسد همکاری کنم»[۲]

اندکی پس از خروج شاه از ایران که دیگر دست طرفداران قانون اساسی و حکومت و حرمت قانون باز شده بود و محمدرضا پهلوی نمی‌توانست به بهانه‌ی اجتناب از جنگ داخلی مانع تظاهر آنان شود، این گروه راه‌پیمایی عظیمی در روز ۲۵ ژانویه‌ی ۱۹۷۹ در تهران ترتیب دادند. نه کمک مالی و بودجه‌ای در اختیار داشتند و نه امکاناتی. معذالک بیش از دویست هزار تن را درخیابان‌های تهران به حرکت درآوردند. بختیار مقرر داشت اعلامیه‌ای مکرراً از رادیو پخش شود که مردم در این تظاهرات شرکت نکنند و به پلیس دستور داد که از حفاظت تظاهرکنندگان اجتناب نماید. «از من خواستند که به این تظاهرات کمک کنم. قبول نکردم.»[۳]

به این ترتیب دیگر کسی در اطرافش نمانده بود، جز معدودی دوستانش و چند تن از اطرافیان شهبانو که آن‌ها هم به‌تدریج از ایران خارج شدند!

برای شاپور بختیار دیگر راه چاره‌ای جز توسل به آیت‌الله خمینی باقی نمانده بود. وی ابتدا در یک پیام تلگرافی از خمینی تقاضای ملاقات کرد: «من به‌عنوان یک ایرانی وطن‌دوست که خودم را جزء

۱- برگرفته از خاطرات سیاسی لطفعلی صمیمی، آهنگ سیاسی، چاپ پاریس شماره‌ی ۳، ۹ دسامبر ۱۹۸۱.

۲- مصاحبه با ایران تایمز، ۱۹۸۰.

۳- شاپور بختیار، سی‌وهفت روز پس از سی و هفت سال. انتشارات رادیو ایران. پاریس صفحه‌ی ۷۱.

کوچکی از این نهضت و قیام عظیم ملی و اسلامی می‌دانم و اعتقاد صادقانه دارم که رهبری و زعامت آیت‌الله‌عظمی امام‌خمینی و رأی ایشـــان می‌تواند راه‌گشای مشـــکلات امروزی ما و ضامن ثبات و امنیت کشـــور گردد، تصمیم گرفته‌ام ظرف چهل وهشـــت ساعت آینده به زیارت معظم‌له نائل آیم و با گزارش اوضاع خاص کشور و اقدامات خود، ضمن درک فیض درباره‌ی آینده‌ی کشور کسب نظر نمایم». این متن با توافق مهدی بازرگان و ابراهیم یزدی تهیه شده بود. امّا خمینی ملاقات با بختیار را مشـــروط به استعفای قبلی او کرد و بختیار نپذیرفت.[۱]

پس از آن شاپور بختیار، پیام دیگری به آیت‌الله خمینی فرستاد و وی را در آن «پیشـــوای بزرگ روحانی» خواند و نوشت... «آن حضرت واقفنـــد که برنامه‌ی این دولت از صدر تـــا ذیل، کلاً و جزئاً، همان مطالبی اســـت که طی سالیان دراز دوران اخافه و ارعاب و اختناق مورد نظر آن وجود مقدس و ســـایر مبارزان راه حق و آزادی بوده است و به محض تصدی نخست‌وزیری با توکل به خدای متعال با کمال شوق و اخلاص شروع به اجرای آن کردم...».

او بعد از توضیحات ســـتایش‌آمیز دیگر از روح‌الله موسوی‌خمینی خواست که «استدعای ارادتمند را در تاخیر عزیمت به ایران به سمع قبول تلقی فرمایند». و سرانجام نوشت «به حکم درایت حکیمانه و نیت مخلصانه و خیرخواهانه‌ای که برای سعادت مردم ایران داشته و دارید اجـــازه فرمایید که هر تغییر در نظام مملکت از راه صلح و ســـلم و آرامش و بر طبق ســـنن دموکراتیک معمول در تمام جهان انجام گیرد...»[۲]

هم‌چنین اظهار داشـــت که اگر خمینی به ایـــران باز گردد وی را در

۱- جریـــان این مبادلات نامه‌ها در خاطرات ابراهیم یزدی به تفصیل آمده: برای این متن نگاه کنید به صفحات ۱۵۶ و ۱۵۷.

۲- این متن در جراید روز و هم‌چنین در مجموع کتب و تحقیقاتی که درباره‌ی دوره‌ی پایانی انقلاب انتشـــار یافته مندرج اســـت از جمله نگاه کنید به دکتر هـ. خشایار از آموزگار تا خمینی، انتشارات آرمانخواه ۱۳۶۱، صفحات ۴۶ و ۴۷.

قم مستقر خواهد کرد و در نخستین فرصت استعفای شاه را به نفع ولیعهد از او خواهد گرفت»[۱] بختیار می‌خواست «خمینی را به قم بفرستد و واتیکان کوچکی در آن شهر ایجاد نماید»[۲]

کسی نه در میان نزدیکان و اطرافیان خمینی به این حرف‌ها توجه می‌کرد و نه در میان مردم. بختیار مردی بود «تنها، که در دفتری خالی نشسته بود، رئیس دولت بود، اما به هیچ چیز ریاست نداشت»[۳]

در این گیرودار شاهپور رضا ولیعهد ایران، به خبرگزاری فرانسه اعلام داشت «که اگر ملت بخواهد حاضر است جای پدرش را بگیرد» و «کفایت لازم برای تقبّل این مسئولیت را دارد»[۴]

این سخنان در تهران منتشر شد و به پریشانی افکار افزود. احتمالاً ولیعهد نمی‌دانست که هنوز به سن قانونی سلطنت نرسیده و سخنان بی‌حاصلش بیش‌تر به سود مخالفان رژیم است.

در حقیقت، کار از کار گذشته بود.

حال دیگر می‌بایست خمینی را به ایران آورد. در تهران چنان که دیدیم دیپلمات‌های امریکایی فعالانه در جلسات مربوط به تدارک مقدمات ورودش به ایران شرکت می‌کردند.[۵]

در نوفل‌لوشاتو، طبق اسناد دولتی امریکا و بعضی گزارش‌های فرانسوی که اکنون دسترسی به آنان مجاز است[۶] ابراهیم یزدی و والتر زیمرمان وزیر مختار و مشاور سیاسی سفارت کبرای امریکا، با کمک مقامات فرانسوی به تدارک وسایل این سفر مشغول بودند. خمینی که تازه به امامت هم رسیده بود، این دست و آن دست

۱- روایت دکتر امیراصلان افشار، کیهان (لندن) شماره‌ی ۱۰۶۲، ۳۰ ژوئن، ۶ ژوئیه‌ی ۲۰۰۵.

۲- اطلاعات، ۵ فوریه‌ی ۱۹۷۹. عجب آن‌که این نظر را موقعی بیان داشت که خمینی در تهران مستقر و مهدی بازرگان از جانب او به ریاست دولت منصوب شده بود!

3- Gerges Menant, Paris Match, 16 fevrier 1979.

۴- اطلاعات، ۱۸ ژانویه ۱۹۷۹.

۵- اسناد محرمانه‌ی سفارت امریکا («لانه‌ی جاسوسی» جلد بیست و هفتم صفحات ۱۰۰، ۱۰۴ و ۱۳۰ الی ۱۳۳.

۶- نگاه کنید به Vincent Nouzille op. cit و Mike Evans, op cit.

می‌کرد و تردید داشت. حتی بعد از خروج شاه از ایران از مداخله‌ی ارتش که احتمال آن در تهران شایع بود، یا از سوءقصدی نسبت به جانش، یا از برگرداندن هواپیمای حاملش به مقصدی دیگر، بیمناک بود.[۱]

اطرافیان خمینی بیم داشتند که تب شورش اندک اندک فروکش کند و مردم خسته شوند. سرانجام، خمینی قبول کرد که عازم تهران شود «جیمی کارتر، والری ژیسکاردستن و بی. بی. سی. مطمئن‌ترین هم‌دستان آیت‌الله خمینی و انقلابیون ایران بودند»[۲]

خمینی در روز اول فوریه‌ی ۱۹۷۹، از پله‌کان هواپیمای بوئینگ ۷۴۷ ارفرانس که به این مناسبت موقتاً «آزادی» نام‌گذاری شده بود، در فرودگاه بین‌المللی مهرآباد پایین آمد.

وی به شانه‌ی مردی جوان که عینک سیاه بر چشمانش زده و به لباس متحدالشکل ارفرانس ملبّس بود، تکیه داشت.

سی سال بعد رسماً اعلام شد که این مرد، که اسماً سر مهماندار هواپیما بود، در حقیقت از جانب سرویس‌های اطلاعاتی فرانسه مأمور حفاظت و مراقبت آیت‌الله و کسب خبر از جریانات داخل آن شده بود.

یک روزنامه‌ی بزرگ صبح فرانسوی این خبر را با عنوان چشم‌گیر انتشار داد: «بازگشت خمینی به تهران: سرمهماندار هواپیما یک جاسوس بود»[۳] او به کمک خارجی‌ها از عراق به فرانسه رفت و اکنون با تکیه بر شانه‌ی یک مأمور اطلاعاتی خارجی به ایران بازمی‌گشت. تصادفی غریب؟

در هواپیما، فرستاده‌ی مخصوص رادیو تلویزیون ملی ایران از

۱- این برداشت به خوبی نشان می‌دهد که کلید حل مسائل هنوز در دست ارتش بود. هم امریکایی‌ها این نکته را می‌دانستند که چند روز بعد با دسیسه‌ی ارتش را «بی‌طرف» اعلام کردند و هم خمینی. او حریف اصلی را می‌شناخت (مترجم)

2- Ardeshir Zahedi, L' Extension, avril 2009

3- Le Figaro, 2 fevrie 2009.

«حضرتش» پرسید «اکنون که بعد از پانزده سال تبعید به ایران مراجعت می‌فرمایید چه احساسی دارید؟» «حضرتش» در جواب گفت، «هیچی». همه چیز، چه در ظاهر و نحوه‌ی بیان و چه در واقعیات در این یک کلمه خلاصه می‌شد. ایران برای خمینی ارزشی نداشت.

میلیون‌ها نفر این مصاحبه را دیدند و شنیدند. زمان بسیار لازم آمد که مردم ایران مفهوم آن‌را دریابند.

چنین آغاز شد حکومت خونین «کلاغ‌های سیاه»[۱] بر سرزمین کورش، فردوسی و ابن‌سینا.

اما ایران، کشور سیمرغ و سرزمین رستاخیزهای تاریخی بسیار نیز بوده و هست.

۱- اشاره‌ی نویسنده به سرود نهضت مقاومت ملی فرانسه‌ی در زمان اشغال نازی‌هاست که در آن به کلاغ‌های سیاه تعبیر شده‌اند. متن سرود از نویسندگان نامدار فرانسوی Joseph Kessel و Maurice Druon است (مترجم)

در آستانه‌ی انتشار این کتاب، وظیفه‌ی خود می‌دانم که از دوستان نادیده و ارجمند عزیزم آقای بیژن خلیلی مدیر شرکت کتاب و همکار پرتلاش ایشان خانم ژیلا میرافشار، هم به خاطر مراقبت در ترجمه و هم برای ترتیب برازنده‌ی طبع و تجلید و نشر آن صمیمانه تشکر کنم.

این سپاس بر جمیع همکاران شرکت کتاب و حُسن رفتار، توجه و تماس‌های محبت‌آمیز آنان نیز شامل می‌شود.

برای همه کامیابی و بهزیستی آرزومندم
سپتامبر ۲۰۱۰

نمایه

اشخاص

آ

آران، داوید ۱۲۹

آرُن، رونالد ۲۱۰

آزمون، منوچهر ۱۳۸، ۱۳۹، ۱۴۳

آموزگار، پرویز ۲۲۲

آموزگار، جمشید (دکتر) ۱۰۴، ۱۰۶، ۱۱۸، ۱۲۵، ۱۳۲، ۱۳۳، ۱۳۴، ۱۸۷، ۲۵۴، ۲۹۷، ۲۸۰

آندروپوف، یوری ولادیمیرویچ ۷۸

آیت‌الله خمینی - رجوع کنید به موسوی‌خمینی، روح‌الله (آیت‌الله)

ا

اباصلتی، پری ۱۳۸

ابراهیم، محسن ۱۹۳

ابن‌سینا ۳۰۰

احمدی‌نژاد، محمود ۲۵۰

اردلان، ابوالفتح (دریاسالار) ۲۹۴

اروسترات ۲۷۸، ۲۷۹

ازهاری، غلامرضا (ارتشبد) ۱۳۰، ۱۳۸، ۲۳۶، ۲۴۲، ۲۴۴، ۲۴۶، ۲۵۳، ۲۵۵، ۲۵۶، ۲۶۰، ۲۶۶، ۲۸۰

استالین، ژوزف ۲۵، ۳۲، ۷۹، ۸۳، ۲۰۸

اسکندر میرزا (ژنرال) ۲۴۵

استولی‌پین، پیتر ارکادویچ ۱۳۴

اشراقی، شهاب ۱۸۲

اشرفی‌اصفهانی، عطاءالله (آیت‌الله) ۲۲۸

اعلیحضرت همایونی - رجوع کنید به پهلوی، محمدرضا (شاه)

افشار، امیراصلان ۱۷۶، ۲۴۱، ۲۴۲، ۲۴۶، ۲۴۷، ۲۵۰، ۲۷۴، ۲۷۹، ۲۸۹، ۲۹۱، ۲۹۸

افشارقاسملو، امیرخسرو ۱۵۴

اقبال، منوچهر (دکتر) ۴۷، ۱۳۶

الموتی، مصطفی ۲۷۶، ۲۸۰

الوار، پُل ۲۷۲

امام خمینی-رجوع کنید به موسوی‌خمینی، روح‌الله (آیت‌الله)

امامی، حسن (آیت‌الله -دکتر- سید) ۳۴

امینی، ابوالقاسم ۳۳

امینی، ایرج ۲۵۱

امینی، علی ۴۷، ۴۸، ۵۰، ۲۵۱، ۲۵۴، ۲۸۰

انتظام، عبدالله ۲۵۷

انصاری، هوشنگ ۲۳۱

اوانس، مایک ۲۸۵
اویسی، غلامعلی (ارتشبد) ۱۳۸، ۱۴۲، ۲۳۳، ۲۳۷، ۲۴۱، ۲۴۲، ۲۴۵، ۲۶۲
ایوب‌خان ۲۴۵

ب

بازرگان، مهدی (مهندس) ۱۰۱، ۱۹۶، ۱۹۷، ۲۷۸، ۲۹۴، ۲۹۷، ۲۹۸
باژانف، بوریس ۷۹
بال، جرج ۱۲۷
باهری، محمد (دکتر) ۴۸، ۴۹، ۲۸۸، ۲۸۹
بختیار، تیمور (سپهبد) ۷۷، ۷۸، ۷۹، ۸۲، ۲۷۵
بختیار، شاپور (دکتر) ۱۹۰، ۱۹۴، ۲۴۵، ۲۶۲، ۲۶۹، ۲۷۱-۲۷۷، ۲۸۲، ۲۸۷، ۲۸۸، ۲۹۰، ۲۹۱، ۲۹۴، ۲۹۶، ۲۹۷
بختیار، محمدرضا ۲۷۴
بدره‌ای، عبدالعلی (سپهبد) ۲۸۰، ۲۸۱، ۲۹۱
برژینسکی، زیبیگنیف ۲۶۵، ۲۸۴
برژنف، لئونید ۲۱۳
بروجردی، حسین ۱۴۱، ۱۸۰، ۱۸۸، ۱۹۱
بروجردی، حسین (آیت‌الله‌عظمی-حاج‌آقا-سید) ۲۱-۲۴، ۲۹، ۴۰، ۴۲-۴۵، ۷۵، ۲۲۸، ۲۶۵
بریر، کلر ۲۱۱
بشیری، سیاوش ۱۸، ۵۲، ۶۸
بقایی، مظفّر ۳۳، ۳۹، ۶۸، ۶۹، ۷۲، ۲۵۹، ۲۶۰، ۲۶۹، ۲۷۶
بلانشه، پی‌یر ۲۱۱
بنی‌صدر، ابوالحسن ۸۹، ۱۵۲، ۱۷۹، ۱۹۸
بنی‌هاشمی، ابوالقاسم ۲۵۳
بوش، جرج (پرزیدنت) ۲۸۶
بهبهانی، محمد (آیت‌الله- میرسید) ۳۷

بهرام‌خان ۱۵
بهرامی، حسین ۱۵
بهشتی، محمد (آیت‌الله -دکتر) ۲۵۳، ۲۹۴

پ

پارسون، آنتونی ۲۴۹
پاکروان، حسن (سرلشکر) ۶۸، ۶۹، ۷۲، ۸۲
پُت، پُل ۲۰۸
پرسُوال ۲۱۵
پرشت، هنری ۱۹۸، ۲۲۰
پرفیت، آلن ۱۷۷
پسندیده، مرتضی ۱۳، ۱۶، ۱۹، ۶۱
پونسه، ژان‌فرانسوا ۱۶۵
پونیاتوسکی، میشل ۲۸۲، ۲۸۳، ۲۸۴
پهلوی، اشرف (شاهدخت) ۲۹، ۳۳
پهلوی، تاج‌الملوک ۱۰۴، ۱۰۵، ۱۲۲، ۲۴۵، ۲۷۷
پهلوی، ثریا ۳۶، ۲۷۵
پهلوی، رضا (شاه) ۲۰، ۲۱، ۱۶۱، ۲۷۴، ۲۷۵، ۲۹۰
پهلوی، رضا (شاهپور- ولیعهد) ۱۸۷، ۲۹۸
پهلوی شهناز (شاهدخت) ۲۶۰
پهلوی، فرح ۸۴، ۱۰۴، ۱۱۲، ۱۱۳، ۱۱۵، ۱۱۶، ۱۳۰، ۱۳۲، ۱۳۵- ۱۳۸، ۱۷۰-۱۷۳، ۱۷۷، ۱۸۳، ۲۱۰، ۲۳۰، ۲۴۱-۲۴۳، ۲۴۵-۲۴۷، ۲۴۹، ۲۵۰، ۲۵۴-۲۵۶، ۲۵۹، ۲۶۰، ۲۶۳-۲۶۵، ۲۶۷، ۲۶۸، ۲۷۱-۲۷۵، ۲۷۷، ۲۸۱، ۲۸۹، ۲۹۱، ۲۹۶
پهلوی، غلام‌رضا (شاهپور) ۱۰۴، ۱۳۵، ۱۷۲، ۱۷۴، ۲۴۲، ۲۴۷
پهلوی، فوزیه ۲۶۰
پهلوی، محمدرضا (شاه) ۲، ۳، ۲۱، ۲۴-

۲۶، ۲۸، ۳۰-۳۸، ۴۳-۵۲، ۵۵، ۵۷، ۵۹، ۶۳، ۶۴، ۶۵، ۶۷، ۶۹، ۷۰، ۷۲، ۷۷، ۷۸، ۸۲-۸۹، ۹۱-۱۰۲، ۱۰۴-۱۰۷، ۱۰۹، ۱۱۱-۱۳۵، ۱۳۷، ۱۳۸، ۱۴۳، ۱۴۴، ۱۴۶-۱۴۸، ۱۵۴، ۱۶۰-۱۶۲، ۱۶۴-۱۷۷، ۱۸۳، ۱۸۴، ۱۸۶، ۱۸۷، ۱۹۰، ۱۹۴، ۱۹۹، ۲۰۰، ۲۰۶، ۲۰۹، ۲۱۱، ۲۱۳، ۲۱۶، ۲۱۹، ۲۲۲، ۲۲۶-۲۳۳، ۲۳۵-۲۳۷، ۲۴۰-۲۶۱، ۲۶۳-۲۶۵، ۲۶۷، ۲۶۸، ۲۷۲-۲۷۹-۲۸۵، ۲۸۷-۲۹۱، ۲۹۳، ۲۹۵، ۲۹۶، ۲۹۸، ۲۹۹، ۳۵۱

پیراسته، مهدی ۱۳، ۱۵، ۴۶، ۴۷، ۶۳، ۶۴، ۶۹، ۹۸، ۱۰۱
پیشه‌وری، جعفر (سید) ۱۱۷

ت

تجدد، مصطفی ۱۴۴
ترومن، هاری ۲۶
توانگر، مرزبان (دکتر) ۲۴
تهرانی، جلال‌الدین (سید) ۱۹۰، ۱۹۱، ۱۹۲

ث

ثقفی، خدیجه ۱۷

ج

جعفریان، بقراط (سپهبد) ۲۵۲، ۲۶۲
جفرودی، کاظم (مهندس) ۲۹۴
جمال عبدالناصر ۱۹۲
جهانبگلو، رامین ۲۵۰

ح

حائری‌یزدی، عبدالکریم (حاج) ۱۶
حاتم، هوشنگ (سپهبد) ۲۳۶، ۲۸۰، ۲۸۱
حاج‌رضایی، طیب ۶۵
حبّش، جرج ۱۹۳

حسن‌البکر ۱۵۴
حسنین‌هیکل، محمد ۶۵، ۱۰۲، ۱۹۲، ۲۴۵
حشمتی‌محلات، حشمت‌الدوله ۱۴، ۱۵، ۲۰
حصیری، ... ۱۰۸
حکیم، محسن (آیت‌الله) ۴۳، ۷۵، ۷۶، ۹۸
حواتمه، نایف ۱۹۳

خ

خامنه‌ای، انور ۶۷
خسروداد، منوچهر (سرلشکر) ۲۶۲، ۲۶۵
خشایار، ه‍ . (دکتر) ۲۹۷
خلخالی، صادق (آیت‌الله) ۱۰۸
خلعتبری، عباس ۱۱۲
خلیلی، بیژن ۳۰۱
خمینی، احمد (پدر) ۱۳
خمینی، احمد (فرزند) ۱۶، ۱۷، ۶۱، ۱۰۷، ۱۷۸، ۱۷۹، ۱۸۰
خمینی، سکینه ۱۳
خمینی، مرتضی ۱۳
خمینی، مصطفی ۱۲-۱۷، ۵۸، ۱۰۱، ۱۰۲، ۱۶۲
خوانساری، احمد (آیت‌الله) ۴۳، ۶۸
خویی، ابوالقاسم (آیت‌الله‌عظمی) ۷۶، ۲۲۸، ۲۶۲، ۲۶۳، ۲۶۴، ۲۶۵

د

دانیل، ژان ۲۰۹، ۲۱۰
دبره، میشل ۱۹۵
درویئون، موریس ۴، ۲۰۶
دوانی، علی (حجت‌الاسلام) ۹۸، ۱۰۶، ۱۲۳
دو بووآر، سیمون ۲۰۷، ۲۱۰
دو ژاردَن، تیری ۲۱۵

دوگل، شارل آندره ژوزف (ژنرال) ۴، ۱۷۰، ۱۷۴، ۱۷۵، ۱۷۷
دو مارانش، آلکساندر (کُنت) ۹۷، ۱۳۳، ۱۴۳، ۱۵۷، ۲۰۵، ۲۸۵
دو کاستل باژاک، برتران (کُنت) ۲۷۳
دو ویلمارِه، پییر.ف. ۱۶۸، ۲۱۵
دهنوی، م. ۲۳، ۵۲، ۵۳
دیدیه، ژولیا ۱۹۵
دیهیمی، سیامک (دریادار) ۲۹۴

ر
رامبد، هلاکو ۱۲۴
ربیعی، عبدالعلی (سپهبد) ۲۸۷
رحیمی، مهدی (سپهبد) ۲۹۶
رُدِنسون، ماکسیم ۲۰۹
رشیدی‌مطلق، احمد ۱۱۹
رضا، عنایت‌الله (پروفسور) ۷۹
رضایی، محسن ۱۰۸، ۱۰۹، ۱۴۵، ۲۵۷
رفیع، رضا (حاج) ۲۳
روآ، اولویه ۲۱۱
روغنی، محمد (حاج) ۲۰۳
رُمانِف، میخاییل فئودورویچ ۷۹
ریگان، رُنالد ۳، ۲۱۷، ۲۸۴، ۲۸۶

ز
زاهدی، اردشیر ۲۶، ۲۹، ۳۰، ۳۵، ۳۹، ۴۱، ۴۲، ۴۴، ۴۵، ۶۸، ۸۳، ۹۳، ۱۱۱، ۱۱۵، ۱۳۸، ۱۷۱، ۱۷۵، ۲۲۸، ۲۵۷، ۲۵۹-۲۶۵، ۲۶۸، ۲۶۹، ۲۸۱، ۲۸۴، ۲۸۷
زاهدی، فضل‌الله (سرلشکر) ۲۶، ۲۹، ۳۵، ۳۹، ۴۱، ۴۲، ۴۴، ۴۵، ۶۸، ۹۳، ۲۲۸، ۲۵۷، ۲۵۹، ۲۶۵
زندفرد، فریدون ۷۶، ۱۵۴، ۱۵۵
زورقان، ... (آیت‌الله) ۱۸
زیمرمان، والتر ۱۹۴، ۲۸۳، ۲۹۸

ژ
ژامبه، کریستیان ۲۱۱
ژان پُل دوم ۲۱۱
ژیسکاردستن، والری (پرزیدنت) ۴، ۱۵۸، ۱۶۴، ۱۶۹-۱۷۷، ۱۹۴، ۲۰۶، ۲۸۱-۲۸۴، ۲۹۹،

س
سابلیه، ادوارد ۲۱۵
سادات، انور ۲۰۰
سارتر، ژان‌پل ۲۰۷، ۲۱۰
سالینجر، جروم‌دیوید ۱۱۵
ساعدمراغه‌ای، محمد ۲۲، ۹۳
سایمُن، ویلیام ۸۹
سجادی، محمد (دکتر) ۲۹۰
سراج‌حجازی، حسن ۱۴۸
سردار فاتح بختیاری ـ رجوع کنید به بختیار، محمدرضا
سروری، محمّد ۲۵۷
سعید، جواد (دکتر) ۲۹۰
سمیعی، شیرین ۲۷
سنجابی، کریم (دکتر) ۱۸۵-۱۸۹، ۱۹۲، ۲۲۷
سولیوان، ویلیام ۹۱، ۲۱۹، ۲۳۲
سیتبون، گی ۲۱۰
سیحون، مریم ۱۱۶، ۲۶۰، ۳۵۱
سیستانی، علی (آیت‌الله عظمی) ۷۶

ش
شابان‌دلماس، ژاک ۱۷۰
شارل‌رو، فرانسوا ۱۷۵
شاوکراس، ویلیام ۱۷۱، ۱۷۶
شاه‌آبادی، محمدعلی ۱۶
شایگان، داریوش ۲۱۰
شایه ۱۹۵
شریعتمداری، کاظم (آیت‌الله-سید) ۴۳،

۶۸، ۱۰۷، ۱۱۶، ۱۱۷، ۱۲۳، ۱۲۴، ۱۳۰، ۱۳۲، ۱۳۶، ۱۴۰، ۲۲۷، ۲۲۸، ۲۲۹، ۲۵۵، ۲۶۵، ۲۶۶
شــریف‌امامی، جعفر (مهنــدس) ۱۰۶، ۱۰۷، ۱۳۴-۱۳۷، ۱۴۶، ۱۵۳، ۱۸۷، ۲۲۹، ۲۳۰، ۲۳۳، ۲۴۰، ۲۸۰
شریف‌زاده، جعفر (سید) ۱۸۰، ۲۰۱
شفا، شــجاع‌الدین (علامه- دکتر) ۲۴، ۲۱۷، ۲۴۷
شفاعت، عباس (سرتیپ) ۲۶۲
شمشیری، مهدی ۱۱، ۳۳، ۳۹، ۶۱، ۶۸، ۷۰، ۹۸
شیبانی، عبدالله ۲۳۹
شیروانی، داریوش ۹۷، ۲۶۰

ص

صاحب‌جمع، فریدون ۱۷۵
صافی‌گلپایگانی، لطف‌الله (آیت‌الله) ۴۳
صالح، اللهیار (دکتر) ۳۲
صانعی، جعفر (سپهبد) ۱۴۳
صانعی، منوچهر ۲۴۶، ۲۴۷
صدام حسین ۱۵۴، ۲۶۴
صدر، جواد (دکتر) ۶۳، ۷۲
صدر، محسن ۱۶، ۷۲
صدرالاشــراف - رجوع کنید به صدر، محسن
صدیقی، غلامحسین (دکتر) ۲۵۸، ۲۵۹، ۲۷۶
صفویان، عباس (پروفسور) ۱۸۴
صلاح‌الدین، ... (سرگرد) ۱۹۳
صمصام‌بختیاری، لوئیــز ۲۴۷، ۲۷۱، ۲۷۲، ۲۷۵
صمیمی، لطف‌علی (مهندس) ۲۹۵، ۲۹۶
صوراسرافیل، بهروز ۱۱۶، ۲۶۰، ۳۵۱

ض

ضیاءالحق ۲۴۵

ط

طاهری، امیر ۹۸

ظ

ظفر، قباد ۲۷۴

ع

عاشور (عاشوری) ۱۰۷
عاقلی، باقر ۶۳
عاملی، محمدرضا (دکتر) ۱۰۷، ۱۰۸
عاطفی، حسن (سپهبد) ۱۴۷, ۱۴۸
عدل، پرویز ۱۰۷، ۱۰۸
عرفات، یاسر ۱۹۳
عسگری، نورمحمد ۸۶
عصّار، سیف‌الله (سرهنگ) ۷۱
عصار، کاظم (علاّمه -سید) ۷۱
علاء، حسین ۳۳
علامه‌نوری، حسین (آیت‌الله) ۱۴۰، ۱۴۱
علم، امیراسدالله ۴۵، ۴۷، ۴۸، ۵۰، ۵۲، ۵۸، ۵۹، ۶۰، ۶۷، ۸۱، ۱۱۸
علی‌اف، حیدر ۷۸

غ

غفاری، هادی ۱۰۷

ف

فالک، ریچارد (پروفسور) ۲۱۷
فخرآرائی، ناصر ۲۲
فرانکو، فرانسیسکو (ژنرال) ۲۷۵
فردوسی، ابوالقاسم ۳۰۰
فروغی، محمدعلی ۲۵۹
فونتن، آندره ۲۱۱
فورد، جرالد (پرزیدنت) ۹۵

فوکو، میشل ۱۴۱، ۲۰۷، ۲۰۸، ۲۰۹، ۲۱۰
فیروزبخش، امیرهوشنگ ۲۳۳

ق

قائم‌مقام‌الملک - رجوع کنید به رفیع، رضا (حاج)
قاجار، عباس‌میرزا ۲۶
قاجار، فتحعلی (شاه) ۲۶
قاجار، محمدعلی (شاه) ۶۷
قاجار، ناصرالدین (شاه) ۲۶
قاجاریه - خاندان ۲۰
قاسمی، رضا ۲۷۹
قدومی، فاروق ۱۹۳
قذّافی، معمر (سرهنگ) ۱۵۵، ۱۹۳
قره‌باغی، عباس (ارتشبد) ۲۶۲، ۲۸۰، ۲۸۱، ۲۹۳، ۲۹۴
قریب، جمشید ۹۶، ۹۷
قریب، هرمز ۱۷۲
قطب‌زاده، صادق ۱۶۸، ۱۷۹، ۱۸۱، ۱۹۳، ۲۰۴، ۲۰۵
قطبی، رضا ۱۳۸، ۱۳۹، ۲۴۷، ۲۴۹، ۲۵۰، ۲۷۲
قطبی، لوئیز - رجوع کنید به صمصام‌بختیاری، لوئیز
قطبی، محمدعلی ۱۸۳، ۱۸۴، ۲۴۷، ۲۷۱، ۲۷۲، ۲۷۵
قوام، احمد ۲۵، ۲۹، ۳۲، ۳۳، ۳۴، ۳۷، ۴۵، ۴۷، ۸۳، ۱۳۴، ۲۷۵
قوام‌السلطنه - رجوع کنید به قوام، احمد

ک

کاتم، ریچارد (پروفسور) ۲۱۷
کارتر، جیمی (پرزیدنت) ۳، ۱۱۱-۱۱۷، ۱۲۷، ۱۲۹، ۱۹۴، ۱۹۵، ۲۰۳، ۲۰۴، ۲۱۷، ۲۱۸، ۲۲۲، ۲۷۴، ۲۸۲-۲۸۶، ۲۹۹
کارتر، روزالین ۱۱۵

کاشانی، ابوالقاسم (آیت‌الله-سید) ۱۷، ۲۷- ۴۵، ۵۲، ۵۴
کالاهان، جیمز ۱۲۹، ۲۲۲
کرمول ۸۳
کرنسکی، الکساندر فیودورویچ ۲۹۵
کرنیلف، ... (ژنرال) ۲۹۵
کریمی، فواد ۱۰۷
کسروی، احمد ۲۹
ک‌کرافت، جیمز. دی. (پروفسور) ۲۱۸
کلارک، رمزی ۱۹۴
کندی، ادوارد ۱۲۷
کندی، جان. اف. (پرزیدنت) ۴۸، ۷۷
کندی، رابرت ۴۸
کیانوری، نورالدین (دکتر) ۱۹۹
کیسینجر، هنری ۹۵، ۹۶

گ

گارُدی، رژه ۲۱۰
گاندی، مهاتما ۲۱۰
گلنیوسکی، میشل (کُلنل) ۷۹، ۸۰
گورباچف، میخائیل ۷۸
گورفینکل، میشل ۲۱۵

ل

لابوویر، ریشارد ۱۰۰، ۲۰۲
لنکرانی، حسین (شیخ) ۶۷
لنین، ولادیمیر ۲۱۰، ۲۹۵
لوپی شانزدهم ۱۳۳
لوکنت، ... ۱۹۴، ۱۹۵

م

ماتزنف، گابریل ۲۱۳
مادُل، ژاک ۲۱۲
مارتن، دانیل ۲۱۵
مالک، نادر ۱۳۸
ماندیل، والتر ۳، ۱۲۹

متینی، جلال (دکتر) ۳۲، ۱۶۳
محلاتی، بهاءالدین (آیت‌الله - شیخ) ۶۸
محّی‌الدین، طه ۱۵۵
مدرّسی، ... ۱۰۷
مراد، کنیزه ۲۱۰
مرادی‌نیا، محمدجواد ۱۹
مرعشی‌نجفی، شهاب‌الدین(آیت‌الله- سید) ۴۳
مسعودی، -خانواده- ۱۲۱
مسعودی، فرهاد ۱۲۱، ۱۲۲
مسعودی، عباس ۱۲۱، ۱۲۲
مسعودی، قدسی ۱۲۱
مصباح‌زاده، مصطفی (سناتور) ۱۲۱
مصدق، ضیاءالسلطنه ۲۷
مصدق، غلامحسین ۲۷
مصدّق، محمد (دکتر) ۳، ۱۷، ۲۶-۴۲، ۴۵، ۴۷، ۴۹، ۵۲، ۶۸، ۷۲، ۷۷، ۸۲، ۸۳، ۱۰۰، ۱۰۱، ۱۰۴، ۱۶۱، ۱۶۲، ۱۸۶، ۱۸۸، ۱۸۹، ۲۵۷، ۲۵۸، ۲۵۹، ۲۶۵، ۲۷۵، ۲۷۶، ۲۸۰
معتمدی، قاسم ۲۵۳
معظمی، عبدالله ۳۲
معین‌زاده، جواد (سرتیپ) ۲۳۶، ۲۹۴
مغول، چنگیز (خان) ۲۴۰
مفتاح، مینو ۲۷۹
مفتّح، محمد ۱۰۱
مقدم، ناصر (سپهبد) ۱۲۹، ۱۳۵، ۱۵۶، ۲۳۰، ۲۷۴
مقدونی، اسکندر ۲۷۹
مکّی، حسین ۳۲
ملک‌حسن ۲۰۰
ملک‌حسین ۱۱۶، ۲۰۰، ۲۳۱
ملک‌فیصل ۸۳، ۸۶
ملک‌ناصر (سرهنگ) ۵۷
منتظری، حسین‌علی (حجت‌الاسلام- شیخ) ۴۳
منصور، حسن‌علی ۴۸، ۶۳، ۷۱، ۷۲، ۸۱، ۸۲، ۸۳، ۸۴
مونتاسیه، ژرژ ۱۷۲
موسوی، حسین (سناتور) ۱۲۵، ۱۲۶، ۱۳۲
موسوی‌خمینی، روح‌الله (آیت‌الله‌عظمی) غالب صفحات
موسوی‌خوئینی‌ها، علی‌اکبر (حجت‌الاسلام) ۷۹
مونگ، جرج (ژنرال) ۸۳
میتران، فرانسوا (پرزیدنت) ۱۷۰، ۲۱۴
میرافشار، ژیلا ۳۰۱
مِیلان، وَنسان ۲۴۲
میلانی، عباس (دکتر) ۲۴۹، ۲۵۰
میلانی، هادی (آیت‌الله- سید) ۶۸
مین، هوشی (ژنرال) ۲۷۸

ن

ناجی، رضا (سرلشکر) ۱۳۱
ناصر... (سرهنگ) ۵۷، ۶۵، ۶۶، ۷۶
ناطق، هما ۳۸
نزیه، حسن ۱۶۷
نشاط، علی (سرلشکر) ۲۳۵، ۲۸۰، ۲۸۱
نصر، حسین ۲۴۷، ۲۴۹، ۲۵۰
نصر، نیکلا ۸۹
نصیری، محمّد (دکتر) ۴۹، ۷۲، ۸۴، ۲۵۷، ۲۵۸
نصیری، نعمت‌الله (ارتشبد) ۸۴، ۱۲۲، ۱۲۹، ۱۳۰
نواب‌صفوی، مجتبی (سید) ۲۹، ۶۷
نوری، فضل‌الله (شیخ) ۶۷
نوزیل، وَنسان ۱۹۴، ۱۹۵، ۲۸۲، ۲۸۳
نهاوندی، هوشنگ (دکتر) ۳۲، ۹۷
نیّرنوری، حمید ۲۰
نیکلای دوم ۱۳۳، ۱۳۴، ۲۹۵

و

وانس، سایرس ۲۸۸

ه

هارتمان، آرتور ۱۹۴
هاشمی‌شاهرودی، محمود (آیت‌الله- سید) ۶۸
هخامنشی، داریوش ۲۳۵، ۲۵۳
هخامنشی، کورش (کبیر) ۱۳۶، ۳۰۰
هدایتی، هادی (دکتر) ۲۶۴
هژیر، عبدالحسین ۲۹
هگ، آلکساندر (ژنرال) ۲۸۶
هلمز، ریچارد ۸۷
همایون، داریوش ۱۲۰، ۱۲۱
همایون‌فر، عزّت‌الله ۲۶
هندی، آقانور (خمینی) ۱۴، ۶۳
هندی، احمد (خمینی) ۱۶
هندی، مصطفی (خمینی) ۱۶
هویدا، امیرعباس ۸۳، ۸۴، ۱۰۷، ۱۱۱، ۱۱۸- ۱۲۰، ۱۲۲، ۱۲۶، ۲۱۰، ۲۵۴، ۲۸۰
هویدا، فریدون ۱۲۰
هویزر، رابرت (ژنرال) ۲۸۵، ۲۸۶، ۲۸۷، ۲۸۸، ۲۹۳، ۲۹۴
هیتلر، آدولف ۲۰۸، ۲۱۰

ی

یانگ ، آندرِئو ۲۱۹
یزدجردی، ... (سرتیپ) ۲۶۲
یزدی، ابراهیم ۱۶، ۱۳۰، ۱۵۲، ۱۵۳، ۱۵۸، ۱۶۰، ۱۷۹، ۱۸۸-۱۹۸، ۲۲۶، ۲۳۶، ۲۸۳، ۲۹۴، ۲۹۷، ۲۹۸

کتاب‌ها

آ

آخرین تلاش‌ها در آخرین روزها ۱۸۹
آخرین روزها، پایان سلطنت و درگذشت شاه ۱۱۶، ۱۳۲، ۱۶۵، ۲۶۰، ۳۵۱
آخوندشناسی ۱۳، ۱۵

ا

از آموزگار تا خمینی ۲۹۷
از سپاهی‌گری تا سیاستمداری ۲۶
اسناد دیپلماتیک ایران ۷۰
اسناد لانه‌ی جاسوسی ۸۷، ۱۲۸، ۲۸۵
انقلاب ایران در دو حرکت ۱۹۷

ب

بر بال بحران ۲۵۱

ت

تاریخ نهضت روحانیت ایران ۹۸، ۱۰۶
تاکتیک‌ها و تکنیک‌های انقلاب ۱۰۹، ۲۵۷
توفان در ۵۷ – ۱۸، ۵۲
تولدی دیگر ۲۱۷

خ

خاطرات باژانف ۷۹
خاطرات شاهپور غلامرضا پهلوی ۱۰۳
خاطرات شهبانو فرح (کهن دیارا) ۱۳۵
خاطرات فریدون زندفرد ۷۶، ۱۵۴
خانه‌ی ما در فیشرآباد ۱۰۷

ر

روزشمار تاریخ ایران ۶۳

س

سی‌وهفت روز پس از سی‌وهفت سال ۲۹۶

گ

گاهنامه‌ی پنجاه سال شاهنشاهی پهلوی ۳۷

م

مجموعه‌ی مکتوبات، سخنرانیها، پیامها و فتاوی امام خمینی ۲۳

ن

ناآگاهی و پوسیدگی ۲۴
ناگفته‌هایی درباره‌ی روح‌الله خمینی ۱۱، ۱۲

ی

یادنامه‌ها...، خاطرات حسین موسوی ۱۲۵

ناشرها

آ

آیبکس ۳۵

ا

انتشارات آرش ۱۳
انتشارات پرنگ ۱۸
انتشارات حدیث ۱۹
انتشارات رادیو ایران ۲۹۶
انتشارات رسمی سپاه پاسداران انقلاب اسلامی ۱۰۹
انتشارات سهیل ۳۷
انتشارات مطهّر ۴۲
انتشارات نیما ۱۴۱
انتشارات هفته ۶۸

ب

بنیاد امام رضا، ۱۰۶
بنیاد فرهنگی امام رضا ۹۸، ۱۰۶

ش

شرکت کتاب ۲۷، ۳۲، ۴۳، ۱۰۷، ۱۱۶، ۱۳۲، ۱۶۵، ۲۳۰، ۲۶۰، ۳۵۱

ق

قلم ۱۸۹

م

موسسه‌ی مطالعات و تحقیقات اجتماعی دانشگاه تهران ۲۰

ن

نشر آبی ۷۶
نشر ماهی ۲۵۱
نشر نوآوران ۲۴

O
Olivier Roy 211

P
Paul Balta 20, 213
Perceval 216, 220
Peter Arkadievitch Stolypine 134
Pierie Salinger 115
Pierre Blanchet 211
Pierre de Villemarest 152, 215
Pierre F. de Villemarest 80, 112
Pontecorvo 239

R
Ramsey Clark 194
Raymond Aron 210
Richard Cottam 217
Richard Falk. 217
Richard Helms 87
Richard Labe'viere 202
Richard Labeviere 100
Robert Dreyfus 62
Robert Huyser 285
Roge Garaudy 210

S
Simone de Beauvoir 207
Soraya 39

T
Thierey Desjardins 100. 215, 222
Thierry P. Milleman 99, 112

V
Valery Giscasd d' Estaing 158
Vincent Meylan 242
Vincent Nouzille 152, 194, 204, 278, 282, 283, 298

W
Walter Mondale 3, 129
Walter Zimmerman 194
William Leeden 198
William Lewis 143, 169, 198, 263
Williams burg. 113
William Shawcross 89, 112, 284
William Simon 89
William Sullivan 91, 115, 219, 244

Francois Charles Roux 175

G
General Hayser 294
George Ball 127
George Lambrakis 128
George Malbrunot 66
Gerard Beaufils 18, 102, 205
Gerard Beaufils, 18, 102
Gerges Menant 298
Gholam Reza Pahlavi 89. 242. 248. 272. 287. 288
Guy Sitbon 210

H
Henry Precht 198
Houchang Nahavandi 32. 93, 115, 145. 230. 281

I
Iacques Duquesnes 221

J
Jacques Chaban Delmas 170
Jacques Madaule, 212
James Callaghan 222
Jean Daniel 209
Jean Francois Poncet 165
Jean Gueyras, 272
Jean Pierr Pichard 14
Jimmy Carter 179, 294
Joseph Kessel 300

Joseph Santa - Croce 222

K
Khomeyniet 89
Kornilov 295

L
Leconte 195

M
Maurice Druon 4, 206, 300
Maxime Rodinson 209
M. H. Heykal 245
Michael Leadeen 143, 169, 217, 261, 263
Michel Debre' 195
Michel Foucault 207
Michel Golnievsky 79
Michel Gurfinkiel 215
Michel Lafon 39
Mike Evans 179, 204, 212, 261, 278, 283, 285, 286, 295, 298
Mohammad H. Heykal 89, 102
Mohammad Reza Pahlavi 32
Montassier 172
M.R. Pahlavi 113

N
NAZIR FANSA 91
Nicolas Nasr 90

Index

A
Alexander F. Kerenski 295
Alexander Haig 286
Alexandre del valle 90
Alexandre de Marenches 97, 100, 114, 133, 143, 286
Alexandre De Marenches 76
Amir Taheri 16, 18, 167, 168
Amir Taheri, 16, 167, 168
Andrew Young. 219
Anthony Parsons 249, 274
Ardeshir Zahedi 287, 299
Arthur Hartman 194

B
Bertrand de Castelbajac 273

C
Chapour Bakhtiar 271
Chayet 195
Christian Delannoy 14, 38, 129, 145

Christian Jambet 211
Christian Pahlavan 93
Clair Briee 211
Claude Javeau 208
Clifford A. Kiracofe 79

D
Danie'le Martin 196, 215
Daniele Martin 99
David Aaron 129
Didier Julia 195
Domimique Lorentz 151

E
Edouard Sablier 58, 102, 160, 215, 227
Eldon Griffiths 132, 261
Eric Phalippou 211
Eric Rouleau 213

F
Farah Pahlavi 104, 242
Fereydoun Hoveyda 120

از همین نویسنده در شرکت کتاب

آخرین روزها، پایان سلطنت و درگذشت شاه
ترجمه مریم سیحون و بهروز صوراسرافیل
چاپ دوم ۲۰۰۶

سه رویداد و سه دولتمرد
نگاهی نو به یک دهه از تاریخ معاصر ایران
چاپ اول ۲۰۰۹